VERÖFFENTLICHUNGEN
DES VEREINS FÜR HAMBURGISCHE GESCHICHTE
BAND 43

Joist Grolle

Hamburg
und seine Historiker

Hamburg 1997
Verlag Verein für Hamburgische Geschichte

Die Abbildung auf dem Schutzumschlag ist identisch mit Abbildung 1 dieses Bandes und zeigt Klio, die Muse der Geschichtsschreibung, im Bürgermeistersaal des Hamburger Rathauses, photographiert von Hans Meyer-Veden.

ISBN 3-923356-79-X

Copyright © bei Erstveröffentlichung in diesem Buch Verein für Hamburgische Geschichte 1997, ansonsten vgl. hinten „Bibliographischer Nachweis"
Gesamtherstellung: Verlagsdruckerei Schmidt GmbH, Neustadt a. d. Aisch

*Dieses Buch
widmet der Verein für Hamburgische Geschichte
in dankbarer Verbundenheit
dem Staatsarchiv Hamburg aus Anlaß des Umzuges
in ein neues Dienstgebäude.
Er gibt damit seiner Zuversicht Ausdruck,
daß auch am neuen Ort
fruchtbar zur Stadtgeschichte geforscht wird.*

Inhalt

	Seite
Vorwort	1
Zwei Jahrhunderte hamburgischer Geschichtsschreibung Eine Einführung	3
Eine Republik wird besichtigt Das Hamburgbild des Aufklärers Jonas Ludwig von Heß	7
Geschichte und Zeitgenossenschaft Leonhard Wächters historische Vorlesungen im Vormärz	35
Stadtgeschichte im Umbruch Das Hamburgbild zwischen 48er Revolution und Jahrhundertwende	53
Die Proletarier und ihre Stadt Heinrich Laufenberg gibt der Arbeiterbewegung eine Geschichte	77
Blick zurück im Zorn Das Revolutionstrauma des Ernst Baasch	99
Von der Verfügbarkeit des Historikers Heinrich Reincke in der NS-Zeit	123
Schwierigkeiten mit der Vergangenheit Die Anfänge der zeitgeschichtlichen Forschung nach 1945	151
Percy Ernst Schramm Ein Sonderfall in der Geschichtsschreibung Hamburgs	203
Hamburg, der republikanische Akzent der Republik? Nachforschungen zu einer Legende	229
Anmerkungen	240
Bibliographischer Nachweis	279
Bildnachweis	280
Personenregister	281

Vorwort

Die Idee zu diesem Buch entstand, als ich nach langer Unterbrechung 1987 an den Schreibtisch des Historikers zurückgekehrt war. Damals nahm der Plan Gestalt an, der Stadt, der ich in den vorangegangenen neun Jahren politischer Tätigkeit gedient hatte, eine historiographische Arbeit zu widmen. Anknüpfen konnte ich an eine Frage, die mich bereits in frühen Studienzeiten beschäftigt hat: Wie kommen die Historiker zu ihren Themen und wie modellieren sie diese in ihren Darstellungen zu Bildern, Deutungsmustern und Thesen?

Ich habe sich ergebende Gelegenheiten genutzt, einzelne Teile des nachstehenden Textes vorweg zu publizieren und damit zur Debatte zu stellen. Die daraus gewonnene Anregung ist dem jetzt als Ganzem vorgelegten Band, wie ich hoffe, zugute gekommen.

Kritischen Rat verdanke ich besonders Gerhard Ahrens, Manfred Asendorf, Hans Wilhelm Eckardt, Hermann Hipp, Hellmut Kalbitzer, Franklin Kopitzsch, Eckart Krause, Hans-Dieter Loose, Klaus Richter, Reinhard Rürup, Ernst Schulin, Wiebke von Thadden und Walter Tormin. Am meisten zu danken habe ich meiner Frau. Das Gespräch mit ihr hat das Entstehen dieses Buches von Anfang bis Ende begleitet.

Abb. 1: Klio, die Muse der Geschichtsschreibung, im Bürgermeistersaal des Hamburger Rathauses

Zwei Jahrhunderte hamburgischer Geschichtsschreibung

Eine Einführung

Betritt man den Bürgermeistersaal des Hamburger Rathauses, fällt der Blick auf einen Kamin, über dem eine bronzeschimmernde Figur plaziert ist: K l i o, die Muse der Geschichtsschreibung. In einen Folianten trägt sie die Namen verdienter Bürger ein; ihr zur Seite verkündet ein posauneblasender Knabe den Ruhm der im Buch der Historie Verewigten. Zur Bekräftigung dient ein im Hintergrund zu lesendes Wort aus „Wallensteins Lager": *„Wer den Besten seiner Zeit genug gethan, der hat gelebt für alle Zeit."*

Mit solcher Inszenierung reklamierten die im Rathaus Regierenden vor allem für sich selbst einen Platz in der Geschichte. Indem man die Göttertochter Klio zur Feder greifen läßt, hat aller kleinliche Zweifel zu schweigen, wie geschichtliche Wahrheit sich konstituiert. Für unterschiedliche Lesarten hamburgischer Vergangenheit bleibt da wenig Raum.

Will man es nicht bei der legitimatorischen Selbstdarstellung, die das Rathaus vermittelt, bewenden lassen, muß man die Orte aufsuchen, wo die Vergangenheit „hergestellt" wird: die Werkstätten der Historiker. In Hamburg hat es damit seine eigene Bewandtnis: Anders als in den Residenzen gab es hier keinen amtlich bestellten Historiographen. Auch fehlte es bis in die Anfänge des 20. Jahrhunderts an einer universitären Lehrtradition, auf die sich die Historiker hätten stützen können. Dennoch war die Geschichtsschreibung kein unbestelltes Feld. Aus der beachtlichen Zahl von Historikern, die die Stadt in neueren Zeiten aufzuweisen hat, haben wir elf ausgewählt. Die Entstehung ihrer Werke reicht von der Epoche der Aufklärung bis in die zweite Hälfte unseres Jahrhunderts. Vertieft man sich in die Lektüre, so zerrinnt sehr bald die Vorstellung von einer einheitlichen Version hamburgischer Geschichte.

Schon die äußere Präsentation ist vielfältig. Der Topograph J. L. von Heß bietet historische Nachrichten in bunter Gemengelage mit Informationen aus anderen Bereichen. Zu den „vormodernen" Autoren rechnen auch der Chronist J. G. Gallois und der Erzähler historischer Geschichten und Sagen Otto Beneke. Erst allmählich kommt die Quellenkritik auf und mit ihr die Verwissenschaftlichung der Geschichtsschreibung. In Hamburg hat ihr auf dem Gebiet der neueren Geschichte Adolf Wohlwill zum Durchbruch verholfen – so wie vor ihm in der Mediävistik J. M. Lappenberg.

Mehr noch als die „Textsorten" ergeben die historiographischen Sichtweisen eine kontrastreiche Palette. Jeder Historiker hat einen anderen Beobachtungspunkt, von dem aus er Vergangenheit und Gegenwart in den Blick nimmt. Wie vergeblich der Versuch ist, einen unverrückbaren Standort „außerhalb" zu gewinnen, wird um so deutlicher, je tiefer man in die Lebensgeschichte der einzelnen Autoren eindringt. Fast keinem von ihnen ist die Erfahrung erspart geblieben, seine Überzeugungen, seine Einsichten, seine Hoffnungen zwischen die Mühlsteine fortschreitender Ereignisse geraten zu sehen.

Gleich zu Beginn des von uns betrachteten Zeitraums ist die Französische Revolution ein Großereignis, das die zeitgenössischen Historiker aus ihren Denkbahnen warf. Wie schmerzhaft dieser Vorgang sein konnte, ist an Leben und Werk des J o n a s L u d w i g v o n H e ß besonders gut nachzuvollziehen. Mit hochfliegenden Erwartungen war er im Sommer 1792 in das revolutionäre Paris gekommen. Als er es nach wenigen Monaten wieder verließ, war sein Traum zerstört, in Paris Zeuge sich erfüllender Aufklärung zu werden. Das Ausmaß an Gewalt, dem er begegnet war, bewirkte in ihm eine Krise. Die damit gesetzte Zäsur ist an seinen Schriften abzulesen. Nicht daß er dem Vernunftideal der Aufklärung abgeschworen hätte, aber unübersehbar sind bei ihm Distanz und Skepsis gegenüber neuen wie alten Zeiten gewachsen.

Nicht viel anders erging es dem in jungen Jahren revolutionsbegeisterten L e o n h a r d W ä c h t e r. Spätestens die Erfahrung der napoleonischen Epoche zwang ihn, manche Überzeugung zu überprüfen. In den historischen Vorlesungen, die er von 1830 bis 1832 hielt, reflektiert er die mehrfache *„Umänderung"* des Beurteilungsstandpunktes, die *„plötzliche, allgemeine Gemüt- und Sinnsumstimmung der Beteiligten"*. Ähnlich wie Heß gab Wächter die Hoffnung auf eine bessere Zukunft nicht auf; aber die dramatischen Zeitumbrüche haben doch auch bei ihm tiefe Spuren hinterlassen.

Vergleichbar ist das historische Bewußtsein erst wieder durch die 48er Revolution aufgerührt worden. Wie unterschiedlich sich dieses zentrale Ereignis auf das geschichtliche Denken auswirkte, läßt sich an den beiden Hamburg-Historikern J. G. Gallois und Otto Beneke studieren.

Für J o h a n n G u s t a v G a l l o i s war das Jahr 1848 Höhe- und Wendepunkt seines Lebens. Mit dem Scheitern der demokratischen Bewegung wechselte er von der parlamentarischen Rednertribüne zur Geschichtsschreibung. Die Stadtgeschichte, die er in den folgenden Jahren schrieb, führte er bis in die neuesten Zeiten. Symbolträchtig ließ er sie exakt an dem Tag enden, an dem die Hamburger Konstituante, deren Mitglied er gewesen war, ihren – nie in Kraft gesetzten – Verfassungsentwurf abgeliefert hatte. Gallois entschloß sich erst zu einer Fortsetzung seiner Darstellung, nachdem 1860 eine wenn auch modifizierte Verfassung Gültigkeit erlangt hatte. Deutlicher hätte er nicht machen können, wie sehr sein „Standort" den Höhen und Tiefen der Demokratiebewegung folgte.

Gleichzeitig mit Gallois trat O t t o B e n e k e als Historiker vor das Hamburger Publikum. Ihm galt die Niederlage der Revolution als Sieg der historischen Vernunft. Etwas von dieser konservativen Genugtuung spiegelt sich in der entspannten Erzählfreude wieder, mit der Beneke in den 50er Jahren seine „H a m b u r g i s c h e n G e s c h i c h t e n u n d S a g e n" ausbreitete. Es verwundert nicht, daß er im folgenden Jahrzehnt weitgehend wieder verstummte. Ihn verstimmte die seit 1860 geltende Verfassung, nicht weniger erregte die zunehmende Verpreußung der deutschen Staatenwelt sein Mißvergnügen. Einem Manne wie Beneke mußten die neuen Zeiten die Lust am Geschichtenerzählen verleiden.

Zu den wenigen Hamburg-Historikern, deren Wirken von einigermaßen stabilen Zeitumständen begleitet war, gehört A d o l f W o h l w i l l. Eine Generation jünger als Beneke waren für ihn hamburgische und preußisch-deutsche Geschichte keine unvereinbaren Gegensätze. Den Zusammenbruch von 1918 hat er nicht mehr erlebt.

Anders E r n s t B a a s c h, für dessen Leben und Werk das Jahr 1918 in mehrfacher Hinsicht zu einer Katastrophe wurde. Nicht allein, daß ihn der Umbruch seine Stellung als Direktor der Commerzbibliothek kostete, auch sein historisches Urteil verlor seine Verankerung. Ein Vergleich seiner vor und nach 1918 geschriebenen Darstellungen macht den Grad seiner Verstörung sichtbar.

Auch für den am entgegengesetzten Ende des politischen Spektrums stehenden H e i n r i c h L a u f e n b e r g wurde 1918 zu einem Schicksalsjahr. 1908 angetreten als Historiker der Hamburger Arbeiterbewegung, trug ihn die Revolutionswelle in das Amt des Vorsitzenden des Arbeiter- und Soldatenrates. Auf das Scheitern der Revolution reagierte er mit immer weiter nach links rückender Radikalisierung. Umso erstaunlicher, daß seine große historische Darstellung der Arbeiterbewegung – der erste Band erschien 1911, der zweite 1931 – von der Zäsur des Jahres 1918 nur wenig erkennen läßt. Historisches und politisches Urteil, so sehr sie bei Laufenberg zusammengehören, haben in seinem Werk doch unterschiedliche Kontur.

Wie steht es um die Hamburg-Historiker und die NS-Zeit? H e i n r i c h R e i n c k e, K u r t D e t l e v M ö l l e r, P e r c y E r n s t S c h r a m m: auf ihre Weise sind sie alle involviert. Keiner von ihnen ging bei Anbruch des „Dritten Reiches" auf kritische Distanz. Für Reincke gilt das so sehr, daß er es 1933 nicht als fragwürdig ansah, seine Hamburg-Geschichte von 1925 eilfertig umzuschreiben. Was wie ein historiographischer Unterwerfungsakt erscheint, war aus seiner Sicht eine aus der Kontinuität des eigenen Denkens erwachsene Überzeugungstat. Ähnliches trifft auf Möller zu, wenn er 1937 beim Hundertjahr-Jubiläum des Vereins für Hamburgische Geschichte „G e d a n k e n ü b e r W e s e n u n d A u f g a b e d e r G e s c h i c h t s s c h r e i b u n g" vortrug und dabei Hamburgs historisches Erbe mit der NS-Ideologie zu harmonisieren suchte. Und auch Schramm glaubte sich in gut hanseatischer Tradition, wenn er 1939 seinen historischen Beitrag zur Begründung deutscher Kolonialansprüche leistete. Erst 1943 deuten sich in seinem Werk „H a m b u r g, D e u t s c h l a n d u n d d i e W e l t" Vorbehalte gegenüber dem Regime an.

Von den drei Historikern hat in den ersten Nachkriegsjahren nur Möller einen Anlauf zu kritischer Selbstprüfung genommen. In seinem Buch „D a s l e t z t e K a p i t e l", erschienen 1947, finden sich Ausführungen, die den eigenen Irrtum thematisieren. Doch Gewissenserforschung solcher Art war nicht gefragt. Möller wurde 1948 auf juristisch anfechtbare Weise als Archivdirektor amtsenthoben, eine Entscheidung, die 1950 gerichtlich revidiert wurde.

Wie schwierig es war, der Vergangenheit ins Gesicht zu sehen, zeigt eindringlich die 1949 erfolgte Gründung der „Forschungsstelle für die Geschichte Hamburgs von 1933 bis 1945". Ihr Leiter Heinrich Heffter war als überzeugter Liberaler und Demokrat ausgewiesen, gleichwohl vermochte er nur sehr unzulänglich das Schweigen zu brechen, das sich über die Jahre der NS-Zeit gelegt hatte. Erst nach Verstreichen einer längeren Frist gelang es mit der Neugründung der Forschungsstelle im Jahre 1960, dauerhafte Grundlagen für erfolgreiche zeitgeschichtliche Forschung in Hamburg zu legen.

Rückblick auf das Geschäft der Historiker halten, heißt auf die Grenzen ihres Tuns stoßen. Es geht dem Geschichtsschreiber mit dem Felsblock der Vergangenheit nicht anders als Sisyphos. Er wälzt den Stein immer von neuem.

Eine Republik wird besichtigt
Das Hamburgbild des Aufklärers Jonas Ludwig von Heß

Wer vor 200 Jahren in eine deutsche Stadt fuhr, der hatte noch nicht den Baedeker, das bequeme Requisit des späteren Eisenbahntouristen, im Gepäck. Dem Postkutschenreisenden des 18. Jahrhunderts fehlte es jedoch nicht an einschlägiger Literatur, wenn er sich auf sein Ziel vorbereiten wollte. Nicht nur gab es eine Flut von gedruckten Reisebeschreibungen, auch die Literaturgattung „Topographie" erfreute sich weiter Verbreitung. Kaum eine größere Kommune, die damals nicht mit einer größeren Topographie aufwartete, aus der der interessierte Leser stadtbezogene Informationen aus Geographie, Geschichte, Ökonomie, Verfassung und Kultur entnehmen konnte. Anders als in älterer Zeit, da Geheimniskrämerei als Bürgerpflicht galt, bemühten sich im aufgeklärten Zeitalter ortskundige Publizisten darum, dem städtischen Gemeinwesen ein Mindestmaß an öffentlicher Transparenz zu geben. Information war nicht länger „Stadtverrat", sondern hob eine Kommune[1].

Unter den Städten, die auf solche Weise ins Licht einer bürgerlichen Öffentlichkeit traten, spielte die Freie Reichsstadt Hamburg nur insofern eine besondere Rolle, als hier die „Publizität" noch um einige Grade weiter als anderwärts vorangetrieben wurde. Eindrücklich ist dies ablesbar an dem dreibändigen Werk „Topographisch-politisch-historische Beschreibung der Stadt Hamburg", das der Schriftsteller Jonas Ludwig von Heß in den Jahren 1787, 1789 und 1792 der Öffentlichkeit vorstellte. Seine Darstellung übertrifft an Sorgfalt in der Faktenerhebung die meisten der bis dahin in Deutschland erschienenen Topographien. Den exzellenten Ruf des Werkes festigte Heß mit der zweiten, 1810/11 erschienenen Auflage, die sich durch eine noch breitere Materialgrundlage auszeichnet. Nicht von ungefähr haben spätere Geschichsschreiber Hamburgs immer wieder auf die reichen Informationen zurückgegriffen, die Heß zusammengetragen hat. Sie benutzten seine Bände als einen Steinbruch, aus dem man sich je nach Bedarf bedienen konnte.[2]

Weniger Beachtung fand, daß das Werk von Heß auch ein lebensgeschichtliches Dokument ist. Zwischen den von 1787 bis1811 reichenden Erscheinungsdaten liegen epochale Ereignisse, die ihre Auswirkungen auf den Erfahrungshorizont des Autors hatten. Jeder der Bände spiegelt Veränderungen der persönlichen Urteilsbildung. So betrachtet ist seine Topographie eine Quelle, die nicht nur über Örtlichkeiten, sondern auch über Wahrnehmungsweisen etwas aussagt.

Ein Zugereister

Wer war Jonas Ludwig von Heß, und was verband ihn mit der Stadt, über die er schrieb[3]? Als der im schwedischen Stralsund Geborene 1780 zuerst in Hamburg auftauchte – er war damals 24 Jahre alt –, verknüpften sich für die Hamburger mit seinem

Hamburg

topographisch, politisch und historisch beschrieben.

Erster Theil.

DIE BINNEN ALSTER.

Hamburg,
auf Kosten des Verfassers. 1787.

In Commission bei B. G. Hoffmann.

Abb. 2: Titelblatt der von J. L. v. Heß verfaßten Topographie
(1. Teil der Erstauflage von 1787)

Namen allenfalls Gerüchte. Man wollte gehört haben, daß er als junger Leutnant aus der schwedischen Armee wegen eines Duells ausgeschieden sei, das seinem Gegner das Leben gekostet habe. Zu solcher Fama mochte sein Äußeres beitragen: Das Gesicht des kleinen Mannes wies eine zerschlagene Nase auf, und seine Miene wirkte finster. Er selbst hat sich über die vor seiner Hamburger Ankunft liegende Zeit nur in Andeutungen geäußert: *„Meine Jugendjahre waren in einem monarchischen Staate, meine frühe Erziehung unter den Geboten des eitlen, hochmütigen Standesgemäßen vergangen. Zum Glück ward mein kleiner Anteil Menschenverstand durch eine frühe Bekanntschaft mit den Werken der Alten gerettet und gegen Einwirkungen der gesellschaftlichen Unnatur gestählt."*[4] Die aus zeitlichem Abstand niedergeschriebenen Worte lassen noch etwas von der Rousseau-Emphase ahnen, mit der Heß 18 Jahre zuvor nach Hamburg gekommen war. In der Hamburger Gesellschaft begegnete man dem Neuankömmling eher mit Neugier als mit Ablehnung. In den debattierfreudigen Familien der Reimarus, Sieveking und Schuchmacher wußte er sich rasch durch die Scharfsinnigkeit seiner Beiträge Respekt zu verschaffen. Auch diejenigen, die sein Temperament erschreckte, bewunderten doch Brillanz und Aufrichtigkeit seines Urteils.

Es fällt nicht schwer, sich vorzustellen, wie beeindruckt der aus Stralsund Zugereiste von Hamburg war. Die blühende Handelsrepublik an der Elbe unterschied sich vorteilhaft von Heß' gouvernemental verwalteter Heimatstadt an der vorpommerschen Ostseeküste. Hinzu kam das überschwengliche Lob, das Hamburg weit und breit im aufgeklärten Deutschland genoß. Erst wenige Jahre bevor Heß sich in Hamburg niederließ, hatte der Schriftsteller Johann Peter Willebrand dem zivilisatorischen Ruf der Stadt neue Nahrung gegeben. In seinem Buch „Hamburgs Annehmlichkeiten von einem Ausländer beschrieben" hatte Willebrand ein strahlendes Bild von Deutschlands größter Handelsstadt entworfen[5]. Er setzte damit eine lange Reihe vorangegangener Laudatoren fort. Es sei hier nur an Christian Ludwig von Griesheim erinnert; in seiner Schrift „Die Stadt Hamburg nach ihrem politischen, ökonomischen und sittlichen Zustande" wird die Hansestadt geradezu ein *„Muster der Stadt-Glückseligkeit"* genannt[6]. Heß erinnert sich, daß ihm ähnliche Elogen auf den Lippen lagen, als er 1780 Hamburg zum ersten Mal betrat: *„Welch ein preiswürdiges Werk, diese Welt! und welch eine dankwerte Glückseligkeit, zum Bürger dieser Gottes-Stadt erschaffen zu sein!"*[7] Auch wenn Heß nicht lange verborgen blieb, daß es eine Kluft zwischen Erwartung und Realität gab, an den Vorzügen der Stadtrepublik wurde er nicht irre: *„Ich traf nun zwar nicht auf das Ideal der Freiheit, das sich in meinem Kopf gebildet hatte, ganz in meinem neuen Wohnorte leibend oder lebend an; dieses Gebilde lag aber auch über dem Horizonte der Wirklichkeit; es war aus jugendlichen Phantasien und den Träumereien metaphysischer Schriftsteller zusammengesetzt. Doch hinderte dieses nicht, mir den sehr wesentlichen Unterschied fühlbar und angenehm zu machen, welchen ich hier in der Wirklichkeit vorfand, die weit größere Unabhängigkeit und den ungleich geringeren Zwang, den Stand, Würden, Rang, Titel, Geburt und*

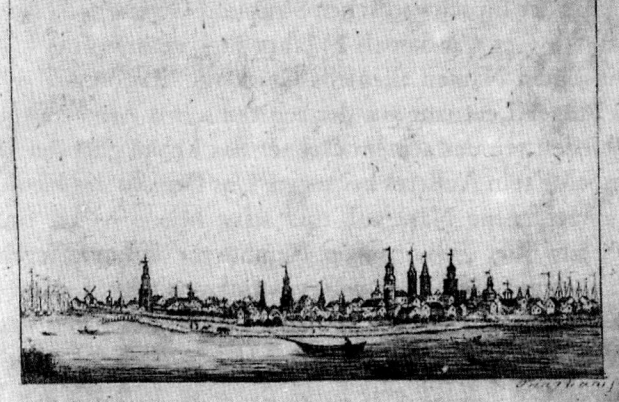

Abb. 3: Titelblatt der von J. L. v. Heß verfaßten Topographie
(2. Teil der Erstauflage von 1789)

tausenderlei andere, ungerechte, alberne, lächerliche Auszeichnungen und Vorzüge, die ihr Dasein dem Zufalle oder der Laune eines Einzelnen verdanken, in despotischen Staaten aufbürden..."[8]

Aus der entschiedenen Option für Hamburg erwuchs bei Heß der Wunsch, sich genauere Kenntnis von der Stadt zu verschaffen. Schon bald nach seiner Ankunft muß ihn der Plan fasziniert haben, sich und der Mitwelt Rechenschaft über den Zustand der Elbmetropole zu geben: „*In Hamburg ist Nahrung für den Beobachtungsgeist. Es vereinigt alles in sich, was dem Menschen, dem Staatsbürger, dem Philosophen, dem Künstler, Gelderwerber und Verzehrer wichtig ist... Man findet kurz beieinander und zusammengedrängt, was man anderswo, entfernt durch Ort und Verhältnisse, weitläufig und mühsamer aufsuchen muß.*"[9] Die Eindrucksfülle dieser Stadtrepublik zu ordnen, zu verarbeiten, zu vertiefen – ein so umfassendes Vorhaben ließ sich nicht von heute auf morgen realisieren. Um zu einem wirklich begründeten Urteil zu kommen, mußte Heß darangehen, sich von langer Hand zuverlässige Informationen zu verschaffen, ein Geschäft, das für einen Zugereisten doppelt schwierig war.

„Encyklopädische Kenntnisse"

Der Stadthorizont war für den Ehrgeiz des jungen Mannes zu eng, um daran Genüge zu haben. Gleichzeitig mit dem Projekt einer Hamburg-Topographie entwickelte Heß das Konzept einer Zeitschrift, die die publizistische Diskussion in Europa insgesamt widerspiegeln sollte. Hamburg bot für ein solches Unternehmen besondere Voraussetzungen. Wohin man kam, ob in die Kontore der großen Handelshäuser, in die Börsenhalle oder in die gemeinnützigen Gesellschaften, überall traf man auf ein Publikum, das lebhaftes Interesse an in- und ausländischen Zeitschriften nahm.[10] Gerade in der Fülle des Angebots aber lag ein Problem: Wer sollte den Blätterwald noch übersehen und bewältigen? An eben diesem Punkt setzte Heß an. Er wollte dazu beitragen, dem Publikum die Last der Überinformation abzunehmen. Mit Jahresbeginn 1786 erschien das erste Heft der von ihm herausgegebenen Zeitschrift „Journal aller Journale"[11]. Das Unterfangen kann noch heute erstaunen. Mehr als 50 Periodika wurden darin ausführlich zitiert oder knapp referiert. 35 der ausgewerteten Zeitschriften stammten aus Deutschland oder der Schweiz, acht aus England, drei aus Frankreich, je zwei aus Holland und Schweden, je eine aus Dänemark und Italien – wobei die fremdsprachigen Texte ins Deutsche übersetzt waren.

Die Lesefrüchte, die Heß in seinem Journal ausbreitet, vermitteln einen überaus vielfältigen Einblick in quer durch Europa geführte Diskussionen zu literarischen, historischen und politischen Fragen. In einem der ersten Hefte formuliert der Herausgeber, welche Motivation über das Tagesinteresse hinaus seinem Erkenntnishunger zugrunde liegt. Unter dem Titel „Notwendigkeit encyklopädischer Kenntnisse, aus dem Grunde vervielfältigter Bedürfnisse" trägt Heß eine deutlich kulturkritisch geprägte

Argumentation vor: „*Der Mensch bedurfte wenig Kenntnisse im Stand der Natur, nach mäßigen Bedürfnissen zu genießen. Er bedarf jetzt unzählbarer Wissenschaften, um von dem verschleuderten Naturgut nur etwas wieder zu erobern, um seine erkünstelte sich zugezogene Leiden ein wenig zu versüßen.*"[12] Wenn es eines Beweises bedürfte, daß Rousseau hier Pate steht, so liefert ihn der Autor selbst. Nahezu gleichzeitig veröffentlicht er in seinem Journal zwei von ihm verfaßte Gedichte, in denen er sich ausdrücklich zu dem Genius des großen Franzosen bekennt[13]. Er gedenkt darin der „Insel der Pappeln", auf der Rousseau beigesetzt wurde, als einer heiligen Stätte. Heß teilt Rousseaus Mißtrauen gegenüber blinder Wissenschaftsgläubigkeit. Aus solchem Ansatz legitimiert er auch sein Journal. Es soll unterschiedliche Positionen in authentischer Textform dokumentieren und damit dem Leser ein selbständiges Urteil ermöglichen: „*Wo, wie oder wem soll man trauen, daß er der rechte sei, wenn man nicht selbst untersuchen kann, wenn man nicht von allem, nach Maßgabe jedes besonderen Bedürfnisses, Kenntnisse hat, um Untersuchungen anzustellen und das Wahre vom Falschen zu unterscheiden.*"[14]

„Das Rathaus – ein Wohnhaus der Bürger"

Authentizität – dieser für das „Journal aller Journale" geltende Anspruch sollte auch die Hamburg-Topographie kennzeichnen. Mit den Worten von Heß: „*Eine rechte Beschreibung von Hamburg soll Nachrichten, lauter wahre, authentische Nachrichten, aus dem Munde zuverlässiger Zeugen, oder aus glaubwürdigen Schriften gesammelt, enthalten.*"[15] Solcher Vorsatz war leichter postuliert als eingelöst. So gerne das regierende Hamburg sich im Lichte aufgeklärter Publizistik sonnte, die Publizität mußte ihre Grenzen haben. Heß hatte kaum in Hamburg Fuß gefaßt, als er Zeuge eines Vorgangs wurde, der für ihn ein Warnsignal war. Am 31. Oktober 1782, um 11 Uhr, spielte sich vor dem Rathaus ein auch damals nicht alltägliches Spektakel ab. Im Auftrage des Rates verbrannte der Büttel auf dem „ehrlosen Block" ein Buch, in dem Unliebsames über die Stadtväter zu lesen gewesen war. Es handelte sich dabei um eine Textausgabe des 1712 ergangenen Hauptrezesses der Stadt Hamburg, die mit einer kritisch aktualisierenden Einleitung versehen war[16]. Der Herausgeber – er wurde anschließend der Stadt verwiesen – war ausgerechnet ein Verwandter unseres angehenden Topographen. Obwohl der Inkriminierte – er hieß Ludwig von Heß – bereits 1785 in Berlin starb, blieb sein Schatten für Jonas Ludwig von Heß eine Belastung. In der 1787 geschriebenen Einleitung zum ersten Band der Topographie beugt Heß nicht nur einer Namensverwechslung vor, er distanziert sich auch ausdrücklich von den Ansichten seines exilierten Anverwandten: „*Seine Anmerkungen über den bekannten Rezeß sind seit Jahren nicht mehr von mir gelesen worden, und ich habe sie nie gebilligt.*"[17]

Die Distanzierung ist ein Indiz dafür, wie schwierig es für Heß war, sich in Hamburg das Vertrauen zu schaffen, das er zur Informationsbeschaffung brauchte. Seine

Abb. 4: Rathaus, um 1830

kritischen Beiträge bei Geselligkeiten ließ man sich gefallen, aber diesem Feuerkopf genaue Daten über Hamburgs Institutionen und Gremien anzuvertrauen, war eine andere Sache: *„Man fing an zu fürchten, ich möchte vielleicht ein heimlicher Beitreter zu dieser oder jener Afterpartei sein, die in Hamburg doch keine Statt findet und deren Phantom nur in einigen parteisüchtigen Köpfen herumspukt. Mein Buch könnte der Verfassung oder wenigstens der guten Idee davon schädlich werden? . . . Besorgnis, Eigensinn, Dünkel und Unwissenheit stemmten sich oft wider den guten Fortgang meiner Bemühung. Man ließ mich fast nirgend zu, versagte mir alle Nachrichten, manche ganz unschuldige Frage ward störrisch, einsilbig oder gar nicht beantwortet."*[18]

Heß hatte seine Topographie im „Journal aller Journale" mehrfach angekündigt. Mancher im Hamburger Publikum war offensichtlich auf Schlimmes gefaßt. Als man den ersten Band dann schließlich im Sommer 1787 zu lesen bekam, waren die Besorgten über den Inhalt erleichtert. Heß hatte sich mit wenigen Ausnahmen aller Kommentare enthalten. Statt Sottisen bot der Band genaue Auskunft. Noch kein Autor hatte zuvor so detailliert Hafen, Fleete und Schleusen erkundet, so gewissenhaft alle auf 155 Straßen verteilten Quartiere der Stadt aufgelistet, so eingehend Kirchen wie

Armenstifte beschrieben, so sorglich alle größeren Stadt- und Privatgebäude erfaßt. Daß Heß auch Mißstände zu Gesicht bekam, wird nur an wenigen Stellen sichtbar[19]. In der Vorrede weist er darauf hin, er habe manches *„um seiner Anstößigkeit willen verhehlen müssen".*[20] Unverhohlen äußerte sich Heß dagegen, wo Gelegenheit war, Hamburg gegen die „knechtische Gesinnung" an den fürstlichen Höfen herauszustreichen. Eine solche Gelegenheit bot ihm die Schilderung des Rathauses: *„Äußere Pracht und architektonische Schönheiten in gutem Geschmack fehlen dem Hamburgischen Rathause bei aller sonstigen Erheblichkeit ... Der Platz vor dem Rathause ist, nach Hamburgischer Art, noch ziemlich breit, würde aber zu schmal sein, wenn das Rathaus einen Rang unter Prachtgebäuden einnehmen sollte. Dergleichen aber zu haben, ist den Hamburgischen Bürgern im Ernst wohl nie eingefallen. Sie erkennen ihr Rathaus für ein allgemeines Wohnhaus der Bürger, wo für die Gerechtsamen und Sicherheit der Stadt gearbeitet wird, nicht aber für eine Reihe von Galagemächern, wo, mit tiefen Stirnfalten, die irgend einem Schranzen gebührenden Honneurs anerwogen und überlegt, Serenissimi allerhöchste Willensmeinungen ohne Bedenken in Untertänigkeit befolgt werden, Rücken sich krümmen, und Köpfe gute Muße haben."*[21]

„Oeketologie"

Knapp zwei Jahre später erschien im Mai 1789 der zweite Band des Heß'schen Werkes. Er enthält zu Eingang eine Topographie des zum hamburgischen Territorium gehörenden Landgebietes. Der eigentlich spannende Teil findet sich erst im Anschluß daran. Heß verläßt hier die Buchhaltermethode des im engeren Sinne topographischen Verfahrens. Statt dessen konfrontiert er seine Leser mit zwei Texten, die schon durch ihre Überschriften aus dem Rahmen des Gewohnten fallen: „O e k e t o l o g i e v o n H a m b u r g" und „E t h o g n o m i k v o n H a m b u r g" – seltsam klingende Begriffe, die auf strukturelle Betrachtungsweisen deuten.

Wenden wir uns zunächst der Oeketologie zu. Heß versteht darunter eine an wirtschaftlichen Strukturen orientierte soziographische Methode. Sie soll dazu dienen, die auf kaufmännischen Erwerb gestellte Gesellschaft adäquat zu beschreiben: *„Um die Menschen hier natürlich zu klassifizieren, galt es hier am meisten ihre nähere oder fernere Verbindung mit dem Kaufmannstande zu betrachten, und so eine Klasse aus der anderen herzuleiten. Im echt politischen Sinne muß der erwerbende Bürger immer dem verzehrenden vorgelten, wie sehr der letzte auch oft, nach politischer Convenienz, jenen an äußerer Achtung zu übergelten berechtigt sei."*[22] Im Kern zielt dies auf eine Soziologie, die die Gesellschaft nicht hierarchisch, sondern funktional begreift. Nicht was einer „gilt", sondern was einer „tut", will Heß beschreiben.

Dem methodischen Ansatz entspricht eine politische Absicht. Es geht dem Autor um den Nachweis, daß ein Gemeinwesen nicht notwendig auf Privilegien einiger Weniger gebaut sein muß: *„Hamburg wird von keinem Herrn regiert und hegt keine*

Stadtuntertanen in seinem Bezirk. Man kann hier nur Bürger, Einwohner oder Dienstbote sein. Jeder hat seine Vorrechte, seine Ordnung und Verpflichtungen; keinem ist es gestattet, sich den Vornehmsten zu nennen."[23] Natürlich hat Heß gewußt, daß dies eine Idealisierung war: *"Versteht sich, hier ist vom hamburgischen Bürger im abstrakten Verstande die Rede; der wirkliche ist nicht immer so gewesen, Schicksal und Unverstand haben ihn zuweilen einige Linien über die Grenze seiner moralischen Existenz hinausgeschoben oder furchtsam zurückgezupft."*[24] An diesen Aussagen wird deutlich, wie sehr in die Methode der Oeketologie sowohl empirische wie normative Elemente eingespeist sind. Einerseits bemüht sich Heß, die funktional geprägten Sozialstrukturen der Handelsstadt Hamburg so realitätsnah wie möglich zu beschreiben, andererseits implantiert er seinen Beobachtungen politisch-moralische Kategorien, an denen er die Hamburger Wirklichkeit mißt. Entsprechend heterogen fällt die Ausführung seiner über elf Kapitel sich erstreckenden Oeketologie aus. Ihre Lektüre würde einen modernen Soziologen zweifellos nicht befriedigen. Aber für die Hamburger von damals muß frappierend gewesen sein, auf welch ungewöhnliche Weise hier ein distanzierter Beobachter ihre Stadt zu beschreiben und zugleich zu interpretieren suchte.

„Ethognomik"

Auf die Oeketologie folgt die den Verhaltensweisen des Hamburgers nachspürende Ethognomik. Heß gestand sich die Unmöglichkeit durchaus ein, eine Typologie „des" Hamburgers zu entwerfen. In Wahrheit begegneten ihm täglich ganz gegensätzliche Verhaltensmuster, geprägt von verschiedenen Generationserfahrungen, Zeitströmungen und Tagesmoden. Um dieser Ungleichzeitigkeit des Gleichzeitigen gerecht werden zu können, bedient sich Heß eines Kunstgriffes: Er läßt seine Hamburger auf zwei Bühnen auftreten, einer historischen („vor 30 oder 40 Jahren") und einer zeitgenössischen („um 1789"). Heß deutet selbst an, daß sich in Hamburgs Wirklichkeit ineinander schob, was er auf zwei scheinbar getrennten Zeitebenen abhandelte. Aber das Spiel mit der Rückblende erlaubte ihm, Kontraste innerhalb der eigenen Gegenwartserfahrung deutlicher herauszuarbeiten. Und das tat er mit offensichtlichem schriftstellerischen Vergnügen. Anders als die dürre Prosa der topographischen Teile trägt sein Sittenbild der Hamburger Gesellschaft den Charakter eines Essays. Man findet das hartleibig-konservative Publikum darin ebenso witzig und pointiert beschrieben wie die auf den Gipfeln des Zeitgeistes sich tummelnden „Modernen".

Heß erschöpft sich nicht in Impressionen. Er sucht zu ergründen, warum in Hamburg trotz aller Heterogenität der Lebensstile ein gewisser Grundkonsens über den Moralkodex besteht. Die Erklärung findet er in der Tatsache, daß es in Hamburg eine ausreichende Zahl von rechtschaffenen, vorurteilsfreien und gesitteten Menschen gebe – er nennt sie die *„inneren Regenten"* der Stadt: *„Solcher Menschen beiderlei*

Hamburg

topographisch, politisch und historisch

beschrieben.

Dritter Theil.

Hamburg,

auf Kosten des Verfassers. 1792.

In Commißion bei B. G. Hoffmann.
Staatsarchiv Hamburg
Bibliothek

Abb. 5: Titelblatt der von J. L. v. Heß verfaßten Topographie
(3. Teil der Erstauflage von 1792).

Geschlechts, die gleichsam die unsichtbare Kirche der Moralität ausmachen, hat Hamburg wohl nicht die Menge, aber doch so viele in seinen Wällen, als nötig sind . . . Ihnen hat man es hier, wie ihresgleichen überall, zu danken, daß die herrschenden Sitten Hamburgs im Allgemeinen noch zu den besten aller großen Städte Deutschlands gehören . . . Nirgend wird man einem Menschen eher geradezu ins Gesicht sagen, was man von ihm halte; nirgend den Narren und Schelm mehr durch alle Schlupfwinkel jagen. Sein Wort nicht halten, ist noch immer Unehre in Hamburg; unverschuldet unglücklich werden, ein Empfehlungsbrief; wegen eines boshaften Stückchens berüchtigt sein, Acht und Bann. Noch gilt hier das öffentliche Urteil viel, und die gemeinen Geister lassen ihre unedlen Vorsätze zurückscheuchen durch die fürchterliche Idee: was wird die Stadt davon sagen?"[25] Anschaulicher und prägnanter läßt sich nicht formulieren, welche Bedeutung der „common sense" für ein republikanisches Gemeinwesen hat. Selbst die auf den ersten Blick hochgegriffen erscheinende Wendung von der *„unsichtbaren Kirche der Moralität"* trifft durchaus einen substanziellen Punkt, gibt sie doch einen zutreffenden Hinweis darauf, daß die bürgerliche Moral Ergebnis eines Säkularisierungsprozesses ist, dessen Ausgangspunkt die „sichtbare Kirche" ist.

„Politologie"

Mit seinem zweiten Band hatte Heß die herkömmlichen Grenzen der Literaturgattung Topographie deutlich überschritten. Der dritte und letzte Band, abgeschlossen im April 1792, zog den Kreis der Betrachtung noch weiter. Dem Leser wird eine Einführung in die Hamburger Verfassung unter politischen und historischen Gesichtspunkten versprochen. Der Titel „P o l i t o l o g i e d e r a l l g e m e i n e n u n d b e s o n d e r e n V e r f a s s u n g" spiegelt etwas von der seit 1789 rasch voranschreitenden Anschärfung der Begriffe. Der dem Titelblatt beigegebene Kupferstich unterstreicht die Veränderung des Zeitgeistes. Waren den ersten beiden Bänden gefällige Stadtansichten vorangestellt, so schmückte den dritten Band eine programmatisch gestaltete Vignette: Blickfang ist eine große, dem Rathaus gegenüberstehende Säule, die der römischen Trajanssäule nachgebildet ist. Anders als die Trajanssäule kündet die fiktive Rathaussäule nicht von Herrschertaten, sondern von den Taten der Hamburger Bürger. Bekrönt wird sie von dem Stadtheiligen St. Petrus, dem zum Erkennungszeichen statt eines Himmelsschlüssels ein Fischernetz in die Hand gegeben ist – Hinweis auf den einstigen Broterwerb des Petrus, aber gewiß auch auf die Wasser- und Seewirtschaft Hamburgs[26].

Das bürgerliche Selbstbewußtsein, das sich in der Vignette ausdrückt, bestimmt auch die Darstellung selbst. Im voranstehenden allgemeinen Teil über die „G r u n d z ü g e d e r H a m b u r g i s c h e n V e r f a s s u n g" wird die Stadtrepublik definiert als eine *„Demokratie mit weisen Einschränkungen"*[27]. Ihre Grundlage seien Freiheit und persönliche Sicherheit des Bürgers, das *„Heiligtum des ganzen Staates"*[28]. „G e i s t der Hamburgischen Gesetze", diese Überschrift des sich anschließenden historischen Teils klingt an Montesquieus „L'Esprit des Lois" an. Doch der von dem französischen Staatstheoretiker entlehnte Titel gewinnt bei Heß eine neue, dezidiert republikanische Tendenz. Gleich zu Beginn entthront Heß Kaiser wie Bischöfe als Gründungsväter der Stadt. Ihre Errichtungsdekrete seien nichts als Zwangsgesetze gewesen: *„Beides hat mit dem hamburgischen Staat nichts gemein, war und ist vom Geist seiner Verfassung so verschieden, als der tote Moder des zerfallenen Domgemäuers von dem regen, lebendigen Gewühle der Stadt absticht."*[29]

Aus solchem Verständnis heraus erscheint konsequent, daß Heß die eigentliche Verfassungsgeschichte Hamburgs erst von dem Augenblick an beginnen läßt, in dem die Stadt sich endgültig von jeder Fremdbestimmung befreien konnte. Dieser Augenblick ist in seinen Augen eingetreten, als 1292 die Grafen von Schauenburg dem Hamburger Rat die Befugnis zu eigener Gesetzgebung und Rechtsprechung nach dem Stadtrecht zusprachen[30]. Für Heß war der Akt von 1292 kein fürstliches Gnadengeschenk, sondern das Ergebnis eines langen Kampfes um bürgerliche Freiheit. Am Anfang standen die frühen Siedler, die an der Einmündung der Alster in die Elbe einen Handelsplatz schufen[31]. Ihr Wille zur Selbstbehauptung legte den ersten Keim zur Stadtwerdung. Dem *„Urstaat"*[32] Hamburg war damit – so Heß – ein Anspruch eingepflanzt, der 1292 mit der vollen Selbständigkeit eingelöst wurde – ein Datum, das sich 1792, im Erscheinungsjahr des dritten Bandes, zum 500sten Mal jährte.

Zu der Datenkonstellation „1292/1792" bemerkt Heß in Anspielung auf die Verfassungsfeste im revolutionären Frankreich: *„Im Jahre 1292 ward also der letzte Schatten der Abhängigkeit von Hamburg verscheucht, und die Stadt zählt jetzt das fünfhundertste Jahr ihrer Freiheit, ohne der damals vorgegangenen stillen Revolution noch zu gedenken und sie durch Freudenfeste feierlich zu begehen."*[33] Überblickt man die von Heß geschilderte Verfassungsgeschichte von 1292 bis 1792 im ganzen, so hat sie nur ein Thema: die Auseinandersetzungen um den Erhalt der innerstädtischen Freiheit – ablesbar an den zwischen Rat und Bürgerschaft ausgetragenen Konflikten. Heß geht dabei von einer Polarität aus, die trotz aller Spannungen auf Balance angelegt ist. Gefährdungen der Balance sieht er von jeder der beiden Seiten ausgehen; und doch gehören seine Sympathien zweifellos der Bürgerschaft. Aus entsprechend wertender Perspektive stellt er die im Laufe der Jahrhunderte zwischen Bürgerschaft und Rat abgeschlossenen Rezesse vor.

Als Beispiel sei herausgegriffen, wie der Autor die Auswirkungen des Rezesses von 1483 beurteilt: *„Seit diesem Rezeß, welchen der Senat durch die Empörungen und die kecke Standhaftigkeit des Volks mit den Bürgern einzugehen gezwungen ward, gewannen diese über jenen ein merkliches Übergewicht, und die demokratische Partei ward von nun an die herrschende in Hamburg. Vorher hatte der, nicht zu der Hamburgischen Staatsform passende, durch auswärtige Verhältnisse eingeschlichene Aristokratismus seinen Kopf schon ziemlich hoch empor gestreckt, und der Senat, welcher ihm diente, hatte die Bürger als Menschen angesehen, die er zu unterjochen stre-*

ben müßte. Jetzt war das Ungeheuer gedemütigt, das Streben nach Freiheit hatte sich in eine wirkliche Erlangung derselben verwandelt, und die Hamburger fanden wiederum Wohlgefallen an sich und ihrer Staatsform. Der Rat war nicht mehr vorlaut, er hatte seine Ohnmacht unter der Volksgewalt gefühlt; die Bürger hatten sich durch einen geglückten Versuch eine Probe ihres Eigengewichts und ihres Werts für den Staat gegeben, und alles war wieder zur bürgerlichen Gleichheit zurückgetreten."[34] Was sich als Exempel aus dem Traditionsbuch der hamburgischen Geschichte gibt, war in Wahrheit eine Umdeutung der Tradition. Statt der Weisheit des Rates macht der Autor die Gleichheit der Bürger zum historischen Maßstab – eine Orientierung, die deutlich von dem abweicht, was man bisher Hamburgs Geschichtsbüchern hatte entnehmen können.

Mochte die von Heß vorgenommene Bewertung des Rezesses von 1483 den Hütern hamburgischer Tradition auch bedenklich erscheinen, die Vorgänge lagen zu lange zurück, um darüber in größeren Streit zu geraten. Gewagter war, daß Heß auch solche Ereignisse in seine Umdeutung der Tradition einbezog, die sehr viel näher an die eigene Gegenwart heranreichten. Auffälligstes Beispiel ist seine Darstellung der innerstädtischen Krise des ausgehenden 17. Jahrhunderts. Die offizielle Lesart hatte bis dahin gelautet, daß Hamburg in der „Zeit der Wirren" (1682-1686) in die Hand der Volksverführer Snitger und Jastram geraten sei. Die beiden seien aus eigensüchtigem Machtinteresse im Begriff gewesen, Hamburg dem dänischen König auszuliefern. Zum Glück seien sie daran im letzten Augenblick gehindert und verdientermaßen wegen Stadtverrats hingerichtet worden[35]. Auch wenn seither mehr als 100 Jahre vergangen waren, der Eklat war keineswegs vergessen. Zur Abschreckung für Aufrührer waren die Schädel von Snitger und Jastram noch zu Heß' Zeiten am Steintor und am Millerntor aufgespießt zu sehen[36].

Heß war sich sehr wohl bewußt, daß er an ein Tabu rührte, als er „*diese wichtigste, kritischste und verwickelste Begebenheit in der Hamburgischen Geschichte*"[37] neu aufrollte. Die Widerlegung bisheriger Geschichtslegenden, so der Autor, erfordere in diesem Fall besondere Ausführlichkeit, „*weil die vormaligen Erzähler dieser Begebenheiten aus unrühmlicher Parteilichkeit oder unwissender Nachschreiberei das Andenken dieser Männer unverdienter Weise mit Schmach so besudelt haben, daß noch jetzt der Enkel ihre patriotischen Namen mit Abscheu zu nennen gewöhnt wird.*"[38] In Auseinandersetzung mit dem tradierten Bild wird Heß nicht müde, die ehrlichen Absichten der beiden „*rastlosen, kühnen Volksmänner*"[39] herauszustreichen. Besonders Hieronymus Snitger wird als das Muster eines Bürgerfreundes dargestellt: Er „*pflanzte sich durch seine geselligen Tugenden in die Herzen aller guten Bürger tief ein, deren dankbare Gesinnungen ihm schon wegen seines Eifers für das Wohl des Staates, wegen seines tätigen Patriotismus, Muts, Freiheitssinns und seiner Unerschrockenheit ergeben waren.*"[40] Die arglos eingegangenen Kontakte zu den Dänen seien von den letzteren hinterhältig mißbraucht worden; vorzuwerfen sei den beiden Angeklagten nur ihre Leichtgläubigkeit gewesen. Die grausamen Foltern, mit denen man ihnen weitergehende Geständnisse vergeblich abzupressen suchte, erbittern Heß noch über die Distanz eines Jahrhunderts. Seine Empfindung faßt er in die Worte: *„Widerwille und Verachtung."*[41]

Auch einen vor der Geschichte Verantwortlichen benennt Heß: Es ist in seinen Augen der von Machtehrgeiz zerfressene Bürgermeister Heinrich Meurer[42]. Er habe von Anfang an eine Politik der Konfrontation gegenüber der Popularpartei betrieben; deren Führer Jastram und Snitger habe er mit seinem Haß verfolgt und auf ihren Sturz hingearbeitet. Heß bestreitet nicht, daß die beiden Volkstribunen ihre Tragödie mitverschuldeten. Gleichwohl läßt er seinen Bericht über die Snitger-Jastramschen Wirren mit dem Wunsch enden, *„daß die Bürger aller Freistaaten zu allen Zeiten mit solch einer Vaterlandsliebe, mit solch einem Eifer für das Wohl ihrer Republik ausgerüstet sein möchten, als in Snitger und Jastram immer tätig wirkte".*[43]

Wie sehr Heß bis in die eigene Gegenwart hinein dem Ringen um die bürgerschaftlichen Rechte zentrale Bedeutung zumaß, wird an seinen Ausführungen über die Hamburger Verfassungswirklichkeit des ausgehenden 18. Jahrhunderts deutlich. Er räumt hier unumwunden ein, daß das in den Rezessen einst verankerte politische Kräfteverhältnis sich inzwischen erheblich zugunsten des Rates verschoben habe: *„Wenn man indessen den Staat, so wie er heut zu Tag wirklich ist, aus näherer Ansicht kennt, und einige Artikel aus ältern und neuern Rezessen mit dieser Kenntnis vergleicht: so findet sich bald, daß man einige Schritte von der Bahn des reinen Demokratismus abgehen muß. Man findet, daß das Corpus von Bürgern, welches Rat heißt, in Absicht auf Rang und Einfluß ein entschiedenes Übergewicht über seine Mitbürger hat, und daß dieses Übergewicht nur durch gewisse andere Rechte der Bürger, die nicht im Rate sitzen, dermaßen niedergewogen wird, daß keine eigentliche Aristokratie daraus entstehen kann, und der Staat durch das immerwährende Auf- und Niedergehen beider Schalen waagerecht bleibt."*[44]

Der Autor vermeidet es, den Blick des Lesers geradezu nach Westen zu lenken. Aber unübersehbar ist, daß Heß wie selbstverständlich die aus Frankreich herübertönenden Kampfbegriffe „Aristokratismus" und „Demokratismus" auf Hamburgs Verfassung in Vergangenheit und Gegenwart anwendet. Solches Analogiedenken wird dem Leser um so näher gelegt, als Heß im Vorwort zu seiner Verfassungsgeschichte auf dasselbe Deutungsmuster Bezug nimmt, das die Republikaner in Frankreich für sich in Anspruch nahmen: Die Geschichte der römischen Republik. Diesem seiner eigenen Geschichtsschreibung zugrundeliegenden Modell sagt Heß nach: *„Nur zweierlei Menschen treten auf: Patricier und Plebejer. Ihre Kräfte, ihr Streben, ihre Taten wirken unaufhörlich fort, und drängen sich in den brausenden Strom der Begebenheiten, der unaufhaltsam alles mit sich dahin reißt. Selbst die geringen Stillstände sind nur Ankündigungen von neuen, großen überraschenden Dingen."*[45] So wie er die neueren Zeiten auf die Entgegensetzung von Aristokratismus und Demokratismus gestellt sah, so die römische Republik auf den Gegensatz von Patriziern und Plebejern. Hier wie dort ist jene Polarisierung der Begriffe wirksam, die die politische Sprache des revolutionären Zeitalters kennzeichnet.

Mit der Verfassungsgeschichte hatte Heß seine dreibändige Topographie Hamburgs abgeschlossen. Die Erscheinungsdaten 1787, 1789, 1792 liegen dicht genug beieinander, um dem Werk einen gemeinsamen Zeithorizont zu erhalten. Und doch spürt man der unterschiedlichen Akzentuierung der Bände etwas von der in eben diesen Jahren eingetretenen Veränderung des öffentlichen Klimas an. Im ersten Band dominiert ein neutraler Berichtston, Passagen mit deutlicher Meinungsäußerung wirken noch wie Einsprengsel. Der zweite Band ist mit den Kapiteln über „Oeketologie" und „Ethognomik" nicht nur theoriehaltiger, er ist auch im Sprachduktus pointierter. Der dritte Band schließlich zeugt von einer Politisierung, die den historisch vorgegebenen Rahmen zu sprengen droht.

Der Schock des Sommers 1792 in Paris

Es sollten nahezu zwei Jahrzehnte vergehen, bis Heß die Arbeit an seiner Topographie wieder aufnahm. Das Ergebnis waren drei umfängliche Bände, die 1810 und 1811 in Hamburg erschienen. In dieser verbesserten Auflage waren alle topographischen Details mit solcher Sorgfalt überarbeitet, daß man in Hamburg des Lobes voll war. Und doch muß für die zeitgenössischen Leser noch auffälliger gewesen sein, was darin nicht enthalten war. Kein Wort darüber, daß seit 1806 französische Truppen die Stadt besetzt hielten, kein Wort darüber, daß Hamburg seit Dezember 1810 dem Kaiserreich Napoleons einverleibt war. Da sich bei Behandlung der Hamburgischen Verfassung die politische Realität schlechterdings nicht hätte verheimlichen lassen, verzichtete der Autor ganz und gar auf das Verfassungskapitel und vertröstete seine Leser auf eine später nachzuliefernde Darstellung der Hamburger Geschichte. Dieses Verfahren, so stellt Heß im Vorwort nicht ohne Sarkasmus fest, habe den Vorzug, daß es „*keine Absprünge in die Gegenwart erlaubt, und dieses zu vermeiden, wird mir nicht schwer werden*"[46].

Deutlicher konnte der Autor unter den obwaltenden Zensurbedingungen nicht zum Ausdruck bringen, wie sehr ihm die politische Gegenwart verleidet war. Unter solchen Vorzeichen die Mühe topographischer Recherche auf sich zu nehmen, war doppelt entsagungsvoll. Man könne seine Arbeit, so seufzt Heß, „*mit zu den Eisspalten des Lebens zählen, an welchen unser Gletscher von Jetzt-Welt voll ist*"[47].

„*Unser Gletscher von Jetzt-Welt*" – die Wortwahl ist ebenso ungewöhnlich wie einprägsam. Sie läßt auf eine Zeiterfahrung schließen, die nicht erst von 1810 datiert. Verfolgt man die Lebensgeschichte von Heß zurück, dann stößt man auf ein wie ein Schock wirkendes Erlebnis: seine Reise in das revolutionäre Paris im Sommer 1792. Heß hatte diese Reise angetreten, nachdem er die Arbeit an der ersten Ausgabe seiner Topographie beendet hatte. Kein Zweifel, als er 1792 von Hamburg abreiste, war er noch voller Zuversicht, in Paris Zeuge eines Menschheitsaufbruches zu werden. Wie für so viele andere war auch für ihn fraglos, daß dem 1789 neugeborenen Frankreich

21

die geistige Meinungsführerschaft in Europa zukomme. Noch Jahre später schreibt er: *„Frankreich konnte sich von 1789 bis 1792 rühmen, die Meinungen und die Denkart des ganzen bessern Teils der Menschen in Europa zu regieren."*[48]

Es genierte Heß auch im nachhinein nicht, zu dem Sievekingschen Freundeskreis gehört zu haben, der in Hamburg für die Ideale der frühen Revolution geschwärmt und deswegen den Vorwurf des „Demokratisierens" auf sich gezogen hatte. Man hört deutliche Sympathien für die seinerzeit Verdächtigten heraus, wenn Heß sich erinnert: *„Jene angeschwärzten Freunde der Freiheit litten nicht wenig."*[49] Ungeachtet von Anfeindungen hatten er und seine Freunde sich einer gerechten Sache verpflichtet gefühlt: *„Jeder, der es zur Schuld seines Daseins rechnet, für die erhöhte Sittlichkeit und Glückseligkeit einer intellektuellen Welt zu leben und zu arbeiten, wird mit inniger Freude die Revolution der Neufranken haben entstehen und in den ersten Fortschritten gedeihen sehen."*[50] Diese Worte stammen aus einer Retrospektive, die Heß 1797 unter dem Titel „Versuche zu sehen" aufgezeichnet hat. In derselben Rückschau ist aber auch der Augenblick grausamen Erwachens festgehalten.

Heß greift aus seinem Tagebuch die Erlebnisse heraus, die er vom 10. bis 13. August 1792 in Paris hatte. Er schildert, wie er von seinem in der Rue des Arçis gelegenen Quartier aus an die Plätze des Geschehens eilt und dabei Zeuge von Ereignissen wird, die ihn zutiefst verstören: *„Die Szenen der Unmenschheit, der Barbarei und der kalten Grausamkeit, das Anhören des vom Blute triefenden Spotts, des brutalen Witzes, drohten der Farbe meines Lebens eine gänzliche Veränderung."*[51] Besonders eindringlich beschreibt Heß, was er auf offener Straße beobachtet: Da liegen Leichen am Wege, die man wie Sitzgelegenheiten nutzt; bei den Umstehenden nichts als Belustigung. Da betätigt sich ein Sansculotte als *„Menschen-Jäger"*; er erschießt einen schlafenden *„Dolch-Ritter"* und das aus gelangweiltem Übermut. Da wird der Intendant der königlichen Civil-Liste De La Porte vor den Augen einer jauchzenden Menge guillotiniert. Und am Pont Neuf wird die Statue Heinrichs IV. von demselben Volk gestürzt, das zwei Jahre zuvor ein Freiheitsfest zu seinen Füßen gefeiert hat. Die Reden, die Heß im National-Convent und im Jakobiner-Club hört, verblassen vor den Eindrücken der Straße. Die Rolle des Zuschauers wird ihm zur Qual: *„Es waren nur zwei Wege, um aus dieser Betäubung zurückzukommen; man mußte entweder sein zerrissenes Herz ganz von sich werfen, oder jeden Abend in der Einsamkeit sich mit Mühe in die Menschlichkeit wieder hineindenken, welche den Tag über in diesem Getümmel der Hölle verloren gegangen war. Ich wählte das Letztere, und stählte mich dabei jeden Morgen vor meinem Ausgange mit stoischer Kälte; weil sichtbare Teilnahme, Bedauern oder Tränen den Tod brachten."*[52] Der Autor schließt seinen Bericht mit einem sehr persönlichen Bekenntnis: *„Ich sehnte mich weg von dieser schönen Erde wie ein Vogel von einer Leimrute, über den der Habicht seine Krallen schlägt. Ah! ich mußte noch lange genug in ihrer ärgsten Molochs-Höhle bleiben! meine Menschenliebe hatte gute Zeit, durch und durch gesiebt zu werden; die weiche Herzlichkeit meiner Gefühle gerann; mein Zutrauen zu Menschen und Menschen-Güte hat seit der Zeit gekränkelt."*[53]

Heß ist nur einer von vielen Paris-Besuchern, denen ihre Hoffnungen unter dem Eindruck der blutigen Exzesse des Sommers 1792 zerbrachen[54]. Ein Frontenwechsler? Eher ein zwischen die Fronten Geratener. Allen seinen Äußerungen ist zu entnehmen, daß er den seit 1792 gegen das revolutionäre Frankreich geführten Krieg für ein Unglück gehalten hat. Er spricht von einer *„unseligen Koalition"*[55], er nennt die an die königstreue Bevölkerung appellierende Koblenzer Erklärung des Herzogs von Braunschweig, ein *„unweises Manifest"*[56], ja er verurteilt die alliierte Kriegsführung als einen *„unmenschlichen Aushungerungs-Versuch von 26 Millionen Menschen"*[57].

Und seine politischen Ideale? Konnte Rousseau ihm noch ein Leitstern sein, seit er dessen gewalttätigen Jüngern begegnet war? Heß war zu sehr in seiner moralischen Existenz getroffen, um Zweifel einfach abzuschütteln. Im nachhinein erscheint ihm der Verfasser des „Contrat social" als ein Denker *„aus einem romantischen Herzen, mit einem schwärmerischen Geiste; die Vernunft war bei ihm nie Besitzerin, viel weniger Gesetzgeberin".*[58] Diskreditiert war aber auch die Aufklärung selbst. Ein verzweifelungsvoller Satz wie dieser kommt Heß in die Feder: *„. . . es ist die Zeit, von diesen aufgeklärten Verfinsterungen und diesen verfinsternden Aufklärungen aufzuhören."*[59] Heß war es ernst mit seinem Appell, und doch zögert er, in die allgemeine Verketzerung der Aufklärung mit einzustimmen: *„Die Sage ist ziemlich allgemein, die französische Revolution sei durch die Aufklärung bewirkt worden. Ich will hier nicht dagegen rechten, wenn ich gleich fest glaube, aufgereizte Leidenschaften und ein die menschlichen Kräfte übersteigender Druck haben den größten Anteil daran."*[60]

Heß rettet schließlich in seinem Herzen die Aufklärung, indem er sie den Franzosen abspricht: *„Hätte ein aufgeklärtes Volk den Unsinn eines Marat, Chabot, Hebert, Couthon, St. Just u. dgl. nur fünf Minuten angehört, ohne sie von der Bühne zu rufen?"*[61] Aus solchen Worten spricht die Enttäuschung eines Mannes, der die Aufklärung verraten sieht. Seine Kritik an den französischen Demokraten zeugt von dem Schmerz des Mitbetroffenen: *„Hier – ungern gestehe ich es – hat der ausdauernde, hitzige, leidenschaftliche Demokrat unweit mehr verloren, und so sich selbst eingebüßt, als der, welcher von der Entstehung der Revolution an als Aristokrat ihr Gegner war. Er hat zum großen Teil seinen unverdorbenen Enthusiasmus für das Gute und Schöne gegen wilde Bravour-Maximen umgetauscht und die echte Liebe der Freiheit, die aus einem zarten Gefühl für das Glück des Menschen entsteht, in rohe Freiheitswut verwandelt."*[62] Heß schließt sich selbst ein, wenn er über seine Generation schreibt: *„Es gibt vielleicht kein schrecklicheres Gefühl, als das Erwachen aus der Täuschung, der Unwürdigkeit gedient und dem grausamen Mutwillen schlechter Menschen gefrönt zu haben . . . O das Gefühl dieser Erniedrigung ist nicht zu berechnen!"*[63]

Seit der Pariser Erfahrung widerstrebte es Heß, sich im Kampf der verfeindeten Parteien auf die eine oder andere Seite zu schlagen. So wenig er seine einstigen Sympathien verbirgt, er hält von nun an Distanz gegenüber den *„Parteisüchtigen von beiden Seiten"*[64]. Er verwirft den *„eisernen Aristokratismus"* ebenso wie den *„zer-*

störenden Demokratismus"[65], oft erscheinen ihm die Fronten geradezu verkehrt, so wenn er beklagt, es gebe *„keine lästigeren Aristokraten als die glückstrunkenen Demokraten unserer Zeit"*[66]. Den Parteienkampf an den Opfern messend, stehen ihm die Opfer allemal näher als die Parteien: *„ . . . leider scheint es mit zur Vergällung des menschlichen Lebens zu gehören, daß Aristokratismus und Demokratismus sich immer raufen, und schuldlose, friedliche Leute rechts und links zerschmettert werden."*[67]

Ende 1792 kehrt Heß nach Deutschland zurück. Irritiert stellt er fest, daß das Gespräch mit seinen Landsleuten schwieriger geworden ist. Ihn befremdet, daß viele der *„deutschen Freiheits-Partisane"*[68] sich weigern, die blutige Realität der Pariser Ereignisse wahrzunehmen. Aber auch die Konservativen trifft er verändert an; sie haben sich hinter verhärteten Prinzipien verschanzt, sie sind dogmatischer, parteiischer geworden. Bedauernd vermerkt er, daß es den *„aristokratischen und demokratischen Eiferern"* nicht mehr möglich scheint, *„sich bis zu jener Zeit zurückzudenken, wo diese unselige Franken-Revolution noch im Embryo lag"*[69]. Er selbst erinnert sich sehr wohl seiner Revolutionshoffnungen und fragt nach den Früchten, die sie getragen haben: *„Worin haben wir seit jenem Zeitpunkt an uns gebessert? Sind wir durch die Revolution als vernünftige Wesen weiter vorgerückt? oder haben nicht alle die leidenschaftlichen Parteinehmer dafür und dawider an Eigenwert verloren?"* Die Antwort, die er sich selbst gibt, ist niederschlagend: *„Die Vernunft"*, so bilanziert er, *„ist wenigstens um ein Jahrhundert zurückgeworfen."*[70]

Konnte Heß darauf hoffen, mit einer Position, die *„aristokratischen und demokratischen Eiferern"* gleichermaßen kritisch begegnete, Verständnis zu finden? Eine aufschlußreiche Antwort auf diese Frage gibt uns ein Zeitgenosse, der an deutschen Fürstenhöfen wegen seiner kritischen Feder gefürchtete Publizist Georg Friedrich Rebmann. In seiner Zeitschrift „Die Geißel" gibt er eine Einschätzung, wie die deutsche Öffentlichkeit Heß' „Versuche zu sehen" aufnehmen werde: *„ . . . sein Buch wird gewiß das Schicksal haben, von sehr wenigen verstanden, von allen verschrien zu werden und keiner Partei zu gefallen."* Die blindwütigen Revolutionsgegner würden Heß *„für weiter nichts als für einen bekehrten Jakobiner ausschreien"*, die deutschen Demokraten dagegen *„noch geschwinder mit dem Verfasser fertig werden, indem sie ihn mit dürren Worten einen Aristokraten schelten"*. Rebmann selbst hält das eine Verdikt für so falsch wie das andere. In Wahrheit verleugne sich in keiner Zeile des Werkes von Heß *„der tiefe Schmerz, die innige Kränkung über getäuschtes Zutrauen und betrogene Hoffnungen"*. Zwar teilt Rebmann in der Sache die von Heß geübte Revolutionskritik nur sehr eingeschränkt, aber er billigt Heß zu, daß er nicht als Überläufer, sondern aus Trauer urteile[71].

Erneute Besichtigung Hamburgs

Heß war ein von bitteren Erfahrungen Gezeichneter, als er knapp 20 Jahre nach den Ereignissen des Sommers 1792 daran ging, seine Topographie zu überarbeiten und neu herauszugeben. Die von dem Epizentrum Paris ausgehenden Erschütterungen der politischen Landschaft Europas hatten inzwischen auch Hamburg erreicht. Um kriegerischen Verwicklungen mit den Franzosen vorzubeugen, hatte die Stadt bereits 1804 begonnen, ihre Festungswälle zu schleifen. Im Gefolge des von Napoleon diktierten Reichsdeputationshauptschlusses hatten die Hamburger ihren bis dato exterritorialen Dom abgerissen. Mit Verkündung der Kontinentalsperre sorgten französische Soldaten dafür, daß kein Schiff mehr von und nach England die Elbe passierte. Seit Dezember 1810 übte ein französischer Generalgouverneur die Oberhoheit über das kaiserlich gewordene Hamburg aus. Wohin man sah, die Situation der Stadt hatte sich gründlich verändert, seit Heß sie zuletzt beschrieben hatte. Hatte sich auch das Verhältnis des Autors zu Hamburg verändert? Begleiten wir, diese Frage im Kopf, unseren Topographen auf einigen seiner erneut in Augenschein genommenen Stationen, nicht ohne zuvor noch einmal daran zu erinnern, daß Heß alle die französische Besatzung berührenden Themen sorgfältig mied.

Natürlich verweilt der Autor an der Stelle, wo einst der Dom stand. Heß macht kein Hehl daraus, daß er dem ehrwürdigen mittelalterlichen Bau keine Träne nachweint. Für ihn war der Dombezirk vor allem ein Staat im Staate gewesen, der einem selbstbewußten Hamburger seit je ein Ärgernis war. In dieser Hinsicht wertet Heß 1810 wie in der ersten Topographie-Ausgabe von 1787, nur daß damals das anstößige Gotteshaus noch stand[72].

Mit unveränderter Pietät betrachtet unser Topograph das Rathaus, Mittelpunkt der alten Stadtrepublik. Anders als beim Dom ist ihm eine Genugtuung, daß das Gebäude trotz Bauschäden unangetastet geblieben war. Das Verdienst daran schreibt er dem Baumeister Sonnin zu, der den Abriß im letzten Augenblick durch ein Gutachten verhindert habe[73]. Ausdrücklich bedauert Heß hingegen, daß aus dem Gerichtszimmer des Rathauses einige Bibelsprüche entfernt wurden, so Jesaia I, 17: *„Helft den Unterdrückten, schaffet den Waisen Recht, helft der Witwen Sache"*. Mit bissiger Ironie vermerkt Heß dazu: *„Man hält Erinnerungen der Art für unser verfeinertes Jahrhundert für ebenso unnütz als unhöflich."*[74]

Ein gewandeltes Verhältnis zu älteren Kunstepochen möchte man vermuten, wenn Heß sich über das geschnitzte Figurenwerk an Bürgerhäusern des 16. Jahrhunderts nicht mehr, wie noch in der alten Ausgabe, ausschweigt, sondern darüber mit Anteil berichtet. Doch ihn beeindruckt nicht die Gestaltungsqualität, sondern die Charakterfestigkeit, die aus den Köpfen spricht: *„Wer Selbständigkeit genug besitzt, eigene Meinungen zu haben, und sich nicht von den Fesseln der Anmaßung anschirren läßt, der gehe hierher und bewundere diese Altdeutschen Gesichter, die unter allem Unwetter, Stürmen und Anfällen eines unfreundlichen Himmels ihre charakteristischen Gesichtszüge behalten und keine Miene verzogen haben."*[75] Man wird nicht fehlgehen in der Vermutung, daß Heß mit solchem Hinweis kein Kunsturteil fällen, sondern seine von den Zeitereignissen gebeutelten Leser moralisch aufrichten wollte.

Und die neuen klassizistischen Bauten? 1787 hatte es darüber noch wenig zu berichten gegeben. Heß hatte damals bedauert, daß unter den großen deutschen Städten keine „*in Hinsicht auf guten Geschmack im Bauen so weit zurück als Hamburg*"[76] sei; zugleich hatte er allerdings eingeräumt, daß in einer Handelsstadt praktischen Notwendigkeiten Priorität vor ästhetischen Gesichtspunkten zukomme[77]. 20 Jahre später ging es um eine sehr viel stärker in Bewegung geratene Architekturlandschaft. Heß verschloß sich nicht grundsätzlich der neuen Formensprache. Es gab klassizistische Bauten, denen er ausdrücklich Schönheit und Zweckmäßigkeit testierte[78]. Aber Bürgerstolz wehrt sich in ihm, wenn er auf bloße Imponierarchitektur stieß. Und davon hatte sich nach seinem Urteil zuviel in Hamburg breit gemacht: „*. . . einen bessern, für Hamburg geeigneten Baugeschmack, der mit der eigentümlichen Anlage der Stadt, mit dem Erhaltungs-Prinzip derselben, dem Handel, und mit dem festen und anspruchslosen Charakter des freien Bürgertums im Einverständnis steht, d e n haben wir durch die neueste säulenreiche Prunk-Bauart nicht erhalten.*"[79] Als abschreckendes Beispiel nennt er eine Novität nahe dem Dammtor: „*Ein für einige Nachtwächter errichtetes Wachthaus prangt mit Trommeln, Fahnen und sonstigen Kriegs-Trophäen. Von dem wenige Fuß langen und schmalen Raume, den es einnimmt, ist über die Hälfte zu einer Vorhalle verwendet; das winzige Häuschen wird von vier Säulen getragen, daß im Notfall die ganze Mannschaft sich in den hölzernen, hohlen Bäuchen verbergen könnte. Wer indeß an so etwas Bau-Schönheit findet, der mag es.*"[80]

Heß scheut gegenüber modischer Aufgeblasenheit keine Kritik; aber er geizt nicht mit Lob, wenn klassische Formen und „wahre" bürgerliche Gesinnung zusammenfinden. Ein solcher Glücksfall ist für ihn das 1802 auf der ehemaligen Bastion Vincent errichtete Büsch-Monument, ein streng geformter Obelisk, der dem Bürgerverdienst ein Denkmal setzt[81].

Die Stationen, auf denen wir Heß bisher begleitet haben, zeigen einen Beobachter, der seiner stadtrepublikanischen Liebe zu Hamburg treu geblieben ist. Er bezieht in sein Interesse ein, was die zurückliegenden 20 Jahre in der Stadt an Neuem gebracht haben; doch seine Urteile sind auf einen skeptischen Ton gestimmt. Uns begegnet ein Mann, dessen Grundüberzeugungen nicht erschüttert, aber ernüchtert sind. Es ist nur konsequent, daß ein solcher Beobachter sich nicht an Fassaden genügen läßt. Sehr viel mehr als vor 20 Jahren nimmt Heß sich diesmal die Zeit, einzelne, das Bürgerinteresse besonders berührende Anstalten gründlich zu visitieren. Es sind dies vor allem das Waisenhaus, das Werk- und Zuchthaus und der Krankenhof. Über jede einzelne dieser Institutionen berichtet er mit größter Sorgfalt auf jeweils 60 Seiten.

Waisenhaus

Zu einem fast uneingeschränkt positiven Gesamturteil kommt Heß nur bei dem in der Admiralitätsstraße gelegenen Waisenhaus. Die auf Grund von Privatstiftungen

Abb. 6: Werk- und Zuchthaus, um 1840

einst errichtete Anstalt versorgte 1810 insgesamt 784 Kinder, davon 379 im Hause selbst, 405 außer Haus in Kost[82]. Heß empfiehlt jedem Fremden, sich dieses „*Denkmal der Humanität*" anzusehen: „*Wer andere große Institute der Art in den volkreichen Städten von Europa gesehen hat, wird es mit Befriedigung und Genugtuung im Herzen verlassen. Die Reinlichkeit, Sorgfalt, Krankenpflege, die gute Unterhaltung der Bekleidung und Wäsche, können schwerlich auf einen höheren Grad gebracht werden als in diesem Hause, worin Ordnung wohnt, ohne daß die Despotie der Ordnung darin herrschend geworden ist. Einverständnis, Vertrauen und eine ungeheuchelte Frömmigkeit erhalten die Ruhe und den Frieden in diesem Hause, das gleich einer stillen, klaren Seele eine Fülle von Guten und Sanften birgt.*"[83].

Werk- und Zuchthaus

Zurückhaltender urteilt Heß über das Werk- und Zuchthaus an der Außenalster. Behandlung und Versorgung der Gefangenen hält er, von Einzelbeanstandungen abgesehen, für angemessen. Zweifelhaft erscheinen ihm dagegen die Haftgründe. In erster Linie würden Arme wegen Bettelei eingeliefert. Die von ihm genannten Zahlen sind erschreckend hoch: 1808 wurden 1059 Bettler inhaftiert, 1809 waren es sogar 1287. Die meisten von ihnen wurden rasch nach außerhalb abgeschoben, so daß die dauerhafte Belegung des Zuchthauses um 500 schwankte[84]. Heß sieht das Ausmaß der Sozialdisziplinierung in der aktuellen Wirtschaftsmisere der Stadt begründet. Der Autor spricht hier aus eigener Erfahrung als ehrenamtlicher Armenpfleger, eine Funktion, die er 1806 aus Protest gegen die unzureichende Mittelvergabe der Armenanstalt niedergelegt hatte.

In einer an das Große Armen-Kollegium gerichteten Schrift hatte er damals auf einen Grundwiderspruch der Armenanstalt hingewiesen: Sie verbietet den Armen das Betteln, ohne in der Lage zu sein, ihnen ausreichenden Ersatz durch Arbeitseinkommen oder Unterstützung zu gewähren. Da seine Forderung nach einer allgemeinen Steuerabgabe zur besseren Finanzierung der Armenanstalt kein Gehör fand, hatte Heß sich seinerzeit aus der Arbeit der Armenanstalt zurückgezogen[85]. In der Topographie weist er nun nach, welche Folgen das rigide Bettelverbot bei gleichzeitiger Leistungsschwäche der Armenanstalt für die Belegung des Zuchthauses hatte. *„Was wird der Fremde, der mit der mit so vielem Rechte gerühmten freien Verfassung Hamburgs Bekanntschaft gemacht hat, dazu sagen, daß man dort im Durchschnitt 30 Menschen im Jahre unverschuldet ins Zuchthaus bringt! . . . kann man es dem sogenannten gemeinen Mann verargen, daß er sich so aufgebracht über dieses Einfangen zeigt . . . und wer ist hier der eigentliche Pöbel dem Gefühl und den Gesinnungen nach, der welcher durch so etwas empört wird oder der dabei gleichgültig bleibt?"*[86]

Krankenhof

Weitaus am kritischsten fällt der Bericht über den Krankenhof aus, eine Einrichtung, die ehemals als „Pesthof" begründet und seit 1797 unter neuem Namen fortgeführt wurde. Zu Zeiten von Heß dienten die vor dem Millerntor gelegenen Gebäude gleichzeitig als Altersheim, Krankenspital und Irrenanstalt. 1810 waren sie bewohnt von 482 Invaliden und Alten sowie 400 Kranken, darunter 104 „Wahnsinnigen"[87]. Aus den vom Autor gegebenen Kommentaren spricht in langen naturwissenschaftlichen Studien erworbene ärztliche Sachkunde. 1801 hatte die Universität Königsberg dem damals 45jährigen Heß die medizinische Doktorwürde verliehen. In Hamburg war er seither im Adreßbuch als Arzt ausgewiesen, ein Beruf, den er allerdings nur gelegentlich als honorarfreier Berater für Unbemittelte ausgeübt hat[88]. Zusätzliche medizinische Erfahrungen hatte er in England gesammelt, wo er Hospitäler und Irrenhäuser intensiv besichtigt hatte[89]. Gestützt auf seine Vorkenntnis, bemängelt Heß in Hamburg die gemeinsame Unterbringung von Menschen völlig verschiedener Pflegebedürftigkeit. Noch mehr aber entsetzt ihn die absolut unzureichende medizinische Versorgung. Auf dem Krankenhof selbst standen zwei nur handwerklich ausgebildete Wundärzte und ein Apotheker zur Verfügung. Ein studierter Arzt kam nur für drei Stunden

Abb. 7: Krankenhof, Innenansicht, 1759

täglich aus der Stadt, um nach den ca. 400 bettlägerigen oder in Kojen angeketteten Patienten zu sehen: *„Diese Zeit gewährt ja für jeden Kranken keine halbe Minute, nicht so viel, als es bedarf, um den Puls zu untersuchen."*[90]

Engagiert plädiert Heß dafür, insbesondere den *„Wahnsinnigen"* mehr Verständnis entgegenzubringen. Ein noch so guter praktischer Arzt sei bei der Behandlung ihrer Leiden überfordert, wenn er nicht über spezielle Kenntnis und Erfahrung verfüge. Vorbildlich ist ihm England, das durch Gesetz möglichem Mißbrauch bei der Pflege von Irren vorzubeugen suche. Er kann dem Inselreich kein höheres Lob erteilen, als daß hier *„auch den Wahnsinnigen ihre angestammten Menschenrechte erhalten werden"*[91]. Verglichen mit England, stellt er Hamburg ein schlechtes Zeugnis aus: *„Es bleibt immer auffallend, daß in einer Stadt, die mehr als hundert tausend Einwohner enthält, kein vernünftig eingerichtetes Irrenhaus ist. In einem Orte, wo das Raffinement der Leidenschaften, des Wohllebens und des Begehrungs-Vermögens in einem so ausgelassenen Grade sein Wettrennen treibt, ist keine Ressource für die Opfer, die bei diesem Treibjagen fallen."*[92] Heß will sich mit diesem Zustand nicht abfinden, sondern sucht nach künftiger Abhilfe. Sein Vorschlag setzt darauf, daß eines Tages die Einquartierungsabgabe (eine versteckte Anspielung auf die französische Besatzung) aufhören werde. Statt dann die Zahlung sogleich einzustellen, könne man die entsprechende Summe für ein Jahr freiwillig einem humanitären Fonds zukommen lassen. So habe man rasch ein Stiftungskapital von einer Million Mark zusammen, aus dem sich eine menschenwürdige Betreuung der Geisteskranken dauerhaft finanzieren lasse[93].

Eine Untersuchungskommission hätte kaum gründlicher recherchieren können, als Heß dies bei seinen Besuchen im Waisenhaus, im Werk- und Zuchthaus und im Krankenhof getan hat. Seinen Berichten ist zu entnehmen, daß er in allen drei Einrichtungen ein häufig nachfragender Gast war. Auf Schritt und Tritt läßt sich nachverfolgen, daß sein Blick eindringender geworden war, seit ihm das Pathos der Menschheits-Befreiung suspekt geworden war. Die Abgründe, in die er inzwischen gesehen hatte, waren zu tief, um sich mit jeder philanthropisch klingenden Auskunft zufrieden zu geben. Er war ein Republikaner „sans phrase" geworden. Jeden Ortstermin nutzte er als Prüfstein, wie sich Anspruch und Wirklichkeit zueinander verhalten. Wieviel die vielberufenen Menschenrechte wirklich wert waren, das maß er jetzt auch daran, wie es den *„nicht zu den Favoriten des Glücks gehörenden Menschen"*[94] erging – bis hin zu den *„Wahnsinnigen"*.

„Agonien der Republik"

Im politisch entmündigten, finanziell ausgebluteten Hamburg von 1810/11 bestand keine Chance, an das Gewissen der Stadt zu appellieren. Doch Heß vertraute darauf, daß die Stadtrepublik ihre Freiheit und damit ihre Handlungsfähigkeit zurückgewinnen werde. Gegen Ende des zweiten Bandes der Topographie gibt er seinen Lesern ein nicht mißzudeutendes Zeichen. In dem Abschnitt über das „D e u t s c h e   S c h a u s p i e l h a u s " berichtet er scheinbar unvermittelt davon, daß dort 1735 mit *„großer Sensation"* ein Freiheitsstück des Hamburger Theaterdichters Georg Behrmann aufgeführt wurde: „T i m o l e o n , d e r B ü r g e r f r e u n d ". Heß zitiert daraus absichtsvoll:

> *„Die Freiheit ist gewiß der Bürger größter Schatz.*
> *Ist die einmal dahin, so ist sie stets verloren.*
> *Zur Knechtschaft sind wir nicht, nein, wir sind frei geboren;*
> *Wir kennen keinen Herrn, als Pflicht und Vaterland,*
> *Als Rath und Bürgerschaft, als Weisheit und Verstand,*
> *Als Recht und Billigkeit, als Redlichkeit und Treue.*
> *Wer uns die Freiheit raubt, dem kommt gewiß die Reue!"*[95]

Das Ende der Franzosenzeit sollte schneller kommen, als selbst Heß bei Abschluß seiner Topographie hoffen mochte. Bereits ein gutes Jahr später fluteten die

Reste der in Rußland untergegangenen Armee Napoleons nach Westen zurück. Als im März 1813 nachrückende russische Kosaken unter dem Kommando des Obersten von Tettenborn sich der Elbe näherten, war abzusehen, daß sich die Franzosen auch in Hamburg nicht länger würden halten können. Über einen preußischen Verbindungsmann ließ Heß damals den Obersten Tettenborn wissen, daß er ihm mit geheimem Eilboten ein Signal zusenden werde, sobald die Franzosen tatsächlich abgezogen seien. Es war wohl nicht nur Autoreneitelkeit, daß Heß dafür ausgerechnet seine Topographie als Merkzeichen aussersah. Da die Bände den Plan der Stadt und Karten von ihrer Umgebung enthielten, konnten sie dem russischen Kommandanten für seine Operationen nützlich sein[96]. Am 12. März war es schließlich soweit, daß Heß seinen Boten abgehen lassen konnte. Genau fünf Tage später ritten 2000 Kosaken, geführt von Tettenborn, in das jubelnde Hamburg ein.

Die nächsten Wochen und Monate gehören mit ihrem jähen Wechsel von Befreiung, französischer Wiederbesetzung und schließlich erneuter Befreiung zu den dramatischen Epochen der Hamburger Geschichte. Heß selbst war von den sich überstürzenden Ereignissen unmittelbar betroffen. Gleich nach der ersten Befreiung war er zum Chef der Bürgergarde ernannt worden, die helfen sollte, die Stadt vor der drohenden Rückeroberung durch die Franzosen zu schützen. Als die Verteidigung dann angesichts der überlegenen Feuerkraft der anrückenden Franzosen zusammenbrach, floh Heß aus der Stadt. In Absprache mit seinen politischen Freunden Friedrich Perthes, David Mettlerkamp und Karl Sieveking ging er über Schweden nach England, wo er für die außerhalb Hamburgs operierende „Hanseatische Legion"[97] Unterstützungsgelder sammelte. Erst nachdem die Franzosen Ende Mai 1814 aus Hamburg endgültig abgezogen waren, konnte Heß zurückkehren.

Abgesehen von einer diplomatischen Mission, die ihn für einige Zeit nach Paris führte, wandte er sich jetzt erneut seiner Arbeit am Schreibtisch zu. Doch wer erwartet hatte, daß unter den Arbeiten auch die Vervollständigung seiner Topographie war, der sah sich enttäuscht. Dabei hatte Heß in der Ausgabe von 1810/11 ausdrücklich angekündigt, er werde statt des entfallenen verfassungsgeschichtlichen Teils eine allgemeine Geschichte Hamburgs als vierten Band der Topographie nachliefern. Seinerzeit hatte es erkennbar politische Gründe gegeben, den Abschluß des Werkes auf bessere Zeiten zu vertagen. Unter der Herrschaft fremder Bajonette eine bis in die Gegenwart führende Geschichte Hamburgs zu schreiben, verbot sich für Heß. Aber seit mit dem Ende der Franzosenzeit die staatliche Souveränität Hamburgs wiederhergestellt war, entfielen solche Vorbehalte. Was also hinderte Heß, seine Ankündigung jetzt einzulösen?

Geht man möglichen Gründen für das Ausbleiben des vierten Bandes nach, so legt sich nahe, jenen Moment noch einmal genauer ins Auge zu fassen, in dem Heß' topographisches Werk eine überraschende Rolle in seiner Lebensgeschichte gespielt hat: den März 1813, als der Autor die Topographie dem Obersten Tettenborn mit reitendem Boten als Signalzeichen zustellte. Für Heß war die Botenaktion ein Türöffner.

Schon wenige Tage später verschaffte er sich bei dem inzwischen bis Bergedorf vorgerückten Tettenborn Zutritt. Heß' Rolle war dabei eine doppelte: Einerseits bot er sich als Übermittler an, um zwischen dem Munizipalrat und Tettenborn die Bedingungen der unmittelbar bevorstehenden Übergabe zu klären; andererseits suchte er die Beziehung zu Tettenborn zu nutzen, um einer wenn auch vorsichtigen Reform der alten Hamburger Verfassung den Boden zu bereiten. Was das Letztere anging, so hatte Tettenborn allerdings in diesem militärisch höchst prekären Augenblick ganz andere Sorgen. Hinzu kam, daß es im konservativen Establishment der Hansestadt wenig Neigung zu Reformschritten gab. Kein Wunder also, daß Heß mit seinem Anliegen nicht durchdrang, vielmehr die alte Senatsverfassung in aller Eile unverändert restituiert wurde.

So rasch die Ereignisse über Heß' Vorstoß hinweggingen, es blieben Verletzungen. In den wenigen Wochen zwischen der Befreiung durch die Kosaken und der Wiederbesetzung durch die Franzosen war für eine öffentlich geführte Auseinandersetzung keine Zeit, aber kaum daß Hamburg seine Unabhängigkeit endgültig zurückgewonnen hatte, wurde die Kontroverse nachgeholt. Der Kern des Streits wurde von beiden Seiten in einen Wust von Vorwürfen eher vordergründiger Art verpackt. In mehr als einem Dutzend Pamphleten wurde mit Erbitterung erörtert, wer welche Entscheidungen oder Unterlassungen bei der erfolglosen Verteidigung der Stadt gegen die Franzosen zu verantworten habe[98]. Aber unverkennbar ist, daß es den Hauptkontrahenten immer auch und vor allem um die Verfassungsfrage ging.

Schon der Titel der Schrift, die Heß 1815 zu seiner Rechtfertigung veröffentlichte, läßt eine programmatische Tendenz erkennen: „Agonien der Republik Hamburg im Frühjahr 1813". In der Darstellung selbst bedauert der Autor immer von neuem, daß man 1813 versäumt habe, die Hamburger Verfassung von „*Eigennutz und Vorzugssucht*"[99] zu reinigen und sie strenger auf ihren republikanischen Anspruch zurückzuführen. Zwar listet er seine Monita nicht auf, doch zählt er zu den Mißbräuchen zweifellos die zunehmend an den Geldbeutel geknüpften Bedingungen für den Erwerb des Bürgerrechts. Schon dem Armen-Collegium gegenüber hatte er darauf hingewiesen, daß die restriktive Handhabung des Bürgerrechts „*weder mit der Entstehungs-Weise noch mit der Fortbildung unsers kleinen glücklichen Freistaates vertragbar ist*"[100]. Hatte ihn in dieser Hinsicht bereits das alte Hamburg enttäuscht, wieviel mehr schmerzte ihn, daß man auch 1813 die Chance einer republikanischen Rückbesinnung vertat. Für die Folgen dieser Fehlentwicklung machte er den Egoismus des regierenden Hamburg verantwortlich: Da diesem „*die Unantastbarkeit seiner Vorrechte und Vorzüge am Herzen lag, so mußten die alten Übel mit dem alten Zustande der Dinge sich auch wieder anfinden, und die neue Verwaltung mit der nämlichen Langsamkeit, Trägheit und Ausartung, gerade wie sie vor einigen Jahren geendet hatte, wieder anfangen*"[101]. Gegen Ende der „Agonien" faßt der Autor sein Urteil dahin zusammen, „*daß in dem Unterbleiben, unsere Verfassung zu läutern, sie von dem zu reinigen, was ihr nicht eigen ist, eine unverzeihliche Sünde gegen uns und unsere Zukunft begangen wurde*"[102].

Die politische Niederlage war auch eine persönliche. Dem Reformer, nicht weniger aber dem Historiker Heß war mit dem Sieg der Restauration der Faden abgeschnitten: Wozu noch eine Geschichte Hamburgs schreiben, wenn die Stadt sich den Lehren der Geschichte verweigert? Im Jahre nach dem Erscheinen der „Agonien der Republik" verfaßte der inzwischen 60jährige Heß noch ein weiteres und letztes Mal eine Schrift zu seiner Verteidigung. Er richtete darin an die nachwachsende Generation von Hamburgern die Mahnung: „*Es geht übrigens mit den Verfassungen wie mit den Gebäuden. Sie müssen rein erhalten und auch zu rechter Zeit ausgebessert werden. Alles altert mit der Zeit, auch die besten Einrichtungen. Was vortrefflich vor Jahren war, paßt sich oft nicht für das, was in späteren Jahren vorgeht. Die mehrsten kleinen Staaten starben frühzeitig dahin, weil sie sich nicht zu rechter Zeit selbst wehe tun wollten.*"[103] Heß rechnete nicht mehr damit, daß die Hamburger noch zu seinen Lebzeiten seine Mahnung beherzigen würden. Nur so ist zu verstehen, daß er seiner Schrift jenes Wort voransetzte, das Cato d. J. gesprochen haben soll, als er sich im Angesicht der untergehenden Republik das Leben nahm: „*Victrix causa Diis placuit, sed victa Catoni*". Die siegreiche Sache gefällt den Göttern, die besiegte einem Cato.

Heß starb in Hamburg am 20. Februar 1823. Es war dasselbe Jahr, in dem Caspar David Friedrich sein heute in der Hamburger Kunsthalle hängendes Bild „Das Eismeer/Die enttäuschte Hoffnung" gemalt hat.

Abb. 8: Gedenk-Portugaleser von 1828, *Originaldurchmesser 41 mm*

Vorderseite: *Die 1528 amtierenden Vorstände der vier Kirchspiele (rechts) verständigen sich mit dem eine Urkunde in der Hand haltenden Ratsvertreter (links) über die Stadtverfassung. In der Mitte ein Gotteskasten, der mit den Schutzheiligen der vier Kirchspiele geschmückt ist.*

Rückseite: *In der Mitte das „Kleine Hamburger Wappen", darum die Schutzheiligen der fünf Hauptkirchen von 1828 (neu hinzugekommen war St. Michael): St. Petrus (mit Schlüssel), St. Nicolaus (mit Bischofsstab), St. Catharina (mit Richtschwert und Marterrad), St. Jacobus (mit Pilgerstab und Pilgerhut), St. Michael (mit Schwert und Drachen).*

Umschrift: *DER GRÜNDUNG SEINER BÜRGERSCHAFTLICHEN VERFASSUNG – AM 29. SEPTEMBER 1528 (Vorderseite) DAS DANKBARE HAMBURG – AM 29. SEPTEMBER 1828 (Rückseite)*

Geschichte und Zeitgenossenschaft
Leonhard Wächters historische Vorlesungen
im Vormärz

Die Verfassungsfeier von 1828

Für das regierende Hamburg stand fest, daß der Michaelistag 1828 nicht ungefeiert vorbeigehen durfte. 300 Jahre zuvor hatten sich am 29. September 1528 die „bürgerlichen Collegien" der protestantisch gewordenen Stadt konstituiert. Man war sich einig, die Wiederkehr dieses Tages besonders zu begehen, bot doch das Jubiläum eine erwünschte Gelegenheit, der Neuerungssucht der Liberalen das Argument historischer Kontinuität entgegenzuhalten. So beschloß denn der Senat, alle im Jahre 1828 amtierenden Mitglieder der bürgerlichen Kollegien zu einer „Verfassungsfeier" ins Rathaus zu bitten[1].

Einen so ungewöhnlichen Staatsakt wollte sich keiner der Geladenen entgehen lassen; sie alle legten am Michaelistag ihren feierlichen Bürgermantel an und erschienen dicht gedrängt in der Halle des Rathauses. Redner der Veranstaltung waren der präsidierende Bürgermeister Johann Heinrich Bartels und der Präses der Oberalten, Siegmund Diederich Rücker. Natürlich kamen beide auf die Ereignisse vor 300 Jahren zu sprechen, aber wichtiger war ihnen die Nutzanwendung für das Heute und Morgen. Bartels ließ vor den Versammelten keinen Zweifel, was es hieß, die „*Erfahrung der Vergangenheit*"[2] zu beherzigen: Sich nicht vom Zeitgeist der „*Anmaßung*"[3] verführen lassen, vielmehr an Hamburgs „*alter, ehrwürdiger Verfassung*"[4] unverrückt festhalten; sich nicht dem „*Partei-Geist*"[5] verschreiben, sondern „*schöne innere Harmonie*"[6] walten lassen; „*bedauernswürdige Anarchie*"[7] meiden, statt dessen das Gesetz achten. Nahtlos schloß an, was der Präses der Oberalten zu sagen hatte. Er glaubte aus der Geschichte ablesen zu können, daß Hamburgs Verfassung eine Gewähr auf Dauer in sich trage: „*So, meine hochzuverehrenden Herren, genießen wir heute des hohen Glücks, uns mit Wahrheit zurufen zu dürfen, daß alle politischen Umwälzungen, die Europa, insonderheit aber unser deutsches Vaterland seit drei Jahrhunderten betroffen haben, wenn gleich nichts weniger als ruhig an uns vorübergegangen, dennoch das Wesen unserer Verfassung nur vorübergehend, nicht aber auf Dauer erschüttert haben.*" Nachdem die von außen über Hamburg hereingebrochene Franzosenzeit überstanden sei, könne man sich nun „*mit Ruhe der Hoffnung überlassen, daß die Zeiten der Stürme vorüber sind*".[8]

Wie sehr sich Bürgermeister und Präses der Oberalten in der Würdigung von Gegenwart und Vergangenheit einig waren, das bezeugten nicht nur ihre Reden; zum sichtbaren Ausdruck ihres Konsenses erneuerten die beiden Männer vor den Versammelten symbolisch den Händedruck, mit dem vor 300 Jahren die Verfassung der Stadt besiegelt worden war[9]. Augenfälliger konnte nicht demonstriert werden, daß die Verteidigung des Status quo ihre Legitimation aus der Vergangenheit bezog. Die Geschichte diente der Festschreibung des Bestehenden; jedenfalls war dies das Ziel, mit dem der Senat zur Verfassungsfeier von 1828 geladen hatte.

Auswirkungen der Pariser Julirevolution von 1830

Es vergingen keine zwei Jahre, da geriet der Glaube, die Berufung auf die Historie sei ein probates Mittel, den politischen Verhältnissen Dauer zu verbürgen, von einem Tag auf den anderen ins Wanken. Wer bis dahin darauf vertraut hatte, daß mit dem Wiener Kongreß dem Empörungsgeist ein für allemal ein Riegel vorgeschoben sei, den mußten die Pariser Ereignisse des Sommers 1830 desillusionieren. In den letzten Julitagen hatte das despotische Gebaren Karls X. überraschend zum Sturz des Königs geführt; an seiner Stelle hatte die siegreiche Opposition den Bürgerkönig Louis Philippe auf den Thron gehoben. Die Nachricht von der Julirevolution verbreitete sich in Windeseile in Europa und löste überall mehr oder weniger heftige politische Eruptionen aus. So kam es in England zu einer Parlamentsreform, in Belgien zur revolutionären Lossagung von den Niederlanden, in Braunschweig zur Verjagung des verhaßten Herzogs Karl.

Ging das alles die Stadtrepublik Hamburg nichts an? Am 14. August traf im Hafen das erste französische Handelsschiff ein, das die neue dreifarbige Flagge aufgezogen hatte. Kapitän und Mannschaft wurden an der Reede von einer jubelnden Menge begrüßt[10]. Zwei Tage später heißt es in einem Brief Heinrich Heines: *„In Hamburg flattert die Trikolore, überall erklingt dort die Marseillaise, sogar die Damen erscheinen im Theater mit dreifarbigen Bandschleifen auf der Brust . . . Sogar die reichen Bankiers, die infolge der revolutionären Bewegung an ihren Staatspapieren sehr viel Geld verlieren, teilen großmütig die allgemeine Freude, und jedesmal, wenn ihnen der Makler meldet, daß die Kurse noch tiefer gefallen, schauen sie desto vergnügter und antworten: ,Es ist schon gut, es tut nichts, es tut nichts!'"*[11] Heine teilt uns nichts Genaueres über die Motive der Hamburger Damen, geschweige der Hamburger Bankiers mit. Nicht ohne Wirkung dürfte gewesen sein, daß die Berichterstattung der liberalen Presse das Publikum freundlich eingestimmt hatte; im übrigen gab es Indizien, daß sich die Börsenkurse rasch erholen würden.

Weniger gelassen konnte man im Rathaus die Dinge sehen. Es war zu besorgen, daß die liberale Opposition in der Stadt Auftrieb bekam. Zudem rührte sich der Pöbel: Es gab in den Vorstädten und selbst auf dem Jungfernstieg Zusammenrottungen, antisemitische Parolen kamen auf, Fensterscheiben wurden eingeworfen. Um wenigstens der letzteren Gefahr zu steuern, ließ der Senat im September das altbewährte „Tumultuanten-Mandat" anschlagen sowie Bürgergarde und Stadtulanen aufziehen[11a]. Die äußere Ordnung war auf diese Weise rasch wiederhergestellt, nicht aber das Vertrauen, „die Zeiten der Stürme seien vorüber".

Die Commerz-Deputation lädt ein

Das von den Regierenden in Hamburg so sorgfältig gepflegte Bewußtsein einer unangreifbar festgefügten Tradition hatte Risse bekommen. In das Bollwerk der kanonisierten Überlieferung drangen jetzt Fragen und Zweifel ein, die über Jahre und Jahrzehnte ausgesperrt gewesen waren. Hatten die Ideen von 1789 den Hamburgern noch oder wieder etwas zu sagen? Waren die Freiheitskämpfer von 1813 Betrogene? War Hamburgs althergebrachte Verfassung noch zeitgemäß? Die Konservativen in der Stadt hätten solche Themen am liebsten ignoriert gesehen. Um so mehr mußte sie befremden, daß ausgerechnet die Commerz-Deputation für den Winter 1830 eine Vorlesungsreihe ankündigte, in der eben diese Themen in aller Öffentlichkeit zur Sprache kommen sollten.

Als Vortragenden hatte man einen Mann gewonnen, der in Hamburg einen Namen als Schriftsteller besaß: L e o n h a r d   W ä c h t e r. Er gehörte derselben Generation an wie der Bürgermeister. Bartels stand damals im 70., Wächter im 69. Lebensjahr. Beider frühe Mannesjahre reichten in die Zeit der französischen Revolution, in beider Leben war die Befreiung von französischer Herrschaft ein einschneidendes Erlebnis gewesen, beide waren Hamburg-Patrioten, deren Streben ganz dem Wohl der Stadtrepublik galt. Doch so viel die beiden verband, noch mehr trennte sie. Bartels, Sohn eines Zuckerfabrikanten und Oberalten, gehörte schon seit 1798 dem Senat an; immer war er ein Mann der Staatsräson gewesen[12]. Ganz anders der aus bescheidenen Verhältnissen stammende Wächter. Er hatte in seinem Leben weniger Rücksicht auf Opportunitäten genommen, schon gar nicht hatte er unter dem Rollenzwang eines Regierungsamtes gestanden. Es war gewiß kein Zufall, daß die Commerz-Deputation in diesem Augenblick gerade ihn bat, in der Börsenhalle[12a] seine Deutung von hamburgischer Geschichte und Zeitgeschichte zu geben. Von ihm konnte man erwarten, daß er nicht nur Altgewohntes vortrug. Mit Ladenhütern, so wußten die Kaufleute am besten, konnte man in bewegten Zeiten nicht aufwarten.

Der an das Rednerpult trat, war ein Mann mit kahler Stirn und wehendem weißen Haar an den Schläfen. Auf welches Leben blickte der nach damaligen Begriffen greise Leonhard Wächter zurück?[13]

Geboren 1762 in Uelzen, kam er mit 14 Jahren nach Hamburg, wohin der Vater als Diakon an die St.-Michaelis-Kirche berufen worden war. Der Sohn besuchte hier das Johanneum. Als 19jähriger Schüler versuchte er sich zum ersten Mal als Schriftsteller. Sein „Sturm und Drang"-Erstling, das vaterländische Schauspiel „Franz von Sickingen", war Goethes „Götz" nachempfunden. In der Zeit seines Theologiestudiums in Göttingen gewann er die Protektion Gottfried August Bürgers, dessen „in tyrannos" nicht ohne Spuren in Wächters weiteren literarischen Produktionen blieb. Nach Hamburg zurückgekehrt, verfaßte er unter dem Pseudonym V e i t   W e b e r zahlreiche Dichtungen, die insbesondere Themen der vaterländischen Geschichte gewidmet waren.

Abb. 9: Börsenhalle, um 1840

Ein halbes Jahr nach dem Bastillesturm besang er den Anbruch der neuen Freiheit im Nachbarland Frankreich mit feierlichen Gedichtstrophen[14]. Man sah ihn in Zirkeln verkehren, in denen sich in Hamburg die Sympathisanten der französischen Revolution trafen[15]. Anders als die meisten Frankophilen beließ es Wächter nicht bei Begeisterung im Salon. Als Preußen und Österreich ihre Heere gegen das revolutionäre Frankreich marschieren ließen, eilte er gemeinsam mit einem Freund über den Rhein, um unter der Trikolore die französische Republik zu verteidigen[16]. Als Hauptmann der von Dumouriez befehligten Armee nahm er 1792/93 an dem gegen das österreichische Interventionskorps geführten Flandernfeldzug teil. Seine militärische Rolle fand erst ein Ende, als Dumouriez nach der Niederlage von Neerwinden 1793 zu den Österreichern überlief und sich die Revolutionstruppen auflösten. Noch im selben Jahr finden wir Wächter wieder in Hamburg, wo jetzt seine Berufswahl anstand.

Zum Theologen fühlte er sich nicht bestimmt, aber auch ein Amt an einer öffentlichen Schule scheute er aus Sorge um seine Unabhängigkeit. So nahm er das Angebot des ihm befreundeten Prof. Voigt an, an dessen privater Erziehungsanstalt zu unterrichten. Aus einem Pensum von wenigen Stunden wurde im Laufe der Zeit eine Wächter voll in Anspruch nehmende Tätigkeit. Er gab einen Unterricht, der ganz und gar aus dem Rahmen fiel. Nicht nur, daß er neben antiker auch hamburgische Geschichte lehrte, er ging sogar auf die jeweiligen Tagesereignisse in einer regelmäßigen „Zeitungsstunde" ein. In napoleonischer Zeit führte dies zu einem „Vorfall": Seine gegenwartsnahe Lehrpraxis war dem französisch kontrollierten Magistrat hinterbracht worden, woraufhin dieser einschritt und dem Privatlehrer sowohl die verdächtige „Zeitungsstunde" wie den hamburggeschichtlichen Unterricht untersagte[17]. Zu völliger Unterbrechung seiner Lehrtätigkeit kam es im letzten Jahr der französischen Herrschaft. Als im Frühjahr 1813 nach vorübergehender Befreiung von den Franzosen eine Rückeroberung Hamburgs durch napoleonische Truppen drohte, gehörte Wächter zu denjenigen Mitgliedern der Bürgergarde, die sich besonders entschlossen an der – wenn auch vergeblichen – Verteidigung der Stadt beteiligten.

Aus der späteren Zeit stammen von seiner Feder nur noch wenige literarische Produkte. Der Broterwerb als Lehrer stand jetzt über viele Jahre im Vordergrund seines Wirkens. Erst mit 65 gab er seine Schultätigkeit auf und übernahm eine Stelle an der Stadtbibliothek[18]. Von nun an wandte sich sein Interesse ganz gelehrten Untersuchungen zu. Festere Gestalt nahmen seine Studien an, als er 1830 die Aufforderung bekam, in der Börsenhalle geschichtliche Vorlesungen zu halten[19]. Die öffentliche Ankündigung seines Auftretens stieß in der Stadt auf neugieriges Interesse. Man war gespannt, was der einstige Revolutionssoldat und Bürgergardist aus der rückschauenden Rolle des Historikers zu sagen hatte.

In einem Zeitalter, das noch nichts von der technischen Reproduzierbarkeit des gesprochenen Worts wußte, überdauerte der Wortlaut von Reden nur im Ausnahmefall. Die Vorlesungen Wächters stellen eine solche Ausnahme dar. Zu jedem Thema, das er behandelte, stützte er sich auf ein sorgfältig ausgearbeitetes Redemanuskript, das er anschließend bei sich verwahrte. Dieser Umstand setzte den Historiker C. F. Wurm nach dem Tode Wächters in die Lage, die nachgelassenen Texte in einer zweibändigen Ausgabe 1838/39 zu veröffentlichen[20]. Die hier nachzulesenden hamburggeschichtlichen Vorlesungen erstrecken sich vom frühen Mittelalter bis zum Ende der napoleonischen Ära. Sie geben uns ein getreues Bild von Inhalt und Duktus der Vorträge, die Wächter von 1830 bis 1832 gehalten hat.

Geschichte als Handelsgeschichte

Im Publikum richtete sich eine besondere Erwartung an die Behandlung des von 1789 bis 1814 reichenden letzten Zeitabschnitts, den der Redner auf der Höhe seiner Jahre selbst miterlebt hatte. Doch Wächter ging es um ein historisches Gesamttableau. So hatten sich die vor allem an der „jüngsten Vergangenheit" interessierten Zuhörer in Geduld zu fassen und zunächst seinen Ausführungen zur älteren Hamburg-Geschichte zu folgen. Der Rekurs auf lange zurückliegende Jahrhunderte entsprang bei Wächter nicht einer romantischen Neigung zur Versenkung in ferne Vorzeiten, seine Fragen an die mittelalterliche Vergangenheit Hamburgs waren vielmehr von einem aktuellen Interesse geleitet. Bereits die ersten Sätze, mit denen er in der Börsenhalle die Vorlesungen zur hamburgischen Frühzeit eröffnete, charakterisieren die Tendenz seines Interesses: *„Nichts erinnert uns nachdrücklicher an die Vorteile, welche die bürgerliche Vereinigung der menschlichen Gesellschaft gewährt, als der Handel. Er entwickelt ihre Kräfte und befördert ihr gemeinschaftliches Zusammenwirken; er unterhält die Tätigkeit der Völker, schützt ihre innere Ruhe und schafft ihnen gegen Angriffe von Außen Waffen, welche sicherer das zweifelhafte Kriegsglück entscheiden als Feuer und Stahl."*[21] Für den Hörer war damit von Anfang an klar: Es wird nicht um Haupt- und Staatsaktionen gehen, in denen Kanonen eine Rolle spielen! Es wird um bürgerliche Geschichte, will sagen um Handelsgeschichte gehen!

Geschichte als Handelsgeschichte – so nahe in einer ganz auf Handel gestellten Kaufmannsstadt ein solches Konzept lag, es verstand sich nicht von selbst. Noch 1792 hatte Jonas Ludwig von Heß in seiner Topographie Hamburgs geschrieben: *„Es hat immer zu der patriotischen und privaten Politik der Hamburgischen Kaufleute gehört, ihre Geschäfte, mit wem und wie sie sie treiben, nicht laut werden zu lassen. Der Versuch einer Handelsgeschichte von Hamburg könnte also, wenn er geschrieben würde, nichts als ein trauriger Beweis sein, daß sich eine solche Geschichte nicht schreiben läßt."*[22] Vielleicht angestachelt von dieser Feststellung wagte sich noch im selben Jahrzehnt Johann Georg Büsch an das soeben für unmöglich erklärte Unternehmen. Er legte 1797 den „**Versuch einer Handelsgeschichte der Hamburgischen Handlung**" vor[23]. Im Grunde bestätigte Büschs Darstellung die bei der damaligen Quellenlage zutreffende These von Heß. Dennoch bleibt Büsch das Verdienst, zu diesem wichtigsten Thema der hamburgischen Geschichte einen ersten Weg gewiesen zu haben.

Abb. 10: Leonhard Wächter (1762–1837)

Wächter gehörte zu den Historikern, die die Spur des im Jahre 1800 gestorbenen Büsch aufnahmen. Nicht nur, daß er sich wiederholt auf dessen Handelsgeschichte bezog, er nannte den Autor auch seinen „*verehrten Lehrer*"[24]. In der Tat folgt Wächter, soweit es um handelsgeschichtliche Einzelfragen geht, durchweg der Autorität von Büsch. In dieser Hinsicht hatte er nicht den Ehrgeiz, über seinen Vorgänger hinauszukommen. Wächters historiographisches Streben ging in andere Richtung: Für ihn bot Handelsgeschichte ein Arsenal von Argumenten, die dazu beitragen konnten, dem nach 1815 politisch resignierten Bürgertum das Selbstvertrauen zurückzugeben.

Seine erste Vorlesungsreihe „H a m b u r g u n d s e i n V e r h ä l t n i s z u r H a n d e l s w e l t b i s i n s 1 7 . J a h r h u n d e r t" ist denn auch über weite Strecken wie eine Lehrveranstaltung konzipiert, die Auskunft über den Nutzen des Zusammenwirkens von bürgerlicher Kultur, städtischem Marktinteresse und politischer Freiheit gibt. Entsprechende generelle Feststellungen ziehen sich wie ein roter Faden durch die Darstellung. Gleich einleitend äußert Wächter zur Bedeutung des Handels: „*Wo der Handel durch Einsicht und Humanität geläutert ist, wirkt er zur Belebung aller bürgerlichen Tugenden, wo er dauernd gedeiht, beruht er auf Freiheit und ist das kräftigste Mittel, dies unschätzbare Gut, dessen Verlust den Menschen aller seiner Vorzüge beraubt, zum Gemeingut der gesamten Menschheit zu machen.*"[25] Ort des Handels sind vor allem die Städte, die dank des Handels zugleich Stätten der Kultur werden. Dazu Wächter: „*So wurden die Städte nach und nach die Sammelplätze aller Annehmlichkeiten und Ergötzungen des Lebens und die Märkte der mannigfaltigsten Mittel, wirkliche oder erkünstelte Bedürfnisse zu befriedigen. Die vermehrte Geselligkeit, der Geschmack an städtischem Vergnügen milderte die rauhe Denkungsart der Deutschen und schliff ihnen im eigentlichen Wortverstande ‚Urbanität' an.*"[26]

Wächter wird nicht müde, vor seinem Publikum das Lob der Städte auszubreiten. Beredt schildert er, wie in ihren Mauern wirtschaftliche, kulturelle und politische Faktoren zum wechselseitigen Vorteil zusammenspielten: „*Die Städte wurden nach und nach gleichsam stehende Werkstellen des Erwerbs-Fleißes, Lehrschulen einer bessern Staatshaushaltung, Begründerinnen der Kultur, Freistätten der Menschen, des Handels, der Künste und Gewerke. Durch sie entwickelten sich Verfassungen, auf deren Gestaltungen zuerst der Gemeingeist einwirkte; es bildeten sich aristokratisch-demokratische Körper, deren Glieder gegen- und übereinander wachten, einander oft befeindeten und bekämpften, aber eben dadurch die gemeinschaftliche Sicherheit, den wetteifernden Fleiß und ein fortdauerndes Streben nach dem Zweckmäßigen beförderten. Innerhalb der Ringmauer einer Stadt war oft auf einem kleinen Raum alles zusammengedrängt, was – zu seiner Zeit Erfindung, Arbeitsamkeit, Bürgerfreiheit, Haushaltung, Polizei und Ordnung erregen und ausbilden konnte. Die Gesetze mancher Städte sind Muster bürgerlicher Weisheit.*"[27]

Nicht oft genug kann Wächter unterstreichen, daß Handel und Freiheit zusammengehören. Ein ganzer Abschnitt ist eigens der Frage gewidmet „W a r u m d e r H a n d e l i n f r e i e n S t a a t e n v o r z u g s w e i s e g e d e i h t ?" Er variiert darin immer von neuem den Eingangssatz: *„Die Urquelle des Gedeihens der Handlung ist Freiheit in der vollkommensten Ausbildung."*[28] Den Vorzügen der freien Handelswelt kontrastieren die Nachteile jeder Art von obrigkeitlicher Entmündigung. In den Worten von Wächter: *„Zwang muß natürlich das Gegenteil bewirken, mag er in gänzlichen Verboten oder Einschränkungen oder starken Belästigungen bestehen."*[29] Seinem Publikum Selbstbewußtsein vor fürstlichen Potentaten suggerierend doziert er: *„Wenn sich die Landesregierung außer der Einrichtung wesentlicher fester Handelsgesetze und den Erleichterungen der Freiheit und Bequemlichkeit des Handels mit einer noch so wohlgemeinten Vormundschaft in das Handelsgeschäft mischt, so verdirbt sie oft mehr als sie berichtigt. Was der Handlung nutze und fromme, weiß der einsichtige, erfahrene Kaufmann für sich am besten zu berechnen. Fürstlicher Regierungen Ratgeber kennen selten den Zusammenhang der Handlung bis in's kleinste Detail genau genug..."*[30]

Ist Wächter jede handelspolitische Bevormundung suspekt, so sind ihm vollends die Formen feudaler Abhängigkeit auf dem Lande verächtlich. Für ihn ist erwiesen, *„daß hundert Leibeigene, die nur für den Vorteil ihrer Herren arbeiten, kaum so viel ausrichten als zehn f r e i e Menschen, die für ihren eigenen Vorteil tätig sind... daß die Leibeigenschaft den Staat nur mit einer Menge knechtischer Wesen erfüllt, über welche er selbst keine Gewalt hat, und die nur da sind, einzelnen Familien den Schein von Macht und Reichtum zu geben... daß Leibeigenheit ein auf Gewalttätigkeit und Unterdrückung gegründeter und das Heiligste der Menschheit auf's höchste beleidigender Zustand ist."*[31]

Sowohl die Kritik an gouvernementaler Handelspolitik wie an feudalen Agrarverhältnissen zielte nicht nur auf „alte Zeiten". Wächter und sein Publikum hatten sehr wohl vor Augen, daß es jenseits der Stadtgrenzen Probleme der angeprangerten Art auch 1830 gab. Die von Preußen betriebene Zoll- und Handelspolitik bot den Hamburgern Anlaß genug zu Sorgen vor Intervention. Erst recht hatte die Ablösung der ländlichen Feudalrechte noch keineswegs überall stattgefunden. So war im benachbarten Königreich Hannover die Bauernbefreiung gerade erst in Gang gekommen, in einigen anderen deutschen Staaten stand sie noch ganz aus.

„Zur Geschichte der Parteiungen in Hamburg"

Wächter ließ Zweifel an den Vorzügen Hamburgs nicht aufkommen. Und doch mahnte er sein Publikum, sich der Tatsache bewußt zu sein, daß das stadtbürgerliche Gemeinwesen immer auch der Gefahr des Mißbrauchs und damit des Niedergangs ausgesetzt war. Diese vor allem aus der Geschichte der „Jastram-Snitgerschen Wirren" (1683–1686) gewonnene Einsicht war Wächter so wichtig, daß er den Parteiungen des 17. Jhs. Untersuchungen widmete, die an Umfang und Gründlichkeit über seine sonstigen Vorlesungsvorbereitungen hinausgingen.

Anknüpfen konnte Wächter dabei an die Aussagen, die zuvor Jonas Ludwig von Heß in seiner Topographie über die beiden Führer der „Popularpartei" Cord Jastram und Hieronymus Snitger getroffen hatte[32]. Heß hatte zum ersten Mal ihre über mehr als hundert Jahre geübte Verteufelung revidiert. Statt moralische Verdikte über die „Staatsverräter" ungeprüft weiterzureichen, hatte er aufzuklären gesucht, weshalb Snitger und Jastram zwischen die Fronten geraten und so schließlich unter das Schwert des Scharfrichters gekommen waren. Für Heß hatte sich aus seinen Nachforschungen ergeben, daß den beiden „Volksmännern" die Redlichkeit ihrer bürgerfreundlichen Absichten nicht zu bestreiten war, mochten sie auch durch eigenes Verhalten zu ihrem tragischen Scheitern beigetragen haben. Was Heß im Rahmen seiner Topographie an Einzelbelegen schuldig blieb, lieferte jetzt Wächter nach. Mit Hilfe der reichen zeitgenössischen Materialien der Stadtbibliothek rekonstruierte er so genau wie möglich die Abläufe, rückte Zusammenhänge zurecht, gab, wo nötig, den Quellen das Wort. Verglichen mit Heß hielt Wächter sich mit Urteilen eher zurück, doch bestätigte er durch Ausbreitung der Fakten weitgehend die von Heß vorgenommene Bewertung[33].

„Betrachtungen über die großen Weltbegebenheiten"

Hatte Wächter die Krise des 17. Jhs. seinem Publikum in aller Ausführlichkeit vorgetragen, so faßte er sich hinsichtlich der ereignisärmeren ersten Jahrzehnte des 18. Jhs. kürzer. Sein Vorlesungszyklus gewinnt erst wieder darstellerische Breite in der letzten Vortragsreihe, die überschrieben ist „Betrachtungen über die großen Weltbegebenheiten"[34]. Wächter behandelt unter diesem Titel eine Ereignisspanne, die vom amerikanischen Unabhängigkeitskampf bis zum Ende der napoleonischen Herrschaft reicht, die Zeit also umfaßt, in der er selbst intensiven Anteil am politischen Geschehen hatte.

Sucht man nach dem zeitgeschichtlichen Punkt, an dem Wächters Erinnerung am empfindlichsten reagierte, so war dies unzweifelhaft die Zeit der „*Marterleiden Hamburgs vom 31sten Mai 1813 bis zum ersten Junius 1814*"[35], jene Monate, in denen die Stadt von den Franzosen zurückerobert und bis zum Kriegsende besetzt gehalten worden war. Wie tief die damals gemachte Erfahrung sich ihm eingegraben hatte, lassen Worte wie diese erkennen: „*. . . welcher Hamburger möchte ausführlich beschreiben, was noch in der Erinnerung nachschmerzt wie geheilte Wundschaden bei'm Witterungswechsel?*"[36] Man spürt diesen Wundschmerz besonders hautnah, wenn Wächter in seinem Bericht über die verzweifelten Verteidigungsbemühungen gegen die Franzosen aus dem Tagebuch zitiert, das er selbst im Mai 1813 als Kommandeur einer Einheit der Bürgergarde geführt hatte[37]. Eine ganze Generation teilte mit Wächter das Trauma dieser Tage.

Um so mehr empfand er, daß mittlerweile Hamburger heranwuchsen, die die napoleonische Zeit allenfalls aus Kindheitstagen, im übrigen aber nur vom Hörensagen kannten. Bei manchen der Jüngeren war der Horror vor dem Franzosenkaiser inzwischen einer Verklärung des einsam auf St. Helena gestorbenen Korsen gewichen. Für Wächter zeugte solcher Kult von erfahrungsloser Unbedarftheit. Er sprach von „*Liebedienerei gegen Napoleon solcher jungen Leute, an welchen in ihrem Kindesalter die napoleonische Zeit wie ein buntes Puppenspiel mit Soldatenherrlichkeit und mannigfaltigem, ein Kind erfreuenden Wechsel vorübergegangen ist.*"[38] Wächter blieb von der „St.-Helena-Nostalgie" unberührt. Der unvergessene Schmerz von 1813 spricht aus ihm, wenn er gegenüber dem Publikum darauf beharrt: „*Napoleons Geschichte ist zu ernst, die Verbrechen, deren Humanität und Freiheit ihn anklagen, sind zu schreiend, als daß wir an seinem Grabe sentimental trauern dürften.*"[39]

Für viele der Generationsgenossen Wächters ging mit dem Haß auf Napoleon eine Verdammung der Ideen der Revolution einher. Napoleon selbst hatte sich zum Vollender der Revolution erklärt; so erschien es nur konsequent, mit dem geschlagenen Napoleon auch die Ideen von 1789 für besiegt zu erklären. Auf den ersten Blick hat es den Anschein, daß auch Wächter einer solchen Konsequenz das Wort redet. Er, der einst die Errungenschaften der Revolution unter Einsatz seines Lebens verteidigt hatte, spricht jetzt von ihren Verirrungen. Doch wer genauer zuhörte, der konnte unschwer feststellen, daß der Redner nicht einfach seiner Vergangenheit abschwor. Selbst noch in der Heftigkeit seines Urteils über Napoleon war die Verletzung darüber zu spüren, daß der „Vollender der Revolution" in Wahrheit ihre Ideen verraten hatte.

Um diesen moralisch-politischen Hintergrund zu verdeutlichen, berief sich Wächter auf eine zeitgenössische Autorität, deren Anführung in diesem Zusammenhang zunächst etwas Überraschendes hat: auf den drei Jahre zuvor im hohen Alter gestorbenen Schweizer Pädagogen P e s t a l o z z i. Wächter führt ihn mit den Worten ein, daß „*Zwingherren ihre Räte und Minister nicht in die Schule des Volkserziehers schicken werden.*"[40] Gerade die republikanische Gesinnungstreue Pestalozzis ist es, die Wächter veranlaßt, ihn zum Kronzeugen seiner Napoleonkritik zu machen. Die Schrift, aus der Wächter ausführlich zitiert, war unter dem Titel erschienen: „A n d i e   U n s c h u l d,   d e n   E r n s t   u n d   d e n   E d e l m u t   m e i n e s   V a t e r l a n d e s. E i n   W o r t   d e r   Z e i t.   1 8 1 5."[41] In ihr bekräftigt der Schweizer Kantonsbürger Pestalozzi demonstrativ sein Ideal vom Gemeinwesen: „*Ich bin ein Republikaner für kleine, aber edelmütig republikanisch organisierte Stadt- und Landgemeinden, und von diesen sage ich: Das Heiligtum der souveränen Macht kann sich in denselben zu einer Höhe erheben, deren psychologisch auf die Veredelung der Individuen einwirkender Segenseinfluß in der ausgedehnten Größe einer Monarchie nicht erreichbar ist.*"[41a]

Mit Unerbittlichkeit wird dem gerade zur Abdankung gezwungenen Gewaltherrscher Napoleon vorgeworfen, daß er das heiligste Gut der Gesellschaft verachtet habe: die Achtung vor den individuellen Menschen- und Bürgerrechten. Napoleon habe damit die einzig tragfähige Legitimationsgrundlage des Staates frevelhaft zerschlagen. Der Kernsatz dieser Argumentation, von Pestalozzi formuliert, von Wächter zitiert, lautet: „*Wo das Personalrecht des Bürgers aufhört, da ist schon in sich das Staatsrecht zerfallen.*"[42]

Das „*Personalrecht des Bürgers*" als Angelpunkt der Staatsverfassung – das hieß die Menschen- und Bürgerrechtserklärung von 1789 zum Maßstab nehmen. In der Tat war für Wächter 1789 unumkehrbar. Eindringlich ruft er seinem Publikum die Zustände in Erinnerung, die im vorrevolutionären Frankreich geherrscht hatten. Er schildert, wie der Dritte Stand in einem Maße ausgepreßt, entmündigt und drangsaliert wurde, daß ihm schließlich nichts anderes blieb, als sich gegen die Tyrannei aufzulehnen. Vor diesem Hintergrund, so argumentiert Wächter, „*erhielt das, was man Revolution nennt, eine Naturnotwendigkeit und wurde zu einer Erscheinung, die man zwar beseufzen kann, aber nicht verdammen muß, weil sie unausweichlich geworden war.*"[43] Wächter beschönigt nicht, daß die Revolution am Ende in selbstzerstörerischem Terror versank, aber auch hier verdammt er nicht, sondern denkt über die Ursachen nach.

Aufschluß über das Ergebnis dieses Nachdenkens gibt ein Vergleich, den er zwischen der französischen und der amerikanischen Revolution anstellt: „*Die französische Revolution brach aus und war eine totale, oder wie Burke sagt, sui generis. Sie konnte keine partielle sein und mußte als eine gänzliche Zersetzung und Umgestaltung aller Bestandteile des französischen Staats auf die gesamte Staatsökonomie einwirken und alle gesellschaftlichen Verhältnisse der Staatsgenossen ändern. Die britischen Colonisten, zufrieden mit den aus England überbrachten bürgerlichen und peinlichen Gesetzen, bedurften in dieser Hinsicht keiner neuen Gesetzgebung; sie hatten kein fehlerhaftes Auflagensystem zu verbessern, keine Lehnstyrannei noch erbliche Auszeichnungen, keine bevorrechtete reiche oder mächtige Körperschaften, kein religiöses Unduldungssystem zu vernichten; sie beschränkten sich darauf, eine neue gesetzliche Staatsgewalt anzuordnen und sie an die Stelle jener zu setzen, welche bis dahin die britische Nation über die Colonien ausgeübt hatte. Nichts in diesen Neuerungen traf die Masse des Volks, nichts änderte die Verhältnisse der Individuen zum Ganzen und zueinander; alle hatten Einen Zweck und waren einig über die Mittel, ihn zu erreichen. Daher blieb auch die nordamerikanische Revolution rein von den beispiellosen Blutgräueln, durch welche einander bekämpfende, vernichtende Factionen die fränkische entwürdigten, befleckten, verscheußlichten – und sie der Mitwelt darstellten als eine nie endende Gegen-, als eine fortdauernde Zerstörungs-Revolution.*"[44]

Wächter, so sehen wir, wertet als glücklichen Umstand, daß die amerikanische Revolution nur die Staatsgewalt neu zu konstituieren hatte; während er eine Hypothek für die französische Revolution darin sah, daß sie notgedrungen auch die „*Staatsökonomie*" und die „*gesellschaftlichen Verhältnisse der Staatsgenossen*" ändern mußte. Er unterscheidet zwischen „*partieller Revolution*" und „*totaler Revolution*". Die erstere verfolgt ein ebenso begrenztes wie erreichbares Ziel, die letztere hat einen sehr viel umfassenderen Anspruch, läuft aber eben deshalb Gefahr, ihr Ziel zu verfehlen. Im Ansatz sind damit zwei grundlegend verschiedene Revolutionsmodelle beschrieben. Unabhängig davon, daß Wächters Sympathie aus dem Abstand des Jahres 1830 eher dem amerikanischen als dem französischen Revolutionsmodell gehörte, suchte er doch beiden gerecht zu werden, indem er sie auf ihre sehr unterschiedlichen Ausgangsbedingungen zurückführte.

Zeitwandel und Zeiterfahrung

Amerikanische Revolution, französische Revolution, napoleonische Herrschaft – konfrontiert mit diesen drei Umbruchepochen wuchs ihm wie allen Mitlebenden eine Erfahrung von „Zeitwandel" zu, wie dies in so massierter Dichte nur selten Menschen widerfährt. Ohne Zweifel war Wächter das Besondere solcher „Zeiterfahrung" durchaus bewußt. Am deutlichsten spricht er dies aus, als er die Empfindungen seiner Generation beim Untergang der napoleonischen Armee in Rußland rekapituliert: *„Keine Szene dieser Episode des großen, noch nicht beendigten Weltdrama's hatte so schnell den Standpunkt umgeändert, von dem aus die mithandelnden, mißhandelten Zeitgenossen den schon bei Lebzeiten vergötterten Zeitheros erblickten und beurteilten; keine eine so plötzliche, allgemeine Gemüt- und Sinnsumstimmung der Beteiligten zur Folge gehabt als dessen Rückkehr aus Rußland."*[45]

Nicht von ungefähr stehen im Mittelpunkt dieser rückblickenden Betrachtung die Schlüsselworte „Zeitgenossen" und „Zeitheros". Die mit dem Sturz des „vergötterten Zeitheros" verbundene abrupte Änderung des Betrachterstandpunktes hatte wesentlich zur Bewußtwerdung von „Zeitgenossenschaft" beigetragen. Das eine stand mit dem anderen in einem engen Wechselverhältnis.

Wie sehr Wächter die Entstehung von „Zeitgenossenschaft" beschäftigte, wird durch die Tatsache bekräftigt, daß er aus der erwähnten Pestalozzi-Schrift von 1815 eine Passage zitiert, die mit dem Phänomen Napoleon zugleich die Historizität der „Zeit" zum Gegenstand hat. Pestalozzi variiert in diesem Text mit geradezu spielerischer Virtuosität Wortverbindungen, die alle um das Thema „Zeit" kreisen. In kritischer Auseinandersetzung mit dem opportunistischen Geist der zurückliegenden napoleonischen Epoche spricht er von „Zeitansichten", „Zeitanhang", „Zeitmenschen", „Zeitehre", „Zeitmut", „Zeiterleuchtung", „Zeiteinsicht", „Zeittreue", „Zeitfleiß", „Zeitgeschlecht"[46]. Anknüpfend an das ironisch distanzierte Wortspiel Pestalozzis setzt Wächter die Reflexion über die „Zeit" auf der Ebene historisch-politischer Argumentation fort: *„Das Interesse der Staaten ändert sich wie die Generationen sich ändern; Welt und Zeit wirken auf sie ein, zwingen sie, sich nach jenen zu gestalten."*[47] Zur Illustration verweist Wächter auf das Dictum: *„Staatshandlungen und Schriften muß man nach ihrem Datum beurteilen"*[48] und an anderer Stelle: *„Der erste Staatsminister im Departement der Welt ist – die Zeit."*[49]

Wächter gestand sich ein, daß auch er selbst dem Verschleiß von Zeit und Zeitgeist unterlag. So bekennt der fast 70jährige vor seinem Publikum: *„... wer würde* *nicht des Streites seiner Tage müde, der neben sich zwei Generationen erwachsen und handeln gesehen hat, auf welche das alte deutsche Sprichwort anzuwenden ist: ‚Es sind heuer zwo Welten; die eine zürnt, und die andere gibt nichts drauf‘.*"[50] Der resignative Unterton ist nicht nur Wächters Alter zuzurechnen. Es klingt darin auch etwas nach, was mit der Erfahrung von politischen Niederlagen und geschichtlichen Umbrüchen im Spannungsfeld zwischen Revolution und Restauration zu tun hat.

Lehren aus der Geschichte

Wächter beließ es nicht dabei, die Zeitverhaftung geschichtlichen Handelns zu diagnostizieren. Es ging ihm immer auch darum, Lehren aus der Geschichte zu ziehen. Nicht ohne Emphase beruft er sich auf ein Dichterwort[51]:

> *„ – es tagt der Menschheit nur e i n Heute, und die Lehre*
> *vergang'ner Stunden darf den folgenden*
> *nicht vorenthalten werden."*

In Wächters Worten: *„Nur durch Aufklärung der Vergangenheit wird die Gegenwart hell. Wer nie kennen und beurteilen gelernt hat, was hinter ihm liegt, dem bleibt das, was vor ihm liegt, eine Fremde."*[52]

Das vor ihm und seinem Publikum liegende *„Heute"*, das war die Lage, die die Julirevolution von 1830 in Europa geschaffen hatte. Auch wenn Wächter auf dieses Zeitereignis nicht im einzelnen eingegangen ist, er hat es doch keineswegs ausgeblendet. Das Stichwort für eine Stellungnahme gab ihm die Napoleonkritik Pestalozzis. Dieser hatte die Lehre aus der napoleonischen Menschenrechtsunterdrückung eine *„Fackel"* genannt, *„wie, so lange die Erde bevölkert ist, noch keine ihr brannte."*[53] Auf die von Pestalozzi beschworene, noch immer nachwirkende *„Warnungsfackel Napoleon"* bezieht sich Wächter, als er auf das aktuelle Geschehen in Paris zu sprechen kommt: *„Dieser Warnungsfackel sind die Zündfunken entsprüht, welche den Scheiterhaufen zum lohen Brand entflammten, worauf Carl der Zehnte die magna charta des französischen Volkes zu verbrennen gedachte und dessen Feuer die Bullen, Consulte und Decrete eines Zwergs verzehrte, der ein Riese zu sein wähnte ... Welche Funken d e m Feuer entsprüht sind und wo diese gezündet haben, lehrt die Tagesgeschichte. Ihre Lohen werden nicht erlöschen, ohne von manchen edlen Erzen die Schlacken gesondert zu haben."*[54]

Den damaligen Zuhörern war aus täglicher Zeitungslektüre natürlich geläufig, worauf Wächter anspielte, wenn er von dem Scheiterhaufen sprach, auf dem Karl X. die magna charta des französischen Volkes hatte verbrennen wollen. Gemeint war der im Juli 1830 unternommene Versuch des letzten Bourbonenkönigs, die Charte von 1814, die den Franzosen die wichtigsten Bürgerrechte verbürgte, weitgehend außer

Kraft zu setzen. Um den vom König geplanten Verfassungsbruch abzuwehren, war das Volk auf die Barrikaden gegangen und hatte Karl X. mitsamt seinen entmündigenden *„Bullen, Consulten und Decreten"* zu Fall gebracht. Wächter sah in diesem Aufbegehren einen Beweis dafür, daß die bösen Erfahrungen mit der Diktatur Napoleons noch frisch genug waren, um ihrer Wiederholung rechtzeitig zu wehren. In seinen Augen hatte die *„Warnungsfackel"* des Franzosenkaisers ihren Dienst getan.

Wächters Stellungnahme zu den Ereignissen von 1830 ließ erkennen, daß er mit der Julirevolution die Hoffnung verband, auch im übrigen Europa werde man *„von manchen edlen Erzen die Schlacken sondern."* *„Edles Erz"*, das waren für ihn die Bürger- und Individualrechte; *„Schlacken"* dagegen alle Elemente von Alleinherrschaft oder Privilegienwirtschaft. Er ließ keinen Zweifel an seiner Überzeugung, daß es in den Staaten des Deutschen Bundes bisher nicht gelungen war, die Schlacken auszusondern. Er führte diesen Mißstand auf die Nichteinlösung des Verfassungsversprechens von 1815 zurück. Nach seiner wie aller Liberalen Auffassung war den aus dem Kriege Zurückgekehrten der zugesagte Lohn für *„Opfer und Leiden"*, für *„Gut und Blut"* vorenthalten worden[55]. Die Ereignisse der Julirevolution waren für Wächter ein Anlaß, die in fast allen deutschen Staaten noch immer ausstehende verfassungsmäßige Garantie von Bürgerrechten anzumahnen.

Was Hamburg anging, so gehörte es zwar zu den wenigen Gliedern des Deutschen Bundes, die eine Verfassung aufzuweisen hatten; aber der Hauptrezeß von 1712 war nahezu 120 Jahre alt und garantierte nur höchst ungleich und unzulänglich die Bürgerrechte, um die es Wächter ging. Absichtsvoll schärft er seinem Publikum immer wieder Rechts- und Verfassungsgrundsätze ein, deren Realisierung auch in Hamburg zu wünschen übrig ließ.

Um nur einige seiner Sentenzen, Warnungen und Kritikpunkte zu zitieren: *„Wo man sich des Rechts anmaßt, das Gesetz zu deuten, da muß es sich bald unter die Auslegungskunst der Macht- und Geldgroßen beugen."*[56] – *„Keine bürgerliche Gesamtheit ist wahrhaft frei, wo es des Reichtums, des Ansehens, der Protektion oder des Familieneinflusses bedarf, um Gerechtigkeit zu erlangen; nach dem R e c h t e , nicht nach der P e r s o n soll sie richten. Wo einige Staatsgenossen, die Befugnisse ihrer Mitbürger zu wirken und zu handeln beeinträchtigende Privilegia oder Vorzüge haben, da gibt es keine bürgerliche Freiheit; jedes Privilegium, das die meisten Glieder der Gesellschaft belästigt, ist ungerecht. Das wahre Privilegium des freien Mannes ist, seine Rechte von allen seinen Mitbürgern geachtet und garantiert zu sehen."*[57] – *„Die fürchterlichsten Staatsplagen werden da vorbereitet, wo die höchste Gewalt sich dazu vergißt, Einförmigkeit der Meinungen gebieten zu wollen . . ."*[58] – *„Zu allen Zeiten haben Gewaltherrscher ungnädig vermerkt, wenn ‚Leutlein', welche politische Wahrheiten ergründen konnten, das Herz hatten, sie zu sagen und zu schreiben."*[59] – *„Auch die Vaterlandsliebe will durch etwas bedingt sein. Dies Bedürfnis fehlt aber da, wo dem Bürger und Bauer keine politischen Rechte gestattet sind; wo es für ihn nur Pflichten gibt, wo alles, was G e g e n s e i t i g k e i t dieser und jener genannt zu wer-*

den verdient, für die niedern Stände aufgehoben ist, und wo diese nur für Zahlende und Leistende gerechnet werden, deren Bestimmung sich mehr auf Andere als auf sie selbst bezieht."[60]

Anders als Bürgermeister Bartels und der Oberalte Rücker, die im Rathaus noch zwei Jahre zuvor Hamburgs Geschichte zur Befestigung des Status quo beschworen hatten, warnte Wächter vor der Illusion, den Gang der Geschichte anhalten zu können. Gerade um die auch von ihm nicht bestrittenen Vorzüge Hamburgs behaupten zu können, warb er für die Anbahnung von Reform und Dialog.

Offenbar fehlte es nicht an Hamburgern, die Wächters Plädoyer beeindruckte. Wurm berichtet, daß die in der Börsenhalle gehaltenen Vorlesungen, je mehr sie sich dem eigenen Jahrhundert zubewegten, steigende Teilnehmerzahlen verzeichneten[61]. Auch die Zusammensetzung der Subskriptionsliste läßt erkennen, daß Wächters Vorlesungen in der Führungsschicht Hamburgs auf bemerkenswertes Interesse stießen; unter den 285 Namen finden sich allein 23 Mitglieder des Senats, darunter übrigens auch Bürgermeister Bartels[62]. Trotz solcher Resonanz, die Wirkung Wächters wird man nicht überschätzen dürfen. Zu seinen Lebzeiten hatte er von sich gewiesen, seine Vorlesungen drucken zu lassen[63]. Wurm hat dies auf die selbstkritische Strenge des Autors gegen sich selbst zurückgeführt. Nicht weniger mag mit zunehmendem Alter eine Scheu in ihm gewachsen sein, sich den Turbulenzen größerer Publizität auszusetzen.

Dem Bedürfnis nach Distanz kam seine Tätigkeit in der Stadtbibliothek entgegen. Er hatte es übernommen, dort die hamburggeschichtlichen Bestände zu katalogisieren und neu zu ordnen[64]. Mitten aus dieser Arbeit rief den 74jährigen am 11. Februar 1837 der Tod ab.

Verwischte Spuren

Es vergingen nach dem Tode Wächters noch mehr als zwanzig Jahre, bis in Hamburg Reformen eingeleitet wurden, die schließlich in die neue Verfassung von 1860 einmündeten. Der vormärzliche Geist, der einst die Forderung nach Verfassungsreform hervorgebracht hatte, war inzwischen einem politisch entschärften Klima gewichen. Konservatives und liberales Interesse hatten sich zu einem Bündnis arrangiert, das es erlaubte, Modernisierungen hinter einer die historische Tradition konservierenden Kulisse vorzunehmen. Das historisierende Kleid dieser Modernisierungsepoche begegnet uns noch heute in der Architektur der 50er und 60er Jahre des vorigen Jahrhunderts.

Etwas von diesem Geist findet sich auch in der Inschrift eines Gedenksteins wieder, den Verehrer Wächters 1862 aus Anlaß seines 100sten Geburtstages auf dem Petri-Friedhof setzten[65].

Abb. 11: Gedenkstein für Wächter von 1862

Dem edlen deutschen Manne
Leonhard Wächter, genannt Veit Weber
geb. 25. Nov. 1762, † 11. Februar 1837.
Dem Dichter, Kenner der Vorzeit
treuen Bürger und Lehrer
von Freunden und Schülern.
25. Nov. 1862

Zu den Vereinigungen, die sich an der Finanzierung des Gedenksteins beteiligten, gehörte neben der Averhoffschen Stiftung und der Freimaurerloge auch der Verein für Hamburgische Geschichte. Der vom Vorstand des Vereins hierfür bereitgestellte Betrag belief sich auf 100 Mark Courant. Vor der Mitgliederversammlung führte dazu der Vereinsvorsitzende Lappenberg aus, man habe in Wächter den *„Wiederentdecker der Geschichte Hamburgs im 17. Jahrhundert, den Urheber des ersten größeren Versuchs einer unparteiischen Darstellung der Geschichte von Jastram und Snitger zu ehren."*[66]

Weitere zwanzig Jahre später – inzwischen sah man die Geschichte mit wilhelminischen Augen – hatte sich das Bild Leonhard Wächters verdunkelt. In der „Geschichte der Freien und Hansestadt Hamburg", die Carl Mönckeberg, Pastor zu St. Nicolai, 1885 veröffentlichte, findet sich über Wächter die einzige, ebenso lapidare wie irreführende Aussage, dieser habe *„seinen Freiheitsschwindel im Revolutionskriege verloren"*[67]. Das beiläufig gefällte Urteil zeigt, wie rasch veränderte Zeiten dazu führen können, Vergangenes bis zur völligen Verzerrung zu vereinfachen.

In unserem Jahrhundert haben sich die Spuren, denen wir gefolgt sind, weiter verwischt. In keiner der Gesamtdarstellungen, die die hamburgische Geschichte in jüngerer Zeit gefunden hat, taucht Leonhard Wächter noch auf. Die Impulse, die einmal von ihm ausgegangen sind, haben sich von seinem Namen gelöst. Wer dem Vergessenen heute noch in Hamburg begegnen will, muß hinausgehen auf den Ohlsdorfer Friedhof. Dort findet sich im Heckengarten-Museum jener Gedenkstein, der ihm einst von seinen Freunden auf dem Petri-Friedhof am Dammtor gesetzt worden war[68].

Stadtgeschichte im Umbruch
Das Hamburgbild
zwischen 48er Revolution und Jahrhundertwende

Das 19. Jahrhundert erscheint in unseren Schulbüchern als das nationale Jahrhundert deutscher Geschichte – erfüllt von den Enttäuschungen und den Hochgefühlen eines Volkes, das verspätet in den Prozeß nationaler Staatswerdung eintritt. Was in den Befreiungskriegen von 1813 mit Franzosenhaß und altteutschem Patriotismus begann, so stellt es sich dar, wurde schließlich in dem Krieg von 1870/71 mit Blut und Eisen zu einem spektakulären Ende gebracht: auf der Spitze preußischer Bajonette bekam Deutschland seinen Kaiser und mit ihm seine nationale Einheit.

Gefahr für Hamburgs Selbständigkeit?

Die nationale Version der deutschen Geschichte des 19. Jahrhunderts scheint in der Geschichte Hamburgs eine Bestätigung zu finden, zumindest soweit es die Zeit der Reichsgründung angeht. Wie überall auf deutschen Straßen und Plätzen so hatten auch in Hamburg die Nachrichten von den Siegen, die die preußisch-deutschen Armeen bei Metz und Sedan gegen die Franzosen erfochten hatten, zu Szenen der Begeisterung geführt. Nicht anders als im wittelsbachischen München, im wettinischen Leipzig, im preußischen Berlin gab man sich im hanseatischen Hamburg dem berauschenden Gefühl einer neuen, auf dem Schlachtfeld besiegelten Gemeinsamkeit hin.

Und doch herrschte in Hamburg nicht nur gesamtdeutscher Jubel. Es gehört auch zum Bild jener Tage, daß ein Hamburger Senator damals ungerührt die Meinung äußern konnte, jetzt sei es genug – die allzu zahlreich und allzu prompt erfochtenen Siege könnten *„uns"* und *„unserer Selbständigkeit"* gefährlich werden.[1] In der Tat, die Hamburger in ihrer großen Mehrheit dachten selbst im Augenblick nationalen Überschwangs nicht entfernt daran, ihren Status als freie Handelsrepublik, die von preußischer Bürokratie und deutschen Zöllen verschont war, aufzugeben.

Weit über 1870 hinaus hielten die Hanseaten an ihrem handelspolitischen Sonderdasein fest. Zwar erzwang die Reichsregierung schließlich Verhandlungen mit dem Senat, aber die Hamburger Vertreter ließen sich Zugeständnisse nur mühselig abringen. Im Frühjahr 1881, kurz vor Abschluß des Verhandlungspokers, platzte einem über die hartleibigen Hamburger besonders ergrimmten Reichstagsabgeordneten der Kragen. In einer Parlamentsrede griff er Hamburg frontal an. Der Redner war kein anderer als Heinrich von Treitschke (1834–1896), der wortgewaltigste unter den damaligen preußisch-deutschen Historikern. Mit der ganzen Autorität, die er in der nationalen Öffentlichkeit einzubringen hatte, erklärte er vor dem Plenum des Reichstages (17. März 1881):[2] *„Preußen hat gewartet und gewartet und ich spreche hier aus-*

drücklich der preußischen Regierung meinen Dank dafür aus, daß sie die Lammsgeduld, die sie durch mehr als ein Jahrzehnt geübt hat, endlich aufgegeben..."

Was Treitschke den Hamburgern vorzuhalten hatte, machte um so mehr Eindruck, als er seine Kritik mit einem Bekenntnis zur großen Vergangenheit der Hansestädte verband. Von jeher habe er, so seine Worte im Reichstag, *„für diese glorreichen Stätten uralten deutschen Bürgerruhmes geradezu geschwärmt"*. Gerade deshalb sah er sich berechtigt, den Hamburgern seines Jahrhunderts Verrat an der deutschen Sache vorzuwerfen. Statt der Nation zu dienen, nehme Hamburg fremde Interessen wahr:

„Von Freihandel und Schutzzoll ist hierbei gar nicht die Rede. Es handelt sich um die größere Frage, ob ein letztes Stück alter Fremdherrschaft auf deutschem Boden noch fortdauern soll (...) Von diesem fremdländischen Wesen müssen wir unseren deutschen Boden bis auf seine letzte Scholle rein fegen. Das ist der große Zweck, um den es sich handelt."

Und drohend an die Hamburger Adresse: *„Mit dem gehässigen Reden, dem Aufhetzen von seiten der hanseatischen Presse geht es nicht weiter."*

Die Tatsache, daß die Hamburger noch im selben Jahr 1881 ihren Frieden mit dem Reich machten, konnte in Treitschkes Augen nicht ihre nationalen Sünden vergessen machen. Wenige Jahre später hielt er in seiner „Deutschen Geschichte im Neunzehnten Jahrhundert" den Hamburgern einen Spiegel ihrer Vergangenheit vor. Für das gesamte zurückliegende Jahrhundert bescheinigte er ihnen immer von neuem nationale Gesinnungslosigkeit. Die Reihe der Beschimpfungen, die er den Hanseaten an der Elbe widmet, nimmt kein Ende. Um nur einiges von dem zu zitieren, was er den Hamburgern vorwirft:

„Selbstsucht, Dünkel und Torheit der Kleinstaaterei"[3] *„aus Weltbürgertum und Pfahlbürgertum seltsam gemischten Partikularismus"*[4], *„staatenlose Bürgerherrlichkeit"*[5], *„Schlaffheit des kaufmännischen Regiments"*[6], *„partikularistische Selbstgefälligkeit"*[7], *„hansisches Sonderleben"*[8], *„republikanischen Dünkel auf die angebliche Unfreiheit der preußischen Monarchie"*[9].

Die Hamburger mochte trösten, daß Treitschke nicht nur mit ihrem Stadtstaat so schneidend ins Gericht ging; ebenso wenig bestanden die deutschen Mittel- und Kleinstaaten vor Treitschkes am Richtmaß des Nationalstaates orientierten Urteil. Schon 1864 hatte er in einer Streitschrift über „Bundesstaat und Einheitsstaat" höhnisch von der insgesamt dem Untergang geweihten „Märchenwelt des Partikularismus" gesprochen.[10] Ihr historisch den Prozeß zu machen, sah er seither als seine vornehmste Aufgabe an. Und Treitschke war nicht der einzige, der so dachte und schrieb. Um der Rolle des Kleinstaates gerecht zu werden, mußte man schon wie Jacob Burckhardt (1818—1897) von einem Beobachtungsort wie Basel aus die Weltgeschichte betrachten. Unbeirrt von der Hochkonjunktur des Nationalismus schrieb er um 1870 in das Manuskriptheft seines Kollegs „Über das Studium der Geschichte" den denkwürdigen Satz: *„Der Kleinstaat ist vorhanden, damit ein Fleck auf der Welt sei, wo die größtmögliche Quote der Staatsangehörigen Bürger in vollem Sinne sind."*[11] Wo sonst findet sich in der deutschen Geschichtsschreibung eine Maxime formuliert, die so nachdrücklich dem republikanischen Geist des Kleinstaates verpflichtet ist? Nahezu überall dominierte die Emphase des Nationalstaates, geriet die Geschichte der *„kleinen Staaten"* in den Geruch verächtlicher *„Kleinstaaterei"*.

So gelassen das traditionsbewußte Hamburg sich angesichts der allerorten stattfindenden Umwertung der Geschichte gab, man fühlte sich doch veranlaßt, dem aus Berlin wehenden Zeitgeist mit einem Akt demonstrativer hanseatischer Selbstdarstellung entgegenzuwirken. Seit langem hatte man sich mit Plänen eines neuen Rathauses getragen. Es war Regie des Zufalls und doch nicht zufällig, daß zeitgleich mit Treitschkes Verdikt über den *„Hamburger Partikularismus"*, 1885 in seiner Geschichte des 19. Jahrhunderts ausgesprochen, Senat und Bürgerschaft beschlossen, mit dem Bau eines Rathauses nun endlich ernst zu machen. In dem 1885 gestellten Bauantrag des Senats an die Bürgerschaft wird das neue Rathaus selbstbewußt bezeichnet *„als Sitz einer bürgerlichen Regierung, welche eine 1000jährige Geschichte hinter sich hat und deren Existenz durch nichts bedroht wird, solange die großen Anschauungen unseres Reichskanzlers von der Bedeutung kleiner, kräftig geleiteter, lebensfähiger Staaten, im deutschen Förderativstaate Geltung haben."*

Bedenken, ob ein solcher Bau zeitgemäß sei, werden zurückgewiesen:

„Mit dem Rathausbau bauen wir an dem Unabhängigkeitssinn unseres kleinen, aber kräftigen Gemeinwesens; mit dem Hinweis auf Zeiten und Verhältnisse, in welchen ein stolzer Bau kein Recht mehr hat, arbeiten wir selbst daran, den im Volk gebliebenen Rest althanseatischen Bürgersinns zu beseitigen."[12]

Genau zwölf Jahre später, am 26. Oktober 1897, wurde das Rathaus feierlich eingeweiht. Die historische Gewandung weckte Erinnerungen an die große Zeit bürgerlicher Stadtkultur in Spätmittelalter und Renaissance. Der Rückgriff auf die Tradition sollte gleichsam ersetzen, was die Stadt an realer Eigenstaatlichkeit mit der Reichsgründung eingebüßt hatte. Die hanseatische Vergangenheitskulisse war gewiß imposant geraten, und doch verleugnet das Rathaus samt seinem Ambiente nicht den Geist des Wilhelminismus. Der goldene Reichsadler auf der Turmspitze und der Kaisersaal im Inneren erweisen dem neuen Reich die geschuldete Reverenz.

Und auch vor dem Rathaus gibt sich die Stadt reichsbewußt und kaisertreu: der dem Reich vorbehaltene rechte Flaggenmast zeigt an seinem Fuß eine in Eisen gegossene Karte des gerade zurückeroberten Elsaß. Damit nicht genug wurde der dem Rathaus gegenüberliegende Platz für ein repräsentatives Reiterdenkmal Kaiser Wilhelms I. reserviert.[13]

Adolf Wohlwill – Harmonisierung von Stadt- und Nationalgeschichte

Diesmal war es nicht Regie des Zufalls, daß gleichzeitig ein Überblick über die letzten 300 Jahre hamburgischer Geschichte erschien. Der Historiker A d o l f W o h l -

will (1843–1916) hatte die Veröffentlichung eigens zur Einweihung des Rathauses vorgelegt.[14] Sein Werk liest sich wie eine Antwort auf Treitschkes Verdikt aus dem Jahre 1885. Allerdings plädiert Wohlwill nicht auf Freispruch seiner Vaterstadt, eher auf Zuerkennung mildernder Umstände. Auch für Wohlwill ist unzweifelhaft, daß die hamburgische Vergangenheit an der nationalen Einigung als Ziel und Ende deutscher Geschichte zu messen ist. Vor diesem Hintergrund räumt auch Wohlwill gewisse Defizite an nationaler Orientierung in Hamburgs jüngerer Geschichte ein. Anders als Treitschke sucht Wohlwill jedoch den Hamburgern zugute zu halten, daß es ihnen um die Wahrnehmung verständlicher vaterstädtischer Interessen ging. So sehr beide Historiker dem Gedanken des Nationalstaates verpflichtet sind, sie argumentieren doch unterschiedlich: der Preuße Treitschke anklagend, der Hamburger Wohlwill verteidigend, um nicht zu sagen entschuldigend, der eine polemisierend, der andere harmonisierend.

Im folgenden einige Beispiele, wie Wohlwill die Sonderrolle Hamburgs in der deutschen Geschichte seinen Lesern vorstellt, teils erklärend, teils relativierend, immer bemüht, die hanseatische und die deutsche Sicht nicht allzu sehr in Widerspruch geraten zu lassen. Gleich im Vorwort kündigt Wohlwill an, er wolle insbesondere zeigen, *„wie sich die wechselnden Geschicke der deutschen Nation in der Geschichte unserer Heimat gespiegelt, und wie sich die Bande, die Hamburg mit dem übrigen Deutschland verknüpfen, immer mehr gefestigt haben"*.[15]

In welche Schwierigkeiten dieser Darstellungsgrundsatz den Historiker vornationaler Zeiten unvermeidlich führt, zeigt schon das erste Kapitel, in dem es um die komplizierte Dreiecksbeziehung zwischen Hamburg, Dänemark und dem Reich im 17. Jahrhundert geht. Zu der nicht immer tadelsfreien Reichstreue der Hansestadt stellt Wohlwill fest, es lasse *„sich nicht leugnen, daß Hamburg geraume Zeit hindurch seinen Vorteil darin zu erblicken meinte, eine gewisse Mittelstellung zwischen Dänemark und dem Reich einzunehmen"*.[16] Mehr Wunsch als Wirklichkeit spricht aus Wohlwills Darstellung, wenn er fortfährt, angesichts des dänischen Machtegoismus *„mußte sich jedoch bei den Männern, die das hamburgische Staatswesen leiteten, immer mehr die Überzeugung Bahn brechen, daß das Heil für Hamburg nur im engen Anschluß an das Reich zu suchen sei"*.[17] Man spürt solchem Werturteil an, wie sehr es die Struktur des Bismarckreiches auf das sehr viel weniger feste Reichsgefüge des 17. Jahrhunderts zurückprojeziert. Dieselbe Einordnungsschwierigkeit bot die Tatsache, daß Hamburgs Handelsinteresse im 17. Jahrhundert weniger dem Reich als dem offenen Meer zugekehrt war. Es gehörte schon einige historische Dialektik dazu, um solchen Sachverhalt mit einer Formel wie dieser zurechtzurücken: *„. . . das in seinen Handelsbeziehungen weltbürgerliche, in seinem innersten Wesen aber kerndeutsche Hamburg"*.[18] Nicht nur das hamburgisch-deutsche, auch das hamburgisch-brandenburgische Verhältnis machte Wohlwill zu schaffen. In einem gesonderten Kapitel widmet er sich den politischen und wirtschaftlichen Beziehungen zwischen dem Stadtstaat Hamburg und dem Territorialstaat Brandenburg. Auch hier wieder macht ihm sichtlich Mühe, ge-

Abb. 12: Adolf Wohlwill (1843–1916)

gensätzliche Strukturen unter das Dach eines gemeinsamen Bewertungsmodells zu bringen. Die folgenden Sätze Wohlwills lesen sich wie eine Entschuldigung:

„Nun läßt sich gewiß nicht leugnen, daß in der volkswirtschaftlichen Entwicklung die Territorialwirtschaft einen Fortschritt gegenüber der städtischen bedeutet. Aber Hamburg war doch nun einmal eine Stadt, die zufolge besonderer Verhältnisse den Beruf hatte, als selbständiges städtisches Gemeinwesen der deutschen Gesamtheit Dienste zu erweisen, die in dieser Weise von keinem anderen Reichsstande geleistet wurden."[19]

Wohlwills Schwierigkeit, der hamburgischen Geschichte eine nationale Komponente abzugewinnen, nimmt in seiner Darstellung des aufgeklärten Zeitalters noch zu. Er muß einräumen:

„Wenn die Hamburger im vorigen Jahrhundert von Patriotismus redeten, so wollten sie damit in der Regel nicht so wohl die Liebe zum deutschen Vaterlande, als vielmehr die der Vaterstadt gewidmeten Gesinnungen der Treue und Hingebung bezeichnen."[20]

Statt es bei dieser treffenden Bemerkung zu belassen, fährt Wohlwill fort, der hanseatische Stadtpatriotismus des 18. Jahrhunderts habe Charaktereigenschaften groß gezogen, *„welche die Hamburger befähigten, später auch den an sie herantretenden nationalen Pflichten in vollem Maße zu genügen"*.[21] Wann aber schlug den Hamburgern ihre deutsche Stunde? Für die Zeit, in der die napoleonischen Truppen große Teile des alten Reiches besetzten, weiß Wohlwill über das zunächst noch unabhängig gebliebene Hamburg nur zu berichten, daß dort die Geschäfte besser denn je florierten. Geradezu bedauernd stellt er fest: *„Von den in manchen anderen Teilen Deutschlands schon damals wieder stärker hervortretenden deutschen Gesinnungen bemerkte man in Hamburg wenig."* Unmittelbar anschließend heißt es zwar: *„... und doch bereitete sich auch hier ein Umschwung vor"*. Zum Beleg hat der Verfasser aber nichts anderes als Barden-Poesie à la Klopstock anzuführen. Wohlwill selbst gesteht ein: *„Ein kräftigerer Patriotismus aber erwuchs in Hamburg erst allmählich während der folgenden Periode, da die Stadt mehr und mehr der Gewaltherrschaft Napoleons anheimfiel."*[22]

Erst von nun an verliert Wohlwills Darstellung der hamburgischen Geschichte ihr verstecktes schlechtes Gewissen. Seit dem Zeitalter der Befreiungskriege sieht er Hamburg am rettenden Ufer der deutschen Einigungsgeschichte. Seither, so suggeriert Wohlwill seinen Lesern, ging es nur noch um Zwischenstationen auf dem Weg zum Bismarckschen Nationalstaat. Daß sich in Wahrheit das spezifisch hamburgische Staatsbewußtsein im 19. Jahrhundert zunächst eher noch gesteigert hat, wird in Wohlwills Darstellung nicht sichtbar. Sein politisches Interesse war zu sehr auf die Schritte zur nationalen Einigung gerichtet, als daß er gegenläufige oder auch nur retardierende Entwicklungen hätte würdigen können. Sein Bericht über die eigentliche Reichsgründung konstatiert mit einem einzigen Satz das endgültige Erlöschen vornationaler Regungen:

"Die letzten Bedenken gegen die neue Richtung der deutschen Politik, die letzten Überreste partikularistischer und weltbürgerlicher Anschauungen in Hamburg aber wurden im Jahre 1870 durch den Sturm der Kriegsbegeisterung hinweggefegt."[23]

Insgesamt verbleibt dem Leser dieser hamburggeschichtlichen Darstellung ein zwiespältiges Gefühl: Wohlwill ist zu sehr Hamburger, um sich den Schmähungen Treitschkes anzuschließen, aber doch auch wieder zu sehr Nationalliberaler, um es mit einem selbstbewußten Stadrepublikanertum zu halten. Es begegnet ein Hamburgbild, das sich wie ein Zwilling des neuen Rathauses ausnimmt, ein Gebäude, das hanseatische Tradition demonstriert und sich doch zugleich mit einem Kaiser-Wilhelm-Denkmal vor der Tür präsentiert. In solchem stadtbildlichen wie historiographischen Zwiespalt drückt sich ein Problem aus, das nicht nur die Hamburger mit sich und ihrer Geschichte hatten. Es spiegelt sich darin etwas von den Verwerfungen, die der Vorgang der Nationalstaatswerdung fast überall in den kleinräumigen historischen Landschaften des alten Europa hinterlassen hat. Die jeweiligen Zeitgenossen suchten solche Verwerfungen eher zu kaschieren, den Späteren können sie wichtige Erkenntnisse über Ambivalenzen im Prozeß historischer Veränderung liefern.

Einklang von Geist und Herrschaft im „Wissenschaftspalast"

Vierzehn Jahre nach Einweihung des Rathauses stand in Hamburg erneut die feierliche Übergabe eines für die Stadt bedeutungsvollen Gebäudes an. Es ging 1911 um ein Projekt, das nicht der Politik, sondern der Wissenschaft dienen sollte: um den Kuppelbau für das öffentliche Vorlesungswesen. Seine Architektur hat nichts mehr von der steifen Pose des Rathauses. Die fließende Linie seiner Formensprache fügt sich in die seit der Jahrhundertwende vom Repertoire des Historismus vorsichtig Abstand nehmende Reformarchitektur.[24]

Und wiederum nutzte ein Historiker den Anlaß der Einweihung zu einer geschichtlichen Ortsbestimmung. Der zum Festredner bestellte E r i c h   M a r c k s (1861–1938) lehrte in Hamburg seit 1907 als erster von auswärts berufener Professor im Rahmen des öffentlichen Vorlesungswesens. Schon bei seiner Antrittsvorlesung hatte er bewiesen, daß er sich in die historische Tradition seines neuen Wirkungsortes zu versetzen wußte. Damals hatte er eine beifällig aufgenommene Rede über „H a m b u r g   u n d   d a s   b ü r g e r l i c h e   G e i s t e s l e b e n   i n   D e u t s c h l a n d" gehalten.[25] Jetzt sprach er über „B i s m a r c k   u n d   d i e   4 8 e r   R e v o l u t i o n".[26] Erich Marcks zielte mit diesem Thema bewußt auf einen für das hamburgische wie das deutsche Bürgertum neuralgischen Punkt. In der Revolution von 1848 war die bürgerlich-demokratische Bewegung gescheitert, triumphiert hatte die Reaktion, verkörpert in der Militärmacht Preußen. Im preußischen Abgeordnetenhaus jener Revolutionsmonate zählte der junge Otto von Bismarck zum Lager der Ultrakonservativen, ein Mann, von dem Friedrich Wilhelm IV. notierte: *„Nur zu gebrauchen, wo das Bajonett* *schrankenlos waltet.*"²⁷ Ausgerechnet diesen Bismarck des Jahres 1848, den Bismarck der schwärzesten Konterrevolution, machte Erich Marcks zum Gegenstand seines Festvortrags im bürgerlichen Hamburg.

Eine Provokation? Nichts lag dem Redner ferner. Er nutzte ganz im Gegenteil die Zuspitzung seines Themas als dramaturgisches Mittel, um die auf das Scheitern der Revolution folgende Reichsgründung als Akt nationaler Versöhnung zwischen Staat und Bürgertum in ein um so strahlenderes Licht zu setzen. Und gerade das prosperierende Hamburg stellte er als Inbegriff solcher Versöhnung dar. In bildhafter Bekräftigung bezieht er sich auf die Kuppel, unter der sich das Festpublikum versammelt hat. Für ihn ist sie ein Symbol, das sowohl auf das Reich wie auf Hamburg verweist. In bezug auf das Reich spricht Erich Marcks von dem nationalen Staat, unter dessen großer, von Bismarck erbauter Kuppel sich preußische und deutsche Kräfte zusammenfinden. In bezug auf Hamburg ist für ihn die Kuppel ein Symbol der Verschmelzung von kaufmännischem Handelsinteresse und nationalem Machtinteresse. Am Ende seiner Rede wendet der Festredner das Bild der Kuppel schließlich auch auf die in Hamburg wirkenden Vertreter der Wissenschaft an:

„*Schon schließt sich auch über unserem Kreise die Kuppel dieses Wissenschaftspalastes zusammen, ein Zeichen der Einheit, die wir selber sein sollen, ein Zeichen der Einheit und der Harmonie überhaupt, auch der Einheit, die uns mit allem hamburgischen Dasein verknüpfen soll, all unser Wirken innen und außen, der Einheit, die unter dieser Wölbung Lehrende und Hörende, Gelehrte und Bürgertum verbinden soll: Forschung, Lehre und Bildung!*"²⁸

In der Schlußwendung kehren die Worte wieder, die der Hamburger Kaufmann Edmund Siemers über den Eingang des von ihm gestifteten Vorlesungsgebäudes hatte setzen lassen: „Forschung, Lehre, Bildung" – Erich Marcks nimmt die bildungsbürgerliche Trias auf und gibt ihr zugleich einen gesteigerten Anspruch. Nicht von ungefähr feiert er in seiner Einweihungsrede das Vorlesungsgebäude als „*Wissenschaftspalast*", eine Wortfigur, in der Geist und Herrschaft zusammenfließen. Die Sprache der Zeit ist reich an verwandten Prägungen. Erinnert sei in diesem Zusammenhang an den Wahlspruch, den sich bereits im ausgehenden 19. Jahrhundert das Hamburger Wilhelm-Gymnasium zugelegt hatte: „*Litteris et patriae*".²⁹ Vorangegangen war mit demselben Wahlspruch die neugegründete Reichsuniversität Straßburg. Hier wie dort stand dieselbe Überzeugung Pate: Wissenschaft und Nation, Vaterstadt und Vaterland sollten ein unteilbares Ganzes bilden. Ausweis dieser Ideologie war die Herrschaftsarchitektur des „*Wissenschaftspalastes*" ebenso wie die nationale Emphase der spätwilhelminischen Geschichtsschreibung.

Im Rückblick auf das 19. Jahrhundert stellt sich die Frage: War denn wirklich jeder eigenständige oder gar widerständige Impuls in der Hamburggeschichtsschreibung gelöscht? Folgt man allein den Wortführern des Zeitgeistes, so drängt sich in der Tat der Eindruck auf, daß das von der Geschichtsschreibung des 19. Jahrhunderts gezeichnete Hamburgbild seine eigenständige Kontur weitgehend eingebüßt hat. Aus dieser Sicht stellt sich die nationale Umarmungsrhetorik eines Erich Marcks wie der letzte Akt eines ideologiegeschichtlichen Prozesses dar, der mit Treitschkes Hamburg-Attacken begann und mit Wohlwills apologetischem Bemühen um eine Harmonisierung von Stadtgeschichte und Nationalgeschichte sich fortsetzte.

Regionalpatriotismus

Aber gab es in der Hansestadt neben den Wortführern des Zeitgeistes nicht auch Zeitgenossen, die weniger zeitgemäß dachten? Wenden wir uns an einen damaligen Beobachter, der das Hamburg des ausgehenden 19. Jahrhunderts mit den Augen eines *„Butenminschen"* gesehen hat. Die Rede ist von J u l i u s   v o n   E c k a r d t (1836–1908) und dem, was er in seinen postum erschienenen Erinnerungen über die Hansestadt berichtet.[30] Eckardt, das sei vorangeschickt, kam 1870 nicht nur ohne Hamburgkenntnisse an die Elbe, er kam nicht einmal *„aus dem Reich"*. In Livland geboren, hatte er bis 1867 in den Ostseeprovinzen des damaligen Rußland gelebt. Die von der Petersburger Regierung forcierte Russifizierungspolitik hatte er als Bedrohung der baltischen Minderheit und ihrer angestammten Rechte erlebt. Aus solcher Erfahrung war bei ihm eine tiefe Abneigung gegen den in Ost- wie in Westeuropa grassierenden Großstaatsnationalismus entstanden.[31] Konsequent nahm er diese Haltung auch gegenüber den nationalistischen Stimmungen ein, die im damaligen Deutschland vorherrschten. Sie hatten für sein Empfinden nichts gemein mit einem Patriotismus, wie er ihm aus Livland vertraut war. Ein solcher, aus der Region erwachsener Patriotismus, ausgezeichnet durch eine *„Mittelpunktlichkeit der Interessen"*[32], war in seinen Augen gerade das Gegenteil eines abstrakt doktrinären Nationalismus. So gibt er denn auch bereits in der Vorrede seiner Erinnerungen zu Protokoll: *„Und was die heute modische Identifizierung von Patriotismus und Nationalismus anlangt, so wird die Nachwelt über dieselbe unzweifelhaft anders urteilen als die sogenannte Jetztzeit tut."*[33]

Eckardt selbst bekennt sich als *„europäischen Liberalen"*[34], dem die Pluralität gewachsener Kulturlandschaften wichtiger ist als eine möglichst hohe Durchsetzungsintensität des Nationalstaates. So wie er die livländische Heimat vor nationalrussischer Gleichschaltung hatte bewahren wollen, so wandte er sich 1870 gegen die Annektion und anschließende Verpreußung des Elsaß.[35] Alles in allem ein vornationaler Patriot, der reichsdeutschen Zuschnitt ganz und gar vermissen ließ.

War es ein Zufall, daß es einen solchen Mann in die Freie und Hansestadt Hamburg verschlug? 1870 war er als leitender Redakteur des „Hamburgischen Correspondenten" und der „Hamburgischen Börsenhalle" geholt worden, 1874 wechselte er in das angesehene und begehrte Amt eines Senatssekretärs im Rathaus. Eckardt muß von Anfang an eine Affinität für die Stadt an der Elbe empfunden haben. In seinen Erin-

Abb. 13: Julius von Eckardt (1836–1908)

nerungen heißt es gleich zu Beginn des Hamburgteils: „*In diesem stolzen, auf sich selbst ruhenden reichsstädtischen Gemeinwesen, das mich vielfach an Riga und dessen Existenzformen erinnerte, schien mir eine Luft zu wehen, in der sich leben ließ.*"[36]

Mit einer Mischung von Liebe und Ironie schreibt er über die Hamburger: „*Partikularisten aber waren sie alle, die zwischen Alster und Elbe das Licht der Welt erblickt hatten, einerlei ob sie zur konservativen, nationalen oder radikalen Fahne schworen.*"[37] Immer wieder macht Eckardt die Erfahrung, wie sehr dieser Partikularismus seine Lebenskraft aus der Geschichte bezog:

„*Das hamburgische Gemeinwesen stellte sich allenthalben als so altbegründet, so festgefügt und so eigentümlich beschaffen dar, daß darüber nur mitreden durfte, wer über die geschichtlichen Grundlagen und den Gang seiner Entwicklung einigen Bescheid wußte.*"[38]

Eckardt stieß auf dieses allgegenwärtige hamburgische Geschichtsbewußtsein in der Ratsstube, an der Börse, in den Redaktionsstuben, er begegnete ihm bei Senatoren, Kaufleuten, Journalisten oder auch den Damen der Gesellschaft – und dies in den unterschiedlichsten politischen Facetten. Da herrschte keineswegs nur hamburgisch-deutsche Harmonie, vielmehr reichte das Spektrum hanseatischen Traditionsbewußtseins bis zu linksliberaler und altkonservativer Protesthaltung. Je einer der beiden letzteren Richtungen gehören zwei Männer an, die wir aus Eckardts Erinnerungen deshalb besonders herausgreifen, weil sie unmittelbar in den Bereich hamburgischer Geschichtsschreibung führen: Johann Gustav Gallois (1815–1872) und Otto Beneke (1812–1891). Beide haben außerhalb Hamburgs nur begrenzte Beachtung gefunden, in der Hansestadt selbst jedoch hatten ihre Namen neben denen strahlkräftigerer nationaldeutscher Geschichtsschreiber durchaus Gewicht.

Julius von Eckardt hatte für den Hamburger 48er Gallois wenig politische Sympathien. Dennoch zeichnet er in seinen Erinnerungen den ehemaligen Volks- und Debattenredner der Revolution nicht nur mit Spott. Berufliche Probleme in Kauf nehmend habe er auch nach 1848 seine demokratischen Überzeugungen nicht verleugnet: „*Er pflegte schwer aufzuseufzen, wenn auf sie (die Revolutionszeit) die Rede kam.*"[39] Auch wenn Eckardt die historiographische Leistung von Gallois nicht würdigt, so wird doch aus seiner Skizze deutlich, wie sehr im Hamburg der Gründerzeit die 48er Vergangenheit noch gegenwärtig war. Ehe wir auf die durch Gallois repräsentierte demokratische Traditionslinie der Hamburger Geschichtsschreibung näher eingehen, wenden wir uns zunächst dem Bild zu, das unser Memoirenschreiber von Gallois' konservativem Gegenpart entwirft.

Otto Beneke – „Alt-Hamburg in Person"

Eckardt schildert uns Otto Beneke auf eine so eindrucksvolle Weise, daß es reizt, seine Erinnerungen etwas aufführlicher zu zitieren:[40]

Abb. 14: Otto Beneke (1812–1891)

„Die interessanteste Figur des senatorischen Alt-Hamburg war diejenige des Staats- und Ratsarchivars Dr. Beneke, eines feinen, liebenswürdigen Mannes, den seine poetische Natur zum Erzkonservativen und Erzpartikularisten gemacht hatte. Zur Zeit der Freiheitskriege als Sohn eines ‚Oberalten-Sekretärs' geboren, unter den Einflüssen der Grimm-Savignyschen Schule emporgekommen, als Berliner Student zu Bettina und anderen Romantikern in nähere Beziehung getreten, und als junger Anwalt an den geschichtlichen und rechtshistorischen Arbeiten seines Amtsvorgängers Johann Martin Lappenberg beteiligt, hielt Otto Beneke an den Traditionen seiner Jugend noch als Greis mit unerschütterlicher Strenge fest. In die Traumwelt des Partikularismus versenkt, war er des unerschütterlichen Glaubens, daß das heilige römische Reich deutscher Nation wegen des breiten Raumes, den es den einzelnen ‚historisch-politischen Individualitäten' gelassen, dem nationalen Bedürfnis unseres Volks den klassischen Ausdruck gegeben habe und daß auf keinem anderen Grunde als demjenigen der alten Reichsherrlichkeit hätte weitergebaut werden dürfen (. . .) Im buchstäblichen Sinne des Worts lebte und webte er in althamburgischen Traditionen – am liebsten in solchen, welche jenseits des bösen Jahres 1848 und der unliebsamen Verfassungsänderung von 1860 lagen. Der unvergleichliche poetische Reiz, der Benekes ‚Hamburgischen Sagen und Geschichten' eigentümlich ist, durchwehte auch die Gutachten über historische und rechtshistorische Fragen, die er dann und wann in amtlicher Eigenschaft zu erstatten hatte und deren Verlesung das Entzücken auch der stumpfsten Mitglieder des Senats bildete (. . .) Er war das einzige Mitglied des Senats, das seit dem Jahre 1866 niemals an einer Festlichkeit zu Ehren des Reiches teilgenommen hat und dem Einzug der Sieger von 1870 ebenso fern geblieben war, wie den Veranstaltungen zu Ehren des Kaisers und des Kronprinzen."

Man spürt dem Text die Zuneigung an, die Julius von Eckardt gegenüber dem älteren Beneke empfand, auch wenn er dessen hochkonservative Überzeugungen durchaus nicht teilte. Offenbar war die Zuneigung eine gegenseitige. In seinen Erinnerungen schreibt Eckardt darüber noch nachträglich leicht verwundert:

„Wie es zugegangen ist, daß dieser typische Repräsentant dessen, was vom alten Hamburg übrig geblieben war, dieser Lokalpatriot, dessen politische Anschauungen zu den meinigen in denkbar ausgesprochenstem Gegensatz standen, mein Freund und Gönner wurde, habe ich niemals feststellen können. Vielleicht, daß die Entschiedenheit, mit welcher ich mich für die Partikularität meiner Heimat geschlagen hatte, mein Respekt vor althamburgischer Tüchtigkeit ihn sympathisch berührt hatten."[41]

Besser als Eckardt es getan hat, könnte man nicht auf den Begriff bringen, was die beiden so verschiedenen Männer verband: die Liebe zur *„Partikularität der Heimat"*. Mit der Wortprägung *„Partikularität"* wendet Eckardt ins Positive, was sonst überall als *„Partikularismus"* – später als *„Provinzialismus"* – verdächtigt wurde. Er hält damit das historische Verständnis offen für eine in den kleinen Regionen angesiedelte *„mittelpunktliche"* Kultur, die vom Nationalstaat wenn nicht gelöscht, so doch überlagert wurde.

Für die Treue zu dieser alten Welt war Otto Beneke ein Symbol. In der Tat, wenn es in der Hansestadt einen Mann gab, der die vom Pathos des Nationalstaates in Frage gestellten *„historisch-politischen Individualitäten"* hochhielt, dann war er es, der Archivar der Stadt. Renate Hauschild-Thiessen hat ihm eine biographische Skizze gewidmet, die sie zutreffend unter den Titel gestellt hat: „Alt-Hamburg in Person".[42]

Benekes Tod im Jahre 1891 hat ihm erspart, noch in das neue 1897 eingeweihte Rathaus samt dem Stadtarchiv mit umzuziehen. Immerhin war er während der langen Bauzeit noch gutachterlich an der Frage beteiligt, wie das historische Figurenprogramm an der Fassade des Rathauses zusammengesetzt sein sollte. Er drang darauf, daß in die Reihe der alten Kaiser nur solche aufgenommen wurden, die zu Hamburg eine besondere Beziehung hatten. Vor allem wehrte er die an ihn herangetragene Idee ab, auch schon Wilhelm I. einzubeziehen.[43] Daß dann mit der Errichtung eines dem Rathaus gegenüberstehenden Kaiser-Wilhelm-Denkmals weit Schlimmeres realisiert wurde, hat er nicht mehr erlebt.

Seinen Tod überdauert haben in der Nachwirkung vor allem die beiden von ihm verfaßten Bücher „Hamburgische Geschichten und Sagen" (1853) und „Hamburgische Geschichten und Denkwürdigkeiten" (1855).[44] Eckardt rühmt ihnen, wie wir gehört haben, *„unvergleichlichen poetischen Reiz"* nach, und Gustav Freytag verschaffte sogar einer der Geschichten („Captain Karpfangers Leben") Verbreitung über Hamburg hinaus, indem er sie in die „Bilder aus der deutschen Vergangenheit" aufnahm.[45] Beneke hat seine hamburgischen Geschichten, Sagen und Denkwürdigkeiten zu einem Zeitpunkt niedergeschrieben, als er noch frei von dem später so stark empfundenen Angsttrauma eines preußisch-deutschen Einheitsstaates war. Mit sichtlicher Erzählfreude berichtet er von der farbigen Welt des mittelalterlichen und frühneuzeitlichen Hamburg, von Bischöfen und Ratsherren, von Hexen und Piraten, von Brauerknechten und Grobschmieden, von Kindersegen und Schulgeschichten, von hanseatischem Essen und Trinken. Als charakeristisches Beispiel für das hamburgische Selbstvertrauen, mit dem Beneke seine Geschichten vorträgt, mag das kleine Porträt dienen, das er „Von einem vollkommenen Bürgermeister" aus den Jahren 1466 bis 1481 gibt:[46]

„Das war Herr Hinrich Murmester, ein Hamburger von ächtem Schrot und Korn alten Gepräges, von ehrbaren Eltern zu Gottesfurcht, Rechtschaffenheit und zu jeder männlichen Tugend und Tüchtigkeit erzogen. Wegen seiner vorzüglichen Geistesgaben wurde er ein Gelehrter, und studierte in Erfurt und Padua Weltweisheit und Rechtswissenschaft. Ao. 1464 wurde er in den Rat zu Hamburg gekoren, und schon zwei Jahre darnach, vermöge seiner besonderen Würdigkeit, zum Bürgermeister. Welches Amt er ruhmvoll bekleidet hat, bis er am 9. April 1481 zu seinen Vätern versammelt worden ist. Das war ein Mann! Jeder Zoll ein Bürgermeister! ‚Ex utroque Consul', sagt der Geschichtsschreiber Steltzner von ihm; denn er war nicht nur ein Doctor der Philosophie und der Jurisprudenz, ein weiser und kluger Staatsmann, sondern er war auch ein tapferer kühner Kriegsmann und besonnener Heerführer, und hat des

Senatsschiffes Ruder in Krieges- wie in Friedenszeiten gleichmäßig zu Hamburgs Wohlfahrt und Ruhm zu lenken verstanden."

Beneke schließt den Bericht über seinen Helden mit den Worten:

"Das war also Herr Dr. Hinrich Murmester, den man mit Recht einen ‚vullenkamenen Borgermester' nennen konnte, weil er in jedem Betracht tüchtig zum Regimente war. Solcher Männer hat's in Hamburg von jeher viele gegeben, im Ratsstuhle und außerhalb, wie wäre sonst, trotz aller Zeitläufte, Ungunst und Gefährdung, die Freiheit der Väter bewahrt, und aus deren Erbe eine so reiche, mächtige Stadt erblüht?"

"Die Freiheit der Väter bewahren" – nicht zufällig klingt in dieser Formulierung Benekes jene Mahnung an, die seit Generationen über dem alten Deichtor zu lesen war: "Libertatem quam peperere maiores digne studeat servare posteritas". Dieser althamburgischen Freiheit entsprach auch Benekes Verständnis von Freiheit. Sie meinte weder die Freiheitsparole einstigen Aufruhrs noch die Freiheitsdoktrin moderner Demokratie, sie meinte das durch Rezesse und Gewohnheitsrecht gewachsene, spezifisch hamburgische Kondominium von Rat und Bürgerschaft, ein Status von erbgesessener Bürgerfreiheit, der von *"Pöbelherrschaft"* ebenso weit entfernt war wie von einem Herrschaftssystem gewählter Repräsentanten. Beneke verstand es, diese Welt althamburgischer Freiheit mit seiner Erzählkunst poetisch zu verklären, er konnte aber auch grob wie ein Pamphletist werden, wenn er in den Annalen auf Empörer stieß, die sich gegen die politisch-soziale Kontingentierung der Libertas maiorum aufgelehnt hatten. In der Geschichte von "Heino Brand, die bürgerlichen Unruhen und der Rezeß von 1410" berichtet er als höchst parteiischer Erzähler darüber, wie *"auch bei uns der Teufel das Feuer des Aufruhrs anschürte"* und wie das bürgerliche Mitregierungsstreben *"zu blindem Parteikampf entartet jedes billige Ziel und Maß übersprang und das größere Recht auf Seiten des Magistrats erscheinen ließ"*.[47] Aus der Mitte des 17. Jahrhunderts weiß er von einem *"Stillen im Lande"* mitfühlend zu erzählen: *"er konnte nur mit Betrübnis den immer weiter greifenden Ansprüchen der Bürger zusehen, welche ihre Rechte bis zu einer Bevormundung des Rates auszudehnen trachteten."*[48] Noch nachträglich konnte Beneke sich über den *"verderblichen Mißbrauch der bürgerlichen Rechte und Freiheiten"*[49] empören, zu dem es in der Zeit der *"Wirren"* (1684–1686) durch die Volkstribunen Hieronymus Snitger und Cord Jastram gekommen war. Allerdings hatte Beneke auch die Fähigkeit, fast mit Sympathie die 35 Jahre durchgehaltene störrische Einsamkeit des unterlegenen Aufrührers Hans Witte zu schildern. Beneke hat ihm in der Geschichte "Ein unbeugsamer Mann (1711–1746)" ein noch den heutigen Leser bewegendes Denkmal gesetzt.[50]

Das von Beneke cum amore et studio porträtierte Hamburg gehörte einer mitteleuropäischen geschichtlichen Struktur an, die seit dem napoleonischen Krieg stark angeschlagen, seit dem Bruderkrieg von 1866 endgültig zerbrochen war. Dies mag denn auch neben beruflichen Gründen erklären, weshalb Benekes erzählfreudige Feder nach 1866 ins Stocken geriet. Von nun an sah er sich innerhalb wie außerhalb Hamburgs mit einem Zeitgeist konfrontiert, der nicht mehr partikular, sondern zunehmend preußisch-deutsch eingefärbt war. Zu seinem Leidwesen galt das auch und gerade für die Historiker. Im Dezember 1869 vertraute Beneke seinem Tagebuch einen Stoßseufzer darüber an, daß sich der Hamburghistoriker Adolf Wohlwill hatte anstecken lassen von dem *„Gerätsch und Getreitsch"* eines Heinrich von Treitschke, *„dem großen Doktrinär der Nationalliberalen, dem Kleinstaatenfresser, dem Einheitsmann usw."*.[51] Im Juli 1875 urteilte er in seinem Tagebuch nach der Lektüre eines Aufsatzes von Wohlwill:

„Wie diese modernen Geschichtsforscher (!) *die historischen Fakten auslegen und deuten! Wie sie umspringen mit den gegebenen Verhältnissen und Rechtszuständen, alles anpassend ihren subjektiven Anschauungen von heute, ihren Parteizwecken, ihrer Erfolgspolitik. Keine Spur von Objektivität und Unbefangenheit. ‚Was Preußen tut, ist wohlgetan, was Preußen tat desgleichen'."*[52]

Beneke setzte der neuen preußisch-deutschen Parteilichkeit unermüdet seinen althamburgischen Patriotenstandpunkt entgegen. Doch so sehr er dabei Objektivität und Unbefangenheit für sich in Anspruch nahm, in letzterer Hinsicht gab er sich einer Selbsttäuschung hin. Objektiv und unbefangen war sein Urteil so wenig wie das der Nationalliberalen, wohl aber urteilte er unzeitgemäßer als diese, und das mit respektgebietender Unabhängigkeit.

Johann Gustav Gallois – Historiker der Demokratie

Die Rolle des Unzeitgemäßen teilte Beneke mit einem anderen Nonkonformisten unter Hamburgs damaligen Geschichtsschreibern, mit dem 48er Demokraten J o h a n n G u s t a v G a l l o i s. Ihre Überzeugungen allerdings waren denkbar entgegengesetzt, was um so mehr ins Auge fällt, als sie derselben Generation angehörten und also dieselben Zeiterfahrungen zu verarbeiten hatten. Der 1815 in Hamburg geborene Gallois war nur drei Jahre jünger als Beneke. Als Hamburghistoriker traten sie sogar zeitgleich vor die Öffentlichkeit. Gallois publizierte den ersten Band seiner „G e s c h i c h t e d e r S t a d t H a m b u r g" im selben Jahr 1853, in dem Beneke den ersten Band seiner „Hamburgischen Geschichten und Sagen" herausbrachte. Schreib- und Zeitort waren identisch, unterschiedlich war jedoch der Lebenshintergrund. Beneke hatte einen in das Hamburger Honoratiorentum eingebundenen Oberalten-Sekretär zum Vater, Gallois war der Sohn eines französischen Feldschers, der 1812 aus Napoleons Rußlandfeldzug zurückkehrend sich mit erfrorenen Füßen bis Hamburg geschleppt hatte, dort „hängengeblieben" war und sich seither in der Wahlheimat an der Elbe als Französischlehrer durchschlug. Aus der Ehe des in Hamburg ansässig gewordenen Franzosen mit einer Mecklenburgerin gingen 14 Kinder hervor, eines davon hieß Johann Gustav, unser späterer Hamburghistoriker. Der Vater schrieb neben Französischlehrbüchern insgeheim satirische Glossen über Hamburg in seine Hefte, lange

Abb. 15: Johann Gustav Gallois (1815–1872)

nach seinem Tod veröffentlicht unter dem Titel „Der chinesische Spion in Hamburg".[53] Von diesem scharfsichtigen Vater lernte der Sohn schon früh, Hamburgs altväterliche Verfassung mit kritischen Augen zu sehen. Da der junge Anwalt nicht zu den Erbgesessenen gehörte, war ihm der Zugang zu den bürgerlichen Mitwirkungsgremien der Stadt verwehrt. So gründete er mit einigen Gleichgesinnten 1846 den „Verein für Nicht-Grundbesitzer", bald darauf umbenannt in „Bürgerverein". Es war dies in Hamburg der erste politische Verein überhaupt. „Dessen Endzweck war", so Gallois' nachträgliche Auskunft, *„zunächst eine politische Gleichstellung mit den allein zur Gesetzgebung Privilegierten herbeizuführen und welcher später die Ideen der äußersten Linken bei allen Tagesfragen vertrat."*[54] In der 48er Revolution engagierte sich Gallois im Lager der entschiedenen Demokraten. Unter seinem Vorsitz schlossen sich im Mai 1848 sieben politische Vereine, *„sämtlich demokratisch-radikal, mit mehr oder weniger sozialistischer Färbung"*, eng zusammen.[55] Am 7. August trafen ihre Mitglieder zu einer politischen Großveranstaltung in der Tonhalle zusammen, die immerhin 1700 Teilnehmer zählte.[56] Man wählte ein *„förmliches Revolutionscomité"*, dem auch Gallois angehörte.[57] Einen dramatischen Höhepunkt brachte der 12. August. Das gesamte Comité wurde wegen Hochverrat arretiert. Unter dem Druck einer aufgebrachten Öffentlichkeit setzte der Senat die Verhafteten allerdings noch am gleichen Tage gegen Stellung einer Kaution wieder auf freien Fuß.[58] Bei den im Herbst desselben Jahres stattfindenden Wahlen zu einer Hamburger verfassunggebenden Versammlung kandidierte auch Gallois. Als Vertreter der demokratischen Linken zog er in die Konstituante ein und wirkte dort im „Neunerausschuß" entscheidend an der Erarbeitung einer neuen Verfassung mit.[59] Doch so zügig auch die parlamentarischen Beratungen voranschritten, ihre Ergebnisse blieben angesichts der in Hamburg wie in Deutschland einsetzenden Restaurationsära auf dem Papier stehen. Im Bewußtsein ihrer zur Erfolglosigkeit verurteilten Lage beschloß die Konstituante am 2. Mai 1850 ihre Selbstauflösung. Gallois und seine demokratischen Gesinnungsfreunde fanden sich im Abseits wieder, abgeschnitten von der Möglichkeit, weiterhin handelnd Anteil an der Hamburger Politik zu nehmen.

In dieser Situation wandte sich Gallois der Geschichtsschreibung zu. Offen spricht er sich darüber aus in der von 1853 datierten Vorrede zu seiner „Geschichte der Stadt Hamburg": Angesichts der *„plötzlich eingetretenen Stagnation des politischen Lebens"* treibe ihn das *„Bedürfnis, seine Kräfte in anderen Bahnen zu verwerten"*. Er fährt fort: *„Da in Hamburg verhältnismäßig nur sehr wenige Gelehrte, vermöge unserer Verfassung, so glücklich sind, ihre Kräfte direkt dem Staatsleben weihen zu dürfen, so bleibt dem nicht grundbesitzenden, oder nicht mit einer höheren Beamten- oder Ehrenbeamten-Stelle beglückten Juristen fast kein anderes Mittel, dem Staate selbst zu nützen übrig, als der Gebrauch der Feder."*[60]

Gallois kündigt eine Geschichtsschreibung an, die sich deutlich von der der *„älteren Geschichtsschreiber Hamburgs"* unterscheiden soll. Von den letzteren sagt er respektlos:

„Sie schreiben teils ohne alle Kritik das ab und nach, wessen sie gerade habhaft werden konnten, teils war ihre Darstellung der Form nach so ungenießbar, daß man sich ordentlich scheute, sie in die Hand zu nehmen."[61]

Neben Fragen von Methode und Sprache ging es auch und vor allem um politische Differenzen. Im Vorwort von 1853 heißt es dazu:

„Was die Auffassungsweise mancher Erscheinungen unserer Geschichte betrifft, so bin ich darauf gefaßt, daß man sie von einer gewissen Seite her als demokratisch verschreien wird, vielleicht schon weil ich der Verfasser bin."[62]

Gallois scheut den Vorwurf der Tendenzgeschichte nicht und beruft sich dabei auf den im Geist der Spätaufklärung schreibenden Historiker Friedrich Christoph Schlosser (1776–1861), der sich in seiner damals vielgelesenen Geschichte des 18. Jahrhunderts zur *„Unmöglichkeit, eine rein objektive Darstellung zu liefern"*, bekannt hatte.[63]

Bleibt die Frage, wie sich Gallois' Verständnis von Geschichtsschreibung auf das Hamburgbild ausgewirkt hat, das er seinen Lesern vorstellt. Wir greifen einige charakteristische Beispiele heraus. Den grundlegenden Rezeß von 1483 beurteilt Gallois bewußt aus der Perspektive der seinerzeit von der Machtverteilung Ausgeschlossenen; Rat, erbgesessene Bürger und Handwerkssprecher hätten sich geeinigt, *„den Kleinbürger in seinem Streben nach Einfluß auf die Gesetzgebung und Verwaltung zurückzudrängen (...) – eindringliche, aber wenig in der Zukunft beachtete Lehre!"*[64] Die von den lutherischen Hamburghistorikern hochgerühmte Reformation wertet er eher kritisch: *„Leider nur brachte die Reformation, weil sie auf halbem Wege stehen blieb, keine Zeit des Lichtes und der fortschreitenden Bildung und Gesittung über unsere Vaterstadt."*[65]

Scharf geht er mit der feindseligen Politik ins Gericht, die der Hamburger Senat und mit ihm andere Hansestädte gegenüber dem Lübecker Bürgermeister Wullenweber verfolgten. Gallois macht kein Hehl aus seiner Bewunderung für den *„genialen Jürgen Wullenweber"*[66] und seinen Kampf für eine Demokratisierung der Hansestädte. Bedauernd stellt er fest: *„in dem Sturze Wullenwebers und dem Purismus gegen Wiedertäuferei und Demokratie (hier schon Communismus gescholten) waren aber alle einig."*[67] Ganz anders als Beneke urteilt Gallois über die Führer der Hamburger Popularpartei Hieronymus Snitger und Cord Jastram: ihre Hinrichtung im Jahre 1686 nennt er nicht nur *„ungerecht"*[68], sondern *„ein würdiges Denkmal blutiger Grausamkeit jener Aristokratenpartei, welche noch über die Barbarei der Carolina hinausging"*.[69] Über die moralische Stellungnahme für Snitger und Jastram hinaus ging es Gallois darum, den Konflikt strukturell zu begreifen. Dabei interessierte ihn der Zusammenhang zwischen Verfassungspolitik und Außenpolitik ebenso wie beider Verknüpfung mit sozialen Fraktionierungen innerhalb der Stadt. Er nimmt für sich in Anspruch, noch kein Schriftsteller habe darauf hingewiesen, *„daß es damals zwei ganz verschiedene politische Richtungen in Hamburg gab; die Einen lehnten sich, mit Vergessen eigener Stadtwürde und Hoheit, an das zerfallende Reichsgebäude und seine veralteten,* *nur die Aristokratengelüste schützenden Institutionen, die Anderen wollten eine selbständige Republik, mit kräftiger Politik nach außen, selbst allenfalls unter dem Schirm fremder Mächte, dabei aber Bürgerfreiheit im Innern, und das erstrebten jene beiden Männer, als sie den dänischen Einflüsterungen unbedachtsam und ohne die notwendigen Garantien zuneigten. Wäre ihr Plan gelungen, so hätte die spätere Hamburgische Geschichte wahrscheinlich sehr viele Erbärmlichkeiten weniger zu berichten"*[70].

In deutlicher Anspielung auf die Niederlage der Demokraten von 1848 spricht er von den deprimierenden Folgen, die die Niederlage der Popularpartei hatte; die nach 1686 in Hamburg herrschende Stimmung habe ein Bild geboten *„der stets nach mißlungenem und niedergetretenem Freiheitsringen eintretenden Demoralisation und ihren Begleitern, dem groben Materialismus und der Verbissenheit frevelhaft vereitelter Hoffnungen, wovon sich in gar mancher Zeit noch das Abbild wiederfindet!"*[71]

Eine Mischung aus Anklage und Ohnmachtserfahrung spricht schließlich aus dem bitteren Urteil, das Gallois über den Hauptrezeß von 1712 fällt, das vielbeschworene hamburgische Fundamentalgesetz:

„Erst mit dem Hauptrezeß wurden die demokratischen Ideen der Bürger unterdrückt, denen es ihrerseits immer an tauglichen Köpfen gefehlt hat, die Idee ihrer Staatsform konsequent und energisch durchzuführen und die lieber sich in zum Teil unwürdigen Exzessen und Klaubereien ergingen, wodurch dem Rate der natürliche Anlaß geboten wurde, mit Hilfe des Kaisers und der Fürsten alles demokratische Gelüste mit einem Male, unter dem damals allerdings plausiblen Vorwande, Ruhe und Ordnung herzustellen, zum Schweigen zu bringen.[72]*"*

Gallois gibt dieser Aussage zusätzliche Brisanz, indem er die verfassungspolitischen Langzeitwirkungen ungeschminkt anspricht. Der Rat habe seinerzeit, so führt er aus, *„im Verein mit den Reicheren und unter dem Schutze der Reichstruppen die passende Gelegenheit benutzt, ein Staatsgrundgesetz zu schaffen, in welchem von politischen Rechten der Nichterbgesessenen gar keine Rede war, Hamburg sich zu einer festgeschlossenen Wahl- und Besitzesaristokratie gestaltete, allmählich aber der Aberglaube an ihre Ewigkeit und Unverbrüchlichkeit sich in den Köpfen so festsetzte, daß alle Lehren der Geschichte lange Zeit, man kann sagen bis 1842, an dem Freistaate spurlos vorübergegangen sind. Dem Unverstand der einen wie der anderen Partei war dies wahrhaft betrübende Resultat beizumessen, daß fortan eine Minorität, ohne Rücksicht auf die Kapazitäten, und leider auch oft die Bedürfnisse der bei weitem meisten Staatsangehörigen regierte"*[73].

Wie so ganz anders ist zu allen Zeiten der angeblich demokratische Geist der hamburgischen Verfassung von den Historikern der Hansestadt geschildert und gepriesen worden. Gallois hält solchen Laudatoren die Realität bürgerlicher Regierungsteilhabe in Hamburg entgegen. Immer sei es nur darum gegangen, *„die wohlhabenden Bürger an der Ratsaristokratie teilnehmen zu lassen! Vom ganzen Volke keine Rede, weshalb unbegreiflich ist, wie man so oft von demokratischen Elementen der Verfassung hat reden mögen"*[74].

Je näher Gallois an die Gegenwart heranrückte, desto politisch heikler wurden für ihn die Darstellungsprobleme. Solche Schwierigkeiten sieht man vor allem dem 1856 erschienenen dritten Band seiner „Geschichte der Stadt Hamburg" an. Immer stärker treten darin die politischen Ereignisse in die zweite Reihe, stattdessen räumt er Daten aus Börse und hamburgischem Welthandel breiten Raum ein. Er mag dies rechtfertigt haben, indem er für das 19. Jahrhundert geltend machte, was er schon für das Hamburg des 18. Jahrhunderts festgestellt hatte: *„Apathie und politische Stagnation in allen Regionen des Staatslebens, außer der senatorischen"* wurden in einer Art „Ableitung" kompensiert durch einen *„enormen Aufschwung, welchen Gewerbetätigkeit und Handelsverkehr nahm"*[75]. Später konnte er sogar, bezogen auf die wirtschaftliche Prosperität im politischen Krisenjahr 1853, davon sprechen, *„daß die europäischen Handels- und Völkerinteressen sich immer mehr von den politischen Zuständen emanzipieren"*[76]. Das auf diese Weise vom zeitgenössischen Hamburg vermittelte Bild ist ein durchaus ambivalentes. Einerseits mißbilligt Gallois die opportunistische Indifferenz der Hamburger Kaufmannschaft, so wenn er lapidar formuliert: *„Der Kaufmann hat kein Vaterland"*[77], ein Urteil ganz in den Spuren seines Vaters, der über die Hamburger Kaufleute in seinem Sudelbuch vermerkt hatte:

„Das sind Wesen von ganz besonderer Rasse, deren Hirne mit Geschäften ausgefüllt sind, und vollgestopft mit Spekulationen, die nur auf den Gott des Gewinnes gerichtet sind (...) Sie können nichts als Ziffern malen."[78]

Andererseits wußte Gallois sehr wohl einzuschätzen, welche politische Veränderungskraft auch und gerade in der nackten Wahrnehmung kaufmännischer Interessen steckt. Mit ökonomischer Nüchternheit stellt er im Zusammenhang mit Zollfragen fest, *„daß die liberaleren Ansichten einer richtigen kaufmännischen Spekulation stets den Sieg über ein veraltetes selbst hartnäckig festgehaltenes Finanzsystem behaupten müssen"*[79]. Solchermaßen schwankend zwischen Mißbilligung und Bewunderung kaufmännischen Geistes breitet Gallois in seiner Darstellung des 19. Jahrhunderts eine Fülle *„merkantilischer Einzelheiten"* aus. Sorgfältig hält er für jedes Jahr die Hafendaten über Ein- und Ausgang der Schiffe samt deren Herkunftsländern fest. Er notiert das Auf und Ab der verschiedensten Geschäftssparten: Assekuranz, Wechselgeschäft, Getreidehandel, kolonialer Rohstoffimport. Über die Katastrophen, die dieses Hamburg trafen, berichtet er mit kaum unterdrücktem Sarkasmus. So zum Jahre 1832: *„An der Cholera waren 913 Personen erkrankt, von denen 483 Personen starben, keiner der höheren Einwohnerklasse angehörig."*[80] Und zum Jahr des „Großen Brandes": der Hafen sei verschont geblieben, insbesondere die engros-Lager im Katharinen-Kirchspiel, günstig habe sich im übrigen die vom Brand ausgelöste Baukonjunktur ausgewirkt; in summa: *„der Handel Hamburgs konnte das Jahr 1842 zu den gewinnreichen zählen"*[81]. Besonders sprechend sind die lakonischen Angaben, die Gallois darüber macht, welche Rückwirkung internationale Vorgänge auf die Geschäftsstimmung in der Hansestadt hatten. Ich wähle drei Beispiele, die allesamt belegen, daß an einem Waren- und Nachrichtenplatz wie Hamburg nicht Prinzipien, sondern

Prozente zählen. Zum Jahr 1826: *„Im Dezember drückte die erste Nachricht von der Beteiligung Englands an den portugiesischen Angelegenheiten durch Unterstützung der Constitutionellen gegen die Absolutisten die Fonds herunter, die Verkäufer von Kolonialwaren wurden zurückhaltender, wie auch die Geldleute (der Disconto stieg zu 4 ³/₄ p.C.)."*[82]

Im Jahre 1832 deuteten aus dem Ausland kommende Nachrichten auf einen drohenden Krieg zwischen Holland und Belgien. Zur Reaktion der Hamburger Geschäftswelt notiert Gallois: *„Man hoffte auf Krieg oder wenigstens, daß die Teile Deutschlands und der Schweiz, die sich bisher in Holland versorgt hatten, ihre Zuflucht zu unserem Markt nehmen würden."*[83]

Aus dem Revolutionsjahr 1848 schließlich berichtet er:

„Am 26sten Februar erhielt die Börse die ersten Nachrichten von den Pariser Ereignissen, denen bald die Bestätigung folgte. Sogleich fielen die Staatspapiere und die Eisenbahnaktien; im Warenfache hielt man Blei, Häute, Leder und Salpeter sofort zurück und in allen Geschäften trat eine große Flauigkeit ein."[84]

Die nun folgenden Hamburger Revolutionsereignisse, an denen Gallois selbst engen Anteil gehabt hatte, konnte und wollte er nicht nachträglich in Börsennachrichten umstilisieren. Da er andererseits die Zeit noch nicht reif für eine eingehende politische Darstellung hielt, ging er auf die Jahre 1848/49 nur in einer Kurzfassung ein. *„Daß diese letztere sich auf das Tatsächliche beschränkt"*, so heißt es in dem Vorwort von 1856, *„wird wohl Niemand tadeln, welcher unserer jetzigen Zustände kundig ist"*. Es folgt der bittere Zusatz: *„die Geschichte der Restauration zu schreiben, fehlte es mir noch an der nötigen Selbstüberwindung"*[85]. Seine knappe Darstellung der 48er Revolution läßt er mit dem 11. Juni 1849 enden, dem Tage, an dem die Hamburger Constituante ihren Entwurf einer demokratischen Verfassung Hamburgs dem Rat überreicht hatte. Gallois begründet dieses Abschlußdatum so:

„Das Einzige, was der Verfasser sich herausnimmt, ist die Bemerkung, daß er, seiner Überzeugung treu, diese Darstellung nur mit dem letzten von ihm als legal anzuerkennenden Akte schließen wird: der Überreichung der Constituantenverfassung; das darauf Folgende gehört anarchischen Übergangszuständen an, die nicht im Rechte, sondern nur der Tatsache nach existieren, und der Geschichtsschreiber für die öffentliche Moral so betrübender Ereignisse zu werden, würde dem Verfasser erst dann convenieren, wenn mit dem Aufhören der gedachten anarchischen Zustände das Recht wieder zur Geltung gelangt sein wird, quod facit deus."[86]

Deutlicher läßt sich Überzeugungstreue nicht demonstrieren. Der Historiker hält den Uhrzeiger der Geschichte an dem Tage an, an dem die Demokratie ihren letzten Auftritt hat.

Es muß für Gallois eine tiefe Genugtuung gewesen sein, daß er den Tag noch erlebte, an dem die Uhr der Demokratiegeschichte in Hamburg wieder zu schlagen anfing. Am 28. September 1860 wurde nach schwierigen Jahren der Verhandlung eine Verfassung von Bürgerschaft und Senat verabschiedet und in Kraft gesetzt, die zum ersten Mal Elemente parlamentarischer Repräsentation enthielt. Gallois sah sich durch dieses für die Stadt epochale Ereignis ermutigt, seiner Hamburggeschichte nun doch einen Band hinzuzufügen, der die Zeitgeschichte in voller Breite einbezog: „Hamburgs neueste Zeit 1843 bis 1860". Dieser abschließende Band erschien 1864. Äußerlich hat er das Gewand eines fortlaufenden Kalenders, der über Ereignisse aus Politik, Wirtschaft und Publizistik in ihrer zeitlichen Abfolge chronikalisch berichtet. Aber die scheinbar neutrale Darstellungsform kann nicht über die wertende Position des Chronisten hinwegtäuschen. Das Vorwort bereits gibt Auskunft über die Perspektive, aus der Gallois schreibt:

„*Mancher gab das Werk der politischen Neugestaltung unmutig schon verloren. Aber die verjüngenden Keime, welche die brennenden Jahre 1842 und 1848 gelegt, waren nicht tot, und wuchsen langsam und sicher in dem Boden der Überzeugung aller intelligenten Hamburger weiter, bis ihr Dasein sich nicht mehr verhehlen ließ, und ein kräftiger Stoß, die Repräsentativ-Verfassung von 1860, die Decke der Vorurteile durchbrach und so ein neues wichtiges Entwicklungsmoment in unserer heimischen Geschichte bezeichnete.*"[87]

Selbst noch das versöhnende Wort von den „*verjüngenden Keimen*" enthielt einen Widerhaken. 1842 hatte der damalige Rat unmittelbar nach der Brandkatastrophe von den „*verjüngenden Keimen*" gesprochen, welche die Weisheit der Vorfahren in die seit 1712 geltende Verfassung gelegt habe. Gallois gab diesem Wort jetzt einen radikal veränderten Inhalt. Die „*verjüngenden Keime*", so heißt es bei ihm, haben die beiden „*brennenden Jahre 1842 und 1848*" gelegt – eine Aussage, die an die Stelle althamburgischer Verfassungstradition die nachwirkende Macht von Brand und Revolution setzt. Dabei sah Gallois die zurückliegenden Anstrengungen der demokratischen Bewegung durchaus nicht unkritisch. Er spricht von einer „*Schule bitterer Erfahrungen*", die die Fortschrittspartei hinter sich habe.[88] Dies bedeutet für ihn allerdings nicht, sich mit dem Stand der Dinge zu arrangieren: „*Wir sind freilich weit entfernt, den solchergestalt beobachteten Fortschritt als einen vollendeten, das Ziel als erreicht anzusehen, und halten die Geschichte dieser 18 Jahre* (gemeint: vom Hamburger Brand bis zur neuen Verfassung) *nur für eine Entwicklungsstufe zu Höherem, indem wir nicht verkennen, wie viel noch zu schaffen übrig bleibt, um Hamburg eine seiner nationalen, gewerblichen und merkantilen Bedeutsamkeit entsprechende Gestaltung zu verleihen, es würdig zu machen, als lebensfähiger staatlicher Organismus in die Reihe anderer Staaten einzutreten.*"[89]

Was ist das Ergebnis unseres Durchgangs durch die zweite Hälfte des 19. Jahrhunderts? Die Antwort kann nur lauten: Die Historiker haben sehr verschiedene Bilder von Hamburg entworfen. Jedes Bild eignet sich die Vergangenheit auf andere Weise an, jedes Bild enthält eine eigene Imagination dieser Stadt. Neben der nationalen Version steht die partikulare, neben der des 48er Demokraten die des Altkonservativen. Keine dieser Versionen enthält die ganze Stadt. Die Frage nach der ganzen Stadt ist in einem Gemeinwesen, das nicht von oben, sondern aus seiner Bürgerschaft regiert wird, notwendigerweise eine offene Frage. Die bürgerschaftliche Verfassung lebt geradezu davon, daß innerhalb ihres Geltungsbereichs Pluralität der Interessen und der Argumente herrscht. Wer diese Struktur egalisieren wollte, der zerstört mit dem diskursiven Charakter der Stadt zugleich ihre republikanischen Grundlagen. Solches gilt nicht zuletzt für die Bilder, die Stadtrepublikaner sich von ihrer Geschichte machen: Es können nur kontrovers sich begegnende Bilder sein, es sei denn, die Stadt wollte ihren ureigensten Charakter verleugnen.

Die Proletarier und ihre Stadt

Heinrich Laufenberg
gibt der Arbeiterbewegung eine Geschichte

Am 17. Mai 1907 beschoß die Delegiertenversammlung der Hamburger Sozialdemokratischen Partei, eine Geschichte der Arbeiterbewegung im niederelbischen Städtegebiet in Auftrag zu geben.[1] Ausgelöst war dieser Beschluß durch eine unmittelbar vorangegangene Buchveröffentlichung in der deutschen Hauptstadt: „Geschichte der Berliner Arbeiterbewegung", verfaßt von Eduard Bernstein.[2] Für die selbstbewußte Hamburger Sozialdemokratie war die Berliner Publikation nicht ohne Stachel. Viele der alten Genossen hatten noch im Ohr, daß auf dem Gothaer Vereinigungsparteitag August Bebel einst von Hamburg als der *„sozialistischen Hauptstadt Deutschlands"* gesprochen hatte. Sollte nun, da man daran ging, die historischen Verdienste einzelner Städte um die deutsche Arbeiterbewegung zu würdigen, Hamburg hinter Berlin zurückstehen?

Das Interesse der Sozialdemokratie an ihrer Vergangenheit

Es handelt sich um mehr als Ortsrivalitäten. Das hohe Interesse, das die deutsche Sozialdemokratie insgesamt an der eigenen Vergangenheit nahm, hatte einen Vorlauf. Unvergessen stand vor Augen, daß die organisierte Arbeiterschaft während des Sozialistengesetzes zwölf Jahre lang härtester Verfolgung widerstanden hatte. Die Partei war seither von dem stolzen Bewußtsein erfüllt, sich einen Platz in der Geschichte erstritten zu haben. Schon wenige Jahre nachdem 1890 das Sozialistengesetz gefallen war, hatte man unternommen, das gewachsene Selbstgefühl auch historiographisch zu befestigen. Im Parteiverlag Dietz wurde die Reihe „Geschichte des Sozialismus in Einzeldarstellungen" begründet.[3] Prominente sozialdemokratische Autoren wie Karl Kautsky und Eduard Bernstein entwarfen hier ein Bild von der Genesis der sozialistischen Idee. Durch weit in die europäische Vergangenheit ausgreifende Studien suchten sie der modernen Arbeiterbewegung einen welthistorischen Horizont zu geben. Als krönender Abschluß erschien in dieser Reihe 1897/98 von Franz Mehring die „Geschichte der deutschen Sozialdemokratie".[4] Diese erste Gesamtdarstellung der deutschen Arbeiterbewegung fand in der Partei breite Resonanz; in der internen Schulung wurde sie rasch zu einem unentbehrlichen Orientierungswerk. August Bebel sprach von einer *„großartigen Arbeit"*[5] und forderte dazu auf, Mehrings Schilderung durch Abfassung von Lokalgeschichten zu ergänzen. Kennzeichnend für den in der Sozialdemokratie erwachten historischen Sinn ist die Besorgnis, aus der heraus Bebel seinen Vorschlag insbesondere an die Veteranen richtete:

mit dem Ableben der älteren Genossen, so sein Argument, könnten wichtige Ereignisse der Vergangenheit für die Geschichtsschreibung verloren gehen.[6]

Der parteioffizielle historische Konsens sollte nicht lange vorhalten. Fast zeitgleich mit dem 1903 in Dresden stattfindenden sozialdemokratischen Parteitag, auf dem zum ersten Mal der Revisionismusstreit vor großer Öffentlichkeit ausgetragen wurde, ließ Mehring eine überarbeitete zweite Auflage seiner „Geschichte der deutschen Sozialdemokratie" erscheinen.[7] Neu hinzugefügt hatte er am Schluß eine polemische Abrechnung mit den neueren revisionistischen Tendenzen in der Partei. Tatsächlich waren seit dem Ende des Sozialistengesetzes in der Sozialdemokratie erste Ansätze in Richtung auf eine pragmatische Reformpartei zu beobachten. Um gleichwohl sein Bild von den kampfentschlossenen revolutionären Massen aufrechterhalten zu können, behauptete Mehring, *„daß der Revisionismus in diesen Massen niemals hat festen Fuß fassen können, daß er nie den geringsten Einfluß auf ihre praktische Bewegung gehabt hat"*.[8]

Eduard Bernstein, der sich als Vordenker der Revisionisten am meisten durch die Attacke seines Parteifreundes hätte provoziert fühlen können, reagierte gelassen. In einer Rezension vermerkt er über Mehrings Revisionismus-Kapitel leicht ironisch: *„Im letztbezeichneten Kapitel streift der Verfasser das Gewand des Geschichtsschreibers ab, um an der revisionistischen Richtung innerhalb der heutigen Sozialdemokratie seinen Zorn auszulassen. . . . Die mit solchen Mitteln bekämpfte Richtung wird daran nicht zugrunde gehen. Könnte sie durch dergleichen ernsthaft geschädigt werden, so wäre es um sie nicht schade"*.[9]

Mehring mußte beunruhigen, daß schon wenig später ausgerechnet sein innerparteilicher Kontrahent als erster den Wunsch Bebels nach Ortsgeschichten der Sozialdemokratie in die Tat umsetzte. Bernsteins auf sorgfältiger Quellenforschung beruhende „Geschichte der Berliner Arbeiterbewegung" drohte das Fundament auszuhöhlen, das Mehring mit seiner stärker ideologiegeprägten Parteigeschichte gelegt hatte. In dieser Situation kam für Mehring wie gerufen, daß die Hamburger Sozialdemokraten sich nach einem Autor umsahen, der ihre Lokalgeschichte gegenüber derjenigen der Berliner zur Geltung bringen konnte. Für die allgemeine Parteigeschichte hatte Hamburg mehr noch als Berlin exemplarische Bedeutung. Anders als in der Stadt an der Spree, wo die Arbeiterbewegung erst seit 1848 Kontur gewann, reichte sie in der Hafenstadt an der Elbe bis in den Vormärz zurück; erst recht in der zweiten Jahrhunderthälfte hatte Hamburg als Stützpunkt der sozialistischen Bewegung eine herausragende Rolle gespielt. Welche Chance, so erkannte Mehring sofort, am Hamburger Beispiel den Revisionisten historiographisch Paroli zu bieten. Da er selbst aufgrund seiner schriftstellerischen Verpflichtungen nicht zur Verfügung stand, empfahl er den Hamburgern einen jüngeren Autor seines Vertrauens, den an der sozialdemokratischen „Volkszeitung" in Düsseldorf tätigen Journalisten Dr. H e i n r i c h L a u f e n b e r g.[10]

Ehe noch der für die neue Aufgabe Vorgesehene eingetroffen war, appellierte der Hamburger Parteivorstand bereits im September 1907 *„an alle seine Freunde und*

Parteigenossen, sämtliches von der Parteibewegung und den gegnerischen Parteien vorhandene Material (Bücher, Broschüren, Flugblätter, Prozeßakten, Briefe u. s. w.) der Partei leihweise zu überlassen"[11] – eine Bitte, die in der Folge mehrfach wiederholt wurde. Von Anfang an sollte damit das Projekt breit in der Mitgliedschaft verankert werden. Laufenberg selbst trat seine mit 600 Mark dotierte Stelle als Parteihistoriker am 1. Januar 1908 in Hamburg an.[12]

Der Antirevisionist

Wer war der von außen geholte „Studierte", dem anvertraut wurde, die Geschichte der Hamburger Arbeiterbewegung zu schreiben?[13] Allen voran interessierte sich für diese Frage die Hamburger politische Polizei. Sie wandte sich nach Düsseldorf und Berlin, den beiden letzten Wohn- und Arbeitsorten Laufenbergs. Die von den dortigen Polizeiverwaltungen unter dem Signum „Geheim" erteilten Auskünfte sind erhalten.[14] Aus Düsseldorf, wo er von 1904 bis 1907 gelebt hatte, hieß es: *„Dr. Laufenberg, der hier im persönlichen Verkehr mit den Beamten und Behörden stets ein höfliches und entgegenkommendes Benehmen zur Schau trug, ist ein Sozialdemokrat extremster Richtung."* Dem angefügten Strafregister war zu entnehmen, daß er als Redakteur der „Volkszeitung" sechsmal wegen „öffentlicher Beleidigung" zu Geld- und Gefängnisstrafen verurteilt worden war. Aus seinem vorangegangenen Wohnort Berlin erfuhr man, Laufenberg sei dort zunächst als Redakteur an dem Organ der Zentrumspartei „Germania" tätig gewesen und dann, wohl 1902, zur Sozialdemokratie übergetreten.

Innerparteilich ging dem mit 36 Jahren in Hamburg Antretenden der Ruf eines prinzipentreuen Antirevisionisten voraus. Einem Bericht im „Vorwärts" zufolge hatte er sich im August 1903 auf einer Parteiversammlung in Berlin gegen Bernstein und den Revisionismus ausgesprochen.[15] Wahrscheinlich wird er damals auch den ersten Kontakt zu Mehring gewonnen haben. Da der Letztere zu diesem Zeitpunkt noch die Unterstützung des in der Hamburger Partei besonders einflußreichen Bebel hatte, wird man in der örtlichen Organisation gegenüber Mehrings Schützling keine politischen Vorbehalte gehabt haben. Als Parteihistoriker war Laufenberg bisher nicht hervorgetreten. Das Thema seiner 1901 in Rostock abgelieferten Doktorarbeit „Der historische Wert des Panegyricus des Bischofs Ennodius"[16] wird in der Partei nicht interessiert und also auch keinen Anstoß geboten haben. Eher mag befremdet haben, daß der Neuankömmling einem bürgerlich-katholischen Milieu entstammte. Zwar hatte Laufenberg sich von der römischen Kirche getrennt, aber in der Hamburger Arbeiterschaft mußte er doch zunächst als sozialer Außenseiter empfunden werden.

Wer erwartet hatte, der frisch angeheuerte Chronist werde sich hinter seinem Schreibtisch verschanzen, wurde bald eines anderen belehrt. Von Anfang an engagierte sich Laufenberg in Hamburg in der sozialdemokratischen Schulungsarbeit. Insbesondere hatte er wesentlichen Anteil daran, daß 1908 ein Bildungsausschuß eingesetzt wurde, dem Vertreter der Partei, der Gewerkschaften und der Jugendorganisation angehörten.[17] An den vielfältigen Initiativen dieses Gremiums war Laufenberg seither maßgeblich beteiligt.[18] Dazu trat er schon in seinem ersten Hamburger Jahr dreizehnmal in Versammlungen mit Referaten auf, in denen es durchweg um sozialistische Grundsatzfragen ging.[19] Wie schon in Berlin und Düsseldorf blieben auch in Hamburg Kontroversen nicht aus. So kritisierte er parteiöffentlich den Vorsitzenden der örtlichen Bauarbeitergewerkschaft Paeplow, weil dieser den Revisionismus bagatellisiere.[20] Heftiger noch war seine Auseinandersetzung mit dem in der Genossenschaftszentrale tätigen Dr. August Müller.[21] Es kam zu einem regelrechten Schaukampf zwischen den beiden, als Müller im November 1909 vor den Mitgliedern des ersten Hamburger Wahlkreises einen ganz auf der revisionistischen Reformlinie liegenden Vortrag unter dem Titel hielt „Kritisches über den Marxismus und die Taktik der Sozialdemokratie".[22]

Über den Aktivitäten in der Partei vernachlässigte Laufenberg nicht den wissenschaftlichen Auftrag, dessentwegen er nach Hamburg geholt worden war. Folgt man einer neueren Vermutung, so lag bereits nach wenigen Monaten eine erste Forschungsfrucht vor.[23] Bernhard Schuler-Kabierske nimmt an, daß Laufenberg der Autor einer ohne Verfassernamen im Juni 1908 erschienenen kleinen Schrift war: „Die Hamburger Arbeiterbewegung. Eine Festgabe. Gewidmet den Delegierten des Sechsten Gewerkschaftskongresses in Hamburg vom Gewerkschaftskartell in Hamburg-Altona". Bei Lektüre der anonymen Publikation kommen allerdings Zweifel auf. Es finden sich in dem Text Passagen, die schwerlich von Laufenberg stammen. So erhält als historische Autorität ausführlich Georg Adler das Wort.[24] Kaum denkbar, daß Laufenberg der Zitator ist, nachdem doch der von ihm verehrte Mehring eben erst Adlers „Geschichte der ersten sozialpolitischen Arbeiterbewegung" als eine *„wilde, mit der Reporterschere geschnipselte Kompilation ohne jeden historischen Sinn und Verstand"* abqualifiziert hatte.[25] Noch weniger paßt zu Laufenberg, daß die Festgabe mit den revisionistisch inspirierten Worten schließt, die Hamburger Arbeiterschaft habe sich *„niemals nehmen lassen, praktischen Sozialismus zu treiben und dem Evolutionsgedanken zum Siege zu verhelfen"*.[26] Ganz ähnlich formulierte wenig später August Müller; selbstbewußt bekannte dieser für die Revisionisten: „*. . . sie sind nicht revolutionär, sie sind evolutionär"*.[27]

So viel gegen eine Autorschaft Laufenbergs spricht, das Argument ist nicht ganz von der Hand zu weisen, daß eigentlich nur ihm die aus der Festgabe sprechende Quellenkenntnis zum damaligen Zeitpunkt zuzutrauen ist. Will man die gegenläufigen Beobachtungen zusammenführen, ließe sich vorstellen, daß Laufenberg einen Textentwurf geliefert hat, den die Gewerkschaftsführung überarbeiten ließ. Die „Autorenlosigkeit" der Festgabe fände damit eine wenn nicht zwingende, so doch plausible Erklärung.

„Hamburg und sein Proletariat im 18. Jahrhundert"

Die erste historische Schrift am neuen Ort, die Laufenbergs Namen trägt, erschien 1910: „Hamburg und sein Proletariat im 18. Jahrhundert. Eine wirtschaftshistorische Vorstudie zur Geschichte der modernen Arbeiterbewegung im niederelbischen Städtegebiet". Der Verfasser zeichnet in seiner Untersuchung ein facettenreiches Bild von der sozialen Lage im Hamburg des ausgehenden 18. Jahrhunderts. Exemplarisch sei die Darstellung des großen Streiks vom Sommer 1791 herausgegriffen.[28] Zuvor war dieser Ausstand von A. Heinrich als frühes Beispiel für einen „Generalstreik" in die sozialistische Literatur eingeführt worden. Laufenberg nimmt die Wendung vom „Generalstreik"[29] zwar auf, entzieht ihr jedoch durch seine Analyse die Grundlage. In Auswertung der zeitgenössischen Quellen benennt er als die eigentlichen Akteure die zünftigen Handwerker; nur am Rande sieht er Manufakturarbeiter und Pauperes eine Rolle spielen. Unterschiedliche Mentalität und Interessenlage der Beteiligten werden herausgestellt. Die Zünftigen, so erfährt der Leser, wiesen die angebotene Hilfeleistung des „Pöbels", aber auch der Arbeiter aus den Kattunmanufakturen entschieden zurück. Resümee: *„Der Solidaritätsstreik fiel somit ins Wasser".*[30]

Warum nannte der Autor seine Arbeit gleichwohl eine „Vorstudie zur Geschichte der modernen Arbeiterbewegung"? Die Antwort erfordert einen Vorgriff auf den 1911 erschienenen ersten Teil von Laufenbergs „Geschichte der Arbeiterbewegung in Hamburg, Altona und Umgegend". In diesem Band war im Schwerpunkt die Entwicklung der Hansestadt zu einer Hochburg des „Allgemeinen Deutschen Arbeitervereins" darzustellen. Bei der Vorbereitung des Manuskripts war Laufenberg darauf gestoßen, daß die in Hamburg von Beginn an maßgebenden Arbeiterführer nicht von der modernen Industrie, sondern von handwerklicher Tradition geprägt waren. Vor diesem Hintergrund gewann für ihn die Frage besonderes historisches Interesse, wann jener Prozeß eingesetzt hatte, der Teile der Handwerkerschaft aus dem Zunftrahmen herausdrängte. Entwurzelte Handwerker begegneten bereits im Hamburg des 18. Jahrhunderts und nahmen an Zahl mit Beginn des 19. Jahrhunderts zu. Laufenberg beschreibt sie in seiner Vorstudie so: *„Wohl stecken auch sie noch in der Zunftidee, schöpfen aus ihr als großes Erbe der Zukunft den Gedanken der Organisation, zugleich aber erwächst ihnen aus der wirtschaftlichen Lage die Vorstellung kapitalistischer Produktion, das Bewußtsein des freien Lohnarbeiters. In ihnen verkörpert sich der Widerspruch der Zeit. Sie bilden im deutschen Proletariat das treibende Element der ersten wirtschaftlichen Kämpfe, wie sie Träger sind seiner kommunistischen Gedanken in den ersten Jahrzehnten des anhebenden Jahrhunderts".*[31] Aus dem Zitat wird deutlich, warum dem Autor die Vorstudie zur Sozialgeschichte des 18. Jahrhunderts so wichtig war. Sie erlaubte ihm, die Rolle der Handwerker in der Arbeiterbewegung historisch herzuleiten und zugleich dem zentralen Gedanken der Organisation eine neue geschichtliche Dimension zu geben.

Wie nachdrücklich die „Botschaft" des Bändchens von der sozialdemokratischen Presse aufgenommen wurde, zeigt eine in fast pastoralem Ton verfaßte Besprechung im „Hamburger Echo". Dort war im April 1910, unmittelbar nach Erscheinen der für 80 Pfennige zu erwerbenden Vorstudie zu lesen: „*Hamburger Arbeiter und Hamburger Arbeiterinnen, wenn Ihr die Schicksale Eurer Ahnen und den Ausgangspunkt Eures eigenen Ringens fassen und begreifen wollt, so nehmt und leset, was Euch hier dargeboten ist"!*[32] Binnen kurzem waren, so der Jahresbericht 1909/10 der sozialdemokratischen Landesorganisation, 11280 Exemplare verkauft.[33]

„Geschichte der Arbeiterbewegung in Hamburg, Altona und Umgegend"

Parallel zu seiner Untersuchung über die Frühgeschichte des hansestädtischen Proletariats las sich Laufenberg in die Quellen zu seiner großen Auftragsarbeit über die Hamburger Arbeiterbewegung ein. Neben Broschüren und Flugblättern wertete er vor allem alte Jahrgänge bürgerlicher und sozialistischer Zeitungen systematisch aus. Besonders glücklich war er, noch ein letztes Exemplar von Wilhelm Weitlings Organ „Republik der Arbeiter" zu entdecken. Es gelang ihm aber auch, wichtige handschriftliche Materialien aufzutun. Darunter waren die vom 1845 gegründeten Bildungsverein geführten Sitzungsprotokolle, eine für die Vorgeschichte der Hamburger Arbeiterbewegung bedeutsame, inzwischen verloren gegangene Quelle, von deren Inhalt wir nur dank Laufenberg wissen.

Ein einziger Autor hatte sich bereits vor Laufenberg mit der Geschichte der Hamburger Arbeiterbewegung intensiver beschäftigt: der vormalige Schriftführer des Hamburger Gewerkschaftskartells H e i n r i c h   B ü r g e r. 1899 hatte er unter dem Titel „D i e   H a m b u r g e r   G e w e r k s c h a f t e n   u n d   d e r e n   K ä m p f e   v o n   1 8 6 5   b i s   1 8 9 0" eine Publikation mit sorgfältig aufbereiteten Informationen über Verlauf, Kosten und Resultate von Streikaktionen vorgelegt. So statistisch-trocken dieser Bericht erscheinen mochte, auch er war getragen von dem Hochgefühl einer Bewegung mit historischer Mission: „*Für die Geschichte eines Landes werden die Arbeiterkämpfe zu den wichtigsten Daten zählen, weil jedes Ringen der Arbeiter um die bessere Lebenshaltung ein Kulturkampf im besten Sinne des Wortes ist*".[34]

Für Laufenberg war Bürgers Arbeit von hohem dokumentarischen Nutzen; ansonsten war sie jedoch gewiß kein Vorbild für sein eigenes Vorhaben. Thematisch beschränkte sich Bürger im wesentlichen auf Arbeitskämpfe, weder die Partei- noch die allgemeine Zeitgeschichte bezog er ein. Zeitlich deckte sein Bericht nur das Wirken einer Generation ab, Laufenberg zielte dagegen auf das ganze Jahrhundert. Nicht zuletzt: Bürger war ein Gewerkschaftspragmatiker, während der theoretisch geschulte Laufenberg mit konzeptionellen Fragen an die Geschichte heranging.

Rückblickend hat sich Laufenberg über den geistigen Hintergrund seiner Geschichte der Hamburger Arbeiterbewegung bekenntnishaft ausgesprochen: „*Von allen aber, die das Zustandekommen des vorliegenden Werkes förderten und unterstützten, vermag ich nicht Abschied zu nehmen, ohne mit tiefer Verehrung des Mannes zu gedenken, dessen historische Schriften mir zuerst das Verständnis des wissenschaftlichen Sozialismus erschlossen haben: erst das Lebenswerk Franz Mehrings, seine Geschichte der deutschen Sozialdemokratie haben die vorliegende Schrift möglich gemacht, wie sie ihr in hohem Maße das Gepräge gegeben".*[35]

Wie sehr Laufenberg in der Nachfolge Mehrings stand, wird am deutlichsten an der Tradierung des Lassalle-Bildes. Bekanntlich hatten Marx und Engels ein eher distanziertes Verhältnis zu Lassalle, wobei persönliche Rivalitäten ebensosehr eine Rolle spielten wie Differenzen in theoretischen und taktischen Fragen. Ganz anders Mehring: Ungeachtet seines Respektes vor den beiden Londoner Exilanten hat er von Anfang an die herausragende Bedeutung Lassalles anerkannt. In der „Geschichte der deutschen Sozialdemokratie" hat er dem Gründer des Allgemeinen Deutschen Arbeitervereins ein bleibendes Denkmal gesetzt.

Laufenberg hat sich in seiner Geschichte der Hamburger Sozialdemokratie der von Mehring begründeten Einschätzung ganz und gar angeschlossen und das Verdienst Lassalles eingehend dargestellt. Für eine solche Würdigung bot sich das Hamburger Beispiel an. Zwar ist Lassalle selbst nie in der Elbmetropole aufgetreten, doch gab es neben Leipzig keine zweite deutsche Großstadt, in der er so früh überzeugte Anhänger fand. Schon Mehring war im Blick auf die deutsche Städtelandschaft aufgefallen, daß sich dem Ruf Lassalles zuerst Proletarier anschlossen, die aus dem Handwerk stammten, während Arbeiter mit industrieller Sozialisation zunächst zur liberalen Klientel gehörten.[36] So bot der wenig industrialisierte Handelsplatz Hamburg offensichtlich günstigere Voraussetzungen für die Entfaltung der Lassalleschen Bewegung als etwa der Industriestandort Berlin.

Um die Affinität zwischen dem Konzept Lassalles und den Organisationsbedürfnissen der handwerklichen Lohnarbeiter geschichtlich einordnen zu können, geht Laufenberg in seiner Darstellung den Spuren genauer nach, die er bereits in seiner Vorstudie verfolgt hatte. Er konkretisiert seine These von dem Organisationserbe, das die zunftbefreiten Handwerker weitertrugen, und setzt es in Beziehung zu den Zielen des ADAV.[37] Damit wird ihm möglich, ein Lassallesches Programmelement wie die Produktivassoziation historisch zu erklären. Und Erklärungsbedarf gab es für die Leser des Jahres 1911: In einer inzwischen entwickelten Industriegesellschaft war befremdlich geworden, was noch wenige Jahrzehnte zuvor attraktiv erschienen war. Laufenberg bringt demgegenüber in Erinnnerung, daß die Produktivassoziation einstens kein theoretisches Konstrukt war, sondern in der Handwerkerschaft der 48er Revolution eine bedeutende Rolle gespielt hatte.[38] An dies Erbe, so der Autor, knüpfte Lassalle an und politisierte es zugleich in seinem Sinne. Zur Durchsetzung der Produktivassoziation setzte er, anders als die Verfechter der Selbsthilfe, auf die Gewährung von Staatskredit. Diesen wiederum wollte er mit Hilfe des von ihm geforderten allgemeinen gleichen Wahlrechts erzwingen.[39]

Es ist bemerkenswert, unter welchen Gesichtspunkten der von Lassalle initiierte Politisierungsprozeß dargestellt wird. Laufenberg verliert kein Wort über die parlamentarische Perspektive, die aus Lassalles Wahlrechtskampagne langfristig erwuchs. Für den Historiker der Arbeiterbewegung war vielmehr fast ausschließlich von Belang, welche Rückwirkungen sich auf die proletarische Organisationsfrage ergaben. Schon die Überschriften der einschlägigen Kapitel weisen dieses Interesse aus: *„Die Lassallesche Organisationsform"*, *„Anfänge des Organisationskampfes"*, *„Die großen Fragen der Organisation"*, *„Organisatorische Gegensätze"*. Laufenberg unterschlägt nicht, daß im Zusammenhang der Organisationsfrage die Assoziationsforderung bald an praktischer Relevanz verlor, gleichwohl sah er die ihr zugrundeliegende Solidaritätsidee weiterwirken als eine das Organisationsdenken der Sozialdemokratie bestimmende Kraft.[40]

So wenig Laufenbergs Interesse Ansätzen galt, die Arbeiterbewegung auf parlamentarischem Wege in die Gesellschaft zu integrieren, so positiv wertete er das Bemühen um eine straff organisierte, in das Nationalgeschehen eingreifende Arbeiterpartei. Ausdrücklich würdigt er Lassalle als Wegbereiter einer solchen, auf den nationalstaatlichen Raum gerichteten Orientierung. Anders als Marx, dem es in erster Linie um die internationale Emanzipation gegangen sei, habe Lassalle erkannt, daß es auf eine starke Arbeiterorganisation auf dem Boden der Nation ankomme.[41]

Als Mehring später den ersten Band von Laufenbergs Geschichte der Hamburger Arbeiterbewegung besprach, stellte er die Beurteilung Lassalles und seines Verhältnisses zur Nation in den Mittelpunkt: *„Es gewinnt in der Tat den Anschein, als ob Lassalle einer gewissen Renaissance entgegenginge. Natürlich nicht in dem, was man als spezifischen Lassalleanismus zu betrachten gewohnt ist: Lassalles Staatskultus, seine Produktivassoziationen mit Staatskredit, seine Geringschätzung der Gewerkschaften u. s. w. sind für immer überwundene Dinge. Wohl aber in der Erkenntnis, daß eine nationale Arbeiterpartei zunächst an ihre Existenzbedingungen innerhalb der Nation gebunden ist, von der sie einen Teil bildet, daß sie sich über diese Existenzbedingungen ebensowenig hinwegsetzen kann, wie der Mensch über seinen Schatten zu springen vermag, daß sie zunächst, um ein Wort von Marx zu gebrauchen, den nationalen Zuständen, innerhalb deren sie lebt, deren eigene Melodie vorsingen muß, um sie zum Tanzen zu bringen"*.[42]

Es bezeichnet die Ambivalenz der Äußerung Mehrings, daß er sich auf ein Wort von Marx[43] bezieht, um es zugleich gegen die Väter des Marxismus zu wenden. Während er Laufenberg ein angemessenes historisches Verständnis der Position Lassalles und seines Nachfolgers Schweitzer zuspricht, testiert er Marx und Engels eine *„fast unbegreifliche Verkennung von Lassalles Werk, an der sie, nicht etwa in vorübergehender Verstimmung, sondern jahrzehntelang, jeder bis an seinen Tod, festgehalten haben"*[44]. Mehring hält in dieser Hinsicht Laufenberg für einen Historiker, der paradoxerweise die Lehre von Marx und Engels besser anzuwenden versteht als diese selbst: *„Es ist in ihrem Geiste, wenn Laufenberg entgegen ihren Vorurteilen die Lassalle und Schweitzer gerecht und unbefangen zu würdigen weiß"*.[45]

Der Bericht über Mehrings Votum greift dem Gang der Dinge vor. Die sozialdemokratischen Genossen in Hamburg hatten sich gut drei Jahre in Geduld zu fassen, bis Laufenberg den ersten Band seiner Darstellung im Frühjahr 1911 vorlegte. Es kam den Lesegewohnheiten der Arbeiter entgegen, daß das Werk zunächst in 14 Lieferungen à 50 Pfennige bezogen werden konnte. Auf diese Weise wurden vorab 6200 Exemplare abgesetzt. Anschließend kam die Arbeit dann auch gebunden heraus. An die Mitglieder wurde der 646 Seiten zählende Leinenband für 5 Mark abgegeben, der Ladenpreis betrug 10 Mark.[46]

Der Landesorganisaton war die Verbreitung in den eigenen Reihen so wichtig, daß sie dem Autor Gelegenheit gab, über sein Buch parteiöffentlich zu referieren. So erfahren wir, daß die Delegierten des dritten Hamburger Wahlkreises sich den Band ausführlich vorstellen ließen.[47] Wenige Wochen später heißt es im Hamburger Parteiorgan über Laufenbergs Werk: *„Es ist für Jahre hinaus das schönste Geschenk, namentlich für die heranwachsende jüngere Generation und sollte in keiner, einigermaßen gut versorgten Proletarierbibliothek fehlen."*[48]

Man kann davon ausgehen, daß das Buch auch in die Schulungsarbeit der Hamburger Partei Eingang fand. Als Leitfaden diente dort, wie die Jahresberichte ausweisen, die „Geschichte der deutschen Sozialdemokratie" von Mehring.[49] So wird denn auch im „Hamburger Echo" der Wunsch geäußert, eigentlich sollte jeder Leser von Laufenbergs Darstellung zugleich die von Mehring im Kopf haben: *„Am besten er liest sie abschnittweise noch einmal wieder mit."* Der Blattschreiber fährt fort: *„Doch wollen wir uns nicht etwa in pedantischer Verstiegenheit so weit von dem entfernen, was bei den noch so völlig ungenügenden wirklichen sozialen Voraussetzungen geistiger Massenkultur heute möglich und natürlich ist, daß wir unseren schwer arbeitenden und schwer kämpfenden Klassengenossen unerfüllbare Aufgaben stellen. Wem Mittel, Muße und Kraft fehlen, so wie eben verlangt zu studieren, der vertiefe sich ruhig ohne weiteres in die hamburgische Arbeitergeschichte, gehe beim erstmaligen Lesen im Notfalle dreist um die schwierigsten Kapitel, Abschnitte, Wendungen und Ausdrücke herum (schimpfe dabei unseretwegen auch gerne, wenn's ihm das Fortschreiten zu erleichtern meint, laut oder leise auf den Verfasser) und genieße die leichter verständlichen Teile unbekümmert wie eine Chronik. Es wird ihn – wenn anders er überhaupt ein tüchtiger Mensch und Genosse ist (und für unsere Frauen und Mädchen gilt das selbstverständlich ganz ebenso) – über kurz oder lang schon wieder zu dem Buche hinziehen und dann auch zu den anderen Teilen!"*[50]

Gedenkjahr 1913: Säkularfeier der Befreiung von den Franzosen

Laufenberg hatte seine Geschichte der Hamburger Arbeiterbewegung zunächst bis zu dem Zeitpunkt geführt, zu dem das „Reichsgesetz wider die gemeingefährlichen Bestrebungen der Sozialdemokraten" in Kraft getreten war. Gleich nach Fertigstellung des 1911 erschienenen ersten Bandes hatte er sich an die Niederschrift des abschließenden zweiten gemacht, der bis zur Aufhebung des Sozialistengesetzes reichen sollte. Das Vorhaben war bereits fortgeschritten, als im April 1912 der Landesvorstand mit der Bitte an ihn herantrat, seine Arbeit zu unterbrechen und stattdessen kurzfristig eine geschichtliche Darstellung der „Franzosenzeit" abzufassen. Die Absicht war, mit einer solchen Schrift das von den Bürgervereinen für März 1913 geplante Volksfest zu konterkarieren, das an die Befreiung Hamburgs von napoleonischer Fremdherrschaft erinnern sollte.[51]

Laufenberg selbst hatte soeben im ersten Band seines großen Werkes festgehalten, wie unsicher die Reaktion der Hamburger Arbeiterschaft 1863 gewesen war, als die Feier der 50jährigen Wiederkehr der Befreiung anstand.[52] Einige Gewerke hatten sich damals den patriotischen Jubiläumsveranstaltungen angeschlossen, andere – so die Schneider – eine Beteiligung demonstrativ abgelehnt. Das seither in der Arbeiterbewegung gewachsene historische Bewußtsein gebot, diesmal den bürgerlichen Aktivitäten mit einer eigenen Geschichtsdarstellung zu begegnen.

Nicht nur in Hamburg stand die an die Befreiungskriege erinnernde Säkularfeier ins Haus. Überall im Wilhelmischen Deutschland sahen sich die Sozialdemokraten herausgefordert, eine geschichtspolitische Antwort auf den bevorstehenden „Festspektakel" zu geben. Die maßgebende Orientierung ging wiederum von Mehring aus. 1912 publizierte er die Broschüre „1807 bis 1812. Von Tilsit nach Tauroggen"; sie hatte das erklärte Ziel, den *„bürgerlichen Jubiläumsschriften"* das Wasser abzugraben.[53] Im selben Jahre veröffentlichte er einen Artikel, in dem er im Blick auf die sich ankündigende Jahrhundertfeier von einem *„wahren Urwald von Legenden"* sprach.[54] Der Tenor aller seiner Äußerungen war: Die preußische Dynastie ebenso wie die bürgerliche Klasse dichten sich nationale Traditionen an, die durch beider opportunistisches Verhalten im napoleonischen Zeitalter widerlegt werden.

War die Situation in Hamburg eine andere als in Preußen? Mit dieser Frage ging Laufenberg an die ihm vom Landesvorstand gestellte neue Aufgabe heran. In der Tat nahm man im stadtrepublikanischen Hamburg für sich in Anspruch, in der Franzosenzeit mehr als fast alle anderen deutschen Städte patriotischen Mut bewiesen sowie Opfer an Gut und Blut gebracht zu haben. Laufenberg unterzog die tradierte Erinnerung einer Nachprüfung und kam über weite Strecken zu ernüchternden Ergebnissen. Wohl erschienen auch ihm die Franzosen als zu verabscheuende Okkupanten, aber nicht viel freundlicher bewertete er das Verhalten von Rat und Kaufmannschaft.

Einige Proben, die das prononcierte Urteil Laufenbergs belegen: 1809 beim Auftauchen des gegen die Franzosen auf eigene Faust operierenden preußischen Majors von Schill tat die Hamburger Obrigkeit alles, so der Autor, *„um das Unternehmen Schills zu vereiteln, und die Bürger leisteten gegen die ersten Freiheitshelden Deutschlands Knechts- und Bütteldienste".*[55] Zu der 1810 von Napoleon verfügten Einverleibung Hamburgs in das Französische Kaiserreich heißt es: „... *im großen und* *ganzen aber fand die Hamburger Bureaukratie – gleiches gilt von dem größeren Teile der Hamburger Bourgeoisie – sich mit der Annexion in sehr unwürdiger Weise ab"*.[56] Das Loyalitätsschreiben, das der Maire Abendroth an Napoleon richtete, als in Hamburg im Dezember 1812 die Meldung von der in Rußland erlittenen Niederlage eintraf, wird rundweg *"eine schier unglaubliche Erbärmlichkeit"* genannt.[57] Das Lavieren des Hamburger Senats im Jahr 1813 bewertet der Autor als *"Politik blöder Hasenherzigkeit"*.[58] Das härteste Urteil findet sich in seinem Bericht über die im Mai 1813 erfolgte zweite französische Besetzung der Stadt: *"Die Schuld an ihrer Katastrophe trug nächst der Gewissenlosigkeit der Diplomatie die verbrecherische, mit stinkendem Eigennutz gepaarte Unfähigkeit des Hamburger Rats"*.[59]

Laufenberg beließ es nicht dabei, eine in seinen Augen bürgerliche Legende zu zerstören, er setzte ihr eine proletarische Version entgegen. Den Stoff dazu lieferten ihm die tumultarischen Vorgänge vom 24. Februar 1813. Zu diesem Zeitpunkt hatte die zahlenmäßig schwache französische Besatzung bereits Vorbereitungen zum Abzug vor den von Osten anrückenden Kosaken getroffen. Die aufkommende Unsicherheit nutzte das Straßenvolk. Es kam zu spontanen Gewaltaktionen gegen die verhaßten Einrichtungen des französischen Zollregimes; auch eine Gendarmenwache und das Haus eines Polizeikommissars wurden demoliert. Auffällig blieb freilich, daß der Volkszorn sich nicht unmittelbar gegen das französische Militär richtete. Von den Franzosen herbeigerufene dänische Husaren stellten noch am selben Tage die Ruhe wieder her, was um so leichter fiel, als eine rasch gebildete Schutzwache von ordnungsliebenden Bürgern sie darin unterstützte.

Laufenberg läßt einen Augenzeugen von der Reaktion der *„rechtlichen Bürger"* auf den Aufruhr vom 24. Februar berichten: *„Sie waren allenthalben dazu bereit, durch ihr Ansehen und ihre vereinigte Kraft zur Unterdrückung der Bewegungen, die leicht in Zügellosigkeit und Räuberei ausarten konnten, beizutragen"*.[60] Aufschlußreich ist nun, daß Laufenberg eben dieses Zitat zum Anlaß nimmt, seine gegenteilige Wertung zum Ausdruck zu bringen. Für ihn ist die bisherige Deutung der Vorgänge vom 24. Februar als „Pöbelexzeß" ein exemplarischer Beleg für das bürgerliche Vorurteil gegenüber dem Potential der unteren Klassen. Da ihm in der Hamburger Überlieferung kein Kronzeuge für seine Auffassung zur Verfügung stand, bedient er sich als symbolischen Schwurhelfers einer Autorität aus England. Dort habe, so macht Laufenberg geltend, im Jahre 1812 Lord Byron im Oberhaus eine Rede anläßlich einer Gesetzesvorlage zum Schutz der Maschinenarbeiter gehalten; in ihr habe es über den „Pöbel" geheißen, daß er *„arbeitend, dienend und kämpfend eine Nation in den Stand setze, einer Welt zu trotzen, wie er den Regierenden trotzen könne, wenn Unglück und Rücksichtslosigkeit ihn zur Verzweiflung trieben"*.[61]

Hatte Laufenberg verdrängt, was er noch drei Jahre zuvor in „Hamburg und sein Proletariat im 18. Jahrhndert" über die soziale Situation in der Hansestadt ausgeführt hatte? Hatte er vergessen, daß es an der Elbe damals keine Maschinenarbeiter gab? Wie kam er zu der Annahme, Lord Byrons Vorstellung von Nation und Arbeiterschaft könnte auch nur entfernte Berührung mit dem Hamburger Strohfeuer vom 24. Februar 1813 haben?

Der Autor bleibt seinen Lesern eine Erklärung schuldig, warum der Aufruhr, wenn er denn mehr als ein Straßentumult war, sich so rasch wieder verflüchtigte wie er gekommen war. Laufenbergs „proletarische Version" entspringt wohl eher einer Hoffnung, die mit der eigenen Gegenwart zu tun hat. Es weht darin etwas von Mehrings Geist, der den Fall des Sozialistengesetzes mit den Worten zum Epochenereignis gemacht hatte: *„Die deutsche Arbeiterklasse war in den Schwerpunkt der historischen Entwicklung gerückt . . . Ihr Schicksal wurde das Schicksal der Nation, das sich nie, solange es eine deutsche Geschichte gibt, in festeren und treueren Händen befunden hat".*[62]

Im Gedenkjahr 1913 lief in beiden Lagern der Hansestadt ein wohlvorbereitetes Programm ab. Das bürgerliche Hamburg beging neben dem Reichsgründungstag und dem Sedantag diesmal besonders aufwendig den Tag der Befreiung Hamburgs von der Franzosenherrschaft. Den Höhepunkt bildete ein Festzug, der den umjubelten Einzug der Kosaken vom 18. März 1813 noch einmal farbenprächtig vor Augen führte.[63] Das proletarische Hamburg antwortete mit einem Gegenkonzept: Statt der Reichsgründung wurde in 21 Versammlungen der Märzkämpfer von 1848 gedacht, statt des Sieges von Sedan wurde an den heroischen Kampf der Pariser Commune vom Frühjahr 1871 erinnert, statt der Befreiung Hamburgs durch die Kosaken wurde der Volksaufstand vom 24. Februar 1813 ins Gedächtnis gerufen.[64]

Zwei Tage bevor sich die Ereignisse vom 24. Februar zum hundertsten Mal jährten, sprach Laufenberg auf einer Parteiversammlung über „Die Franzosenzeit und die Hamburger Regierung vor 100 Jahren".[65] Im März wurde von den Sozialdemokraten ein Flugblatt zur historischen Aufklärung des Publikums verteilt, und das unmittelbar vor Beginn des offiziösen Festumzugs. Rückblickend heißt es dazu im Jahresbericht der Partei, daß die Aktion *„dem Bürgertum recht unangenehm in den Ohren schallte. Man hatte geglaubt, mit einem Maskeradenumzug eine patriotische Begeisterung für die Befreiung Hamburgs von der Franzosenherrschaft entfachen zu können und nun wurde unerwartet an die Franzosenfreundlichkeit der Hamburger Ratsherren und anderer erinnert, die man nicht reinwaschen konnte".*[66] Wenig später erschien auch Laufenbergs Schrift; der in umdeutender Absicht gewählte Titel „**Hamburg und die französische Revolution**"[67] ändert nichts daran, daß es sich von Anfang bis Ende um eine Darstellung der „Franzosenzeit" handelt. Gedruckt wurden nicht weniger als 15.000 Exemplare, eine Auflage, die bei einem Einzelpreis von 80 Pfennigen schon nach kurzem vergriffen war.[68]

Im Strudel von Krieg und Revolution

Wer gehofft hatte, daß nun die Bahn frei sei für die baldige Fertigstellung des zweiten Bandes der Geschichte der Hamburger Arbeiterbewegung, sah sich ent-

Abb. 16: Links: Heinrich Laufenberg (1872–1932), als Vorsitzender des Arbeiter- und Soldatenrates im Winter 1918/19

täuscht. Laufenbergs Motivation, sich ganz und gar dem Abschluß seiner Auftragsarbeit zu widmen, hatte nachgelassen. Wie anders ist zu erklären, daß er Anfang 1914 seine Leser mit einer ohne Bezug auf Hamburg konzipierten tagespolitischen Abhandlung überraschte: „Der politische Streik". Im Vorwort schreibt er: „*Mit dieser Schrift wende ich mich neuen Gebieten zu, die über den Rahmen der Aufgaben hinaustreten, die mich nunmehr sechs Jahre ausschließlich beschäftigt haben.*"[69] Der Abschluß des noch ausstehenden zweiten Bandes war für ihn nur mehr eine Pflicht, die er mit der linken Hand zu erledigen gedachte. Vorrangig waren ihm jetzt Beiträge zu aktuellen Gegenwartsproblemen. Vollends galten seit Ausbruch des Weltkrieges neue Prioritäten. An eine Fortsetzung historischer Arbeit war nun auf lange Zeit nicht mehr zu denken.

Es ist im Rahmen unserer historiographischen Fragestellung nicht möglich, im Einzelnen darzustellen, welche politischen Aktivitäten Laufenberg im weiteren Zeitverlauf entwickelte. Einige Stichworte müssen genügen: Noch im August 1914 richtete er zusammen mit Fritz Wolffheim und Dr. Carl Herz ein Schreiben an das „Hamburger Echo", um Einspruch gegen die angepaßte Haltung der Redaktion zu erheben.[70] Es folgten drei Broschüren, die sich sowohl gegen die regierungsoffizielle Kriegspolitik wie ihre Tolerierung durch die eigene Partei wandten: „Imperialismus und Demokratie" (November 1914), „Demokratie und Organisation" (Februar 1915), „Organisation, Krieg und Kritik" (April 1915). Im Juni 1915 gehörte Laufenberg zu den Erstunterzeichnern eines von Karl Liebknecht entworfenen Schreibens oppositioneller Sozialdemokraten, in dem diese gegen die Burgfriedenspolitik von Parteivorstand und Reichstagsfraktion protestierten.[71] Im August 1915 erhielt er nach zwei Hausdurchsuchungen Schreibverbot, unmittelbar darauf wurde er als Soldat eingezogen.[72] Wegen konspirativer Tätigkeit während einer in Wandsbek verbrachten Lazarettzeit wurde er 1917 in Schutzhaft genommen. Nachdem diese im Mai 1918 vom Reichsmilitärgericht aufgehoben war, wurde er in ein Lazarett nach Trier abgeschoben. Erst nach dem militärischen Zusammenbruch konnte er am 10. November 1918 nach Hamburg zurückkehren.[73]

In den jetzt folgenden Revolutionswochen sollte Laufenberg in der Elbmetropole eine wohl von kaum jemandem erwartete exponierte Rolle spielen. Von den „Linksradikalen" nominiert wurde er bereits am 11. November zum Vorsitzenden des exekutiven „Arbeiterrats", bald erweitert zum „Arbeiter- und Soldatenrat", gewählt.[74] Die bei der Abstimmung knapp gegen den sozialdemokratischen Kandidaten gewonnene Mehrheit verdankte er nächst seiner Redegabe dem revolutionären Geist des Augenblicks; die tatsächliche Machtlage in der organisierten Arbeiterschaft war – wie sich bald herausstellte – eine andere.

In Einschätzung der Kräfteverhältnisse suchte Laufenberg die Vertreter der „alten Partei" einzubinden. Dies Bemühen entsprang im übrigen auch seiner grundsätzlichen Überzeugung, daß eine konfrontative Politik den Erfolg der Revolution gefährden müsse. Aber welche Chance hatte die angestrebte „Gemeinsamkeit" angesichts sehr unterschiedlicher Zielvorstellungen? Den Linksradikalen ging es um eine Befestigung des Rätesystems, den Sozialdemokraten um eine möglichst rasche Ablösung der Räte durch ein gewähltes Parlament. Dank der Konfliktvermeidungspolitik Laufenbergs blieb zwar ein blutiger Kampf wie in Berlin aus; faktisch lief jedoch auch in Hamburg die Entwicklung auf eine Entmachtung des Arbeiter- und Soldatenrats hinaus. So war es nur konsequent, daß Laufenberg als Vorsitzender nach zehn Wochen Amtszeit am 20. Januar 1919 zurücktrat und damit einem sozialdemokratischen Nachfolger Platz machte.[75] Symbolisch besteht ein Zusammenhang zu der Tatsache, daß am Tage zuvor die Wahlen zur verfassunggebenden deutschen Nationalversammlung stattgefunden hatten.

Auf Reichsebene suchten die Hamburger Linksradikalen Anschluß an die in Berlin um die Jahreswende gegründete „Kommunistische Partei". Doch schon auf dem zweiten Parteitag, der im Oktober 1919 in Heidelberg zusammentrat, wurden Laufenberg und seine Hamburger Anhänger überstimmt und sodann von der weiteren Verhandlung ausgeschlossen; man warf ihnen dogmatischen Antiparlamentarismus vor, ferner Leugnung der führenden Rolle der Partei.[76] Etwa um diese Zeit begann Laufenberg, seine agitatorische Kraft ganz und gar auf eine Kampagne gegen den Versailler Vertrag zu konzentrieren, wobei er so weit ging, die Entfesselung eines revolutionären Volkskrieges als Möglichkeit ins Auge zu fassen. Da die Justiz darin die Gefahr eines gewaltsamen Umsturzes sah, wurde er im November 1919 durch ein außerordentliches Kriegsgericht zu einem Jahr Festung verurteilt.[77] Aus der im Festungsgefängnis Golnow in Pommern verbrachten Haft heraus propagierte er unter dem Pseudonym Erler weiterhin seinen ebenso gegen den Versailler Vertrag wie den Parlamentarismus gerichteten „Nationalkommunismus". Nach Abbüßung von fast fünf Monaten wurde er begnadigt und setzte nun in Hamburg seine Aktivität fort. Als publizistisches Instrument diente ihm die „Kommunistische Arbeiter-Zeitung", das Organ der soeben in Konkurrenz zur KPD konstituierten „Kommunistischen Arbeiterpartei Deutschlands". Doch die einseitige Fixierung auf den Kampf gegen Versailles ließ ihn auch in der neuen Partei in die Isolierung geraten; im August 1920 schloß ihn die KAPD aus ihren Reihen aus.[78]

Kurz zuvor hatte Laufenberg auch aus anderer Richtung ein Bannstrahl getroffen. Im Juni 1920 veröffentlichte L e n i n seine Streitschrift „D e r ‚l i n k e R a d i k a l i s m u s'. D i e K i n d e r k r a n k h e i t i m K o m m u n i s m u s". In ihr wurde u. a. Laufenberg namentlich angegriffen. Lenin kreidet dem Hamburger Sektierer vor allem seine Verneinung der Parteidisziplin, ja des Parteigedankens überhaupt an. Seine Parole „Nieder mit den Führern" wird als *„hirnverbranntes Zeug"*[79] angeprangert. Nicht freundlicher fällt das Urteil über Laufenbergs und anderer Linker kompromißlose Anti-Versailles-Attacken aus. Sie werden als *„himmelschreiende Absurditäten"* im Gewande eines fragwürdigen *„Nationalbolschewismus"* bewertet.[80] Im Blick auf die Erfahrungen im eigenen Land konkretisiert Lenin: *„Wenn Rußland allein imstande war, zum Nutzen für die Revolution, mehrere Monate lang den Brester Frieden zu er-*

tragen, so wäre nichts Unmögliches daran, daß ein Sowjetdeutschland im Bunde mit Sowjetrußland zum Nutzen für die Revolution ein längeres Bestehen des Versailler Friedens ertrüge".[81]

Das Verdikt aus Moskau ließ Laufenberg nicht ruhen. Im November 1920 veröffentlichte er zusammen mit Fritz Wolffheim eine Erwiderung, die an Schärfe Lenin in nichts nachstand. Bereits der Titel der Broschüre gibt Aufschluß über die Tendenz: „**Moskau und die deutsche Revolution. Eine kritische Erledigung der bolschewistischen Methoden**". Ins Visier genommen werden gleichermaßen die diktatorischen Methoden in Rußland selbst wie ihre kritiklose Rezeption durch die moskauorientierte Fraktion der deutschen Kommunisten.

Die Autoren ließen es nicht bei einer auf die unmittelbare Gegenwart gerichteten Argumentation bewenden. Ohnehin hatten Laufenberg und Wolffheim – beide inzwischen aus der KPD wie aus der KAPD ausgeschlossen – ihr politisches Spiel verloren. Umso mehr hatten sie das Bedürfnis, die Schlacht um die Vergangenheit zu gewinnen. Die Darstellung greift bis in das Jahr 1914 zurück und vermittelt ein in mehrfacher Hinsicht überraschendes Bild. Zum einen wird der Hamburger Arbeiterbewegung eine überragende Rolle für die deutsche Revolutionsgeschichte zugesprochen. Zum anderen suggerieren die Autoren, ihr eigenes Denken und Handeln habe über alle tiefen historischen Einbrüche hinweg eine fast uneingeschränkte Kontinuität aufgewiesen. Es lohnt, sich diesem Rückblick etwas näher zuzuwenden, zeigt er doch, welchen Versuchungen zeitgeschichtliche Selbstdarstellung ausgesetzt ist.

Um mit dem titelgebenden moskaukritischen Aspekt zu beginnen: Zweifellos spricht die illusionslose Analyse der sowjetischen Herrschaft für ein scharfsichtiges Urteil der Autoren, dies um so mehr, als sie noch wenige Monate zuvor ganz auf ein Bündnis der deutschen mit der russischen Revolution gesetzt hatten. Doch so gute Gründe sie für ihren Auffassungswandel hatten, die Konversion als solche wird nicht angesprochen.

Auch die Nachzeichnung der Hamburger Vergangenheit weist Retuschierungen auf. Die Autoren übergehen ihre eigenen mehrfachen Parteiwechsel. Stattdessen wird immer von neuem unterstellt, daß es spätestens seit Beginn des Weltkrieges unter den revolutionär Gesinnten in Hamburg – anders als in Berlin – einen nationalkommunistischen Konsens gab. Die Autoren nennen diese offensichtlich vordatierte Sicht die *„Hamburger Orientierung".*[82]

Mit der Konstruktion von Kontinuität ging eine Neigung der Autoren einher, ihre eigene Bedeutung, aber auch Hamburgs zu überschätzen. So wird die Hansestadt als *„Ausgangs- und Brennpunkt der deutschen Revolution"*[83] oder auch als *„Basis der deutschen Revolution"*[84] bezeichnet. Über die Bewältigung einer zugespitzten innerstädtischen Krise Ende Juli 1919 urteilen die Autoren in grotesker Überzeichnung des kommunistischen Einflusses: *„Lediglich die Geschlossenheit der Arbeiterklasse zu Hamburg, die unter der Führung der Kommunisten in jener Situation über alle Parteienzersplitterung hinweg eine gemeinsame Linie des Handelns fand, hat die*

Pläne der Konterrevolution zu Schanden gemacht".[85] Für die Folgezeit wird fast mit stolzer Genugtuung notiert: *„Danach versteht es sich von selbst, wenn die revolutionäre Hamburger Politik den Mittelpunkt für alle Angriffe und Beschimpfungen bildet, die gegen die deutsche Revolution geschleudert werden"*.[86] Entsprechend selbstbewußt wird die Kontroverse zwischen dem als moskauhörig eingeschätzten Spartakusbund und der Laufenberg-Gruppe kommentiert: *„Da die Hamburger revolutionäre Politik ein geschlossenes System bildet, das einzig mögliche, sofern in Deutschland die soziale Revolution durchgeführt und die nationale Revolution vollendet werden soll, setzte die Leitung des Spartakusbundes alles daran, um den Hinauswurf der (Hamburger) Opposition durchzudrücken"*.[87] Hamburg erscheint dann auch als der Fels, an dem der russische Hegemonieanspruch über Deutschland zerschellte. Über die Mission des Moskauer Abgesandten heißt es: *„Hier aber stieß Radek mit der Hamburger Orientierung zusammen, die von jeher das Selbstbestimmungsrecht der Massen in ihren Organisationen, aus dem für die internationale Politik das Prinzip der nationalen Autonomie unmittelbar folgert, zum Ausgangspunkt jeder revolutinären Politik gemacht hatte"*.[88]

Die Schrift vom November 1920 ist von Formulierungen durchzogen, die eine Rückprojektion aktueller Kampfpositionen erkennen lassen. Andererseits enthält die Darstellung aber auch Aussagen, in denen Tendenzen aus Laufenbergs älteren Geschichtswerken nachwirken. Am augenfälligsten ist dies überall dort, wo es um die Parole „revolutionärer Volkskrieg" geht. Bereits im ersten Band seiner Geschichte der Hamburger Arbeiterbewegung findet diese Handlungsvariante radikaler Politik das besondere Interesse des Autors. Im Zusammenhang der 48er Revolution schildert er die deutsch-dänische Auseinandersetzung um Schleswig-Holstein; unverkennbar gehört seine Sympathie der in der Hamburger Arbeiterschaft propagierten Idee der Volksbewaffnung gegen die Dänen. Ein *„wirklich revolutionärer Krieg"* hätte die Chance geboten, so das Urteil des Historikers Laufenberg, die inneren Verhältnisse sowohl Hamburgs wie Deutschlands von grundauf zu verändern.[89] Die Vorbehalte der Konservativen in der Stadt gegenüber einer Volksmobilisierung wertet er als konsequente Wahrung bürgerlicher Klasseninteressen zu Lasten der nationalen Sache. Die Darstellung des 1850 erneut aufflammenden Schleswig-Holstein-Konfliktes gibt dem Autor noch einmal Gelegenheit zu der bedauernden Feststellung, man habe sich damals *„weiter als je von der Entfesselung des Volkskrieges entfernt"*.[90]

Laufenberg kommt auf dieses Thema in seiner Geschichte der Hamburger Arbeiterbewegung ein weiteres Mal zurück, als er die politischen Diskussionen behandelt, die in der Hansestadt 1863 im Vorfeld des preußisch-österreichischen Feldzuges gegen Dänemark geführt wurden. Wiederum setzte sich eine Gruppierung in der Arbeiterschaft der Stadt für eine revolutionäre Selbstbewaffnung ein. Laufenberg räumt zwar das Utopische des Vorhabens in der damaligen Situation ein, fügt aber hinzu: *„Immerhin ein kühner Plan, der an die Tradition von 1848 anknüpfte, die Möglichkeit erkannte, die Lage zur Entfesselung eines Volkskrieges und zur Lahmlegung der inne-*

ren Reaktion auszunutzen . . ."[91] Dem Leser wird nicht verschwiegen, daß Lassalle seinerzeit entschiedenen Einspruch gegen den Plan der Hamburger Arbeiter erhob, aber seine Kritik wird nicht als prinzipielle Absage an den Volkskrieg interpretiert, sondern aus einer konkreten Konstellation abgeleitet. Unberührt blieb in Laufenbergs Augen das Verdienst Lassalles, die Arbeiter gelehrt zu haben, die soziale Frage mit der nationalen zu verbinden.

Fast zehn Jahre nach Erscheinen des ersten Bandes der Arbeiterbewegungsgeschichte griff Laufenberg im Schatten von Versailles wiederum auf Lassalle zurück. Bereits im Oktober 1919, als er in der KPD noch um Zustimmung für eine Mobilisierung gegen die Ententemächte warb, hatte er voller Pathos geschrieben: *„Die nationale Taktik Lassalles erlebt ihre Auferstehung und fließt einheitlich zusammen mit der internationalen Taktik, wie Marx und Engels seit den Tagen des Kommunistischen Manifestes sie gefordert haben."*[92] Im November des folgenden Jahres, als Laufenberg und Wolffheim nach ihrem Scheitern Rückschau hielten, beriefen sie sich erneut auf Lassalle, diesmal auf dessen Schriften und Briefe über den italienischen Krieg von 1859.[93] Aus ihnen entnahmen sie die Legitimation, den Krieg als revolutionäres Instrument nationaler Selbstbehauptung einzusetzen.

„Moskau und die deutsche Revolution" ist unter den nationalkommunistischen Schriften, die Laufenberg nach dem Weltkrieg verfaßt hat, die letzte gewichtigere Publikation. Sie ist sowohl Abrechnung wie Retrospektive – und zugleich sein Abgesang in der größeren politischen Öffentlichkeit.

Der verspätete „Zweite Band"

Im selben Monat November des Jahres 1920, in dem die gegen Moskau gerichtete Broschüre herauskam, schien auch ein anderes Kapitel sich zu schließen. Damals fand im Gewerkschaftshaus am Besenbinderhof eine Vertreterversammlung der sozialdemokratischen Landesorganisation statt. Den Delegierten wurde berichtet, daß der Vorstand mit Wirkung vom 1. Juli 1920 die Honorarzahlungen an den ehemaligen Parteigenossen Laufenberg für die Anfertigung des zweiten Bandes einer Geschichte der Arbeiterbewegung eingestellt habe. Im „Vorwärts" erfuhr die Öffentlichkeit, die Genossen hätten den Bericht *„mit großer Bewegung, Zurufen und Heiterkeit aufgenommen. Es wurde selbstverständlich beschlossen, Laufenberg keinen Pfennig mehr zu zahlen".*[94] An der Reaktion der Versammlung ist ablesbar, daß Laufenberg zu diesem Zeitpunkt kaum mehr als ernstzunehmender politischer Gegner angesehen wurde, eher als ein zur Heiterkeit herausfordernder Don Quichotte.

Noch vor dem Beschluß der Sozialdemokraten hatte Laufenberg einen Teil des ausstehenden Manuskriptes abgeliefert, für den Rest aber keinen verbindlichen Abgabetermin nennen können. Nachdem die Zahlungen an ihn eingestellt waren, stimmte er ausdrücklich einer Beendigung seines Auftrages zu.[95]

Stand er politisch schon zuvor auf verlorenem Posten, so geriet er jetzt auch finanziell zunehmend in persönliche Not. Am 17. Juni 1921 teilt er dem Arbeitsamt Hamburg mit, er sei seit Juli vorigen Jahres ohne jedes Arbeitseinkommen und daher auf Vermittlung einer Beschäftigung angewiesen: *„Wenn zahlreiche durch die Revolution abgehalfterte Offiziere in der sozialistischen Republik durch das Arbeitsamt in Stellungen vermittelt worden sind, so glaube auch ich erwarten zu dürfen, daß mir durch das Arbeitsamt eine Tätigkeit zugewiesen wird, die mir in dieser Republik wenigstens das Existenzminimum gewährleistet".*[96] Es ist nichts darüber bekannt, daß der Briefschreiber mit seinem Ersuchen Erfolg gehabt hätte; es scheint jedoch, daß er sich und seine Familie in den folgenden Jahren durch den Betrieb einer kleinen Druckerei schlecht und recht über Wasser zu halten vermochte.[97]

Laufenberg war in der Stadt schon fast vergessen, als er im Mai 1930 mit einer Erklärung überrraschte, über die die Presse wie folgt berichtete: Vor etwa zwei Jahren sei ihm vom Vorsitzenden der sozialdemokratischen Landesorganisation, Max Leuteritz, mitgeteilt worden, *„er habe gehört, daß das Manuskript des zweiten Bandes von mir fertiggestellt worden sei. Im Auftrage der Partei bot Leuteritz für den Rest der Arbeit 2000 Reichsmark. Ich habe akzeptiert, und das Manuskript ist seitdem in der Hand meiner Auftraggeber".*[98]

In der Tat, womit niemand mehr gerechnet hatte, im Jahre 1931 wurde der zweite Band der „Geschichte der Arbeiterbewegung in Hamburg, Altona und Umgegend" gedruckt; er erschien wie der erste Band im sozialdemokratischen Parteiverlag Auer. Fast entschuldigend heißt es in dem Geleitwort der Landesorganisation, die Herausgabe des umfangreichen Bandes sei in einer Zeit drängender Gegenwartsaufgaben kein leichter Entschluß gewesen, doch der dem Werk zugrundeliegende Parteibeschluß vom Mai 1907 *„verdiene auch heute noch den schuldigen Respekt".* Wohl um der Befürchtung von Parteimitgliedern vorzubeugen, der zweite Band könnte sich von dem ersten durch eine sehr viel radikalere Tendenz grundlegend unterscheiden, wird darauf hingewiesen, daß *„dieser zweite Band nach Chronik, Methode und Form eine natürliche Fortsetzung des bereits 1911 erschienenen ersten Bandes bildet und in seinen wesentlichsten Teilen bereits vor dem Weltkriege bearbeitet worden ist".*[99] Es beleuchtet das schwierig gewordene Verhältnis zu dem Autor, daß sein Name in dem Geleitwort sorglich vermieden wird.

Der gegenüber Laufenberg eingenommenen Distanz entspricht das lakonische Vorwort des Autors selbst. Hatte er 1911 ausführlich die Unterstützung durch die damalige Parteileitung gewürdigt, so kam ihm jetzt für den Vorstand, der die Herausgabe des zweiten Bandes ermöglicht hatte, kein Wort über die Lippen.

Das zitierte Geleitwort des sozialdemokratischen Landesvorstandes legt nahe, den abschließenden Band als ein Werk anzusehen, das insgesamt im wesentlichen der Vorkriegszeit angehört. Eine genauere Überprüfung ergibt ein differenzierteres Bild: Bereits ein äußeres Merkmal weist auf unterschiedliche Entstehungszeiten. Die ersten 297 Seiten sind – ebenso wie der erste Band – mit Quellennachweisen versehen, auf den letzten 450 Seiten fehlen sie. Offensichtlich waren die Arbeitsbedingungen bei Abfassung des Schlußteils so ungünstig, daß der Autor sich zu Zitatbelegen nicht mehr in der Lage sah. Der formalen Textdifferenz korrespondiert eine inhaltliche. Die mit Anmerkungen ausgestatteten Seiten lassen auf keinerlei Kenntnis der Kriegs- und Nachkriegsgeschichte schließen, der anmerkungsfreie Teil dagegen enthält verschiedene Passagen, die solche Kenntnis unzweifelhaft voraussetzen. Um hinsichtlich der letzten Kapitel zwei Beispiele zu nennen: Aus den 80er Jahren des vergangenen Jahrhunderts berichtet Laufenberg von einer Hamburger Parteiveranstaltung, *„wo August Bebel zum ersten Male seine Ansichten über den voraussichtlich nahe bevorstehenden Eintritt einer Weltkatastrophe, eines allgemeinen Kladderadatsches entwickelte ... prophezeiende und, wie man heute sagen darf, prophetische Worte"*.[100] Bei Behandlung des auch von Hamburg beschickten internationalen Sozialistenkongresses in Paris im Jahre 1889 erinnert der Autor an das Engagement der Arbeiterbewegung für die Idee des Weltfriedens und gibt dem Nachdruck durch einen vorgreifenden Hinweis auf das *„furchtbare Erleben des Weltkrieges"*.[101]

Immerhin wäre denkbar, daß jüngere Zeitereignisse nachträglich in den Text eingefügt sind, dieser selbst aber älteren Datums ist. Dem widerstreitet, daß der anmerkungsfreie Teil auch andere Elemente aufweist, die auf eine Entstehung nach dem Weltkrieg deuten. Dies gilt insbesondere für Abschnitte, in denen Laufenberg eigene Auffassungen aus späterer Zeit anklingen läßt. So antizipiert er Vokabeln aus seiner Rätephase, wenn er dem in Altona gewählten sozialdemokratischen Reichstagsabgeordneten der 80er Jahre Karl Frohme nachrühmt, er habe sich *„sehr früh zu der Erkenntnis heraufgerungen, daß die politische Basis einer sozialistischen Gesellschaft nicht die formale Demokratie des bürgerlichen Parteienstaates, sondern die berufsständische, auf Selbstverwaltung gegründete Organisation der Wirtschaft ist"*.[102] Ähnlich verhält es sich, wenn der Autor im Kapitel über die Maifeier von 1890 beklagt, daß die Idee der *„Betriebsorganisation"* bei den damaligen Hamburger Gewerkschaften noch nicht lebendig war, und er dies mit den Worten kommentiert: *„Die Zeit aber, da der Sozialismus über die Theorie hinaus zur Tat schreiten konnte, war noch nicht gekommen."*[103]

Die Indizien stimmen darin überein, daß die zeitversetzt erschienenen beiden Bände zumindest in Teilen auch zu verschiedenen Zeitpunkten geschrieben worden sind. Hoffnungen und Erwartungen auseinanderliegender Biographiephasen des Autors haben in dem Text ihre Spuren hinterlassen. Angesichts dieses Befundes ist um so mehr zu würdigen, daß Laufenberg eine Darstellung gelungen ist, die insgesamt bemerkenswert geschlossen wirkt. Dieser Eindruck gründet zuerst und vor allem in der Tatsache, daß sich durch das Werk dieselben leitenden Gesichtspunkte ziehen. Immer neu fragt der Autor nach den besonderen sozialen Bedingungen der Arbeiterbewegung in einer Handelsstadt mit später industrieller Entwicklung. Beharrlich lenkt er das Interesse auf die Kontroverse um die angemessene Form der „Organisation". Durchgehend berichtet er über den Prinzipienstreit „Revolution oder Reform?" Unermüdlich thematisiert er den Zusammenhang zwischen Nation und Arbeiterklasse.

Die Sprache unterstreicht den Eindruck innerer Konstanz: Stetig und ruhig bewegt sich der historische Erzählfluß durch die beiden Bände. Der „moderate" Sprachtenor fällt auch deshalb auf, weil Laufenberg in Franz Mehring ein in ganz andere Richtung weisendes Vorbild hatte. Dessen Diktion sprüht von angriffsfreudiger Kraft, während der Historiker Laufenberg – außer es geht um die „Franzosenzeit" – eher verhalten argumentiert.

Ein liberaler Kritiker hat denn auch schon bei Erscheinen des ersten Bandes die behauptete Nähe zwischen den beiden Autoren bestritten. Mehring habe, wenngleich mit glänzender Feder, ein polemisches Tendenzwerk geschrieben. Laufenbergs nüchterne Geschichtsschreibung stehe dagegen eher in der Nachbarschaft Eduard Bernsteins: *„Die Gelassenheit der Sprache in Bernsteins dreibändigem Werk über die Berliner Arbeiterbewegung überraschte nicht; daß auch Laufenberg in seiner Arbeit eine Sprache schreibt, die auf alles agitatorische Beiwerk verzichtet, wirkt als grundsätzlicher Wandel in der Methode sozialdemokratischer Geschichtssschreibung abseits des aussterbenden Zirkels übermarxistischer Historiker. Die Vertreter dieser neueren Methode stehen ihrem Stoff nicht als zelotische Propheten einer Idee gegenüber. Sie sehen auch das historische Geschehen objektiv bedingt, und bewahren deshalb ihm gegenüber eine gelassene Neutralität, die Voraussetzungslosigkeit, die der traditionellen marxistischen Geschichtsschreibung fremd ist".*[104]

So viel man gegen diese allzu glättende Deutung einwenden möchte, Laufenberg hat sich das Lob vermutlich gern gefallen lassen. Er selbst hat sich das Zeugnis ausgestellt, in seinen historischen Schriften der Versuchung zur Polemik widerstanden zu haben. Die – wenngleich eher schweigende – Anerkennung seines Werkes führt er darauf zurück, *„daß ich wenig Gewicht auf die Äußerung subjektiver Werturteile lege, vielmehr danach trachte, aus der Fülle des Lebens und seiner Tatsachen den Leser selbst sein Urteil gewinnen zu lassen".*[105]

Sicherlich entsprach Laufenberg nicht immer dem selbstgesetzten Anspruch; keine Frage ist jedoch, daß er sich als Historiker mit Selbstdisziplin bemüht hat, mit dem politischen Impetus seines Urteils zurückzuhalten. Besonders deutlich wird dies beim Thema „Revolution oder Reform?". Politisch angetreten war Laufenberg mit einer Kritik der revisionistischen Reformtendenz in der Sozialdemokratie. Als Historiker versuchte er gleichwohl, den Anhängern des Reformdenkens gerecht zu werden. Anders als Mehring, der den Revisionisten jede Relevanz absprach, nimmt Laufenberg die Reformer und ihre Motivation ernst. Seine eigene Skepsis gegenüber ihrem Optimismus oft nur zwischen den Zeilen andeutend, geht es ihm vorrangig darum, die konkurrierenden Traditionen innerhalb der Arbeiterbewegung nachvollziehbar zu machen.

Laufenberg hat zeitlebens an der Idee der Revolution festgehalten. Aber er war Historiker genug, um an seiner politischen Vision einen Rest von Zweifel zu nähren. Als er im Oktober 1919 am Scheitelpunkt seines revolutionären Wirkens stand, schrieb er im Vorwort zu der von ihm neu herausgegebenen Marx-Schrift „Der Bürgerkrieg in Frankreich": *"Auch eine revolutionäre Tradition kann auf eine Belastung mit Vorstellungen hinauslaufen, die die volle Orientierung und rasche Anpassung an gegebene Situationen erschweren und eine stete Quelle von Fehlern bei politischen Entscheidungen bilden."*[106]

Heinrich Laufenberg starb politisch vereinsamt am 3. Februar 1932 in der Hansestadt, ein knappes Jahr nach Erscheinen des abschließenden Bandes seiner „Geschichte der Arbeiterbewegung in Hamburg, Altona und Umgegend".

Blick zurück im Zorn

Das Revolutionstrauma des Ernst Baasch

Erzwungener Abschied

Kaum jemals dürften die Hamburger einen Historiker zu ihren Mitbürgern gezählt haben, der die Stadt mit solcher Erbitterung verließ wie der langjährige Direktor der Commerzbibliothek Ernst Baasch – Verfasser zahlreicher Arbeiten zur Geschichte der Freien und Hansestadt, darunter einer monumentalen Geschichte der Handelskammer.[1]

Der zornige Abgang datiert in das Frühjahr 1919. Angesichts der dichtgedrängten politischen Ereignisse jener Tage werden die Hamburger den von der Handelskammer herbeigeführten Wechsel in der Leitung der Commerzbibliothek kaum wahrgenommen haben. Anders Ernst Baasch: Für ihn hatte sein erzwungener Abschied eine Bedeutung, die sich eng mit den politischen Erschütterungen der Revolution verband. Die damals gemachte Erfahrung ließ ihn auch nach seinem Fortgang von Hamburg nach Freiburg nicht mehr los, sie wurde fortan zu einem tiefsitzenden Stachel seiner Geschichtsschreibung. Grund zu fragen: Was hat zu dem Wechsel in der Commerzbibliothek geführt und wie stellte sich Baasch der Zusammenhang zu den revolutionären Zeitereignissen dar?

Seine Leser ließ Baasch von Freiburg aus wissen, er sei *„im Frühjahr 1919 aus dem nahezu ein Menschenalter innegehabten Amte eines Direktors der Commerzbibliothek vermittelst des seit den Novembertagen 1918 üblich gewordenen abgekürzten Verfahrens geschieden".*[2] In späteren Jahren konkretisierte er seine Aussage, indem er den Entlassungsvorgang in Verbindung mit der aus der Revolution hervorgegangenen Universitätsgründung brachte; ihr habe er 1919 sein Amt opfern müssen.[3] So knapp diese Angaben sind, beiden Äußerungen ist zu entnehmen, daß für Baasch die Revolution den Erklärungshintergrund seines Ausscheidens bildete.

Wie sich die von Baasch gegebenen Hinweise zu den Entlassungsgründen der Kammer verhalten, läßt sich mit Hilfe der erhaltenen Personalakte überprüfen. Ein erster auf Entlassung weisender Vorgang findet sich hier bereits 1917. Anlaß zu personellen Überlegungen gab der in Aussicht stehende Umzug der Bibliothek aus dem beengten Provisorium in der Domstraße in das freigewordene Gebäude des alten Johanneums am Speersort.[4] Die bevorstehende Veränderung eröffnete eine seit langem erhoffte Möglichkeit zur inneren und äußeren Reorganisation der Commerzbibliothek. Es gab jedoch offensichtlich Zweifel, ob Baasch zur Realisierung einer solchen Chance der richtige Mann sei.

Am 7. April 1917 schrieb der Bankier Max M. Warburg, der sich als einflußreiches Kammermitglied für den Ausbau der Bibliothek engagierte, an den Syndikus der Handelskammer Dr. E. Schwencke[5]:

„Ich bin allerdings der Ansicht, daß es unmöglich ist, Herrn Dr. Baasch diese schwierige Aufgabe zu übertragen. Wenn sich ein Mensch mit einem verzankt, so bin ich selbstverständlich bereit, ihm nicht von vornherein die Schuld zuzuschieben. Wenn sich aber jemand mit jedem verzankt, mit dem er sich sogar vertragsmäßig zu vertragen hat, so habe ich wohl ein Recht, ihn als unverträglich und als auf diesem Platz unmöglich zu bezeichnen. Der Direktor der Commerzbibliothek hat die Pflicht, sich mit dem Leiter der Stadtbibliothek zu vertragen. Weder mit dem Vorgänger von Professor Münzel, noch mit Professor Münzel selbst, der einer der liebenswürdigsten Menschen ist, die man sich denken kann, hat Dr. Baasch sich vertragen können[6], auch nicht mit den Professoren und vielen anderen, die die Commerzbibliothek besuchen. Das scheint sich auf alle Altersgrenzen zu beziehen, denn mein Sohn z. B.[7], der im Kolonialinstitut, in der Stadtbibliothek und wo immer er sich Bücher entleiht, liebenswürdig empfangen wird, hat geradezu einen horror davor, zur Commerzbibliothek zu gehen und sich Bücher zu holen. Wir werden Dr. Baasch ganz gewiß nicht von der Verantwortung entbinden, seine Bücher jetzt ordnungsgemäß im Johanneum aufzustellen. Wir werden aber dann unmöglich, wenn wir uns nicht den größten Vorwürfen aussetzen wollen (denen wir uns schon heute aussetzen müssen) Dr. Baasch weiterbehalten können, sondern werden ihn entlassen müssen."

Da sich der Umzug in das alte Johanneumsgebäude verzögerte, blieb dem Betroffenen die Mitteilung einer Entlassungsabsicht zunächst vorenthalten. Erst als im Frühjahr 1919 die Umquartierung für den nachfolgenden Herbst feststand, beschloß das Plenum der Handelskammer am 21. März 1919, dem Direktor der Commerzbibliothek nahezulegen, ein Gesuch um Versetzung in den Ruhestand einzureichen.[8] Bereits am folgenden Tag richtete der Präses der Kammer Franz H. Witthoefft an Baasch ein entsprechendes Schreiben. Anders als zwei Jahre zuvor in dem vertraulichen Votum von Max M. Warburg spielte in dieser offiziellen Kammeräußerung die persönliche Unverträglichkeit von Baasch nur eine verdeckte Rolle. Witthoefft rückte vielmehr die strukturellen Argumente in den Vordergrund.

Unter Bezug auf die Kammerberatungen zur anstehenden Reorganisation der Commerzbibliothek schreibt er[9]:

„Hierbei ist vor allem der Wunsch hervorgetreten, die Bibliotheksverwaltung enger, als bisher der Fall war, mit der Handelskammer in Verbindung zu bringen und sie in erhöhtem Maße zur Mithilfe bei der Erfüllung der der Handelskammer obliegenden Aufgaben heranzuziehen. Zugleich ist es mit Rücksicht auf die zu erwartende Entwicklung der Universitätsfrage notwendig erschienen, die Verwaltung der Bibliothek derart aufzubauen, daß ihre Beziehungen zu den wissenschaftlichen Einrichtungen des Hamburgischen Staates auf eine Grundlage gebracht werden, die allein eine ihrer Bedeutung entsprechende Würdigung zu gewährleisten vermag."

Erst nach diesen grundsätzlichen Ausführungen kommt Witthoefft auf die personellen Konsequenzen zu sprechen. Die Kammer würdige zwar die von Baasch in der Vergangenheit erworbenen Verdienste, doch:

Abb. 17: Ernst Baasch (1861–1947)

„Sie ist sich andererseits aber auch darüber klar, daß es Ihnen nach den bisher von Ihnen nachdrücklich vertretenen Grundsätzen nicht möglich sein wird, sich den veränderten Verhältnissen, wie sie die Durchführung der oben angedeuteten organisatorischen Umwandlungen mitsichbringen muß, so weitgehend anzupassen, wie es für die Leitung der Bibliothek in Zukunft unumgänglich sein wird.

Aus diesen Gründen läßt Ihnen die Handelskammer hierdurch auf Grund einstimmigen Beschlusses nahelegen, ein Gesuch um Versetzung in den Ruhestand an sie zu richten. Wegen des bevorstehenden Beginns der Übersiedlung der Bibliothek in ihr neues Heim wird es nach Ansicht der Handelskammer erwünscht sein, den unvermeidlich gewordenen Wechsel in der Leitung möglichst bald eintreten zu lassen, und darf ich Sie daher bitten, dem Wunsche der Handelskammer auch in dieser Hinsicht nachkommen zu wollen."

Die Trennung vollzog sich ohne allen Verzug, wenn auch nicht in freundlichem Einvernehmen. Bereits zum 1. Mai ging Baasch in Urlaub, zum 1. Januar 1920 schied er mit 58 Jahren förmlich aus seinem seit 1889 verwalteten Amt als Leiter der Commerzbibliothek aus. Das letzte Schreiben, das der tief verletzte Baasch aus Hamburg an den Präses der Kammer richtete, enthielt die Ankündigung, die eigene Geburtsstadt auf Dauer zu verlassen. Der frostige Text endet[10]: *„Schließlich stelle ich fest, daß ich nicht auf meinen Antrag, sondern von der Handelskammer gegen meinen Wunsch in den Ruhestand versetzt werde."*

Eine Trennung im Gefolge der Revolution? Der erste Augenschein spricht dagegen. Die Entlassungsgründe der Kammer, so scheint es, haben wenig mit dem politischen Umsturz in der Stadt zu tun. Geht man jedoch den Ereignissen genauer nach, so macht ihre zeitliche Abfolge die Sichtweise von Baasch sehr wohl nachvollziehbar. Am 16. März 1919, also nur fünf Tage vor dem Beschluß des Kammerplenums in Sachen Baasch, hatte in Hamburg die Wahl zur Verfassunggebenden Bürgerschaft stattgefunden. Der Urnengang hatte für die SPD einen Stimmanteil von 50,5 Prozent, für die linksliberale DDP von 20,5 Prozent ergeben. Damit waren die Weichen für die politische Zukunft Hamburgs auf absehbare Zeit gestellt. Der Kammer mußte angesichts dieser Entwicklung daran gelegen sein, nicht in eine Abseitsposition zu kommen. Nicht zuletzt galt dies im Hinblick auf die jetzt rasch zur Verwirklichung drängende Universitätsgründung.

Die alte, faktisch schon abgewählte Bürgerschaft hatte die Universitätsvorlage auf ihrer vorletzten Sitzung am 18. März 1919 ein weiteres Mal abgelehnt. Die neue Bürgerschaft beeilte sich, das negative Votum ihrer Vorgängerin zu revidieren. Bereits am 28. März stimmte sie dem diesmal von den Sozialdemokraten eingebrachten „Vorläufigen Gesetz über die Hamburgische Universität und Volkshochschule" mit großer Mehrheit zu.[11] Präses Witthoefft hatte die Lage also durchaus richtig prognostiziert, als er in seinem Schreiben an Baasch vom 22. März davon sprach, daß sich die Verwaltung der Commerzbibliothek auf die *„zu erwartende Entwicklung der Universitätsfrage"* einstellen müsse. Eben diesem Erfordernis Rechnung zu tragen, traute man Baasch aber nicht zu, war doch bekannt, daß er zu den prononcierten Gegnern nicht nur der Republik, sondern auch der Universitätsgründung zählte. So war es konsequent, daß die Kammer sich von Baasch trennte, aber auch erklärlich, daß dieser den Verursacher seines unfreiwilligen Abgangs nicht zuletzt in der Revolution sah.

Schuldzuweisungen

Nicht zufällig wählte Baasch Freiburg i. Breisgau zum neuen Wohnsitz. An der dortigen Universität lehrte der Historiker Georg von Below[11a], mit dem er seit seiner Marburger Studienzeit befreundet war. Nicht nur verband die beiden fast Gleichaltrigen (Below war Jahrgang 1859, Baasch 1861) ein gemeinsames wirtschafts- und stadtgeschichtliches Interesse; sie stimmten auch in ihren politischen Überzeugungen weitgehend überein. Ganz besonders galt dies für die Bewertung des jüngsten Kriegs- und Revolutionsgeschehens. Below hatte 1917 in Abwehr der Friedensresolution des Deutschen Reichstages die neugegründete „Vaterlandspartei" unterstützt und zusammen mit Houston Stewart Chamberlain die der nationalen Sammlung dienende Zeitschrift „Deutschlands Erneuerung" aus der Taufe gehoben. Im darauf folgenden Jahr hatte er mit einer Serie von publizistischen Arbeiten zum Kampf gegen die Revolution beizutragen gesucht (z. B. „Ein Wort über die verheerenden Wirkungen der drohenden ‚Demokratisierung' Deutschlands", Bonn 1918). Die Republik war kaum ausgerufen, als er sich in Freiburg an der Gründung der „Deutschnationalen Volkspartei" beteiligt hatte, derselben Partei, der in Hamburg auch Baasch bereits im Winter 1918/19 beigetreten war.

Wie sehr die beiden Freunde einander damals im Auge hatten, geht daraus hervor, wie Below auf die Nachricht von Baaschs Entlassung reagierte. Er bewirkte, daß die Staatswissenschaftliche Fakultät der Universität Freiburg dem in Hamburg seines Amtes Enthobenen bereits wenige Wochen später demonstrativ die Ehrendoktorwürde verlieh. Belows Freundschaftsdienst muß vor dem Hintergrund seiner weitergehenden wissenschaftspolitischen Intentionen gesehen werden. Er meldete sich zu Wort, wo immer er eine Gelegenheit sah, sein Verständnis von Wissenschaft gegen die demokratischen „Neuerer" zu verteidigen, so mit der „am Sedanstag 1920" fertiggestellten, vor allem gegen den liberalen Kollegen Walter Goetz gerichteten Schrift „Die parteiamtliche neue Geschichtsauffassung. Ein Beitrag zur historischen Objektivität". Es überrascht nicht, daß sich Baasch von solcher Kampfansage angezogen fühlte.

In den nachfolgenden Freiburger Jahren hat Baasch seine Hamburg-Geschichtsschreibung intensiv fortgesetzt. Unter den damals entstandenen Werken kommt seiner „Geschichte Hamburgs 1814–1918" besonderes Interesse zu. Den Anstoß dazu hatte ihm das Angebot Hermann Onckens gegeben, in der angesehenen Reihe „Allgemeine Staatengeschichte" eine Darstellung der neueren Geschichte der Hansestadt zu publizieren. Baasch zögerte nicht, das Angebot anzunehmen. Es erwies sich allerdings als einigermaßen schwierig, sich von Freiburg aus die nötigsten Quellen zu verschaffen.

Das Hamburger Staatsarchiv verweigerte ihm die Zusendung einschlägiger Akten und berief sich dabei auf die generellen Vorschriften zur Aktenverschickung. Baasch wandte sich daraufhin an den Senat der Freien und Hansestadt mit der Bitte um eine Sondererlaubnis, die ihm jedoch mit der Begründung abgeschlagen wurde, es bestünden *„unter den gegenwärtigen Zeitumständen Bedenken diese Archivalien einer Versendung nach Freiburg i. B. auszusetzen"*.[12] Der so Beschiedene sah sich in seinem Ingrimm über die derzeit in seiner Vaterstadt Regierenden bestätigt. In einer Zuschrift an die „Hamburger Nachrichten" machte er seinem Herzen Luft[13]:

„Nun habe ich mit anderen die ‚Zeitumstände' seit dem November 1918 immer für höchst traurig gehalten, aber ich habe mich damit getröstet, daß die Leute, die diese Zeitumstände geschaffen haben und aus ihnen Nutzen ziehen, sie für ganz vergnüglich und erträglich ansehen. Um so erstaunter bin ich, daß der Senat, der doch diesen Leuten gar nicht so fern steht, jetzt, 3 ½ Jahre nach der glorreichen Revolution die Zeitumstände für so bedenklich ansieht, daß er der Post nicht einmal eine Anzahl Wertpakete anvertrauen mag, die hier auf der Universitätsbibliothek in Empfang und Verwahrung genommen und dort von mir benutzt werden. . . . man legt auf die möglichst wahrheitsgetreue Darstellung der Vergangenheit keinen Wert, um so ängstlicher aber scheint man besorgt für die Erhaltung alter Aktenstücke!"

Soweit Baasch hamburgische Unterlagen nicht zur Verfügung standen, suchte er sie durch andere Quellen zu ersetzen, so vor allem durch ausführliche Zitate aus den preußischen Gesandtenberichten. Er nahm dabei in Kauf, daß ihm vorgeworfen werden konnte, er habe *„hamburgische Geschichte vornehmlich aus preußischen Papieren"* geschrieben.[13a] Mochte dies in der Formulierung überspitzt sein, ganz ohne Berechtigung war es nicht, wenn die Fachkritik der von Baasch vorgelegten „**Geschichte Hamburgs 1814–1918**"[14] eine durch die Quellengrundlage bedingte Perspektivenverzerrung ankreidete.

Auch wenn Baasch die vor allem aus Hamburg geübte Kritik temperamentvoll zurückwies[14a], keinen Hehl machte er aus dem Schmerz, den die politische Entfremdung von seiner Vaterstadt für ihn bedeutete.

Im Vorwort zum ersten Band, datiert Pfingsten 1923, sprach er aus, wie sehr er den Graben empfand, der in seinen Augen das gegenwärtige Hamburg von dem Hamburg des vergangenen Jahrhunderts trennte[15]:

„Die hier geschilderte Periode der Hamburgischen Geschiche enthüllt in ihrer Gesamtheit ein Bild mächtig aufstrebenden Lebens, einer Entwicklung, die trotz aller Hemmnisse und Schwierigkeiten, die im einzelnen ihr durch politische, wirtschaftliche und elementare Ereignisse in den Weg gelegt worden, den Eindruck eines überaus ersprießlichen, einheitlichen Zusammenwirkens staatlicher und privater Organe, Bestrebungen und Gedanken erweckt. Dieses erfolgreiche, jeden Fortschritt mit dem geschichtlich Gewordenen sorgsam verbindende Zusammenwirken verleiht jenem Zeit-

raum von hundert Jahren einen durchaus geschlossenen Charakter. Wie der Anfang dieser Periode durch die vorhergehende Fremdherrschaft und die Umgestaltung der deutschen Verhältnisse den Beginn einer neuen Epoche unzweifelhaft ankündigt, ohne jedoch den Anschluß an die dem 18. Jahrhundert eigentümlichen Ideen und Formen zu verlieren, so zieht die November-Revolution von 1918 einen scharfen Strich zwischen sich und der Vergangenheit; einzig in der Hamburgischen Geschichte dastehend und in diesem Punkte nur mit der Fremdherrschaft 1806–1814 vergleichbar verzichtet sie, unter Beibehaltung gewisser äußerer Formen, bewußt auf die Anknüpfungen mit dem geschichtlich Gewordenen und damit auf das gedeihliche und einheitliche Zusammenwirken staatlicher und privater Lebensnotwendigkeiten und Anschauungen."

Mit der Klage über die Diskontinuität der jüngsten Entwicklung stand Baasch unter den Hamburger Historikern nicht allein. So hatte der um 20 Jahre jüngere Archivrat Heinrich Reincke in einem bereits 1919 gehaltenen Vortrag zur neueren hamburgischen Verfassungsgeschichte ausgeführt, daß die aus der Revolution hervorgegangene Staatsauffassung ihre Elemente *„nicht dem bisher geltenden Recht entnommen und damit die Einheitlichkeit der Entwicklung zum ersten Mal in unserer Geschichte durchbrochen hat."*[16] Baasch verschärfte diese Aussage, indem er die seit 1918 in Hamburg herrschenden Zustände mit jener Epoche verglich, die in der Hansestadt seit jeher als Inbegriff alles Schrecklichen galt: der Fremdherrschaft der Franzosen. Ein Trost immerhin blieb dem Historiker: Je entfremdeter ihm die Gegenwart erschien, desto mehr hoffte er auf Entschädigung durch das „geschlossene Bild", das er vom vergangenen Jahrhundert Hamburgs glaubte zeichnen zu können. Baasch schließt sein Vorwort von 1923[17]:

„Möge ein späterer Historiker, der dermaleinst die Zeit nach 1918 zu schildern unternimmt, eine im allgemeinen ebenso befriedigende Aufgabe zu lösen haben, ihm aber der Schmerz erspart bleiben, das Endziel seiner Arbeit in einem so grellen Mißton ausklingen zu sehen, als welcher die hamburgische November-Revolution dem Verfasser dieses Buches leider erscheinen muß."

Am Ende des zweiten Bandes kommt Baasch auf die Umsturzereignisse von 1918 noch einmal zurück. Ganz im Sinne Ludendorffs steht für ihn am Anfang der Katastrophe nicht die militärische Niederlage, sondern der gegen die deutsche Front hinterrücks geführte „Dolchstoß"[18]:

„Es war das felsenfeste, fast kindliche Vertrauen zum Reich im ganzen und zu den Volksgenossen im einzelnen, das, im vierjährigen Ringen bewährt, tapfer ausgehalten hat und bitter enttäuscht wurde, als der innere Feind, der mit dem Dolchstoß und der Revolution arbeitete, allem ein jämmerliches Ende bereitete."

Als Hauptverantwortliche für den Zusammenbruch galten ihm auch in der Hansestadt die Sozialdemokraten, wobei ihn nicht anfocht, daß gerade in Hamburg ihre maßgeblichen Führer jeder Art von „Umsturz" durchaus ferngestanden hatten[19]:

„Ob die hamburgischen sozialistischen Führer hierbei tätig mitgewirkt haben oder nicht, ist für die Beurteilung ihrer Stellungnahme zu den hamburgischen Ver-

105

hältnissen völlig gleichgültig; sie haben durch ihr Verhalten das Gebahren der Frontentnerver gebilligt und die Früchte gern eingeheimst, sich auch ohne Widerspruch als ‚Revolutionäre' feiern lassen."

Was die Verfassungsordnung des alten Hamburg anging, so trug an ihrem Untergang in den Augen von Baasch allerdings das bis dahin regierende Bürgertum ein gerüttelt Maß an Mitschuld. Anknüpfend an die 1917/18 geführte Diskussion um eine Reform des Hamburger Wahlrechts schreibt er[20]:

„Es begann der Todeskampf um die alte Verfassung, ein Kampf, der einer Selbstaufgabe, einem Selbstmorde gleich kam. Ohne zwingenden Grund, ohne äußeren Druck gab man alte Rechte auf; man befand sich in einer Revolution von oben, ehe sie von unten kam, und warf die Flinte ins Korn, ehe sich überhaupt ein ernsthafter Feind gezeigt hatte ... Unzweifelhaft haben durch ihre Nachgiebigkeit und Schwäche die Bürgerlichen im Senat und in der Bürgerschaft auf gesetzlichem Wege wider Willen den Umsturz der Verfassung vorbereitet."

Gewissermaßen als Kontrastprogramm zur Zerrissenheit der Revolutionszeit hatte Baasch seinen Lesern ein „geschlossenes Bild" des 19. Jahrhunderts angekündigt. Doch dem Autor zerrann dieses Versprechen unter den Händen. Zu stark war der innere Zwang, die aus der Revolutionserfahrung erwachsenen Traumata in die Vergangenheit zu projizieren. Ansatzpunkte boten im 19. Jahrhundert vor allem die Bestrebungen der Arbeiterbewegung und der Judenemanzipation.

Bereits für die Vormärzzeit macht Baasch als Gefahrenpotential die A r b e i t e r s c h a f t aus[21]:

„Gerade in ihrem Schoße aber bargen sich, besonders seit dem großen Brande, viele, von auswärts eingewanderte Elemente, die infolge ihres Mangels an Heimatgefühl und Bodenständigkeit der Verhetzung leicht zugänglich waren und für die Zukunft eine große Gefahr waren."

Das ausgehende 19. Jahrhundert sieht Baasch dann vollends bedroht von *„marxistisch durchseuchten Volksmassen."*[22] Bedauernd stellt er fest, daß angesichts dieser Entwicklung dem Bürgertum nur sehr langsam die Augen aufgingen[23]:

„An eine Gemeingefährlichkeit der sozialistischen Bestrebungen wollte man in Hamburg nicht recht glauben; man sagte sich: ‚Bei uns in Hamburg hat das nichts zu sagen; unsere mit dem Handelsstande direkt in Berührung stehenden Arbeiter denken nicht daran, ihre gesicherte Lebensstellung aufs Spiel zu setzen und deshalb sind wir außer Gefahr.' Diese damals hier weit verbreitete Ansicht sollte freilich durch die Ereignisse bald gründlich widerlegt werden."

Wirft man einen vergleichenden Blick in die von Baasch noch vor der Revolution verfaßte G e s c h i c h t e d e r H a n d e l s k a m m e r (veröffentlicht 1915), so fällt auf, daß der Autor hier der Sozialdemokratie kaum irgendwelche Aufmerksamkeit schenkt. Dabei wäre angesichts der vielfältigen sozialpolitischen Fragen, mit denen die Handelskammer befaßt war, zu einer Kommentierung der Arbeiterbewegung reichlich Gelegenheit gewesen. Nur ganz am Rande erwähnt er einmal, daß die Kammer zu Ende des Jahrhunderts in der Stellungnahme zu einer neuen Seemannsordnung darauf gedrängt habe, *„daß namentlich den auf Abschwächung der Disziplinargewalt des Schiffers gerichteten sozialdemokratischen Anträgen fest entgegengetreten werde".*[24] Ansonsten aber mißt Baasch den Sozialdemokraten noch keine bedrohliche Bedeutung zu.[24a] Wenn es für ihn einen Konfliktpunkt gab, so war dies viel eher die reglementierende Sozialgesetzgebung des Wilhelminischen Reichs als die „Sozialistengefahr".

Der Bewertungswandel ist noch auffälliger bei der Behandlung der „Judenfrage". Während sich in der 1924/25 herausgekommenen „Geschichte Hamburgs", wie zu zeigen sein wird, deutliche antisemitische Töne finden, wird in dem zehn Jahre zuvor erschienenen Werk „Die Handelskammer zu Hamburg" das Judenthema noch ohne Polemik dargestellt.

Durchaus mit Genugtuung dokumentiert Baasch in der älteren Publikation, daß die Commerzdeputation sich in der Wertschätzung der Juden von anderen Hamburger Gremien unterschied. So berichtet er aus dem Jahre 1814 von einer Stellungnahme der Deputation, in der diese sich energisch über die Weigerung des Senats beschwert, den jüdischen Kaufmann Oppenheimer als ehrenamtlichen Richter am einstigen Tribunal de commerce, jetzigen Handelsgericht, zu bestätigen. Beifällig zitiert Baasch die an den Senat gerichtete Mahnung, daß *„diese gute Stadt, die vormals in einem Zeitalter der Finsternis durch die Aufnahme der Juden andern Staaten mit der Fackel der Aufklärung vorgeleuchtet hat, sich nicht in unsern aufgeklärten Zeiten der Intoleranz verdächtig mache".*[25] Besonders eingehend unterrichtet der Autor in seiner Geschichte der Handelskammer über die seit 1814 von der Deputation mit wachsendem Nachdruck gestellten Anträge, den Juden Zugang zur Versammlung des „Ehrbaren Kaufmann" zu verschaffen. Er läßt keinen Zweifel, was er selbst von dem überkommenen Zutrittsverbot hielt"[26]: *„Sachlich war dieser Ausschluß ja kaum mehr berechtigt; allein die große Bedeutung im Geld- und Wechselgeschäft ließ ihr Fernbleiben vom Ehrbaren Kaufmann als Abnormität erscheinen."*

Die seinerzeit von der Deputation geforderte Öffnung wurde von Baasch in ihrer Bedeutung unterstrichen, in dem er auf die bewegende Rede verwies, die der Präses der Commerzdeputation Dill am 4. Mai 1846 vor der Versammlung des „Ehrbaren Kaufmann" hielt. Dill hatte damals an eine im Katastrophenjahr 1842 eiligst zusammengerufene Kaufmannsrunde erinnert, in der der Bankier Salomon Heine unter Einsatz seines Vermögens entscheidend dazu beigetragen hatte, den Kredit der Hamburger Börse zu retten. Baasch zitiert aus dem Plädoyer von 1846 die eindrucksvollen Sätze[27]:

„Diejenigen unter Ihnen, meine Herren, welche dieser denkwürdigen Versammlung beiwohnten, werden mit Rührung und Dank des Mannes gedenken, der trotz hohen Alters und selbst erlittenen mannichfachen Störungen mit jugendlicher Gesinnung uns Rat erteilte, uns Mut einflößte und uns zur Zeit der Bedrängnis mit schönem Beispiel voranging. Der Mann, welcher in jener schweren Zeit unläugbar so ganz we-

sentlich zur glänzenden Herausstellung der Ehre der Hamburger Börse beigetragen und des Guten so viel in unserer Stadt gewirkt, er hatte die Weihe der Taufe nicht empfangen. Ich redete hier nur von <u>einem</u> der achtbarsten Israeliten, frage aber dreist, was hat die Art und Weise, in der wir zu Gott beten, mit den kaufmännischen Beratungen zu schaffen? Wer hier Gemeinsinn entfaltet, wer seinen Namen durch Mitwirkung zur Ehre des Ganzen unserer Stadt einen guten Klang verschafft, er sei unser Mann, gleichviel ob Christ oder Jude."

Trotz dieses Appells blieb die Versammlung seinerzeit mehrheitlich bei ihrem ablehnenden Votum. Angesichts dieses Verhaltens urteilt Baasch über den „Ehrbaren Kaufmann" kurz und bündig[28]: *„Er hat sich damals nicht auf der Höhe seiner Aufgaben gezeigt."* Die erst 1856 schließlich erfolgte Zulassung der Juden zu Hamburgs traditionsreichem Kaufmannsgremium rangiert in der weiteren Darstellung von Baasch als ein Akt, der mehr als überfällig war.

In der vom selben Autor nach der Revolution geschriebenen „Geschichte Hamburgs" erscheint die „Judenfrage" in einem wie über Nacht verfinsterten Licht. Von positiven Stimmen zur Frage der Judenemanzipation ist nun an keiner Stelle mehr die Rede. Stattdessen werden in die historische Erzählung überall tendenziöse Bemerkungen über das „Eindringen" der Juden eingestreut. Zwei den Vormärz betreffende Textproben:

„Im September 1834 ernannte der Senat einen getauften Juden, den Dr. Asher, der früher Redakteur der ,Neuen Zeitung' gewesen war, zum Kriminalaktuar, was einen großen Teil der Bevölkerung stark verletzte".[29]

„Nach 1840 aber, besonders seit dem Brande, dringt das Judentum siegreich vor. Sie schlossen sich nicht nur enger zusammen, sie drangen auch mehr und mehr in Verhältnisse ein, die ihnen bisher verschlossen waren. . . . Nur die Oberalten widerstrebten unbeugsam der vollen Emanzipation, die im Senat offenbar manche Freunde hatte".[30]

Für die Zeit nach 1848 fallen die Formulierungen von Baasch noch deutlicher aus. Unter Anspielung auf die in der Bürgerschaft von 1859 *„stark vertretene Judenschaft"* spricht er von neuen *„Elementen"* und ihrer *„sozialen, konfessionellen und rassenmäßigen Richtung und Veranlagung".*[31] Mit wohlwollendem Verständnis berichtet er über die gegen Ende der Gründerzeit aufkommende antisemitische Bewegung. Er deutet sie als Reaktion auf die Emanzipation, *„da die zahlreichen mit ihr verbundenen unerfreulichen Begleiterscheinungen zumeist auf das Judentum zurückzuführen waren".*[32] In unverblümter Parteinahme schreibt Baasch[33]:

„Die antisemitische Bewegung der 1880er Jahre hatte auch in Hamburg ihre Früchte gezeigt. Insbesondere der Mittelstand wehrte sich kräftig gegen die zunehmende Verjudung; und angesichts des wachsenden Übergewichts der Juden auf vielen Gebieten des öffentlichen, literarischen und gewerblichen Lebens war es begreiflich, wenn sich schließlich schärfer Widerstand regte."

Vor diesem Hintergrund bewertet er die Tatsache, daß zwischen 1897 und 1901 die ersten drei erklärten Antisemiten in die Hamburger Bürgerschaft gewählt wurden.

Baasch nimmt in seiner Darstellung die agitatorisch auftretenden Neulinge noch nachträglich gegen die Anwürfe der anderen Fraktionen in Schutz[34]: *„Trotz Mißachtung, die man ihnen gegenüber geflissentlich zur Schau trug, hatte ihre Bewegung mindestens das Gute, über manche Gegenstände des öffentlichen Lebens den Leuten die Augen zu öffnen und sie auf Richtungen und Wege zu weisen, die bisher den Hamburgern ziemlich unbekannt waren."* In einer Anmerkung fügt der Autor hinzu: *„Die Erbitterung, ja Verblendung gegen die Antisemiten ging soweit, daß selbst ein Mann wie Woermann erklärte, daß er sich gegebenenfalls lieber den Sozialdemokraten als den Antisemiten anschließen werde."*

Aus der Sicht von Baasch wäre den Antisemiten mehr Erfolg zu wünschen gewesen als sie tatsächlich hatten. Bedauernd stellt er fest, daß der Einfluß der Juden weiter gestiegen sei. In dieser Hinsicht war für ihn ein kritischer Punkt Ende 1917 erreicht. Nicht genug, daß zu Anfang des Jahres ein Mitglied der in seinen Augen politisch unzuverlässigen „Vereinigten Liberalen" in den Senat gewählt worden war: *„Grundsätzlich bedenklicher war es, daß bei der Senatswahl am 7. Dezember 1917 ein Jude (Warburg) nur mit drei Stimmen in der Minderheit blieb; es fehlte also nur recht wenig daran, daß Hamburg auch in diesem Punkte noch vor der Revolution eine alte berechtigte Überlieferung aufgegeben hätte".*[35]

Der angesprochene Senatskandidat war eben jener Max M. Warburg, der am 7. April 1917 über den damaligen Commerzbibliotheksdirektor Baasch befunden hatte, dieser sei in seiner Amtsführung derart unverträglich, daß keine andere Wahl bleibe, als ihn zu entlassen. Als die Kammer zwei Jahre darauf tatsächlich zur Entlassung schritt, wird Baasch den „Schuldigen" für seine Ablösung zweifellos in Max M. Warburg gesehen haben. Die Entscheidung erhielt zusätzliche Schärfe dadurch, daß als neuer Bibliotheksdirektor ein Kritiker der wissenschaftlichen Arbeit von Baasch berufen wurde: Dr. Eduard Rosenbaum, seit 1914 Mitarbeiter, seit 1918 stellvertretender Syndikus der Kammer.[36] Gleich nach Erscheinen der Geschichte der Handelskammer hatte Rosenbaum im „Weltwirtschaftlichen Archiv" die Schwächen des von Baasch verfaßten Werkes in einer Besprechung deutlich benannt: es fehle der Darstellung an begrifflicher Durchdringung, ja an der Trennung des Wesentlichen vom Unwesentlichen.[36a] Ausgerechnet dieser Kritiker aus dem eigenen Hause war auf Betreiben von Warburg zum Nachfolger von Baasch bestellt worden. Es wird kaum ein Zufall gewesen sein, daß der in die Wüste Geschickte in seiner späteren Hamburg-Geschichte die 1917 betriebene Senatskandidatur Warburgs eigens einer polemischen Bemerkung für wert befand. Für Baasch mag darin eine Art Satisfaktion gelegen haben, die er sich im Nachhinein von Freiburg aus verschaffte.

Es greift sicher zu kurz, wollte man den Antisemitismus von Baasch allein auf persönliche Verletzung zurückführen. Zweifellos spielte bei seiner antisemitischen Wende die Bewertung der Zeitereignisse insgesamt eine entscheidende Rolle. Er selbst gab deutlich zu erkennen, daß er den „jüdischen Einfluß" jenen allgemeinen negativen Tendenzen zurechnete, die er in den Zusammenbruch von 1918 einmünden sah. Die davongetragene eigene Kränkung war für ihn Teil einer politischen Grunderfahrung, die ihn seit der Revolution besetzt hielt.

Natürlich ist bereits den Zeitgenossen aufgefallen, mit welcher Parteilichkeit Baasch Geschichte schrieb. In einer 1926 erschienenen Rezension bedauert der Historiker Heinrich Sieveking, es sei dem Autor „*nicht gelungen, ein unparteiisches Gemälde der Zeit zu entwerfen*", vielmehr habe „*Erbitterung ihm die Feder geführt*"[37]. Ähnlich äußert sich 1928 Alfred Herrmann in seiner Hundertjahrgeschichte des „Hamburger Fremdenblattes". Er sieht den Wert des Werkes von Baasch herabgesetzt vor allem „*durch eine aus der Nachkriegsstimmung erklärliche politische Voreingenommenheit*".[38]

Nun behauptete Baasch von sich selbst keineswegs, „sine ira et studio" zu schreiben. Freimütig gesteht er[39]: „*Für eine blut- und farblose Geschichtsschreibung ist eine Zeit nicht geschaffen, die mit dem Weltkrieg und der Revolution von 1918 endet und eine der unruhigsten Perioden der inneren Geschichte Hamburgs in sich schließt.*" Und doch nimmt er für sich in Anspruch, bei der Niederschrift seines Werkes nur dem verbunden gewesen zu sein, was ihm „*im politischen und staatlichen Leben stets als Ideal und Richtschnur vorgeschwebt hat*".[40] In der Auseinandersetzung mit Kritikern weist er entschieden zurück, seine Auffassungen seien nur aus der „Nachkriegsstimmung" erklärlich[41]: „*Meine politische Einstellung stand fest, lange bevor ich Hamburg verließ.*" Wollte man dieser Einlassung folgen, hat es einen tiefergehenden Bewertungswandel in seiner Geschichtsschreibung nicht gegeben.

Der Autor mag von seiner Auffassung subjektiv überzeugt gewesen sein, kein Zweifel ist, daß er mit der Selbstbeurteilung seiner Geschichtsschreibung nur eingeschränkt recht hatte. Der Vergleich seiner Aussagen von 1915 und 1925 ergibt, daß sich insbesondere seine historische Bewertung der Arbeiterbewegung und der Judenemanzipation in wenigen Jahren grundlegend verändert hat – ein Beleg dafür, daß historische Urteile sich oft schneller wandeln als dem Historiker bewußt wird.

Reizpunkt Universität

Für die Zeitgenossen wird auffälliger gewesen sein, daß es bei Baasch durchaus Themen gab, bei denen er sich zweifelsohne treu blieb. Allen voran war dies die Universitätsfrage. Dem interessierten Publikum war sehr wohl erinnerlich, daß Baasch nicht erst in seiner späten „Geschichte Hamburgs" die auf eine Universität gerichteten Bestrebungen polemisch kommentiert hatte.[42] Insbesondere unter den Professoren hatte sich als Ärgernis eingeprägt, daß der Direktor der Commerzbibliothek fast vom ersten Tage an zu den entschiedensten Gegnern einer Universitätsgründung in der Hansestadt gehört hatte.

Gelegenheit zu einer Attacke nahm Baasch bereits im Jahre 1909. Er veröffentlichte damals in den Pfingstblättern des Hansischen Geschichtsvereins eine größere

Studie unter dem Titel „**Der Einfluß des Handels auf das Geistesleben Hamburgs**". Zu der Arbeit hatte er sich durch den Historiker Erich Marcks herausgefordert gesehen. Dieser war zwei Jahre zuvor von der „Hamburgischen Wissenschaftlichen Stiftung" auf eine die Universitätsgründung mittelbar vorbereitende Stiftungsprofessur berufen worden.[43] Seine Antrittsrede über „Hamburg und das bürgerliche Geistesleben in Deutschland" hatte weitgehende Zustimmung in der Hansestadt gefunden. Nur vereinzelt waren auch kritische Stimmen zu hören gewesen; so hatte Aby Warburg, bekannt für seine beißende Ironie, den Antrittsredner mit dem Prädikat „*Hofhistoriograph der hanseatischen Volksseele*" belegt.[44] Während Warburg dies nur „privatissime" äußerte, ging Baasch in die Öffentlichkeit. Seine Kritik setzte an der These von Marcks an, Hamburg bedürfe einer geistigen Bewegung, damit die durch die Wirtschaftsgröße der Stadt bedingte „*natürliche Einseitigkeit*" eine Ergänzung finde.[45]

Diese Aussage, von dem Redner als Brücke zwischen Kaufmannsinteresse und Universitätsgründungsplänen gedacht, weckte bei Baasch heftigen Widerspruch. Das Wort von der zu korrigierenden „Einseitigkeit" Hamburgs empfand er als eine Verkennung, ja Diskriminierung des merkantilen Geistes der Stadt[46]:

„*Man hat dem Kaufmann Krämergeist, Mammonismus u. a. vorgeworfen; er hat das damit vergolten, daß er gerade durch die Einseitigkeit der von ihm bestimmten merkantilen Richtung die kulturelle und literarische Stärke Hamburgs begründete . . . Wie der Kaufmann der Stadt den Welthandel eroberte, schuf er auch die diesem entsprechende Geisteskultur. Und die Vielseitigkeit der Handelsinteressen sorgte dafür, daß das Geistesleben sich nicht so einseitig gestaltete, wie Unkenntnis der Verhältnisse oft angenommen hat. In dieser geistigen Produktion, der wissenschaftlichen Forschung, dem literarischen Schaffen auf kaufmännischer Grundlage und im kaufmännischen Interesse besteht auch der wirklich bleibende wertvolle Anteil Hamburgs am deutschen Geistesleben, ein Anteil, dem man nicht gerecht wird, wenn man seinen merkantilen Charakter verkennt und auszuschalten sucht . . . Hamburg konnte nicht alles haben. Es mußte sich fügen unter das Gesetz der kulturellen Arbeitsteilung. Die reiche Geld- und Handelsstadt hatte ihrer Eigenart Opfer zu bringen. Versagt ward ihr die Reinheit, der Idealismus der Poesie wie der frische Odem einer nur sich selbst lebenden Wissenschaft; dafür ward ihr das Geschenk einer eigenartigen, auf den Lebensbedingungen der Bevölkerung, auf Handel und Wandel beruhenden Geisteskultur.*"

Solche merkantile „Hamburg-Philosophie" untermauerte Baasch, indem er die Jahrhunderte seit Anbruch der Neuzeit durchmusterte. Sein Rückblick ergab ein genaues Gegenbild zu der Retrospektive von Marcks. Auch wenn man bei Baasch allzusehr die gegen die Universitätspläne gerichtete Absicht spürt, ganz Unrecht hatte er nicht, wenn er die hamburggeschichtlichen Betrachtungen von Marcks konterkarierte. Man konnte von dem frisch nach Hamburg berufenen Professor in der Tat den Eindruck gewinnen, daß er die kulturelle Vergangenheit der Stadt ohne ortsnahe Kenntnis vorstellte. Wenn er etwa an Namen zu Hamburgs Literatur kaum mehr als Klopstock und Lessing zu nennen wußte, so hielt Baasch ihm dies nicht nur als einen Mangel an Lektüre, sondern auch an innerem Verständnis für das eigentliche Hamburg vor. In seinem Gegenbild führt Baasch eine große Zahl von Dichtern, Predigern und schreibenden Kaufleuten an, die für ihn in sehr viel höherem Maße als Lessing und Klopstock den in der Elbmetropole herrschenden Geist repräsentierten. Sie vereinte, wie der Autor mit einem Strauß von Zitaten belegt, ein ausgeprägtes Interesse für Handel und Wandel der Hansestadt. An erster Stelle nennt er Barthold Hinrich Brockes. Für seinen Utilitarismus werden höchst eindrückliche Zeugnisse beigebracht, die allesamt in der Einsicht münden[47]: *„Die wahre Weltweisheit fängt bei der Wirtschaft an."* Über ihn, der es bis zum Senator brachte, sagt Baasch: *„Er ist der typische hamburgische Dichter des 18. Jahrhunderts."* Von dem gleichzeitig in der Stadt wirkenden Komponisten und Musikkritiker Johann Mattheson überliefert er uns das Wort[48]: *„Es trifft auch fast ein, daß, wo die besten Banken, auch die besten Opern sind."* Aber auch aus älteren Zeiten erhalten wir schlagende Beispiele für die hamburgische „Welterfahrung" geliefert, so aus dem 17. Jahrhundert das Bekenntnis des Hauptpastors Balthasar Schupp[49]: *„Versichere dich, daß ich oft aus eines Kaufmanns oder aus eines Schippers Discurs mehr gelernet hab' als hiebevor auf Universitäten aus großen Büchern."*

Wenn nicht an Eloquenz, so doch an hamburgischer Quellenkenntnis war Baasch dem Bismarckbiographen Erich Marcks überlegen. Doch Baasch war es nicht darum zu tun, die Palme der größeren Gelehrsamkeit zugesprochen zu bekommen. Er selbst hat später bekannt, es sei ihm und Gleichgesinnten darum gegangen, das *„reklamehafte Treiben der Universitätsfanatiker"*[50] zu durchkreuzen:

„Hier aufklärend zu wirken und dem Kaufmann das Rückgrat zu stärken, ihn sowohl über das innere Wesen einer Universität als auch über die Leistungen Hamburgs auf geistigem Gebiet in der Vergangenheit und die Leistungsmöglichkeiten in der Zukunft zu belehren, die tendenziös verbreitete Legende von der ‚geistigen Isolierung' Hamburgs zu widerlegen, das mußte die Aufgabe derjenigen sein, die in der Universität nicht das allein seligmachende Dogma der geistigen Entwicklung einer großen, mächtigen Handelsstadt sahen."[51]

Natürlich zeigte sich der selbstbewußte Erich Marcks durch die Gegenschrift von Ernst Baasch wenig beeindruckt. Als Gelegenheit zu eher beiläufiger Abfertigung nahm er ein Gutachten, das er für einen mit der Universitätsfrage befaßten Ausschuß der Bürgerschaft abzugeben hatte. In der gutachtlichen Äußerung heißt es laut Protokoll der Ausschußsitzung vom Juni 1910[52]:

„Ich habe im Oktober 1907 in meiner Hamburgischen Antrittsrede (‚Hamburg und das bürgerliche Geistesleben in Deutschland'; bei L. Voß erschienen), den uralten, überall erneuten Bund zwischen starkem städtischem Leben und wissenschaftlicher Entfaltung dargelegt und das hamburgische Geistesleben in den Zusammenhang des deutschen hineinzustellen gesucht; ich bin durch eine Schrift, die seither erschien und die eine stark, ja einseitig wirtschaftliche Färbung alles hamburgischen Lebens als Fortschritt und Notwendigkeit behauptete und pries, wahrlich nicht wider-

legt worden. Ich glaube, daß dem hamburgischen Dasein diese Blüte, diese Ergänzung seiner starken einseitigen Gegenwarts-Entfaltung, in hohem Maße zu wünschen wäre und es keineswegs, weder überlasten noch lähmen, würde."

Die Veröffentlichung des Ausschußberichtes ließ Baasch nicht ruhen. Da er in der Bürgerschaft selbst keine Möglichkeit zur Replik hatte, nutzte er den Umstand, daß eben damals eine Edition zum Druck anstand, die er mit offizieller Unterstützung der Handelskammer herausgab: „Quellen zur Geschichte von Hamburgs Handel und Schiffahrt im 17., 18. und 19. Jahrhundert". Das Vorwort zu diesem Werk wählte er als Forum der Auseinandersetzung. Ungewöhnlich war der Ort, ungewöhnlicher noch die von verhaltener Einwendung bis zu aggressiver Polemik sich steigernde Tonart seiner Abrechnung mit Erich Marcks. Wir geben den Text im Wortlaut wieder, um das bei Baasch gegen die Universitätspläne angesammelte Ressentiment in seinem Ausmaß sichtbar zu machen[53]:

„Ich habe vor einiger Zeit in einer kleinen Schrift darzulegen versucht, wie der Handel mit dem Geistesleben Hamburgs in engen Wechselbeziehungen gestanden hat und steht. Ich glaube nicht, daß ich das Bild, das ich dort entworfen, irgendwie zu Gunsten des Handels gefärbt habe; im Gegenteil, ich habe nicht unterlassen, die dunklen Seiten des Gemäldes deutlich zu kennzeichnen. Aber wie eine reine Eigenart stets besser ist als ein Gemisch, ein Kompromiß von Charaktereigenschaften verschiedenster Herkunft, – das dann meist eine große Charakterlosigkeit darstellt –, so konnte ich in der geistigen Frucht, die dem wirtschaftlich durchsätigten Boden Hamburgs entsprossen ist, nur ein für die Allgemeinheit recht wertvolles Kulturgut sehen. Mag diese Frucht einen merkantilen Beigeschmack haben, sie ist wenigstens das Erzeugnis einer bodenständigen Reinkultur. Freilich muß man wohl, um Freude daran zu empfinden, angeborenes, lebendiges Heimatgefühl besitzen, das auch Bitterkeiten, die jede Heimat bereitet, zu überwinden vermag.

Daß ich im wesentlichen mit meiner historischen Auffassung auch für die Gegenwart das Richtige getroffen, das haben mir neben Äußerungen in der Presse und wissenschaftlichen Literatur eine Reihe privater Zuschriften von Personen, die Hamburg in Gegenwart und Vergangenheit kennen, gezeigt.

Es läßt mich deshalb auch kalt, wenn ein vor einiger Zeit nach Hamburg an eine wissenschaftliche Millionengründung berufener Professor und Geh. Hofrat an einer Stelle, wo ihm nicht geantwortet werden kann und bisher derartige Äußerungen auch nicht üblich waren, in einer Drucksache des Hamburgischen Parlaments, der ‚Bürgerschaft', meine Schrift mit Geringschätzung beiseite schiebt. Er soll in Hamburg eine ‚Universität' gründen helfen, und da ist ihm meine Schrift unbequem, da sie kulturelle Verdienste dem Stande nachwies, dem erst eine Universität die Kultur zuführen soll. Die Universität und die mit ihr heraufziehende ‚Blüte' soll, wie er sich ausdrückt, die ‚starke einseitige Gegenwarts-Entfaltung' Hamburgs ‚ergänzen'.

Der Herr Geh. Hofrat hat in der Vielseitigkeit seiner Bismarckforschung bisher keine Muße gehabt, sich ernstlich und gründlich mit Hamburgischer Geschichte und

Eigenart zu beschäftigen; das hat er schon in einem Vortrag gezeigt, den er vor einiger Zeit hier hielt und drucken ließ; er zeichnet sich aus durch Halbwahrheiten und Gemeinplätze und eine auffallende Verleugnung der Grundlagen Hamburgischen Daseins. Auf eine charakteristische Äußerung wies ich schon in meiner oben erwähnten Schrift hin. Deshalb hat er auch wohl selbst das Gefühl, wissenschaftlich gegen meine Schrift nichts sagen zu können; er beschränkt sich auf einen Hieb aus dem Halbdunkel einer parlamentarischen Drucksache. Ähnlich, nur noch versteckter, hat eine amtliche Stelle meine Schrift behandelt.[54] Auf solche Weise will man freier Forschung und Lehre eine Stätte bereiten. – Ich überlasse den Herrn Geh. Hofrat gern dem von ihm nach Hamburg verpflanzten Idealismus und wünsche nur, es möge ihm bei der Herbeiführung der ‚Blüte' Hamburgs die ‚starke einseitige Gegenwarts-Entfaltung' nicht im Wege stehen.

Was bisher in Hamburg an Wissenschaft bestanden hat, – wenn es erlaubt ist, von dem Bestehen einer Wissenschaft vor dem Auftreten des Herrn Geh. Hofrat zu sprechen –, hat nie viel Wesens von sich gemacht, sondern zeichnete sich durch äußere Bescheidenheit und Anspruchslosigkeit aus. Aber damit erntet man offenbar heute nur noch Spott und Geringschätzung. Unter der neuen ‚Blüte' im Zeitalter des Geistes, wird das hoffentlich anders, und die Wissenschaft auch die äußeren Vorteile aus der ‚starken Gegenwarts-Entfaltung' ziehen, die mit jener sich ja ergänzen soll. Damit wird auch die getadelte Einseitigkeit zur Zufriedenheit aller weggeräumt.

Auch dem Gebiet der Hamburgischen Handelsgeschichte wird, so vertraue ich, das zu Gute kommen; durch eine gründliche Beschäftigung mit ihr und durch die Veröffentlichung neuer Quellen wird die oberflächliche und unwissenschaftliche Auffassung, die im Handel nur eine ‚einseitige Gegenwarts-Entfaltung' sieht, mehr und mehr zu Schanden werden."

Wie Marcks die Anwürfe aufnahm, geht aus einem persönlichen Schreiben hervor, das er am 14. Dezember 1910 an den Präses der Oberschulbehörde, Senator Werner von Melle, richtete. Es heißt darin[55]:

„Mir scheint, daß man sich die Hand beschmutzt, wenn man sie gegen solchen Dreck aufhebt; daß man den Kläffer bellen läßt, anstatt ihn durch den Stock erst noch zu animieren. Daß ein anständiger Mensch solchen Bosheiten eines verbitterten ‚verkannten Genies' ausgesetzt ist, ist ja schade; aber was soll ich ihm sagen? Ich kann ihm doch nicht empfehlen, zum Nervenarzt zu gehen. So wird es das einzig Würdige sein, zu schweigen. Die Handelskammer wird sich des Mißbrauchs schämen, der mit ihrer Flagge getrieben wird."

Mit letzterer Einschätzung sollte Marcks recht behalten. Obwohl in der Handelskammer zu diesem Zeitpunkt noch eine grundsätzlich ablehnende Haltung zur Universitätsgründung bestand, war man doch über das Vorgehen von Baasch indigniert. Er wurde von Präses Max von Schinckel und Syndikus Dr. Schwencke energisch zur Rede gestellt.[56] Die Herren mißbilligten, daß er die Polemik in einer von der Kammer unterstützten Publikation placiert hatte; dazu hielten sie ihm eine Beschwerde vor, die Prof. Kurt Perels namens des Kolonialinstituts über mangelnde Kooperationsbereitschaft der Commerzbibliothek erhoben hatte.[57] Man ging nicht auseinander, bis Baasch einen an die Kammer adressierten Entschuldigungsbrief zu Papier gebracht hatte, in dem es hieß[58]:

„Nachdem ich von der Handelskammer darauf aufmerksam gemacht worden bin, daß die in dem Vorwort zu meinen ‚Quellen' H. 5 enthaltene Polemik, da sie in einem Heft enthalten ist, das laut Titelblatt mit Unterstützung der Handelskammer herausgegeben wurde, in der Handelskammer Anstoß erregt hat, spreche ich mein Bedauern über die gewählte Form dieser Polemik aus. Wennn ich mir auch ferner nicht bewußt bin, in die Beziehungen der Handelskammer zu den hierher berufenen Professoren und den Seminaren des Kolonialinstituts meinerseits in meiner Eigenschaft des Bibliothekars der Commerzbibliothek eine Schärfe hineingetragen zu haben, so erkläre ich gern, daß ich in Zukunft Alles vermeiden werde, was die Kammer in eine unerwünschte Position zu diesen Kreisen bringen könnte."

Drei Jahre lang wahrte Baasch die ihm auferlegte Zurückhaltung. Sie geriet erst ins Wanken, als 1913 in der Universitätsfrage eine Entscheidung der Bürgerschaft anstand und im Vorfeld die kontroversen Meinungen heftiger denn je in der Hamburger Öffentlichkeit aufeinander prallten. Zum Zerreißen brachte seinen Geduldsfaden ein Artikel, der Anfang Februar 1913 in den „Hamburger Nachrichten" erschien. Er war überschrieben „Warum Universität, warum nicht Überseehochschule?" und hatte zum Verfasser Carl Heinrich Becker, am Kolonialinstitut Professor für Geschichte und Kultur des Orients.[59] Für Becker war kein Zweifel, daß die Hansestadt eine Universität im vollen Sinne des Wortes brauchte. Sein Plädoyer begann[60]:

„Wie alles Große, Neue, Problematische, hat auch die Universitätsvorlage des Senats in der Hamburger Öffentlichkeit eine lebhafte Diskussion ausgelöst. Der geistige Zollanschluß steht auf der Tagesordnung, und wie einst beim wirtschaftlichen scheint ein Stück hamburgischer Eigenart in Gefahr."

Empfand Baasch schon das Wort vom „*geistigen Zollanschluß*" als Zumutung, so empörte sich sein Stolz vollends, über das „*ideale Hamburg*" wie folgt belehrt zu werden[61]:

„Die neue Universität wird ihrem Wesen nach hamburgisch sein oder sie wird nicht sein; hamburgisch – natürlich nicht im Sinne des Hamburg, über das der Zugewanderte hier alle Tage seufzend stolpert – sondern des idealen Hamburgs, das als der Exponent der deutschen weltpolitischen und weltwirtschaftlichen Ausbreitung für ganz Deutschland ein geistiger Wert ist und das gottlob in großen Dingen ja nicht nur ein Ideal, sondern eine Realität ist. Was wirklich groß im hamburgischen Wesen ist, wird in der Universität eine geistige Stütze empfangen; sie wird dem großen Zug des Hamburgischen Lebens ein Helfer sein gegen so manch Enges und Beschränktes, das hier noch lebt und das besonders dem auffällt, der hier nicht groß geworden ist. In diesem edlen Wettstreit wird die Universität mehr geben als empfangen."

Spontan richtete Baasch am folgenden Tag ein persönliches Schreiben an Becker[62]:

115

"Euer Hochwohlgeboren Artikel in den gestrigen ‚Hamburger Nachrichten' habe ich gelesen. Der in ihm sich kundgebenden Überhebung, die es wagt, von dem durch eine Universität in Hamburg zu erwartenden ‚geistigen Zoll-Anschluß' Hamburgs zu sprechen, und der auch sonst darin sich offenbarenden Geringschätzung hamburgischer Eigenart würde ich gern öffentlich nach Gebühr entgegentreten, wenn mir das nicht leider unmöglich gemacht worden wäre durch die – in Folge einer Denunziation ihres Collegen, des Herrn Perels – mir seitens der Handelskammer abgezwungene Verpflichtung, das Kolonialinstitut und die Herren Professoren in Frieden zu lassen. Beiläufig: Darüber und über manche sonstige, mir und andern gewordene Erfahrung seit der Professorenherrschaft ‚stolpere' ich, Herr Professor!

Ich möchte Ihnen aber doch mit diesem Brief privatim zu erkennen geben, daß es noch Leute in Hamburg gibt, die sich gekränkt fühlen – nicht persönlich, sondern in ihrer vaterstädtischen Gesinnung, in ihrem Heimatgefühl – durch den Ton, den Sie gegenüber der Hamburgischen Eigenart anschlagen, und die sich gern zu dem ‚historischen Relikt vergangener Zeiten', wie Sie sich in der ‚Woche' 1913, Heft 1, ausdrücken, bekennen. Wir Hamburger lassen uns ja von jeher viel von Zugewanderten, die alles besser wissen, gefallen. In München hätten Sie unter den gleichen Umständen einen solchen Ton nicht anzuschlagen gewagt.

Ich spreche zum Schluß meine Hoffnung aus, daß die Bürgerschaft dem ungeheuren Druck doch noch Stand halten wird, den einige hamburgische Streber, einige von auswärts berufene Professoren und ein von Eitelkeit beseelter Senator (Anm. d. Verf.: Werner v. Melle) *auf sie ausüben."*

Entgegen erstem Vorsatz ließ Baasch es nicht bei einer privaten Erwiderung bewenden. Bald darauf erschien von ihm in den „Hamburger Nachrichten" ein Artikel unter dem Titel „Universität und Zollanschluß", in dem er sich nun auch öffentlich gegen Beckers Argumentation wandte[63]:

„Man mag die Universität in Hamburg gründen oder nicht; man unterlasse es aber, die Gründung als eine ‚befreiende Tat' hinzustellen, die der Zollanschluß – trotz mancherlei Nachteile, die er im Einzelnen gebracht hat – doch immerhin in gewisser Weise war. Eine hamburgische Universität hat nichts zu befreien; denn Schranken bestehen nicht; und ob ein zunftmäßig organisiertes Gebilde, wie eine deutsche Universität es nun einmal ist, überhaupt befreien kann, ist noch zweifelhaft. Wenn aber die Universität uns befreien soll von ‚manch Kleinstädtischem, das als historisches Relikt vergangener Zeiten noch in das neue Hamburg hineinragt' (Prof. Becker in der ‚Woche' 1913, Nr. 1), befreien soll von dem ‚Hamburg, über das der Zugewanderte hier alle Tage seufzend stolpert', so mutet man mit dieser Aufgabe doch der Universität eine Heldentat von sehr zweifelhaftem Wert zu, um derenwillen man wahrlich nicht ein so kostbares Institut, wie eine Universität, zu errichten braucht. Das könnte man ja vielleicht auch auf billigerem und bequemeren Wege erreichen."

Noch im selben Jahr fand die Universitätsdebatte im Parlament ihr vorläufiges Ende. Am 29. Oktober 1913 verweigerte die Bürgerschaft in namentlicher Abstimmung mit 80 gegen 73 Stimmen die Überweisung der Universitätsvorlage an einen Ausschuß. Anschließend entschied das Plenum in der Sache selbst: die Universitätsgründung wurde mit Mehrheit abgelehnt.

250 Jahre Handelskammer

So sehr sich Baasch in der Universitätsfrage engagierte, er vernachlässigte darüber nicht die Kärrnerarbeit des Historikers. In erster Linie war er durch ein wissenschaftliches Projekt gefesselt, das seine Zeit in diesen Jahren stark in Anspruch nahm: die Niederschrift einer umfassenden Geschichte der Handelskammer. Den Anlaß dazu gab ein Jubiläum der Kammer. Ihre Vorgängerin, die Commerzdeputation, war einst am 19. Januar 1665 von der zur See fahrenden Kaufmannschaft ins Leben gerufen worden. Es war also 1915 das 250jährige Bestehen der Handelskammer zu feiern. Tatsächlich legte Baasch nach langen Vorarbeiten pünktlich zum Jubiläum zwei voluminöse Bände vor, die den Zeitraum von 1665 bis 1915 in seiner Gesamtheit abdeckten (Umfang: 2541 Seiten!).

Unzweifelhaft hat sich Baasch mit diesem Jubiläumswerk ein bleibendes Verdienst um die Geschichte der ältesten Handelskammer Deutschlands erworben, ein Verdienst, das allerdings nicht ganz einfach zu beschreiben ist. Leichter ist es, zunächst die Schwächen zu benennen. Das Werk läßt die Zeichnung eines Gesamttableaus durchaus vermissen, vielmehr werden in über hundert Einzelziffern die vielfältigen Aufgaben und Arbeitsbereiche der Kammer separiert und in ihrer geschichtlichen Entwicklung getrennt behandelt. Dem Leser mutet der Autor mit seiner breit ausgefächerten Systematik zu, immer von neuem die beiden Perioden zu durchwandern, in die das Werk chronologisch untergliedert ist: die Zeit von 1665 bis 1814 und von 1814 bis 1915. Das Ergebnis dieser Springprozession: Man hat eher das Gefühl, einen Steinbruch als ein Gebäude zu durchschreiten.

Was zunächst nur als Mangel erscheint, hat auch eine positive Kehrseite. Wie eine gut gearbeitete Enzyklopädie hält die Darstellung von Baasch für fast jeden Aspekt der Kammergeschichte Auskunft bereit. Das detaillierte Inhaltsverzeichnis sowie das Personenregister erleichtern es dem Leser, sich in dem Materialreichtum zurecht zu finden. Aber nicht nur Nachschlagwissen bieten die Bände. Sie enthalten auch eine Fülle von Quellenauszügen, die dem Leser Einblick in den Argumentationshaushalt der Kammer geben. Holt man diese Zeugnisse aus den Verstecken heraus, in die sie die Sachgebiets-Systematik von Baasch verbannt, so gewinnt man ein Bild vom Selbstverständnis der Kaufmannschaft, wie es sich so eindrucksvoll in keiner anderen Hamburggeschichte findet.

Um einen Begriff von der Prägnanz der Quellenaussagen zu geben, seien nur einige charakteristische Beispiele aus der älteren Kammergeschichte angeführt. In der

Zeit der „Bürgerlichen Unruhen" zu Ende des 17. Jahrhunderts deuten die Zeugnisse zunächst noch auf eine eher zurückhaltende Einstellung der Kaufmannschaft. So wird aus den Akten der Commerzdeputation eine Mahnung des Rates vom Jahre 1698 zitiert, die Kaufleute möchten doch zahlreicher in der Bürgerschaft erscheinen und dort den Zünften Paroli bieten: *„damit die nicht in alles so die Oberhand nehmen".*[64] Auch im Jahr darauf erklärte der Rat gegenüber der Commerzdeputation noch einmal, er müsse *„von Herzen bedauern und sich verwundern, daß der Ehrb. Kaufmann so schläfrig were, ihre eigene Interesse auf dem Rathause nicht mit zu observiren".*[65] Die kaufmännischen Zeugnisse aus dem 18. Jahrhundert sprechen dann eine andere Sprache. 1718 beruft sich die Deputation gegenüber dem Rat mit kraftvollem Nachdruck auf das *„Commercium als die Seele dieser Stadt".*[66] Zwölf Jahre später verwahren die Deputierten sich gegen eine neue Stempelabgabe mit dem Argument, der Kaufmann sei schon genug belastet, *„auch sei der Handel die Seele und Quelle, aus der dem Staat und allen Einwohnern die Existenzmittel zuflössen".*[67] 1746 drängt die Kaufmannschaft auf zunftfreien Schiffbau und bezieht sich dabei auf die *„Freiheit, eine Mutter und einzige Ernährerin aller Handlung und Künste".*[68] Im Hinblick auf bevorstehende Handelsgespräche mit der kurfürstlichen Regierung in Hannover gibt die Deputation 1775 dem Rat mit auf den Weg, daß *„die Handlung die sicherste Triebfeder und das allerbequemste, ja fast das einzige Mittel sey, ein Land in Flor zu bringen und zu erhalten".*[69] 1798 wird gegen eine Erhöhung der Frachtabgaben an der Elbstation Lauenburg ins Feld geführt[70]: *„Der Handel und besonders der Zwischenhandel fordert durchaus Freiheit in allen seinen Zweigen. Monopolien und Taxen sind ihm immer schädlich, und freie Concurrenz bestimmt den Preis aller Dinge und den Lohn aller Arbeit am richtigsten und besten."* 1790 heißt es in einem Votum zur monopolistischen Politik des Handwerks lapidar[71]: *„Die Handelsfreiheit ist die Quelle unseres Wohlstands, nicht aber der Zunftzwang";* ein Jahr später, diesmal speziell gegen das Krameramt gerichtet[72]: *„Wer nur immer tun will, was sein Großvater tat, der wird es selten weit bringen."* Als 1798 der Rat eine Abgabe auf Bankgeschäfte erwägt, verwahrte sich die Commerzdeputation dagegen, *„daß das Heiligtum der Bank verletzt und die Gerechtsame des Ehrb. Kaufmanns gekränkt werden".*[73] – Soweit unsere aus dem ersten Band von Baaschs Geschichte der Handelskammer geschöpfte Zitatenauswahl. Sie liest sich wie ein Florilegium des hamburgischen Kaufmannsstandes und hat als solches ihren historischen Aussagewert.

Die Dokumentation kaufmännischen Selbstbewußtseins ließe sich mit Quellenzeugnissen aus dem zweiten Band, der dem 19. und beginnenden 20. Jahrhundert gewidmet ist, fortsetzen. Dies gilt auch und gerade für die Zeit seit 1878, als die Handelskammer einen weitgehend vergeblichen Kampf gegen die aufkommende Schutzzollpolitik des Reiches führte. Als Baasch sein Werk abschloß, hatte der Ausbruch des Weltkrieges allem freien Handel vollends ein Ende gemacht. Gleichwohl wiederholte der Autor auch in dieser Situation noch einmal die wirtschaftspolitischen Grundüberzeugungen der Kammer[74]:

"Diese Anschauungen bestehen in den alten Gesichtspunkten, von denen der Großhandel, ohne theoretische Voreingenommenheit und dogmatische Bindung, stets bestimmt sein wird: die Forderung freien Wettbewerbs und freier Verkehrsbewegung, die Ablehnung des Eingreifens in die Privatunternehmung, die Abneigung gegen unnötige, formalistische Kontroll- und Bevormundungsmaßregeln im inländischen Verkehr, gegen handelspolitische Repressivmaßregeln, Differential- und Kampfzölle und ähnliches im ausländischen Verkehr. Wie die Handelskammer mehrfach die in deutschen Zeitschriften und selbst solchen, die dem Export dienten, enthaltenen, ganz überflüssigen, dem Handel nur schädlichen Angriffe auf das Ausland tadelte, so erblickte sie auch in Zeiten wirtschaftlichen Kampfes nicht das Heil in Repressalien.

Wider solche hatte sie von jeher eine große Abneigung. Als im Sommer 1871 die Bank von Frankreich gegen diejenigen deutschen Firmen, die das französische Wechselmoratorium nicht als verbindlich anerkannten, ein Interdikt verhängte und darauf die Leipziger Handelskammer zu einer Beratung der großen deutschen Börsenplätze aufforderte ‚zum Zweck der Vereinbarung gemeinsamer Repressivmaßregeln', sprach sich die Handelskammer in ihrem Schreiben vom 20. September gegen eine solche Absicht aus wie auch gegen das Anrufen diplomatischer Intervention. ‚Jede Repressalie seitens des deutschen Handelsstandes oder Schritte der Regierungen gegen das unverständige und leidenschaftliche Verfahren der betreffenden französischen Geschäftstreibenden dürfte das Übel nur verschlimmern und die Wiederkehr ruhiger, praktischer Besonnenheit bei denselben verzögern'. Im allgemeinen ist dieser Anschauung gewiß die Anerkennung nicht zu versagen; in der Regel verraucht wirtschaftlicher Zorn schneller als politischer.

Im Gegensatz zu der Beweglichkeit und zu der erstaunlichen Fähigkeit des einzelnen Kaufmanns, sich der augenblicklichen Lage anzupassen, steht sein Festhalten an altgewohnten Grundsätzen. Gewisse Anschauungen der hamburgischen Kaufmannschaft lassen sich durch die 250jährige Geschichte der Handelskammer verfolgen; es sind das solche, die nicht an der Örtlichkeit haften, sondern den Kaufleuten der ganzen Welt gemeinsam sind."

Das Wort aus dem Weltkriegsjahr 1915 nimmt sich aus wie ein Ruf, mit dem sich ein Wanderer im dunklen Wald Mut macht. Das so beschlossene Werk sollte zugleich das letzte sein, das Baasch von Hamburg aus veröffentlichte.

Angst vor „Überfremdung"

Den Zeitgenossen hat sich Ernst Baasch, so sehr seine gelehrte Leistung imponierte, vor allem als Polemiker eingeprägt. Hat seine Rolle als „Streithahn" aus dem inzwischen eingetretenen Abstand noch ein historisches Interesse? Man mag versucht sein, die Frage zu verneinen. Und doch lassen sich gute Gründe nennen, seine damaligen Attacken nicht als bloße Ausbrüche eines Querulanten abzutun. Tatsächlich schleuderte Baasch polemisch heraus, was auch andere dachten, nur so ungeschützt nicht aussprachen. Dies gilt für seine Attacken gegen die Universitätspläne vor dem Ersten Weltkrieg, aber auch für seine Juden- und Sozialistenschelte nach der Revolution.

Was das Universitätsprojekt betrifft, so hat bereits Werner von Melle in seinen Erinnerungen ausführlich darüber berichtet, wie schwer man sich in der Hansestadt mit dem Gedanken an dieses Vorhaben tat.[75] Noch so beredte Plädoyers für eine Hochschulgründung stießen in Hamburg lange Zeit auf größte Reserve. Man hatte Sorge, daß mit dem Einzug von Professoren und Studenten die merkantilen Prioritäten in der Stadt verändert werden könnten. Nur wenige Kaufleute waren geneigt, ihrer Sorge öffentlich Ausdruck zu geben. Um so mehr fand Beifall, daß Intellektuelle wie Baasch die Fehde mit den Universitätsanhängern aufnahmen. Mochte auch die verletzende Schärfe, die Baasch seinen Attacken gab, den einen oder anderen abstoßen, in der Sache war man sich weitgehend in der Abneigung gegen die Universitätspläne einig. So konnte Baasch denn auch später mit Genugtuung schreiben, daß z. B. sein gegen Carl Heinrich Becker gerichteter Zeitungsartikel von 1913 *„ganz der damaligen Meinung meiner Behörde, der Handelskammer, entsprach und mir den Händedruck meines Präses einbrachte."*[76] So sehr auch bei Baasch cholerischer Überschuß im Spiel gewesen sein mag, seine Polemik war doch zugleich Ausdruck einer in Hamburg verbreiteten Phobie.

Erst recht trifft dies auf seine Angriffe gegen Juden und Sozialdemokraten zu. Das tiefe Ressentiment, das sich gegen die einen wie die anderen seit 1918 in ihm eingefressen hatte, rührte keineswegs nur aus individueller Erfahrung her, sondern korrespondierte mit einer Stimmung, die in beträchtlichen Teilen des hanseatischen Bürgertums herrschte. Von keinem anderen Hamburger Historiker dürften die gegen Juden und Sozialdemokraten gerichteten Gefühle so sehr wahrgenommen und zugleich angenommen worden sein. Auch hier bestätigt sich: Baasch war kein Einzelgänger, sondern ein Parteigänger, der sich als solcher auch in seiner Geschichtsschreibung bekannte.

Die Ängste und Aggressionen, die Baasch in seiner „Geschichte Hamburgs" formulierte, richteten sich am augenfälligsten gegen die neuberufenen Professoren, gegen Juden und gegen Sozialdemokraten. Liest man genauer, kann man weitere Besorgnisse ausmachen. Sie alle lassen sich unter das Stichwort „Ü b e r f r e m d u n g" subsumieren. Er selbst gebraucht den Begriff mehrfach und wendet ihn auf jüngere Hamburger Vorgänge an, die in besonderer Weise seine Kritik provozierten.

Ein Beweis für „geistige Überfremdung" ist in seinen Augen nicht nur die Besetzung der Professorenstellen mit „auswärtigen Gelehrten", sondern auch die Bevorzugung von Nichteinheimischen bei der Bestellung leitender Beamter in wichtigen Kulturinstitutionen der Stadt. So mißbilligt er, daß mit Anton Hagedorn 1891 ein *„Auswärtiger"* Nachfolger des Stadtarchivars Otto Beneke wurde, daß 1902 der *„von auswärts"* kommende Robert Münzel zum Direktor der Stadtbibliothek ernannt wurde, daß 1908 mit Otto Lauffer ein „*aus Mitteldeutschland gebürtiger Nicht-Hamburger*" zum ersten Direktor des Museums für Hamburgische Geschichte berufen wurde.[77] Baasch resümiert: „*Daß drei in erster Linie der hamburgischen Wissenschaft und Geschichtsforschung bestimmte Anstalten lange Jahre hindurch von Nicht-Hamburgern, die man zu diesem Zwecke hierher berief, geleitet wurden, darf nicht als ein Zufall betrachtet und entschuldigt werden, auch nicht mit der Ausrede, es seien keine geeigneten Hamburger verfügbar gewesen. Vielmehr wird man jene Tatsache als einen bei den maßgebenden Stellen herrschenden Mangel an vaterstädtischem Sinn, als das Symptom einer Nichtachtung der bodenständigen Eigenart bezeichnen müssen*".[78]

Ähnliche Überfremdungstendenzen stellt Baasch auf dem Gebiete der Kunst fest. Er erkennt die Verdienste von Lichtwark um die „*hamburgisch-niedersächsische Kultur*" an, doch im selben Atemzug berichtet er mit Sympathie von der Opposition im Kunstverein, die sich 1896 gegen das von Lichtwark beförderte „*Übergewicht einer gewissen modernen Richtung*" wandte.[79]

Nicht weniger reserviert urteilte er über das Eindringen moderner Strömungen in der Architektur. Schon bei der Darstellung des Wiederaufbaus nach dem Brand von 1842 hatte er kein Hehl aus seiner Abneigung gegen „*fremdländische Baukünstler*" wie Chateauneuf, Scott und Lindley gemacht.[80] Erst recht betrachtete er die seit Anfang des neuen Jahrhunderts in das städtische Architekturgeschehen eingreifende moderne „Baupflege" mit Mißtrauen: „*Bei dem gesunden, noch nicht durch künstlerische Überbildung angekränkelten Teil der Bevölkerung fand diese Bewegung keinen Widerhall, zumal da sie vielfach sich auf Kosten der einheimischen Künstler betätigte*".[81] In Auseinandersetzung mit Carl Mönckeberg, der in seiner 1917 veröffentlichten Reformschrift „Hamburg vor und nach dem Kriege" vor „*borniertet Hamburgerei*" gewarnt hatte, warf er diesem vor, an die Stelle des alten Hamburg „*eine seiner berechtigten Eigentümlichkeiten entkleidete, ästhetisch auffrisierte moderne Großstadt setzen*" zu wollen.[82]

Eine seit langem sich anbahnende Einbuße an hamburgspezifischem Profil beklagte Baasch auch bei den politischen Parteien. Die seit der Jahrhundertwende sich neu orientierenden Hamburger Linksliberalen waren für ihn, anders als die einstigen 48er Demokraten, kein Eigengewächs mehr; sie „*zeigten eine parteipolitische Färbung, die aus Berlin bezogen und nach Eugen Richters Muster angefertigt war, zu Hamburg aber schlecht paßte*".[83] Vollends galt dies für die Sozialdemokraten: „*Sie brachten Töne in die Bürgerschaft und die Öffentlichkeit, die ebensogut auf irgendeine andere deutsche Großstadt paßten und hamburgische Interessen selten und nur mittelbar berührten*".[84]

Den Veränderungen in der Parteienlandschaft waren von ihm ebenfalls ungünstig beurteilte Verschiebungen in der Bevölkerungsstruktur vorausgegangen. Baasch spricht von der „*Zuwanderung fremder Elemente, die, von jeher in dem Leben einer Handelsstadt ein gewichtiger Faktor, jetzt zu einer wahrhaften Überfremdung führte*".[85] Von diesen „*fremden Elementen*" ging eine Deformation des hamburgischen Charakters aus, die zunächst vor allem die Arbeiterschaft ergriff – der Autor spricht, bezeichnend für seine Berührungsangst, von *„sogenannten ‚Arbeitern'"*.[86]

Aber auch in der regierenden Schicht, so Baasch, trat etwa mit der Jahrhundertwende eine neue Generation an, *„stark von nichthamburgischen Einflüssen berührt, aufgewachsen in der üppigen Atmosphäre einer reichen, über ergiebige Hilfsquellen verfügenden Neukultur; es war die vorzüglich von Burchard verkörperte Gruppe, zu der eine Reihe von Senatsmitgliedern zu rechnen sind, die, zum Teil nicht in Hamburg aufgewachsen, den Traditionen der Stadt stets mehr oder weniger fremd geblieben sind"*.[87] Das wahre Hamburg sah Baasch allein noch verteidigt von einem besonders traditionsfest gebliebenen Kreis althamburger Bürgerfamilien: *„Dieser Kern des soliden, auf alte Sitte und guten, heimischen Brauch sich stützenden Bürgerstandes fühlte instinktiv, daß man ihm die Wurzeln seiner Kultur abschneiden wollte, wenn durch die öde Gleichmacherei alle und jede Standes-, Bildungs- und Besitzunterschiede weggeräumt würden"*.[88]

Kein Zweifel, Baasch selbst wußte sich als Sproß einer angesehenen Kaufmannsfamilie dem *„Kern"* des alten Hamburg zugehörig. Nicht ohne Stolz zählte er Dr. Johann Arnold Heise, Bürgermeister im Hamburg des frühen 19. Jahrhunderts, zu seinen Vorfahren. Es kränkte sein hanseatisches Selbstwertgefühl, dieses alte Hamburg Zug um Zug von einer nivellierenden Großstadtgesellschaft überfremdet zu sehen. Die Novemberrevolution hatte er als eine dramatische Zuspitzung dieses Prozesses erfahren, aber zumindest nachträglich erschienen ihm bereits die vorangehenden Jahrzehnte als eine Phase der Vorbereitung. Der Niedergang stellte sich ihm als eine Art von Selbstzerstörung dar, die nicht zuletzt das kulturelle Gesicht betraf:

„Wer an einer alten Kaufmannskultur, wie sie Hamburg aufwies, nicht nur die unzweifelhaften Schattenseiten erkannte – welche Kultur weist deren nicht auf? –, sondern in ihren Einseitigkeiten, ihren Beschränktheiten doch den großartigen Zug nicht verkannte, der mußte es schmerzlich empfinden, wenn man diese Geistesrichtung übertünchen wollte mit Hilfe einer andern, ebenso berechtigten, aber jener wesensfremden, inkommensurablen Kultur. Daraus konnte nichts werden als ‚ein stilwidriger und erdrückender Neubau', als sozialer Kitsch, als die Verschandelung einer gesellschaftlich einheitlichen echten Kultur durch einen oberflächlichen Anstrich, den man sich aus einer andern Kulturwerkstätte lieh."[89]

Entkleidet man die von Baasch gegebene Darstellung ihrer polemischen Züge, so weist sie durchaus zutreffend auf einen tiefgreifenden soziokulturellen Vorgang: die Umwandlung des Honoratioren-Gemeinwesens Hamburg in eine moderne Großstadtgesellschaft. Die Art und Weise, in der er diesen Prozeß kommentiert, zeigt, wie schwer es ihm und anderen fiel, den Weg in die Moderne mitzugehen. Unter solchem Gesichtspunkt ist die Aggression, die seine „Geschichte Hamburgs 1814–1918" begleitet, ein aufschlußreiches Zeugnis für eine politische Orientierungskrise, die Baasch mit vielen seiner Generation teilte.

Von der Verfügbarkeit des Historikers Heinrich Reincke in der NS-Zeit

"Das beste Buch über die Geschichte Hamburgs ist noch immer die knappe, aber ausgewogene Darstellung des Prof. Dr. Heinrich Reincke, der als langjähriger Staatsarchivdirektor die Materie besser als jeder andere kannte: ‚Hamburg. Ein Abriß der Stadtgeschichte von den Anfängen bis zur Gegenwart, Bremen 1925'"[1] – so urteilte der als Hamburg-Historiker ausgewiesene Percy Ernst Schramm 1963 über das Hauptwerk Heinrich Reinckes (1881–1960). Schramm ließ damals unerwähnt, daß der Autor unmittelbar nach der nationalsozialistischen Machtübernahme seine Hamburg-Geschichte von 1925 wesentlich umgeschrieben hatte. Die veränderte Fassung erschien bereits im ersten Jahr des „Dritten Reiches" unter dem neuen Titel „Hamburg. Einst und Jetzt", angereichert durch einen kurzen volkskundlichen Text von Walter Hävernick und einen von Gustav Schlotterer verfaßten Ausblick auf „Hamburg im neuen Deutschland"[2]. Dem Ganzen war ein Geleitwort des NS-Bürgermeisters Carl Vincent Krogmann vorangestellt; der für das Regime werbende, offiziöse Charakter kam auch darin zum Ausdruck, daß das neugefaßte Werk in einer Sonderausgabe in alle Hamburger Schulen ging. Schramm war die umfrisierte Version keineswegs unbekannt geblieben, was schon daraus hervorgeht, daß er in seinem 1943 erschienenen Werk „Hamburg, Deutschland und die Welt" Reinckes überarbeitete Fassung ausdrücklich erwähnte.[3] So opportun ein solcher Hinweis in NS-Zeiten war, so selbstverständlich war es zwanzig Jahre später für Schramm, Reinckes Hamburg-Geschichte von 1933 zu übergehen. Schon im Blick auf das Andenken des angesehenen Autors schien dies geboten – eine die NS-Zeit diskret umgehende Rücksicht, die unter Historikerkollegen beim wechselseitigen Zitieren weitgehend üblich war. Bei der stillschweigenden Versenkung von „Hamburg. Einst und Jetzt" ist es geblieben. Das Werk hat in keiner der seither erschienenen hamburggeschichtlichen Darstellungen mehr Erwähnung gefunden. Wenn man sich denn Reinckes erinnerte, griff man auf seinen „Abriß der Stadtgeschichte" von 1925 zurück.

Es könnte getrost dabei bleiben, wäre es nur um den im engeren Sinne wissenschaftlichen Ertrag des Reinckeschen Werkes zu tun. Denn in der Tat enthält die Fassung von 1933 keine Forschungsergebnisse, die nicht ebenso gut oder besser in der Darstellung von 1925 nachzulesen wären. Anders verhält es sich dagegen, wenn man den Signalwert, den Geschichtsschreibung in der politischen Kultur hat, zum Gegenstand des Interesses macht. Dann allerdings verdient der Vorgang der „Überarbeitung" unsere besondere Aufmerksamkeit.

„Hamburg. Ein Abriß der Stadtgeschichte" (1925)

Nehmen wir zum Ausgangspunkt, welche Aufnahme Reinckes Darstellung von 1925 bei kundigen Fachgenossen fand. Adalbert Wahl schrieb damals in einer fast überschwenglichen Besprechung: *„Es ist nicht leicht, sich im Lob dieses Buches genug zu tun. In einer kräftig bildhaften Sprache geschrieben, durchweg auf genauester Kenntnis der Quellen beruhend, ja ganz vorwiegend aus ihnen geschöpft und deswegen durch und durch originell, vermittelt es überall Anschauung des Wesentlichen aus der hamburgischen Geschichte . . . Der Verfasser versteht es, erstaunlich viel auf knappem Raum zu sagen, und doch niemals die Fühlung mit der Fülle des historischen Lebens zu verlieren."*[4] Dies positive Urteil wurde von der Fachkritik fast durchweg geteilt, bis hin zu dem noch Jahre später von Percy Ernst Schramm erteilten Lob: *„Auf knappem Raume eine der besten Stadtgeschichten, die wir besitzen."*[5]

Es fehlt in der Hamburg-Geschichte Reinckes nicht an Hinweisen, daß er mit seiner Darstellung auch einen Beitrag zu aktuellen Gegenwartsfragen leisten wollte. Man versteht die in dieser Hinsicht verfolgte Intention vielleicht am besten, wenn man einen Blick auf die Vorgeschichte des Buches wirft. Erster Kristallisationspunkt für sein Projekt einer Hamburg-Geschichte war ein Vortrag, den er 1919 im Verein für Hamburgische Geschichte über „Die Kämpfe um die hamburgische Verfassung 1848 bis 1860" gehalten hatte.[6] Der gerade erst mit zwei Verwundungen und dem EK I aus dem Weltkrieg an das Hamburger Staatsarchiv zurückgekehrte Reincke hatte durchaus nicht nur seine Archivalien im Kopf, als er über vergangene Verfassungskämpfe sprach. In eben diesem ereignisreichen Jahr 1919 beriet im Rathaus die Hamburgische Bürgerschaft über eine neue, nach demokratischen Grundsätzen umzugestaltende Stadtverfassung. Den Worten des Vereinsvorsitzenden Hans Nirrnheim zufolge war es damals seine und Reinckes gemeinsame Absicht, das Verantwortungsbewußtsein des Gesetzgebers durch ein Vortragsangebot zur hamburgischen Verfassungsgeschichte zu schärfen: *„Denn nur was folgerichtig an das in langer Entwicklung Gewordene sich anknüpft, trägt die Gewähr der Lebensfähigkeit in sich, und wer ein neues dauerhaftes Gebäude anstelle eines alten errichten will, muß den Grund genau kennen, auf dem das alte stand und das neue sich erheben soll."*[7] Ganz im Sinne von Nirrnheims Ausführung machte Reincke in seinem Beitrag die historische Kontinuität zum entscheidenden Kriterium; an ihm maß er sowohl die bis zum Ende des Weltkrieges geltende Hamburger Verfassung von 1860 wie das sich abzeichnende neue Verfassungswerk. Die Bewertung, zu der er dabei kam, war höchst konträr. Der Hamburger Bürgerschaft des zurückliegenden Jahrhunderts bescheinigte er, daß ihr nach langen Auseinandersetzungen gelungen sei, Reformanspruch und gewachsene Tradition in einem auf Kontinuität angelegten Verfassungskompromiß miteinander zu versöhnen. Sehr viel skeptischer beurteilte er dagegen die in Beratung befindliche aktuelle Verfassungsvorlage: *„Fast 60 Jahre lang hat das Verfassungswerk von 1860 in Kraft gestanden und mit seinen Ordnungen den Rahmen abgegeben, in*

Abb. 18: Heinrich Reincke (1881–1960)

dem ein unerhörter Aufstieg unserer Stadt sich vollzog. Jetzt ist es zerschlagen. Gesiegt hat eine Staatsauffassung, die das, was sie an bodenständigen Elementen in sich trägt, nicht dem bisher geltenden Recht entnommen und damit die Einheitlichkeit der Entwicklung zum ersten Mal in unserer Geschichte durchbrochen hat. Wo die heutige Verfassung, bewußt oder unbewußt, an die Vergangenheit anknüpft, da zieht sie in der Regel andere Fäden weiter, Fäden, die eine zu ihrer Zeit unterlegene Opposition angesponnen hatte; das ideengeschichtliche Material für sie liegt in den demokratischen und radikalen Vorschlägen des 17. Jahrhunderts und der Revolutionsjahre 1848 und 1849, und nur aus ihnen heraus läßt sich auch für sie die Verbindung herstellen mit dem, wofür die Väter gestrebt und gekämpft haben."[8] Mit den beiden historischen Rückverweisen waren einerseits die Wortführer der Popularpartei in den „Snitger-Jastramschen Wirren" zu Ende des 17. Jahrhunderts angesprochen, zum anderen jene linksliberalen Parlamentarier, die – wie Trittau und Gallois – in der 48er Revolution radikaldemokratische Forderungen vertreten hatten. Die einen wie die anderen galten Reincke, wie man bei ihm nachlesen kann, als Demagogen und realitätsferne Phantasten, die zu Recht gescheitert waren. Wenn er sie zu geistigen Ahnen des jetzt zur Entscheidung stehenden Verfassungswerkes erhob, dann stellte er damit der parlamentarischen Mehrheit im Rathaus ein aus seiner Sicht zweifelhaftes Zeugnis aus.

Als Reincke nach einigen Jahren daran ging, eine Gesamtgeschichte Hamburgs zu schreiben, hielt er sich bei der Darstellung der Verfassungskämpfe des 19. Jahrhunderts nahezu wörtlich an seinen Vortragstext von 1919. Nur sein Vergleich der inzwischen verabschiedeten demokratischen Verfassung Hamburgs mit der von 1860 fiel jetzt neutraler aus: *„Die neue hamburgische Verfassung vom 7. Januar 1921 läßt die Fassade des alten Verfassungsgebäudes durchaus bestehen. (...) Aber hinter dieser Fassade ist ein völliger Neubau aufgeführt, der sich, soweit die Bestimmungen der Weimarer Reichsverfassung Spielraum lassen, verschiedentlich an den Verfassungsentwurf der Konstituante von 1849 anlehnt."*[9] Wieviel an verfassungspolitischem Vorbehalt gleichwohl zwischen den Zeilen dieser Formulierung steckte, konnte erschließen, wer im Ohr hatte, daß Reincke einige Kapitel zuvor die Haltung der Konstituante von 1849 als doktrinär gescholten hatte. Es blieb dem Leser überlassen, den aus dieser Bewertung sich nahelegenden negativen Schluß auf die seit 1921 geltende Verfassung Hamburgs zu ziehen. So wie der Autor über die Revolution von 1918 schrieb, daß *„deren Verlauf sich zur Zeit noch einer geschichtlichen Darstellung entzieht"*[10], so vermied er auch eine explizite Würdigung der aus ihr hervorgegangenen Verfassung.

Der – verglichen mit dem Vortrag von 1919 – moderate Ton, den Reincke 1925 anschlug, wird nicht zuletzt der in Hamburg wie im Reich eingetretenen wirtschaftlichen und politischen Stabilisierung zuzuschreiben sein. Eine gewisse Rolle mag für seine Urteilsbildung auch gespielt haben, daß ihm die Unabhängigkeit des sozialdemokratischen Zweiten Bürgermeisters Otto Stolten imponierte: *„Er hat sein Amt, hoch geachtet auch von seinen politischen Gegnern, nicht nur als Vertrauensmann sei-*

ner Partei ausgeübt."[11] Ein Wort über die Parteigrenzen hinweg – nicht weniger, aber auch nicht mehr. Das neue Verfassungssystem selbst blieb Reincke durchaus befremdlich. Für den Mangel an politischer Übereinstimmung fand er sich nur entschädigt durch Entwicklungen, die sich in Hamburg auf kulturellem Gebiet anbahnten. So begrüßte er das an norddeutsche Tradition anknüpfende architektonische Wirken Fritz Schumachers und Fritz Högers,[12] mit Anteilnahme verfolgte er die niederdeutsche Bewegung, unter den Literaten Hamburgs gehörte seine Sympathie einem Manne wie Hans Friedrich Blunck, dessen Werk der „nordischen Idee" verpflichtet war.[13] Als Aktivposten für die Stadt wertete Reincke auch die Universität, an der er selbst seit 1925 die Venia legendi für hamburgische und hansische sowie für niederdeutsche Landesgeschichte besaß. Er bilanzierte: *„Hamburg hat sich wieder geistige Aufgaben gestellt."*[14] Und doch ist unübersehbar, daß er im Leben der Stadt *„inneren Zusammenklang"*[15] vermißte: *„Es ist mehr ein Nebeneinanderherleben als ein wirkliches Zusammenleben."*[16] Man spürt in solcher Klage ein Unbehagen an der Moderne und ihren gerade in der Großstadt schrill zum Austrag kommenden Dissonanzen. Reinckes Buch schließt mit dem Wunsch, es könnte eines Tages die Überwindung solcher Dissonanzen gelingen: *„Vielfach getrennt, oft gegensätzlich, jedenfalls noch unvermischt laufen die breiten Ströme des wirtschaftlichen, des politischen und des geistigen Hamburg nebeneinander her. Noch ist es nur Hoffnung – in Jahrzehnten, Gott gebe es, vielleicht Wirklichkeit –, daß sie gleich den geteilten Armen der Elbe sich zusammenfinden und in geeinter Kraft fruchtbringend und stolz dahinfließen in einem wiederaufblühenden Deutschland der Zukunft!"*[17]

„Hamburg – Einst und Jetzt" (1933)

Was Reincke erst in Jahrzehnten erhoffte, das schien bereits acht Jahre später Realität zu werden. Indem Hitler die Republik liquidierte, eröffnete sich die Aussicht auf ein innerlich geeintes Deutschland, zu dem diejenigen freudig „Ja" sagen konnten, die unter dem Parteien- und Interessenpluralismus der Vergangenheit gelitten hatten. Zu denen, die 1933 dieses „Ja" sprachen, gehörte auch Heinrich Reincke.

Es führt in die Irre, sein Bekenntnis zu dem neuen Deutschland in einen allzu engen Zusammenhang mit der Tatsache zu bringen, daß er im selben Jahr 1933 zum Direktor des Hamburger Staatsarchives bestellt wurde. Das Ausscheiden des 68jährigen Vorgängers Hans Nirrnheim war seit langem vorgezeichnet, und unstreitig war, daß der damals 52jährige Reincke, der seit 1909 dem Archiv angehörte, als Nachfolger anstand. Die Vielzahl seiner Publikationen wies ihn als beredten und zugleich gelehrten Kenner der hamburgischen Geschichte aus. Als bedeutende Foschungsleistung galten insbesondere seine Untersuchungen zu den mittelalterlichen Rechtsquellen der Stadt, so zum Ordelbok von 1270 und zur Bilderhandschrift des hamburgischen Stadtrechts von 1497. Aber auch in den neueren Jahrhunderten war er gut bewandert, wie er mit seiner bis in die Gegenwart reichenden Stadtgeschichte von 1925 unter Beweis gestellt hatte. Kein Zweifel, unter den am Archiv Tätigen kam nur Reincke als neuer Leiter in Betracht. Um in das Amt des Direktors zu kommen, bedurfte er weder des Parteiabzeichens – er trat erst 1937 der NSDAP bei – noch besonderer Protektion. Wenn er sich gleichwohl 1933 politisch exponierte, so hatte das Gründe, die nicht so sehr seiner Karriere als seiner Überzeugung geschuldet waren.

Um mit Reinckes Überzeugungstäterschaft im engeren dienstlichen Bereich zu beginnen: Kaum, daß er sein neues Amt als Archivdirektor angetreten hatte, bewirkte er die Entlassung eines seit 40 Jahren im Staatsarchiv tätigen Mitarbeiters mit folgender Begründung: *„Der Verwaltungsamtmann im Staatsarchiv Adolph Lindenkohl hat nach seiner eigenen mir gemachten Angabe bis zum Frühjahr dieses Jahres sowohl der sozialdemokratischen Partei wie dem Reichsbanner angehört und ist erst mit dem Verbot der Mitgliedschaft aus diesen Organisationen ausgeschieden. (...) Der Posten eines Verwaltungsamtmanns am Staatsarchiv muß als eine besondere Vertrauensstellung bezeichnet werden, da ihm amtlich auch geheime und laufende Akten des Senats zugänglich sind. Ich bezweifle nicht, daß Lindenkohl als alter Beamter die ihm obliegenden Pflichten, insbesondere auch die Dienstverschwiegenheit durchaus beobachten, auch versuchen wird, sich in die ihm fremde Gedankenwelt des Nationalsozialismus einzuleben. Immerhin läßt seine politische Vergangenheit und die Tatsache, daß er ihretwegen von Vorgesetzten und Untergebenen naturgemäß mit einem gewissen Mißtrauen betrachtet wird, sein weiteres Verbleiben in seinem Amt als nicht ratsam erscheinen. (...) Ich beantrage demnach: Den Verwaltungsamtmann am Staatsarchiv, Adolph Lindenkohl, auf Grund § 6 des Berufsbeamtengesetzes wegen Vorliegens überwiegender dienstlicher Interessen auf den 31. Dezember 1933 in den Ruhestand zu versetzen.“*[18]

Außerhalb seines dienstlichen Aufgabenfeldes engagierte sich Reincke im Geist des neuen Regimes zuerst und vor allem in der Kirchenpolitik. Schon seit den zwanziger Jahren Mitglied im Kirchenvorstand Fuhlsbüttel und in der Hamburger Synode, schloß er sich 1933 jenem Flügel der Deutschen Christen an, der hinter dem neuen Landesbischof Simon Schöffel und seinem am Führerprinzip ausgerichteten Kirchenkurs stand. Reincke, der Schöffel freundschaftlich verbunden war, wurde im neuberufenen Landeskirchenrat Stellvertreter des Landesbischofs und Vorsitzender der kirchlichen Disziplinarkammer, überdies Mitherausgeber der für die politische Neuorientierung wichtigen Hamburgischen Kirchenzeitung. Er begab sich damit tief hinein in einen „Kirchenkampf", der statt zu innerer Einigung zu einer kirchlichen Zerreißprobe führen sollte.[19]

Etwas von der Erregung, die der Kirchenkonflikt auslöste, spiegelt sich in einem Beitrag, den Reincke 1933 für die dem Universitätsgründer Werner von Melle gewidmete Festschrift verfaßte. Der Text handelt von dem 1517 gestorbenen Hamburger Domdekan und Historiker Albert Krantz. Was auf den ersten Blick ein weitentlegenes Thema scheint, erweist sich bei näherem Zusehen als eine Auseinandersetzung mit der aktuellen Frage nach dem rechten Verhalten eines Kirchenmannes in der Stunde des Umbruchs. Krantz, der zu den schärfsten Kritikern altkirchlicher Mißbräuche gehört hatte, war auf seinem Totenbett, konfrontiert mit Luthers 95 Thesen, davor zurückgeschreckt, sich auf die Seite des Kirchenrebellen zu schlagen. In Reinckes Augen war dies letztlich ein Versagen. Er schreibt über Krantz, als wolle er dessen Unentschiedenheit allen als warnendes Menetekel vorhalten, die noch zögerten, sich in der eigenen Gegenwart dem nationalen Aufbruch anzuschließen: *„Krantz ist im Grunde doch eine gebrochene Persönlichkeit, die zwischen dem Alten und dem Neuen weder einen inneren Ausgleich gefunden, noch sich entschlossen auf diese oder jene Seite gestellt hat. (...) Es ist doch im Grunde überall eine verzagte Stimmung, die nirgends den Sprung ins Neue wagt. Albert Krantz gehörte dem Herbste des Mittelalters an: eine vielfältig bewegte und angeregte, auch anregende Persönlichkeit, der doch überall das Letzte versagt blieb, ein Mann der Resignation, kein Kämpfer!"*[20]

Wie sehr Reincke mit seiner Kritik an dem humanistisch gesonnenen Krantz dem neuen Zeitgeist Ausdruck gab, zeigen zwei Beispiele besonders deutlich. In seiner historischen Schrift „Saxonia" hatte Krantz dafür geworben, Sprache und Kultur der Wenden zu achten. Dazu Reinckes Kommentar: *„Er verkennt dabei völlig das Bestreben der deutschen Kolonisatoren, ihr Blut rein zu halten von der Vermischung mit der kulturell und rassisch niedriger stehenden vorgefundenen wendischen Bevölkerung!"*[21] In eine ähnliche Richtung weist Reinckes Bedauern, daß der in der Regel lateinisch schreibende Krantz *„den kühnen Schritt nicht gewagt hat, als deutscher Schriftsteller deutsch zu schreiben. Hier stößt man auf die Grenze, nicht seiner Begabung, aber seines Charakters."*[22]

Was Reincke am Beispiel von Albert Krantz demonstrierte, das suchte er noch im selben Jahr für die Geschichte Hamburgs im ganzen aufzuzeigen. Mit fliegender Feder überging er seinen alten Text von 1925, um ihm etwas vom Atem der „nationalen Erneuerung" einzuhauchen. Der Verfasser eröffnete das Buch jetzt mit einem von Emphase getragenen Vorspann.[23] Er zog darin einen Trennungsstrich gegenüber *„liberalistischer Geschichtsklitterung"*; sie habe es fälschlich so erscheinen lassen, als sei es in Hamburgs Vergangenheit stets und ständig um einen *„Kampf für Schiffahrts- und Handelsfreiheit"* gegangen. In Wahrheit, so Reincke, sei die an Wechselfällen reiche Geschichte der Stadt einzig und allein zusammengehalten durch die *„Einheit des Orts mit all seinen natürlichen Gegebenheiten und durch die Einheit des niedersächsischen Volkstums seiner Bewohner."* Daß sich die Erkenntnis von der Blut- und Bodenhaftung geschichtlichen Handelns wieder Geltung verschafft habe, wird der nationalsozialistischen Revolution zugeschrieben: *„Erst das überwältigende Erleben unserer Tage hat uns wieder die dreifache Wurzel aller Geschichte: Boden und Blut als ewige und heilige Grundlage, die dahinwandelnde Zeit als tägliches Arbeitsfeld, den fruchtbaren Augenblick als den gottgesandten Ruf zur Tat sehen und begreifen gelehrt."* Das Pathos des Eingangs wird vom Autor in den Schlußsätzen seines Buches noch einmal aufgenommen und politisch konkretisiert: *„Als in der Wahlnacht vom 5. März 1933* *das Hamburger Rathaus zum erstenmal unter dem Hakenkreuz stand, weil Deutschland und mit ihm Hamburg sich zum Dritten Reich bekannt hatte, waren die Formen, unter denen Hamburg künftig leben werde, noch unbekannt. Wenige Wochen nur hernach ist der Führergedanke auch im hamburgischen Staatsleben voll zur Durchführung gelangt in der Staffelung der Gewalten vom Führer des Reichs zum Reichsstatthalter, vom Statthalter zum Regierenden Bürgermeister als dem Leiter des Staatswesens, vom Bürgermeister zum Senat und zum Staatsrat. Die parlamentarisch beschließende, die Einheit der Stadt zerklüftende Bürgerschaft, eben noch trotz ihrer Jämmerlichkeit scheinbar souverän, besteht nicht mehr. Jeder Einzelne in der Stufenleiter der Gewalten trägt an der ihm zugewiesenen Stelle in voller Schwere seine persönliche Verantwortung. Der Wille wird nicht mehr von unten nach oben – wie in einem mühevollen chemischen Prozeß – künstlich herausdestilliert, sondern er fährt in sieghafter Kraft wie ein Blitz von oben herunter und entzündet die Herzen eines zum ersten Male in seiner Geschichte vollkommen geeinten Volkes. Erst in dem neuen Aufbau seiner Verfassung, der vom Reiche kommt und zum Reiche führt, hat Hamburg diejenige Gestaltung gewonnen, die es braucht für seine große, ihm durch den Zollanschluß gesetzte Aufgabe: Nichts für uns, Alles für Deutschland!"*[24]

Die fast religiöse Überhöhung der Einheit des Volkes, die aus der Schlußpassage spricht, hat ihre genaue Entsprechung in dem bereits zitierten Schlußsatz der Hamburg-Geschichte von 1925, nur daß damals die alle Teilströme wunderbar zusammenführende nationale Einigung als fernes Zukunftsbild beschworen wurde. Was eben noch weit entrückt schien, war nun eingetreten; jedenfalls ist dies die Botschaft der Neufassung von 1933.

Es bleibt die Frage, wie weit der neuen Einrahmung des Reinckeschen Hamburg-Buches auch die eigentlich historische Darstellung entsprach. Bei erstem Blättern in der Ausgabe „Hamburg. Einst und Jetzt" springt zunächst ins Auge, daß die thematische Schwerpunktsetzung verändert ist. Während der Bericht über die letzten beiden Jahrhunderte des „bürgerlichen Hamburg" deutlich beschnitten ist, sind jetzt die bewegten Zeiten der Reformation, das hansische Mittelalter und die germanische Vorzeit stärker in den Blick des Lesers gerückt. Die gewandelte Prioritätensetzung entspricht der offiziellen Tendenz, wonach der frühen germanisch-deutschen Volks- und Reichsgeschichte größeres Gewicht zukam als den von westlichem Zivilisationsgeist dominierten neueren Jahrhunderten.

Die Darstellung von 1925 erwies sich im Sinne des neuen Zeitgeistes als ausbaufähig, ohne daß der Verfasser seinen Text grundlegend umschreiben mußte. Im Folgenden seien einige seiner Ergänzungen, Umformulierungen oder Streichungen herausgegriffen. War in der Erstfassung gleich zu Beginn von Ingväonen und Irminonen, von *„edlen Langobarden"* und vom *„wehrhaften Sachsenvolk"* die Rede,[25] so begegnen uns in der Neufassung eben diese frühen Bewohner des niederdeutschen Flachlandes als Angehörige einer *„hochgewachsenen und hellen Rasse (...) ein Menschenschlag von starkem, einheitlichem und heldischem Gepräge zusammenge-*

schmiedet, den wir nach Rasse und Art als nordisch, nach der Sprache als indogermanisch bezeichnen."[26] – Die Unterwerfung der Sachsen unter fränkische Oberherrschaft wird hier wie dort beschrieben, nur daß sie erst in der Überarbeitung gerechtfertigt wird als Herstellung der *„staatlichen Einheit des festländischen Germanentums unter fränkischem Szepter".*[27] – Die herausragende Bedeutung des Grafen Adolf von Schauenburg in der Stadt- und Kolonisationsgeschichte der ersten Hälfte des 12. Jahrhunderts, die Reincke schon 1925 betont hatte, wird jetzt ideologisch akzentuiert: *„Dem jugendfrischen Grafen Adolf II. von Schauenburg gebührt der unsterbliche Ruhm, als erster die Welle der Siedler nach Osten in Bewegung gesetzt zu haben. (...) Der Tag der Deutschen war gekommen. Die ganze Energie des politischen völkischen Wollens verlagert sich nach Osten und mit ihm der Schwerpunkt der schauenburgischen Herrschaft."*[28] – Zur Frage der Hansezugehörigkeit und Stadtbürgerschaft hatte es ursprünglich geheißen: *„Wer nicht deutscher Zunge war, konnte nicht Mitglied des Bundes, wer wendischer Abkunft war, nicht Bürger in der Stadt werden."*[29] Die neue Fassung lautet: *„Wenden wurden als rassisch minderwertig nicht zugelassen, ebensowenig Leute unfreier Herkunft."*[30] – Den im 16. Jahrhundert für die Stadt vielseitig tätigen Ratssekretär Hermann Rover hatte Reincke wegen dessen diplomatischen Verdiensten als *„umsichtig"* und *„oftbewährt"* gelobt.[31] In der wenig später geschriebenen Fassung heißt es über denselben Mann in neuem Ton, *„daß der Stadt in der Person Hermann Rovers im rechten Augenblick eine Führerpersönlichkeit erstanden war, die evangelische Glaubensglut, staatsmännische Einsicht und Erfahrung und die Gabe der Volkstümlichkeit in sich vereinigte."*[32] 1563 setzte die Hamburger Bürgerschaft die Kontrolle der städtischen Kämmerei durch. Dieser verfassungspolitisch bedeutsame Vorgang wird in der ersten Version als *„dauernde wirksame Fessel der Geschäftsführung"*[33] vorsichtig kritisch charakterisiert. In der Version von 1933 heißt es nun sehr viel drastischer: *„Damit waren für alle Folgezeit einem politischen Führertum fast unerträgliche Fesseln angelegt, die freie Entschlußkraft mattgesetzt."*[34] – Der Aufklärung testiert Reincke in seinem Buch von 1925, sie habe in die Stadt frischen Wind, aber auch Verstandeskälte und vulgäre Formen des Rationalismus gebracht. Der spätere Autor macht daraus eine Dominanz der *„Ideen des Westens"*, die er nun vollends negativ bewertet: *„Die Gebote des Staates, der Kirche, der Altvätersitte werden in Humanitätsschwelgerei und Glückseligkeitstraum bis zur Unkenntlichkeit erweicht."*[35] – Noch evidenter ist die Verdeutlichung des Urteils bei dem Bericht über die Wahlerfolge der Sozialdemokraten. Über die Situation vor 1914 hatte es bei Reincke ursprünglich geheißen, daß in Hamburg außerhalb der Bürgerschaft die sozialdemokratische Partei die große Menge der Arbeiter *„an sich gefesselt hatte".*[36] Aus der 1925 noch verhalten mißbilligenden Wendung „an sich gefesselt" wurde in der Fassung von 1933 eine ganze Wortkanonade. Reincke spricht jetzt ungeschminkt von einem Proletariat, *„das in der Hoffnungslosigkeit seines Daseins den Lockungen eines artfremden marxistischen Sozialismus anheimzufallen und sich vom Leben der Nation abzusondern begann."*[37] Wenige Seiten weiter heißt es ebenso urteilsfreudig:

„Die steigende Zahl sozialdemokratischer Stimmen bei den Reichstagswahlen zeigte auch für Hamburg die schwärende Wunde auf, die den deutschen Staats- und Volkskörper zerfraß."[38] Nahtlos reiht sich die Verdammung der „Novemberrevolution" an. 1925 hatte Reincke über sie nur reserviert bemerkt, daß *„deren Verlauf sich zur Zeit noch einer geschichtlichen Darstellung entzieht"*.[39] Acht Jahre später fiel es ihm nicht schwer, über die Revolution von 1918 ein Urteil abzugeben. Die Rede ist jetzt von *„schamlosen Matrosenrevolten"* und von *„völligem moralischen Zusammenbruch"*.[40] Nur wenig freundlicher läßt er sich über die im Gefolge der Revolution beschlossene Hamburger Verfassung aus: *„Am 29. Dezember 1920 wurde eine endgültige Verfassung angenommen, die sich als vom ‚hamburgischen Volk' ausgegangen bezeichnete und unter bewußter Beibehaltung der Fassade der alten Verfassung die Parlamentsherrschaft und den zersplitternden Individualismus zum Grundsatz erhob und den Senat zum ausführenden Organ degradierte. (...) Erst Adolf Hitlers große Bewegung, die alles Parteiwesen ohne Unterschied zerschlug, den Klassenkampf ausrottete und Nationalismus und Sozialismus zu neuer nationalsozialistischer Einheit zusammenschweißte, hat auch für Hamburg die Wende gebracht."*[41] Die Charakterisierung der republikanischen Verfassung als einer großen „Fassade" nimmt wörtlich eine Formulierung auf, die Reincke bereits in seiner Hamburg-Geschichte von 1925 gebraucht hatte, nur daß er damals noch nicht die aus seiner Sicht hinter der Fassade verborgenen Schattenseiten – Parlamentsherrschaft und zersplitternden Individualismus – als solche angesprochen hatte. Die Anknüpfung macht eine weiteres Mal deutlich, wie sehr Reinckes historiographischer Beitrag zur Machtwende auf von ihm selbst in vorangegangenen Jahren An- und Vorgedachtes zurückgreifen konnte.

Juden und Arier

Es gibt einen Überarbeitungsbereich, für den sich in der Erstausgabe keine Vordisposition findet: die auf Juden bezogenen Textänderungen. In der Fassung von 1925 hatte Reincke dem Judenthema eine durchaus freundliche Aufmerksamkeit geschenkt. Ohne polemische Töne wird von den Anfängen der Judenemanzipation und der Rolle bedeutender Juden in der Stadtgeschichte berichtet. Gewürdigt werden Heinrich Heine, Moritz Heckscher, Gabriel Riesser, Isaac Wolffson, Anton Reé und aus dem 20. Jahrhundert Albert Ballin. Reincke rechtfertigt nachdrücklich die Liberalität der Hamburger gegenüber Menschen jüdischer oder anderer Herkunft mit dem Hinweis darauf, *„welche ungeheure Assimilationskraft die Welthandelsstadt besitzt und wie sie immer wieder die fremden Elemente binnen kurzer Frist zu unverfälschten Hamburgern zu machen versteht. Gerade dem Handelsstande ist bis zur Gegenwart ununterbrochen frisches Blut von außen zugeflossen, ohne daß seine Eigenart dadurch irgendwie gelitten hätte."*[42] Was tun mit solchen 1933 anstößig gewordenen Passagen? Reincke wählte eine möglichst unauffällige Form der Korrektur. Juden-

Abb. 19: Die von Archivrat Prof. Dr. Hans Kellinghusen verfaßte Schrift ist 1935 vom Hamburgischen Staatsamt herausgegeben worden.

emanzipation und Assimilation wurden gestrichen, ebenso Heine, Wolffson und Reé. Heckscher und Riesser wurden nach wie vor genannt, nur jetzt ausdrücklicher als Juden gekennzeichnet, Ballin wurde, wenn auch unter Streichung des Prädikats *„genial"*, weiterhin erwähnt.

Erst in den folgenden Jahren finden sich bei Reincke dann auch ausdrücklich antisemitische Aussagen. In einem Vortrag, den er im April 1934 über die Herkunft der Bevölkerung Hamburgs hielt, hebt er hervor, daß sich die Stadt im Mittelalter nicht nur von Wenden, sondern auch von Juden freigehalten habe, *„also nichts Volksfremdes"* in ihren Mauern duldete. Im Gegensatz dazu konstatiert er für die neueren Zeiten: *„Tiefster Fluch der Vergangenheit war die schrankenlose Freiheit des Ich auch in rassischer Hinsicht."*[43] In einem Referat vor der „Historischen Gesellschaft zu Bremen" drückt Reincke 1936 seine Bewunderung für den Bremer Bürgermeister Smidt aus, dem es im 19. Jahrhundert gelang, *„die Juden von Bremen fernzuhalten."* Mißbilligend heißt es dagegen von der eigenen Vaterstadt: *„In Hamburg beginnt eben damals die Verkehrs- und Heiratsschranke zwischen den alten Familien und der jüdischen Handelsaristokratie der Haller, Behrens, Hertz, Oppenheim, Popert usw. zu fallen, ein Schritt, dessen Folgen vielen erst heute zum Bewußtsein gelangt sind."*[44] Ebenfalls 1936 weist Reincke in einem Aufsatz in der Zeitschrift des Vereins für Lübeckische Geschichte auf die jüdische Herkunft eines Historiker-Kollegen hin, um dessen Urteil über Heinrich den Löwen als „undeutsch" zu diskreditieren: *„Der letzte Biograph des Welfen, der Jude Martin Philippson, meint freilich, er (Heinrich der Löwe) sei keiner jener großen Helden, zu denen die gesamte Mit- und Nachwelt mit staunender Bewunderung aufschaut; auch sei er gänzlich ungebildet gewesen. Aber solches Aburteil war doch nur möglich bei einem Manne, der letztlich nicht deutsch fühlen konnte . . ."*[45]

Mit Juden und jüdischer Vergangenheit hatte es Reincke nicht nur als Geschichtsschreiber zu tun, sondern auch als Archivdirektor. Mit Inkrafttreten der Rassegesetzgebung gehörte zu den vordringlichen Aufgaben des Staatsarchivs, an der Beibringung der geforderten „Ariernachweise" mitzuwirken. Der Hamburger Archivrat Prof. Dr. Hans Kellinghusen hat in einer 1935 erschienenen Schrift „Das Staatsarchiv und die Personenforschung" (in der Reihe: „Hamburg im Dritten Reich") ausführlich geschildert, welchen Umfang das neue Arbeitsfeld annahm. Er berichtet, daß allein 1934 am Hamburger Staatsarchiv über 16.000 „Arieranträge" zu verzeichnen waren. Neben den Anträgen von Einzelpersonen gab es im selben Zusammenhang auch einen rasch anschwellenden Dienstverkehr: *„Es bürgerte sich bald ein, daß Dienststellen der Partei, der SA, der SS und anderer Gliederungen sich auch unmittelbar an das Staatsarchiv wandten. Ein besonders lebhafter Schriftwechsel entstand mit dem Organisationsamt der hiesigen Gauleitung, das die bei ihm eingegangenen Anfragen auswärtiger Dienststellen und Parteigenossen dem Staatsarchiv übermittelte und sie bearbeitet zur weiteren Erledigung zurückerhielt. Auch das unter Leitung von Prof. Dr. Holzmann stehende Aufklärungsamt für Rasseforschung der NSDAP in*

Hamburg erhielt auf seine Anfragen zahlreiche Auskünfte. Der gesamte Schriftverkehr mit parteiamtlichen Stellen vollzog sich, wie besonders hervorgehoben zu werden verdient, völlig reibungslos."[46] Nach 1945 hat man im Archiv diese Dienstleistungen als eine lästige Pflichtaufgabe dargestellt.[47] Bei Reincke liest es sich 1934 anders: *"Mit der nationalen Revolution ist jeder von uns in diesem oder jenem Zusammenhang vor die Frage gestellt: Wo kommst Du her? Das Staatsarchiv ist ein großes Standesamt geworden; Tausende und Abertausende von Anträgen sind ständig zu beantworten. Und gerade an solchen Folgen und Wirkungen spürt man ihre Bedeutung für die wiedererweckte Selbstbesinnung des deutschen Volkes! Herkunft ist Schicksal; Segen oder Verhängnis. (...) Heute fühlt jeder die Verpflichtung, Blut und Herkunft rein zu erhalten und rein weiterzutragen."*[48]

Aufschluß über Reinckes Haltung in der „Arierfrage" gibt auch sein Verhalten gegenüber Archivbenutzungswünschen von Juden. Aus einer den Antragsteller Dr. Hans Goldschmidt betreffenden Akte aus dem Jahre 1939 spricht das Bemühen Reinckes, sich bei jedem Schritt abzusichern und zugleich höheren Ortes sein unbedingtes Wohlverhalten zu demonstrieren.[49] In einem wissenschaftlich begründeten Ausnahmefall bewies er dann doch einiges Entgegenkommen gegenüber einem 1934 aus „rassischen Gründen" entlassenen Universitätskollegen: er stellte dem Osteuropa-Historiker Richard Salomon für ein mediävistisches Editionsprojekt umfängliche Auszüge aus den sogenannten Avignon-Akten des Staatsarchivs zur Verfügung. Jahrzehnte später ist dieser Vorgang in einem Nachruf auf Reincke als Beweis für *"seine Selbständigkeit gegenüber dem Nationalsozialismus"* gewertet worden.[50] Richtiger sollte man wohl von einer Ausnahme sprechen, die sich auch ein treuer Regimeanhänger einmal gestatten konnte.

Hamburg und das Reich

Neben dem Archiv gab es andere Felder, auf denen Reincke dem neuen Deutschland diente: Zwar stellte er sein Engagement bei den „Deutschen Christen" ein, nachdem sein Freund Simon Schöffel 1934 von einer radikalen DC-Fraktion als Landesbischof gestürzt worden war. Doch der innerkirchliche Konflikt minderte nicht seine generelle Bereitschaft, das neu etablierte Regime mit Wort und Tat zu unterstützen. Gelegenheit zu einem Votum bot die am 24. September 1936 vom Reichsstatthalter verfügte Verwaltungsreform, die auf eine noch konsequentere Verwirklichung des Führerprinzips zielte. Reincke nutzte diesen Anlaß zu einem Vortrag, in dem er die neue Machtballung mit geschichtlicher Evidenz ausstattete. Als Kontrastfolie diente ihm die Erfahrung mit der eben erst abgedankten Republik, dem *„Zwischenreich"*, wie es bei Reincke abwertend heißt.[51] Die Weimarer Reichsverfassung, so die jetzt eindeutige Aussage des Autors, wurde *"von allen Nationaldenkenden während der ganzen Dauer ihrer formellen Geltung als undeutsch instinktiv abgelehnt."*[52] Erst das Jahr

1933 habe für das Reich, aber auch für Hamburg „*die große geschichtliche Zeitenwende*" gebracht.[53] Reincke beließ es nicht bei der Formel von der „Zeitenwende", er suchte ihr historischen Gehalt zu geben: „*Mit dem Erlaß über die Organisation der Hamburgischen Verwaltung vom 24. September 1936 ist eine Verfassungs- und Verwaltungsentwicklung von fast Dreiviertel Jahrtausend zum endgültigen Abschluß gelangt und durch eine der Gegenwart gemäße neue Lebensform ersetzt worden. Was vor vier Jahren noch eine Denk-Unmöglichkeit erschien, ist jetzt Wirklichkeit. Hatte um das Jahr 1190, d. h. in den Tagen Heinrichs des Löwen und Friedrich Barbarossas, der Führer und Leiter der Neugründung Hamburgs, Wirad von Boizenburg, die von ihm im Auftrage des Grafen von Holstein geschaffene Neustadt Hamburg einem Ratskollegium zur Ausgestaltung und Regierung übergeben, so ist jetzt nach einer Arbeit von sieben und einem halben Jahrhundert und nach Erneuerungsversuchen von anderthalb Jahrhunderten der kollegiale Senat wieder durch ein Führertum abgelöst. Waren im Bereich der Verwaltung die alten Herrenämter im 16. und 17. Jahrhundert weitgehend durch beschließende Deputationen und Kollegien ersetzt worden, so ist jetzt wieder jede Behörde nach dem Grundsatz verantwortlicher Leitung durch Einzelpersönlichkeiten aufgebaut. Mußte die Stellung Hamburgs im Reich durch die Jahrhunderte hindurch immer wieder zum Problem werden, so ist die Bezeichnung als ‚Reichsstadt' jetzt erst wahrhaft verwirklicht worden. Hatte einst auf Höhepunkten der städtischen Geschichte die gesamte Einwohnerschaft sich verschworen: ‚Dieweil wir Alle in Einer Mauer sitzen, so wollen wir lebendig oder tot bei einander bleiben, Gut und Blut, Weib und Kind und Alles, was wir haben, gemeinsam daran wagen', so umschließt diese Mauer jetzt Gesamtdeutschland; und die Schwüre, die einst nur der eigenen Stadt und ihrem Rat gegolten haben, gelten jetzt dem ganzen Volk und Reich, gelten jetzt dem Führer des Volkes und Kanzler des Reichs, Adolf Hitler!*"[54]

Ein Jahr nach der Verwaltungsreform von 1936 wurden Altona, Wandsbek und Harburg-Wilhelmsburg durch Gesetzesakt mit Hamburg zu der neuen Einheitsgemeinde „Hansestadt Hamburg" zusammengeschlossen – für Reincke erneut ein aktueller Anlaß, die Stimme des Historikers zu erheben. Seine Ausführungen über „H a m b u r g i s c h e   T e r r i t o r i a l p o l i t i k" trug er am 24. Januar 1938 vor dem Verein für Hamburgische Geschichte und am 5. Mai 1938 vor dem NS-Rechtswahrerbund vor.[55] Er konnte sich dabei auf sein altes Interesse an der „Groß-Hamburg-Frage" beziehen. Bereits kurz nach dem Ersten Weltkrieg hatte er unter dem Titel „Hamburgs deutsche Aufgaben im Wandel der Zeiten" geschrieben: „*Wie ein Eichbaum ist Hamburg in die Höhe und Breite gewachsen, die Stürme des Krieges und das Gift des Friedensvertrages haben den knorrigen Stamm nicht zu zerstören vermocht. Aber seine Wurzeln stecken noch heute in dem engen Blumentopf, in den vor Jahrhunderten das schwache Reis eingesenkt worden war, der in den vergangenen Zeiten sein Leben umschloß: Hamburgs Stadtgebiet ist für Hamburgs heutige deutsche Aufgaben zu klein! Mit unwiderstehlichem Drange stemmt sich das quellende Leben gegen die Wände, sucht nach Erweiterung des Lebensraumes, wie sie ihm in Hansezeiten und noch im*

18. Jahrhundert aus holsteinischem und linkselbischem Gebiet gern gewährt worden ist. Wird es aus diesem Kerker befreit werden? Oder wird Hamburg dauernd dazu verurteilt sein, in unnatürlichen Grenzen weiter leben zu müssen, um letzten Endes zu verkümmern?"[56] Das war im Jahre 1922. Die damals in Hamburg ebenso wie in den preußischen Nachbargemeinden heftig diskutierte Frage einer Gebietsreform im Niederelberaum hatte während der Weimarer Zeit zwar zu vielen Vorschlägen, aber nicht zu konsensfähigen Ergebnissen geführt. Schuld daran sei gewesen, so urteilt Reincke 1938, daß *„alle Beteiligten aus ihrer partikularistischen Parteirolle nicht herausfinden konnten."* Um so eindrucksvoller stellte sich ihm der binnen kurzem erzielte Durchbruch im Dritten Reich dar: *„In einer Aufbauarbeit von knapp vier Jahren hat der Nationalsozialismus die Voraussetzungen geschaffen, aus denen heraus eine Lösung der Groß-Hamburg-Frage überhaupt erst möglich wurde. Und diese Voraussetzungen waren: ein Reich, dessen äußere und innere Autorität so groß ist, daß es wagen kann, der seit tausend Jahren anstürmenden Welle des Partikularismus nicht nur ein Halt, sondern ein Zurück zu gebieten; ein Glaube, der Gemeinnutz vor Eigennutz stellt, der keine sich befehdenden Interessen mehr kennt, sondern gemeinsam zum Ganzen strebende Glieder. Nur von diesem Ausgangspunkt, dem gesamtdeutschen, war es möglich, den Ausgleich zu schaffen, der in der neuen Gestaltung von Groß-Hamburg vor uns steht. Das zeigt sich auch in der äußeren Form: nicht durch Vertrag zwischen Hamburg und Preußen, sondern durch Reichsgesetz mit der Unterschrift des Führers ist das Neue geschaffen."*[57] Groß-Hamburg – für Reincke hatte sich damit ein historischer Prozeß vollendet, den er bis in das hohe Mittelalter zurückverfolgte. So problematisch die Legitimierung eines tagespolitischen Vorgangs durch ferne Vergangenheiten war, wir verdanken Reinckes Rückgriff auf das Mittelalter die erste aus den Quellen geschöpfte Zusammenfassung der frühen Territorialpolitik der Stadt. Historische Gelehrsamkeit und politische Akklamation – für Reincke waren sie durchaus vereinbar.

Der Aufmerksamkeitswert, den die Arbeiten Reinckes vom Jahre 1936 und 1938 in Hamburg hatten, wird begrenzt gewesen sein. Anders verhielt es sich mit dem Beitrag, den er auf Bitten der Stadt am 7. Mai 1939 zur 750-Jahrfeier des Hamburger Hafens leistete. Die Initiatoren hatten das Hafenjubiläum, um ihm eine weltoffene Note zu geben, mit einem international beschickten „Hansetag" verbunden. Höhepunkt war ein Festakt in der hakenkreuzgeschmückten Musikhalle. Neben Repräsentanten von Staat, Partei und Hamburger Wirtschaft waren Vertreter von 49 Hafenstädten aus 16 Nationen als Ehrengäste geladen. Eingestimmt durch Wagners Ouvertüre zum „Fliegenden Holländer", erwartete das Publikum eine Rednerfolge, die von Bürgermeister Krogmann eröffnet und von Reichsstatthalter Kaufmann mit einer Führerehrung abgeschlossen wurde.[58] In dieses Programm war als Mittelstück ein Festvortrag Heinrich Reinckes über „H a m b u r g s L e b e n s g e s e t z" plaziert. Der Redner erfüllte die Erwartungen der Veranstalter vollauf. Mit feierlich getragenen Worten begann er: *„Die Hansestadt Hamburg, im Großdeutschen Volksreiche der Gegenwart ‚Deutschlands*

Tor zur Welt', begeht am heutigen Tage die 750. Wiederkehr jenes 7. Mai 1189, da sie und ihr Hafen durch das Erste Reich der Deutschen die rechtlichen Grundlagen für ihr weiteres Schicksal geschenkt erhielt."[59] Inhalt des Vortrages waren dann ausführliche Betrachtungen über die Gunst der Lage Hamburgs zwischen Ost und West, zwischen Binnenland und Weltmeer, eine raumpolitische Situation, die *„hansische Vergangenheit und nationalsozialistische Gegenwart"*[60] verbindet. Reincke endete: *„Heute, nach 750 Jahren, stehen wir an einem neuen Anfang. Das Dritte Reich der Deutschen hat dem Gemeinwesen an der Elbe und seinem Hafen erneut den Lebensraum zugemessen, den gleichen wie einstmals, aber jetzt zu vollem Eigentum. Durch eine neue Verfassungs- und Verwaltungsordnung hat der Führer dieses Groß-Hamburg als Hansestadt Hamburg sinnvoll in das Reichsganze eingegliedert und ihm als Reichsgau und Selbstverwaltungskörper Möglichkeiten eröffnet, die bisher fehlten. Wie im inneren Gefüge so erfahren Hafen und Stadt auch im äußeren Erscheinungsbild vollkommene Umwandlung und einen neuen Anfang. Die Umgestaltung der Häfen, die Überseeanlagen, die neuen Industrien, das neue Gesicht der Stadt von der Elbe, die Hochbrücke, unter deren kühnem Bogen dereinst auch die größten Ozeanriesen in diesen Hafen einlaufen werden, kurzum die Gesamtheit der Bauten des Führers, für die eben in diesem Jahre der Erinnerung die Grundsteine gelegt werden, sie zeigen symbolhaft Pflicht und Aufgabe der Stadt und des Hafens für die kommenden Jahrhunderte, nämlich zu sein und zu bleiben: Großdeutschlands Tor zur Welt!"*[61]

Reincke bewährte sich nicht nur als Festredner, er bewies auch Geschick und Linientreue, als es darum ging, einen repräsentativen Urkundenband zusammenzustellen, den man den Ehrengästen als Erinnerungsgabe überreichen konnte. Die von ihm für einen Abdruck vorgesehenen Dokumente reichten von der vorgeblichen Barbarossa-Urkunde des Jahres 1189 bis zur Hauptsatzung von 1938. Dem Herausgeber war dabei sehr wohl bewußt, daß es bei der Auswahl auch um politische Gesichtspunkte ging. So wies er seine Auftraggeber im Rathaus vorsorglich darauf hin, daß es möglicherweise nicht opportun sei, von republikanischen Politikern unterzeichnete Dokumente aufzunehmen – ein Fingerzeig, der in der Tat zur Eliminierung von zwei Texten führte, unter denen sich die Unterschriften von Reichspräsident Ebert bzw. von Bürgermeister Petersen fanden.[62] Im übrigen stellte Reincke dem Band eine Einführung voran, aus der hervorging, daß die abgedruckten Dokumente historische Linien markieren, die allesamt einmünden *„in dem gleichen Endziel: im Groß-Hamburg Adolf Hitlers, das sich stolz nach wie vor eine Hansestadt nennen darf, das aber seinen Lebensauftrag allein erhält vom Großdeutschen Reich!"*[63]

In der Folge stellte Reincke auch der Wirtschaft gelegentlich sein Talent für zeitgerechte Öffentlichkeitsarbeit zur Verfügung. So publizierte er 1941 einen Beitrag über „Das Hamburger Stadtbild im Wandel der Zeiten" für die Monatsschrift der Hamburg-Amerika-Linie. Es heißt darin zu den von Hitler in Auftrag gegebenen Großbauten am Hamburger Elbufer: *„Jetzt hat der Führer zur Neugestaltung der Hansestadt Hamburg aufgerufen; ,Deutschands Tor zur Welt' soll dem Reisenden, der* *aus fernen Landen ins Großdeutsche Reich kommt, wirklich als monumentales Tor erscheinen, durch das er in ein Reich völkischer und sozialer Kraft und Größe eintritt. Eine wuchtig gestaltete breite Elbfront mit Hochbrücke und Hochhaus, mit den Bauten der Partei, des Staates und der Gemeinde, der großen Handelshäuser, Reedereien und Verkehrsbetriebe . . ."*[64]

Auch im Rathaus hatte man Reinckes Dienstleistungen in guter Erinnerung behalten. 1942 gewann man ihn als Mitautor für das Vorhaben einer Hamburg-Reihe, die im Auftrage des Gauleiters und des Bürgermeisters herausgegeben werden sollte. Reincke übernahm es, im Rahmen dieser geplanten Reihe eine neuaufgemachte Hamburg-Geschichte zu schreiben. Als Erscheinungsdatum war an das Jahr 1944 gedacht, ein Projekt, das nur wegen des weiteren Kriegsverlaufs nicht zustande kam.[65]

Hansische Geschichte

So sehr für Reincke das Thema „Hamburg" der Angelpunkt seiner Arbeit war, die Gegenstände seines Interesses waren nicht auf die eigene Stadt begrenzt. Das Themenfeld, das ihn am häufigsten über Hamburg hinausführte, war seit frühen Jahren die Hanseforschung. Bereits 1910 war er als soeben erst in Hamburg bestallter Archivar in den Hansischen Geschichtsverein eingetreten, 1934 war er in dessen Vorstand berufen worden. Seine in diesem Bereich entwickelten Aktivitäten verdichteten sich, nachdem er 1938 zusammen mit Fritz Rörig zum Herausgeber der Hansischen Geschichtsblätter bestellt worden war, wobei Rörig die Redaktion des Aufsatzteils, Reincke die des Besprechungsteils übernommen hatte.[66] Die Aufgabe, die sich den beiden Herausgebern stellte, war heikel. Einerseits galt es, die Tradition eines auch im europäischen Ausland angesehenen wissenschaftlichen Organs fortzuführen, andererseits gab es von seiten der Politik deutliche Erwartungen an den ideologischen Ertrag der Hanseforschung. Vertieft man sich in die seit 1938 herausgekommenen Bände, so gewinnt man den Eindruck, daß die neuen Herausgeber es verstanden, beiden Anforderungen zu entsprechen. Rörigs wie Reinckes Reputation als Hanseforscher war unzweifelhaft, ebenso aber auch ihre nationalsozialistische Gesinnungstreue. Diese „Doppelqualifikation" versetzte sie in die Lage, Überzeugungsarbeit im Dienste des Reiches zu leisten und zugleich die Professionalität der Hanseforschung engagiert zu verteidigen.

Um mit der Professionalität zu beginnen: 1940 war in der „Historischen Zeitschrift" ein von dem Volkskundler und NS-Aktivisten Otto Höfler verfaßter Aufsatz über „Volkskunde und politische Geschichte" zu lesen. Darin wurde den Hanseforschern vorgehalten, sie orientierten sich zu einseitig an wirtschaftlichen Gesichtspunkten und vernachlässigten das germanische Gilde-Brauchtum. Fritz Rörig wies den Vorwurf, *„materialistischer Geschichtsschreibung"* anzuhängen, im folgenden HZ-Heft entschieden zurück.[67] Nicht anders Reincke im Organ des Hansischen Geschichtsver-

139

eins: *„Auch die Hansischen Geschichtsblätter können und dürfen zu dieser Verkennung ihrer Haltung nicht schweigen."* Für sich ebenso wie für Rörig und andere Hanseforscher nahm Reincke in Anspruch, eine *„reichisch und völkisch bezogene Auffassung der Hanse"* zu vertreten. Selbstbewußt läßt er seine Replik enden: *„Abschließend wäre zu der von dem Volkskundler Höfler mit den Historikern eröffneten Diskussion zu sagen: Zusammenarbeit, aber Zusammenarbeit auf gegenseitiger Achtung!"*[68]

Im selben Jahr 1940 erschien aus der Feder Ernst Herings „Die deutsche Hanse", eine Darstellung, die wortreich von der *„geschichtlichen Größe deutschen Wesens"* kündete.[69] Reincke widmete dieser in hoher Auflage verbreiteten Publikation in den „Hansischen Geschichtsblättern" eine eingehende Besprechung, in der er das *„schnell geschriebene Buch"* einer vernichtenden Kritik unterzog. Seine Vorwürfe lauteten: Zahlreiche Plagiate, Unkenntnis der Quellen, Willkür in der Auswahl des Stoffes, verzerrte Urteile. Nicht zuletzt kreidete der Rezensent dem Autor unkontrollierten *„Wortschwall"* an.[70]

Reincke verstand seine Warnung vor „Unberufenen" jedoch keineswegs als grundsätzliche Absage an die politische Inanspruchnahme des „hansischen Gedankens". Im Gegenteil: *„Der hansische Gedanke"*, so schreibt er unter dem Eindruck von Hitlers ersten Waffenerfolgen, *„beweist eben jetzt aufs Neue seine zündende Kraft in den großen europäischen Auseinandersetzungen."*[71] In der Tat konnten sich die Hanseforscher darauf berufen, daß auch schon in der Vergangenheit der „hansische Gedanke" zum geistigen Rüstzeug der Nation gehört hatte. Der Hansische Geschichtsverein selbst war nicht zufällig am Vorabend des deutsch-französischen Krieges von 1870 gegründet worden, in Erinnerung an den Stralsunder Frieden von 1370, einen „Höhepunkt hanseatischer Macht".[72] In Wilhelminischen Zeiten hatte Dietrich Schäfer die Hansegeschichte mit Deutschlands Anspruch als Welt-Seemacht verknüpft.[73] Nach der Demütigung von Versailles und dem Verlust der deutschen Handelsflotte gab der Hansische Geschichtsverein „Hansische Volkshefte" mit der Zielsetzung heraus: *„Sie sollen in dunklen Tagen die Liebe zum Vaterlande und das Vertrauen in unsere unversiegbare Volkskraft wecken und stärken."*[74] Mit Anbruch des „Dritten Reiches" schließlich erschien die hansische Forschung wegen ihrer Nähe zur nordischen Idee in besonderer Weise zum Dienst an Volk und Führer aufgerufen. Der Chronist des Hansischen Geschichtsvereins, Ahasver von Brandt, hat nun freilich in seiner 1970 erschienenen Hundertjahrgeschichte des Vereins darauf hingewiesen, daß die Einflußnahme des nationalsozialistischen Regimes auf die Hanseforschung recht gering gewesen sei.[75] Seine Feststellung trifft zu, soweit es um direkte Intervention geht. Einer solchen bedurfte es aber nicht, da es eine hinreichende Bereitschaft maßgebender Hanseforscher gab, sich und ihre Arbeit in die Bestrebungen der nationalsozialistischen Politik einzubringen. Bei Fritz Rörig, der 1935 an die Friedrich-Wilhelms-Universität in Berlin berufen worden war, ging diese Bereitschaft so weit, daß er 1941 in der SS-Junkerschule Tölz vor nichtdeutschen SS-Freiwilligen über „Die Hanse im europäischen Raum" sprach.[76]

Auch Reincke gibt für die Indienststellung der Hanseforschung ein beredtes Beispiel. Wir finden ihn als Hauptautor einer reich mit Bildern ausgestatteten Schrift, die 1940 in Berlin unter dem sprechenden Titel „H a n s e , D o w n i n g   S t r e e t   u n d D e u t s c h l a n d s   L e b e n s r a u m " erschien. Als Herausgeber firmierte der Präsident des Werberates der deutschen Wirtschaft P r o f .   D r .   H e i n r i c h   H u n k e. Den Lesern blieb vorenthalten, daß es sich dabei um einen hohen NS-Funktionär handelte, der im Reichspropagandaministerium die Abteilung Ausland leitete. Aus dem Vorwort Hunkes geht die agitatorische Absicht hervor, die mit dem vor allem für das Ausland bestimmten Band verfolgt wurde: „*Hanse und Downing Street – das sind zwei Welten, Symbole zweier wirtschaftspolitischer und wirtschaftlicher Erschließungsmethoden der Erde. Hanse – das ist die Trägerin der Schutz- und Kampfgemeinschaft deutscher Kaufleute und Städte, getragen von größter Achtung vor allem Volkstum und fremder Souveränität, wirtschaftlich und kulturell Ausdruck höchster Leistung, im Wesen schöpferische Ordnung. (...) Downing Street – das ist der Sitz des englischen Machtapparates, Symbol nacktesten Imperialismus, wirtschaftlich gleichzusetzen mit Ausbeutung, im Wesen brutalste Herrschaft. Zwischen den Prinzipien der Hanse und Downing Street geht seit Jahrhunderten und heute der Kampf. (...) So ist es an der Zeit, daß alle erkennen: Deutschlands Lebensraum – das ist nichts anderes als die Frage, ob Europa unter dem Symbol der Hanse oder der Downing Street, im Zeichen der Gemeinschaft oder der Rechtlosigkeit seine Zukunft gestalten will.*"[77]

Reinckes Beitrag zu dem solchermaßen eingeleiteten Band bestand aus einer historischen Betrachtung über Wesen und Werden der Hanse. Zum Ausgangspunkt nimmt er die moderne Werbekraft des Namens. Er verweist auf die Hansa-Linie, den Hansa-Kanal, die Lufthansa – nicht ohne sich zugleich von weniger erwünschtem Namensgebrauch zu distanzieren: „*... in der liberalen Zeit konnte der Börsenkapitalismus – natürlich unter jüdischer Führung – den Namen der Hanse für einen Kampfbund gegen die Landwirtschaft mißbrauchen.*"[78] Das Bild der mittelalterlichen Hanse selbst wird mit kundiger Hand skizziert, freilich bedenkenlos in einer Weise eingefärbt, die sich von dem Originalton der Quellen weit entfernt. Im Blick auf hansische Handelskontrakte mit den Nord- und Ostseeanrainern spricht Reincke ohne Scheu vor Anachronismen von „*Reichsaußenpolitik ohne Rückhalt am Reich*".[79] An anderer Stelle bescheinigt er der Hanse, „*daß sie in Reichsverbundenheit (oft, ohne es selbst zu wissen) Reichsfunktionen ausübte.*"[80] Über die hansischen Aktivitäten insbesondere im Ostseeraum heißt es fast in der Sprache eines Wehrmachtsberichtes: „*Vor der Technik, Wirtschaftskraft und Macht der Deutschen brach in Kürze der ganze Bau der bisherigen skandinavisch-wendischen Handelsvormacht wie ein Kartenhaus zusammen. Wie der deutsche Pflug das Ostland, so hat das deutsche Schiff (die ‚Kogge') die Ostsee erobert.*"[81] Die zu den Nachbarküsten ausschwärmenden hansischen Fernhändler bezeichnet der Verfasser als „*erste Spähtrupps, (...) die das Kommende vorbereiten.*"[82] Ihre Niederlassung in Bergen oder Wisby erscheint als „*Schicksalsgemeinschaft der Auslandsdeutschen*".[83] Im 12. Jahrhundert sieht Reincke einen „*neu-

deutschen Großraum rund um die Ostsee" sich abzeichnen.[84] Zwar betont er, daß die Ziele der Hanse vornehmlich wirtschaftspolitischer Natur waren, doch vermerkt er nicht ohne Stolz, die Hanse habe *„in nicht weniger als 13 blutigen Kriegen die deutsche Waffenehre gegen das Ausland verteidigt".*[85] Nicht zuletzt hebt Reincke den völkischen Aspekt hervor. Er rühmt nicht nur die *„Reichstreue",* sondern auch die *„Volkstumstreue"* der hansischen Kaufleute: *„Die stärkste Bindung war und blieb das Gefühl der Gemeinsamkeit des Blutes und der Aufgabe."*[86] Der Text schließt mit der Aussage: *„Geschlechter kommen, Geschlechter vergehen, und mit ihnen vergeht ihr äußeres Werk. Es bleibt das Vorbild einer Haltung, die allen Eigennutz letzten Endes ausmünden ließ in die Gemeinschaftsaufgabe: mitzubauen an dem ewigen Werke des Reichs!"*[87]

Der von Hunke herausgegebene Band war zu einem Zeitpunkt abgeschlossen worden, als noch die Kampfpause andauerte, die nach dem Polenfeldzug eingetreten war. Als Hans Brinkmann das Hansewerk 1941 in den „Hansischen Geschichtsblättern" besprach, hatte sich die militärische Lage in Europa grundlegend geändert. Deutsche Truppen hatten in einer Blitzaktion Dänemark und Norwegen besetzt, im Westen waren die Niederlande, Belgien und Frankreich überrannt, im Osten war soeben der Feldzug gegen die Sowjetunion eröffnet worden. Rückblickend nannte der Rezensent das Buch jetzt *„eine politische Vision gewaltigen Ausmaßes, deren Verwirklichung wir 15 Monate später bei der Abfassung dieser Zeilen schon zu spüren vermeinen"*, und er fährt euphemistisch fort: *„Bevor die letzten beiden Widersacher des Reiches, der Rätestaat des Ostens und die staatlich organisierte Piraterie des britischen Empire, von den deutschen Waffen endgültig zerschmettert sind, ist Europa befriedet, arbeitet ein Kontinent, bildet und ergänzt sich eine neue Wirtschaft, und hat die Hanse des zwanzigsten Jahrhunderts durch die vom Reich gewährleistete Ordnung bereits feste Form gefunden."*[88]

1942 brachte Hunke in gleich aufwendiger Aufmachung einen weiteren Band unter dem Titel „H a n s e, R h e i n u n d R e i c h" heraus. Auch hier wieder kam von Reincke der Hauptbeitrag: „D e r h a n s i s c h e K a u f m a n n u n d d i e N i e d e r l a n d e". Eingehend wird darin die Bedeutung der mittelalterlichen Flandernfahrer für die Verbindung zwischen Rhein und Elbe dargestellt. Die historischen Ausführungen münden ein in aktuelle Betrachtungen über die *„Wiederbelebung des hansischen Gedankens".* Der Verfasser knüpft dabei neben dem Hansetag von 1938 in Antwerpen an den von 1939 in Hamburg an, auf dem er selbst seinen großen Auftritt gehabt hatte. Aus den damaligen Ansätzen sei unter der Führung des Großdeutschen Reiches eine neue hansische Gemeinsamkeit erwachsen: *„Als wirtschaftliche Mitstreiter, wie verschiedene Truppenteile des gleichen Feldheeres, folgen dem gemeinsamen Rufe alle jene Städte von der Weichsel bis zur Schelde, die bereits durch den Hansegedanken des alten Reichs seit bald acht Jahrhunderten auf das engste miteinander verbunden gewesen sind."*[89] Die Militanz dieser Formulierung läßt keine Zweifel: der Autor verstand auch seine Geschichtsschreibung als Waffengang.

Wie rechtfertigte Reincke es, die historische Wissenschaft so bedingungslos nacktem Machtinteresse dienstbar zu machen? Wir erhalten von ihm auf solche Fragen überraschend unverblümte Auskunft. Im selben Jahr 1942, in dem er seinen Beitrag für Heinrich Hunkes europapolitisches Werk ablieferte, schrieb er an den Gauamtsleiter Rodde im Reichspropagandaamt Hamburg: *„Ihre Hoffnung, daß die Synthese zwischen Wissenschaft und Propaganda des öfteren sich fruchtbar auswirken möge, kann ich mir nur vollinhaltlich zu eigen machen. Geschichte ist stets Vergegenwärtigung, also Zusammenführung von Vergangenheit und Gegenwart. Es gibt keine zeitlose Geschichte, jeder Historiker ist seiner Zeit verfallen, und das soll er stets ehrlich bekennen. Auf dieser Basis werden sich echte ernste Propaganda und lebensvolle Geschichtsforschung stets zusammenfinden.“*[90] Jeder kritische Anspruch ist hier zugunsten distanzloser Identifizierung mit der politischen Gegenwart aufgegeben. Der Historiker erscheint wie ein Hypnosemedium, wenn es heißt, er sei unausweichlich *„seiner Zeit verfallen“* – eine Diktion, die die eigene Verfügbarkeit entlarvend sichtbar macht.

Ein dritter von Hunke geplanter Band, angekündigt unter dem Titel „Hanse, Nowgorod und die Erschließung des Ostens" konnte wegen der Kriegsereignisse nicht mehr erscheinen. Der auch diesmal vorgesehene Beitrag Reinckes – Thema: „D e r Z u g d e r D e u t s c h e n n a c h d e m O s t e n" – liegt im Wortlaut vor. Dies ist dem Umstand zu danken, daß Reincke seinen Text in Hamburg am 27. März 1943 vor dem „Nationalklub von 1919" vortrug und das Manuskript anschließend dem Hamburg-Kontor der „Nordischen Gesellschaft" (Schirmherr seit 1935 Alfred Rosenberg) zum Abdruck in dessen „Mitteilungen" überließ.[91]

Auch wenn es sich – wie in den vorangegangenen Fällen – um eine Auftragsarbeit handelte, entsprang die Textidee doch einer ureigenen Vorstellung Reinckes. Bereits in einem Brief vom 7. März 1940 hatte er dem Berliner Verleger der Hanse-Bände ein entsprechendes Projekt mit Verve vorgestellt: *„Bei dem Ostland-Buch, meinem persönlichen Steckenpferd, schwebte es mir vor, dem deutschen Volk einmal zu zeigen, daß die Ostbewegung der gegenwärtigen deutschen Politik nicht etwa einer vorübergehenden Stimmung entsprungen ist, sondern daß diese Tendenz durch alle Jahrhunderte hindurch die wichtigste Komponente unserer deutschen Volksgeschichte darstellt. Eine derartige Darstellung ist deswegen politisch so ungemein wichtig, weil wir die neugewonnenen Ostgebiete nur dann behaupten können, wenn es uns gelingt, die seit etwa hundert Jahren in ihr Gegenteil verkehrte Ostwanderung dauernd wieder in Gang zu bringen. Das was jetzt aus dem Baltikum und Polen an deutscher Bevölkerung in dieses Land kommt, ist ja nur ein Tropfen auf einen heißen Stein. Wir brauchen mehrere Millionen neuer Siedler aus Altdeutschland. Und diese Siedler, ja das ganze Volk in allen seinen Teilen müssen wissen, worum es geht und in welchen säkularen Geschehnissen sie selber als ein kleines Glied mitwirken."*[92]

Bei dem „Tropfen auf einen heißen Stein" ging es um rund zweihunderttausend sogenannte Volksdeutsche, die 1940 aus den Stalin überlassenen baltischen und ostpolnischen Gebieten in den Großdeutschland zugeschlagenen Warthegau verpflanzt wurden.[93] Als Reincke seinen Ostland-Text gut zwei Jahre später dann tatsächlich zu Papier brachte, hatte die nationalsozialistische Politik den Rahmen Großdeutschland längst gesprengt. Der Eroberungskrieg gegen die Sowjetunion stand ganz im Zeichen einer eurostrategischen Großraumpolitik, die in ihren Horizonten bis zum Ural reichte. Es ist bemerkenswert, mit welcher Selbstverständlichkeit jetzt auch Reincke die noch national bestimmten Zielmargen von 1940 hinter sich ließ. Die Ausweitung des ostpolitischen Machtanspruchs bis an die Grenze Asiens wurde von ihm nachdrücklich aufgenommen; mehr noch, er projizierte sie in die germanische bzw. hansisch-mittelalterliche Vergangenheit zurück. Der von der Elbe bis zum Bug reichende Osten wird jetzt von den frühesten Anfängen an als der „*deutsche Leistungs- und Ordnungsraum*" vorgestellt.[94] Bereits 1000 v. Chr., so Reinckes militärische Diktion, „*beginnt der germanische Einmarsch in die Ostgebiete.*"[95] Zwar zogen dann in der Völkerwanderung die Germanen wieder ab, doch es blieb nach Reincke bei der Dominanz germanischen Herrschaftswillens: „*Germanische Führer sind es, die aus hilflosem Chaos die ersten slawischen Großstaaten aufbauen.*"[96] Ebenso gilt ihm für die mittelalterlichen Jahrhunderte als unleugbare Tatsache, „*daß die östliche Welt, vor allem die slawische Seele sich aus eigenem nicht helfen konnte, daß ihre undisziplinierte, unberechenbare, bald passive, bald maßlose Art einer Ergänzung bedurfte, einer überlegt planenden, ordnenden, leitenden Hand, wie sie eben der Deutsche von jeher in besonderem Ausmaße sein eigen nannte.*"[97] Unter Kaiser Otto dem Großen sieht er auch Hamburg „*vornehmlich für Ostaufgaben eingesetzt.*"[98] Für die nachfolgende Zeit unterstreicht er besonders den engen Zusammenhang zwischen deutscher Hanse und deutscher Ostkolonisation. Als „*letztes ragendes Denkmal deutschen Ostwirkens*" erscheint ihm die Tätigkeit der Ritterorden: „*Eine aus deutscher Art geborene Aufbauleistung, die für den gestaltlosen eruptiven Osten geradezu erlösende Bedeutung gewinnen mußte.*"[99]

Ganz anders die Entwicklung in der Neuzeit. Mit Bedauern konstatiert Reincke für den Ostraum, daß „*die politische Führung dem Deutschtum entgleitet.*"[100] Dies erscheint ihm um so gravierender, als gleichzeitig die westlichen Nationen ihre Kolonialreiche aufbauten. Zur Bewertung dieses Zusammenhangs greift er den Begriff „*Ergänzungsraum*" auf; die Vokabel war in die NS-Argumentation von Werner Daitz eingeführt worden, Mitarbeiter Alfred Rosenbergs und Präsident der Gesellschaft für europäische Wirtschaftsplanung und Großraumwirtschaft, im übrigen seit 1933 auch Vorstandsmitglied im Hansischen Geschichtsverein.[101] Bei Reincke liest sich die Version vom „Ergänzungsraum" so: „*Die anderen Völker Europas haben den nötigen Ergänzungsraum jenseits der Meere gefunden, die Franzosen in Kanada, im Mississippitale und in Nordafrika; in Neuengland und bald in der halben Welt die Briten, am Kap die Niederländer, in Mittel- und Südamerika die Spanier und Portugiesen. Das deutsche Volk als das Volk der europäischen Mitte hat seinen natürlichen Ergänzungsraum weder in den USA noch in Afrika, sondern auf dem Kontinent selber, nämlich im Osten. Die Ostbewegung, ihre Stärke oder Schwäche ist – von Deutschland aus gesehen – ein Symptom für den jeweiligen Grad völkischer und rassischer Stärke und Gesundheit des Deutschtums überhaupt.*"[102] Es fällt auf, wie sehr in diesem Konstrukt völkisches Denken geopolitisch überhöht und überlagert wird. Es geht um deutsche Siedlungsbelange, es geht aber nicht weniger um kontinentale Großrauminteressen. Aus Reinckes Sicht ist nicht genug zu beklagen, daß den Deutschen ihr „Ergänzungsraum" im Osten in den neueren Jahrhunderten zunehmend beschnitten worden ist. Den absoluten Tiefpunkt in dieser Hinsicht stellt für ihn der Ausgang des Ersten Weltkrieges dar. Natürlich schmerzt ihn der Verlust wichtiger Ostprovinzen, aber nicht nur das: *„Die künstlich aus dem Nichts geschaffenen und aufgeblähten kleinen Oststaaten sahen ihre Hauptaufgabe darin, in ihren Gebieten den deutschen Einfluß zu vernichten, die Zeugnisse deutscher Kultur zu rauben und zu eigenen Leistungen umzufälschen, das Deutschtum auszurotten oder zum mindesten völlig zu entmachten. Hunderttausende unserer Volksgenossen verloren ihren seit Jahrhunderten in Ehren behaupteten Besitz, Zehntausende ihr Leben, nur weil sie Deutsche waren. Wir werden diese Schmach nie vergessen!*"[103]

Vor solchem geschichtlichen Hintergrund gewinnt in Reinckes Augen Hitlers weitgreifende Ostraumpolitik ihre zwingende Rechtfertigung: *„Er hat die Nation aus Klassenhaß und parteiischer Zerklüftung im Nationalsozialismus geeinigt, sittlich gekräftigt, wehrhaft und stolz gemacht, er hat die verlorenen Brüder in sein Großdeutsches Reich zurückgeführt. Er hat, als die Unkultur bolschewistischen Asiatentums zum entscheidenden Schlag ausholte, durch seinen Marschbefehl und die unter seiner Führung geschlagenen heldenhaften Schlachten unser Land, unser Volk, unsere Kultur gerettet.*"[104] Folgt man Reincke, dann ist der Machtanspruch des Reiches über den Osten so alt wie die deutsche Geschichte: *„Weil nun die Deutschen zu allen Zeiten stellvertretend für ganz Europa die Wacht gegen das Asiatentum gehalten haben, deshalb konnten und können sie auch den Anspruch erheben, militärisch und politisch die Führermacht des Ostens zu sein und zu heißen.*"[105] Nicht von ungefähr ruft der Autor gerade in diesem Augenblick in Erinnerung: *„So haben die Deutschen schon oftmals, zu Zeiten wie die Burgunden des Nibelungenliedes in der brennenden Halle Etzels, kämpfen müssen. Viele der Stärksten und Besten sind gefallen, damals wie jetzt.*"[106]

Als Reincke diese Sätze in Hamburg vor erlesenem Publikum vortrug, hatten Krieg und Menschenvernichtung in Osteuropa ihren Höhepunkt erreicht. Der Kampf in Etzels brennender Halle – kein Zuhörer, der nicht an Stalingrad gedacht hätte, wo einige Wochen zuvor die 6. deutsche Armee kapitulieren mußte. Und welche Gedanken mögen dem Publikum gekommen sein, als es an anderer Stelle der Rede hieß: *„Ein modernes polnisches Sprichwort aus dem Raum von Litzmannstadt sagt durchaus überzeugend, Polen sei ohne Ordnung und arm, weil dort zu viel Juden und zu wenig Deutsche seien!*"[107] Tatsache ist, daß im einstigen Lodz einmal rund 200.000 Juden gelebt hatten, die alle – wie man spätestens 1945 erfuhr – in deutschen Gaskammern ermordet wurden.

Reincke ließ sich im Glauben an seine dem Reich dienende Historiker-Mission nicht beirren. Im Sommer 1943 verfaßte er für die „Hansischen Soldaten-Briefe", die der Hamburger Gaustudentenführer Dr. Ochsenius an die kämpfende Truppe schickte, einen Text mit der Überschrift „Reichsadler und Hansekogge als Zeichen der deutschen Hanse". Darin heißt es: „*Der Mohrenkopf der Schwarzhäupter-Gilden in den livländischen Städten erinnert an den heiligen Mauritius, den Otto der Große zum Schutzpatron des Reichs für die Ostfront erklärt hatte. Eine hansische Gesandtschaft nach dem Westen siegelt 1437 mit dem Abbild der Kaiserkrone und des Reichsapfels. Eine auf Gotland gefundene Silberschale aus frühhansischer Zeit zeigt in wundervoller Stilisierung den einköpfigen Reichsadler, das einzige gemeinhansische Siegel. (. . .) Alle diese Embleme riefen vielstimmig doch immer den gleichen Ruf in die Welt hinaus: Hier Deutsches Reich! Wenn nun heute eine deutsche Universität, die sich die hansische nennt, den Hoheitsadler des Dritten Reiches in Wappen und Siegel führt, so stellt sie damit – wie ehedem die Hanse – die Aufgaben des Reichs als die ihren hin und mahnt sich selber, daß sie vor allem ein Stück des Reichs ist und dem Reiche zu dienen hat. (. . .) Alle diese Gedanken und Motive klingen wie in einem Glockenspiel an, wo jetzt die Gaustudentenführung der Hansestadt Hamburg ihre Hansischen Soldaten-Briefe unter das Zeichen der Kogge stellt. Es ist der Wille und das Bekenntnis zur Leistung und zum Einsatz für die Gemeinschaft, für Volk und Vaterland, deren Hoheit wiederum verkörpert wird im Adler des Reichs.*"[108]

In den apokalyptischen Bombentagen des Juli und August 1943 versanken große Teile Hamburgs in Schutt und Asche. Erst Mitte September raffte sich Gauleiter Kaufmann auf, im Hamburger Rathaus eine Rede zu halten, in der er ein weiteres Mal an die Durchhaltekraft der Bevölkerung appellierte. Zum selben Zeitpunkt veröffentlichte das „Hamburger Tageblatt" einen historischen Beitrag von Reincke, der überschrieben war „Vom Schicksal oft geprüft und stets bestanden". Der Verfasser erinnerte darin an die Katastrophen, die Hamburg in der Vergangenheit erlitten und durchgestanden hatte: die Heimsuchungen der Pest, die Franzosenzeit, den Brand von 1842, die Cholera von 1892. Der Bericht schloß mit den Worten: „*Jetzt ist Hamburg wieder schwer getroffen worden. Aber wir heutigen Hamburger sind genau so zäh, genau so von fanatischem Lebenswillen besessen wie unsere Väter und Voreltern. Wie jene können wir es nicht dulden, daß die Ehre der Stadt absinkt; und wie der vaterländische Dichter von 1813 wissen auch wir: unser Hamburg wird ‚in Ehren auferstehn'.*"[109] – Wenige Wochen darauf erstellte Reincke eine Zusammenfassung über den Wiederaufbau Hamburgs nach dem Großen Brand von 1842, die als Material für eine vom Reichspropagandaministerium geplante gesamtdeutsche Darstellung der Überwindung früherer Katastrophen bestimmt war. Angesichts der Trümmer und Bombentoten von 1943 liest sich makaber, was Reincke zu 1842 zu sagen hatte: „*Erst durch den Wiederaufbau nach dem Brande wurde Hamburg in Wahrheit eine schöne Stadt, insbesondere durch die Gestaltung des Alsterbassins, der kleinen Alster und des*

Adolf-Hitler-Platzes. So war letzten Endes auch das Wüten des Großen Brandes nur ein Teil von jener Kraft, die stets das Böse will, und doch das Gute schafft!"[110]

Tempora mutantur

Genau zwölf Monate später nahm der britische Panzer-General Spurling die Kapitulation der Stadt vor dem Rathaus entgegen. Für die Hamburger waren damit Krieg und NS-Herrschaft beendet. – Heinrich Reincke wurde im Dezember 1945 auf Weisung der britischen Militärregierung als Archivdirektor entlassen, auf seine Beschwerde hin im August 1946 jedoch wieder eingesetzt. In seinem Fragebogen für das Entnazifizierungsverfahren hatte er in der Spalte „Publikationen während der NS-Zeit" eingetragen: *„Nur unpolitische geschichtliche Reden und Veröffentlichungen."*[111]

Mit solcher Auskunft stand Reincke nicht allein. Vergleichbar geschönte Antworten sind in den Entnazifizierungsakten jener Zeit nahezu die Regel. Und wer wollte anderes von denen erwarten, die unter den obwaltenden Umständen die Fragebögen ausfüllten? Eine andere Frage ist, ob Reincke sich selbst mehr eingestand, als er dem Fragebogen anvertraute. Nahm er wahr, wie sehr der allgemeine Zusammenbruch auch seine eigene Geschichtsschreibung betraf? Oder gab er sich tatsächlich der Illusion hin, mit seiner wissenschaftlichen Arbeit unbeschädigt aus dem Fiasko der deutschen Politik hervorgegangen zu sein? Gewissen Aufschluß hierzu gibt ein Brief Reinckes vom Frühjahr 1946. Den Anlaß gab ihm die Anregung seines Verlegers Otto Heinrich Meissner, eine überarbeitete Neuauflage des 1933 erschienenen Werkes „Hamburg. Einst und Jetzt" herauszubringen.[112] Meissner ging davon aus, zur Anpassung an die gewandelten Zeiten genüge es im wesentlichen, den von dem NS-Ideologen Gustav Schlotterer seinerzeit angefügten Schlußteil *„wieder abzukappen"*. An dem von Reincke stammenden historischen Hauptteil seien allenfalls geringfügige Korrekturen *„ohne jede grundsätzliche Bedeutung"* anzubringen. In seiner Antwort ließ Reincke keinen Zweifel daran, daß er eine solchermaßen verharmlosende Einschätzung nicht teilte. Unter dem Datum des 4. März 1946 erwiderte er seinem Verleger: *„Eine sorgfältige und vollständige Durchsicht des Buches ,Hamburg. Einst und Jetzt' hat mich zu der Erkenntnis geführt, daß ein Neudruck unter Fortlassung einiger Schlußabsätze, wie Sie sich das dachten, unmöglich ist."*[113] Für Reincke stand fest, daß nur eine vollständige Neufassung in Betracht kam, insbesondere was die Darstellung des 19. und 20. Jahrhunderts anging. Er bekennt dann jedoch unumwunden: *„Diese Neubearbeitung kann ich nicht liefern. Wenn Sie jetzt eine hamburgische Geschichte von den Anfängen bis zur Gegenwart wünschen, so müssen Sie dafür schon einen anderen Autor heranziehen."* Reincke will der Gewinnung eines solchen nicht im Wege stehen, doch verhehlt er nicht, es sei nach seiner Überzeugung *„nicht an der Zeit, eine Darstellung der letzten 100 Jahre hamburgischer Geschichte zu geben.*

Denn wir können zur Zeit noch nicht übersehen, worin der Sinn dieses Geschehens eigentlich gelegen hat." Reincke schrieb diese Sätze während der Zeit seiner Amtsenthebung. Nicht nur seine berufliche Existenz war in diesem Augenblick bedroht, auch die politischen Ziele, denen seine Geschichtsschreibung in den vergangenen Jahren und Jahrzehnten gedient hatte, sah er zerbrochen. Hatte sein Lebenswerk noch eine Zukunft?

Wenig später wurde Reincke äußerlich rehabilitiert. Nach der Wiedereinsetzung in sein Amt wirkte er noch 15 Monate als Archivdirektor, bis er zum 31. 12. 1947 aus Altersgründen pensioniert wurde. Es blieben ihm noch 13 Jahre eines gesicherten Ruhestandes. Seine Publikationsliste aus dieser Zeit weist noch eine große Zahl von hamburggeschichtlichen Einzeluntersuchungen aus. Ihre Themen sind vorwiegend älteren Jahrhunderten zugewandt. Hervorzuheben sind insbesondere Forschungen zur Bevölkerungsgeschichte und zur kaufmännischen Vermögensbildung, weiter sind eine Reihe biographischer Beiträge zu nennen, die er damals für die „Neue deutsche Biographie" verfaßt hat. Weniger ans Licht trat, daß Reincke in dieser Spätphase doch noch einmal die Hoffnung faßte, seinem eigentlichen Lebenswerk, der Gesamtdarstellung der hamburgischen Geschichte, eine in den eigenen Augen gültige Gestalt zu geben. Vornehmlich in seinen ersten Ruhestandsjahren ging er immer wieder daran, seine vom Gang der Ereignisse desavouierte Hamburg-Darstellung neu zu schreiben. Doch so oft er auch seine Anläufe wiederholte, es kamen am Ende nur Bruchstücke zustande, die sich nicht zu einem Gesamtbild zusammenfügen wollten. Immerhin, 1950 glaubte er, seine Arbeiten seien so weit gediehen, daß er für die geplante Neufassung seines Werkes den Entwurf eines Vorwortes verfaßte. In diesem unveröffentlicht gebliebenen Text hat Reincke das Dilemma seiner Hamburg-Geschichtsschreibung weniger ausgesprochen als angedeutet. Der Entwurf beginnt: *„Der Augenblick, an dem mein dritter und letzter Versuch einer zusammenfassenden Darstellung der gesamten hamburgischen Geschichte vor die Öffentlichkeit tritt, legt mir die Verpflichtung auf, mit einigen Worten über das Verhältnis dieser drei verschiedenen Arbeiten zueinander zu berichten."*[114] Wer nach diesem einleitenden Satz eine offene Erörterung seines historiographischen Problems erwartet, findet sich im folgenden enttäuscht. Zur Erklärung von Darstellungsbrüchen verschanzt sich Reincke zunächst hinter unterschiedlich vorgegebenen Buchumfängen und veränderten Stoffdispositionen. Er kommt dann aber doch nicht umhin, Zeitverstrickungen einzuräumen, dies allerdings in einer höchst lapidaren Weise: *„. . . Und schließlich forderte auch das Tempora mutantur, et nos in illis (Wie die Zeiten sich wandeln, so wandeln auch wir uns in ihnen) sein Recht; die Erscheinungsjahre 1925, 1933 und 1950 sagen in dieser Hinsicht genug."* Eine Rechtfertigung? Wohl eher ein Zeichen von Ratlosigkeit. Vielleicht liegt auch hier der tiefere Grund, warum es Reincke letztlich nicht gelang, seiner Hamburg-Geschichte die erhoffte bleibende Kontur zu geben.

Als Reincke 1951 zu seinem 70. Geburtstag mit vielfältigen Ehren bedacht wurde, schrieb er einem befreundeten Historiker: *„Ich habe das sichere Gefühl, daß* *mir, wie dem Mimen, die ‚Nachwelt' die Kränze nicht mehr flechten wird, die mir jetzt so beschämend reich auf das Haupt gestülpt werden."*[115] Im weiteren unterscheidet der Briefschreiber zwischen vergänglichen und dauerhaften historischen Werken und fügt daran die Bemerkung: *„Ich glaube nicht, daß meine Arbeiten und mein Wirken zu der letzteren Sorte gehören . . . ein Werk für die Dauer ist nicht darunter, und ob ich ein solches noch schaffen werde und schaffen kann, das steht noch dahin."* Solche selbstkritische Beurteilung hielt seine Verehrer in Hamburg nicht davon ab, ihn zu seinem 75. Geburtstag mit erneuten Ehren zu bedenken. Der Verein für Hamburgische Geschichte verlieh ihm die Lappenberg-Medaille in Gold, die Philosophische Fakultät der Universität Hamburg die Ehrendoktorwürde. Vier Jahre später starb Heinrich Reincke. Seine Pläne für eine neugefaßte Hamburg-Geschichte nahm er mit ins Grab.

Seit Reinckes Tod ist mehr als ein Menschenalter vergangen. Ist es gerechtfertigt, sich mit seinen Texten nach so langer Zeit erneut zu befassen? Reincke hatte sicher recht, wenn er seine Darstellungen zu den „vergänglichen historischen Werken" zählte. Aus dem inzwischen eingetretenen Abstand gilt dies noch sehr viel mehr. Und doch ist mit solcher Feststellung unser historiographisches Interesse nicht erschöpft. Reincke war kein nur für sich sprechender Autor. Als Direktor des Hamburger Staatsarchivs repräsentierte er eine Institution, die ihrerseits fest in der hansestädtischen Tradition verankert war. Reincke hat das Gewicht, das ihm aus dieser Rolle zukam, nachdrücklich genutzt. Was immer er über die Geschichte Hamburgs schrieb, er tat dies mit der Autorität seines der historischen Überlieferung dienenden Amtes. Liest man seine Texte unter diesem Gesichtspunkt, gerät mit Reincke zugleich die Tradition, der er sich verpflichtet wußte, auf den Prüfstand. Man hat dieser spezifisch hanseatischen Tradition nachgesagt, die Hamburger verdankten ihr eine gewisse Distanz gegenüber dem Nationalsozialismus. Nimmt man Reinckes Werk als Exempel, so spricht daraus eine andere Sprache. Auch wenn man das Beispiel nicht voreilig verallgemeinern sollte, so belegt der „Fall Reincke" doch hinreichend, daß hanseatische Tradition nicht allemal gegen die Ideologie des NS-Regimes immunisierte. Und sei es nur um dieses Erkenntnisertrages willen lohnt auch heute noch die Auseinandersetzung mit dem Historiker Heinrich Reincke.

Abb. 20: Reichsstatthalter Karl Kaufmann (1900–1969), um 1937

Schwierigkeiten mit der Vergangenheit
Anfänge der zeitgeschichtlichen Forschung
nach 1945

Hamburgs Kapitulation am 3. Mai 1945 – das Ereignis liegt mehr als eine Generation zurück. Die meisten der heute in der Elbmetropole lebenden Menschen sind diesseits jenes inzwischen ferngerückten Datums aufgewachsen; den wenigsten von ihnen ist noch vorstellbar, was es für die Hamburger einmal bedeutet hat, vor den Trümmern ihrer Stadt und damit zugleich vor den Trümmern ihrer Geschichte zu stehen. Die Erfahrung dieser tiefeinschneidenden Zäsur ist durch die seither verstrichenen Jahrzehnte überlagert worden. Unter den Bedingungen einer sich als überraschend dauerhaft herausstellenden Nachkriegsordnung gewöhnte man sich in beiden Teilen Deutschlands an einen Ereignisablauf, der keine scharfen Einbrüche mehr kannte. Nicht daß der Gang der Geschichte stillgestanden hätte, aber das jeweilige Tagesgeschehen schien sicher eingebettet in ein Kontinuum, das das Heute mit dem Gestern zusammenhielt. Erst die Dramatik der jüngsten Veränderungen in der ehemaligen DDR und in Osteuropa hat uns – nahezu unvorbereitet – wieder zu nahbeteiligten Zeugen eines geschichtlichen Prozesses gemacht, in dem Kontinuitäten auseinanderbrechen. In einem solchen Augenblick, so haben wir miterlebt, werden Organisationen und Institutionen, die von unangreifbarer Stabilität schienen, binnen kurzem zerrieben. Nicht weniger folgenreich: Beim unvermittelten Auseinandertreten von Vergangenheit und Gegenwart geraten zahllose Individuen in die Zerreißprobe. Ein Beispiel sind die Tragödien, die von der Diskussion um die Stasi-Akten ausgelöst werden. Sie sind das Paradigma einer Verstörung, die immer dann eintritt, wenn mit den Zeitläuften auch die Lebensläufe auseinandergesprengt werden.

Der aktuelle Anschauungsunterricht, den uns der krisenhafte Umbruch langetablierter Herrschaftsstrukturen vermittelt, gibt Veranlassung, mit neu begründetem Interesse und mit geschärfter Wahrnehmung noch einmal auf das Jahr 1945 zurückzublicken. Es geht dabei nicht um vordergründige Gleichsetzungen. Natürlich stehen die Erfahrungen des Jahres 1989 in einem anderen Kontext als die Erfahrungen von 1945. Und doch drängen sich angesichts der Vorgänge in der ehemaligen DDR und in Osteuropa Assoziationen auf. Wann, wenn nicht 1945, hat sich den Menschen ihr Gestern ähnlich plötzlich entfremdet? Wann wurde die Vergangenheit in vergleichbarer Weise zum Arsenal für Gewissensfragen, die eine ganze Gesellschaft berührten? Die Erfahrungen des Jahres 1989 sind auf die des Jahres 1945 gewiß nicht übertragbar, aber sie können ein Impuls sein, noch einmal neu zu fragen: Wie haben die Menschen damals aufgenommen, daß sich abrupt ein Spalt zwischen dem Heute und dem Gestern auftat, daß über Nacht in sich zusammenfiel, was eben noch die eigene Existenz bestimmt hatte? Als Testfall für diese Fragen dient uns die Kapitulation Hamburgs im Jahre 1945. Wie ist man in der Stadt mit diesem tiefen Einschnitt historisch umgegangen? Wie hat man ihn beschrieben, wie hat man ihn bewertet?

Den gestellten Fragen läßt sich in Hamburg deshalb besonders zuverlässig nachgehen, weil es wohl keine andere deutsche Großkommune gibt, in der so frühzeitig der Versuch unternommen wurde, die Umstände der Kapitulation durch eine eigens hierzu angestellte Untersuchung aufzuklären. Das bereits 1947 gedruckt vorliegende Resultat spiegelt zunächst nicht mehr als die Sicht des Autors, eines Hamburger Archivars[1]. Aber da der Auftrag zu einer solchen Untersuchung auf ein Bürgerschaftliches Ersuchen zurückging und die Abgeordneten in mehrfacher Sitzung Erwartungen, nach Vorliegen der Darstellung dann auch Kritik artikulierten, so läßt sich die in Hamburg stattgefundene historische Urteilsbildung zur Kapitulation weit über eine einzelne Autorenmeinung hinaus rekonstruieren. Vollends gilt dies, seit der Autor kurz nach Veröffentlichung der Untersuchung spektakulär seines Amtes als Archivdirektor enthoben wurde und nun die Kapitulationsgeschichte zu einem Politikum wurde, an dem die Stadt insgesamt teilnahm.

Im einzelnen soll hier berichtet werden, wie es zur Darstellung der Hamburger Kapitulationsgeschichte und wie es anschließend zu dem Eklat um den Verfasser kam, nicht zuletzt, wie die politische Öffentlichkeit sich dabei engagierte. Im Verlauf unserer Rekonstruktion hat sich allerdings immer mehr herausgestellt, daß die genaue Schilderung des äußeren Ablaufs der Kontroverse noch wenig über die sehr unterschiedlichen Motive und Sichtweisen der Beteiligten aussagt. Da aber gerade die subjektive Seite der um die Kapitulationsgeschichte geführten Auseinandersetzung von wesentlichem Interesse ist, werden wir in einem zweiten Durchgang uns gesondert der Frage zuwenden, welche z. T. ganz konträren Bewertungsperspektiven dem Konflikt zugrunde lagen.

In einem abschließenden Teil widmen wir uns einem von der Stadt Hamburg unternommenen Versuch, den mit dem Eklat um die Kapitulationsgeschichte eingetretenen Schaden möglichst vergessen zu machen durch Einrichtung einer Forschungsstelle für die Geschichte Hamburgs von 1933 bis 1945. Durch ihren auf die gesamte NS-Zeit gerichteten Auftrag sollte die verengte Sicht nur auf die Kapitulation von vornherein vermieden werden. Es wird zu zeigen sein, warum auch dieses zweite zeitgeschichtliche Projekt auf Schwierigkeiten stieß. Indem wir den Gründen nachgehen, können wir vielleicht dazu beitragen, jenen Vergangenheitsblockaden auf die Spur zu kommen, die sich gerade dann einstellen, wenn in einem Augenblick der Krise die Aufarbeitung von Vergangenheit lebenswichtig ist[1a].

Bürgerschaftliches Ersuchen von 1946

Es läßt sich auf den Tag genau datieren, wann im Hamburger Rathaus zum ersten mal die Forderung nach historischer Aufarbeitung von Vorgängen aus der NS-Vergangenheit der Stadt erhoben wurde. Am 26. April 1946 stand auf der Tagesordnung der Bürgerschaft folgender Antrag der FDP-Fraktion[2]:

„Der Senat wird ersucht, eine lückenlose chronologische Darstellung der Ereignisse im April/Mai 1945, die zur kampflosen Übergabe Hamburgs führten, zum Zweck der Veröffentlichung herauszugeben. Die Namen aller Beteiligten sowie ihre einzelnen Missionen sollen aus der Denkschrift hervorgehen."

Den Anstoß zu diesem Antrag hatte eine am 20. April 1946 begonnene Artikelfolge in der FDP-nahen Zeitung „Hamburger Freie Presse" gegeben[3]. Darin wurden unter dem Titel „*Kapitulation oder Untergang – Die letzten Tage des Krieges in Hamburg*" die Ereignisse geschildert, die der Übergabe Hamburgs am 3. Mai 1945 unmittelbar vorangegangen waren. Ein Autor war nicht angegeben, doch blieb schon damals nicht unbekannt, daß der Bericht von einem beteiligten Zeitzeugen, dem Senatssyndikus a. D. Dr. Paul Lindemann verfaßt war[4]. Der Artikelfolge war zu entnehmen, der ehemalige Reichsstatthalter und Gauleiter Karl Kaufmann habe spätestens Anfang April 1945 den Entschluß gefaßt, den Endkampfbefehlen Hitlers nicht mehr Folge zu leisten. Im Einvernehmen mit Hamburgs militärischem Kampfkommandanten habe er Verteidigungsvorbereitungen nur noch zum Schein getroffen. Das von beiden in den letzten Tagen verfolgte und erreichte Ziel sei gewesen, die Stadt kampflos den heranrückenden Engländern zu übergeben.

Man hätte im Rathaus von der Artikelfolge vermutlich weiter kein Aufhebens gemacht, wäre das Thema „Kapitulation" nicht ein in Hamburg vielerörterter Gesprächsgegenstand gewesen. Ein Gefühl der Erleichterung war in der Bevölkerung unvergessen, daß es am Ende des Krieges zu keiner Verteidigung der Stadt mehr gekommen war. Verbunden war damit für viele die Erinnerung an ein unmittelbar vor der Kapitulation bekannt gewordenes Flugblatt Kaufmanns. Der Gauleiter hatte darin erklärt, Herz und Gewissen gebiete ihm, Hamburg vor sinn- und verantwortungsloser Vernichtung zu bewahren. Dieses Wort hatte seinerzeit Sensation gemacht – auch bei manchem, der ansonsten keine Sympathien für den NS-Gauleiter hatte[5].

Die Artikelfolge rührte Empfindungen, die mit den erst ein Jahr zurückliegenden Ereignissen verbunden waren, wieder auf. Auch wenn der Zeitungsschreiber nur schilderte, nicht wertete, so sah man doch im Rathaus den Vorgang nicht ohne Sorge. Wem diente der Bericht? Konnte die Veröffentlichung Wasser auf falsche Mühlen leiten? Konnte sie, beabsichtigt oder nicht, einer Rehabilitierung Kaufmanns Vorschub leisten? Indem die FDP, die hinter der „Hamburger Freien Presse" stand, in der Bürgerschaft einen Antrag zur näheren Untersuchung der Kapitulationsgeschichte Hamburgs einbrachte, suchte sie möglicherweise kritischen Fragen der anderen Fraktionen zuvorzukommen. Der Abgeordnete Willy-Max Rademacher, zugleich Landesvorsitzender seiner Partei, begründete in der Bürgerschaft den Antrag seiner Fraktion mit den Worten[6]:

„Zwar hat die uns nahe stehende Presse in diesen Tagen damit begonnen, in feuilletonistischer Weise Berichte über die Ereignisse zu geben, aber diese Berichterstattung kann uns nicht genügen. Wir sind der Auffassung, daß die Bevölkerung das Recht hat, genau zu erfahren, was sich seinerzeit hinter den Kulissen zugetragen hat

und welche Männer an diesen Ereignissen beteiligt gewesen sind. Die politischen Parteien aber haben ein besonderes Interesse, um von vornherein jede Legendenbildung zu vermeiden. Und wenn bei dieser Berichterstattung das eine oder andere auf das Kreditkonto der ehemaligen Machthaber des nationalsozialistischen Systems kommen sollte, so wird das gering sein gegen das, was sie sonst auf der Debetseite haben."

Der Redner beließ es nicht bei kaufmännisch formulierten Betrachtungen über Debet und Habet. Der im Antrag geforderten historischen Aufklärung vorgreifend, gab er deutlich zu erkennen, wie nach seiner Auffassung das Verhalten der hamburgischen NS-Machthaber bei der Kapitulation der Stadt zu deuten sei:

„Wenn sich diese Männer des nationalsozialistischen Systems im letzten Augenblick durch gewisse Dinge haben überzeugen lassen, dann glaube ich nicht, daß das irgendein besonderer Teil der nationalsozialistischen Auffassung war, sondern es ist nichts weiter als der Geist dieser Stadt, den wir den hanseatischen nennen."

Wie nicht anders zu erwarten, stieß die von den Antragstellern gegebene Begründung des Antrags in der Bürgerschaft auf Reserven. Das Argument von der Überzeugungskraft des *„hanseatischen Geistes"* ignorierend, richtete sich das Aufklärungsinteresse der Sozialdemokraten weniger auf die Rolle Kaufmanns in den letzten Tagen des NS-Regimes als auf die politische Vorgeschichte und ihre Hintergründe. Der SPD-Abgeordnete Paul Bugdahn beantragte, die Worte *„im April/Mai 1945"* zu streichen und so die Möglichkeit zu eröffnen, auch die vorangegangene Entwicklung einzubeziehen[7]. Die Kommunisten verlangten, den antifaschistischen Kampf der letzten 12 Jahre darzustellen[8]. Am Ende der Debatte wurde der Streichungsvorschlag der Sozialdemokraten gebilligt und auf dieser Grundlage der abgeänderte Antrag einstimmig von der Bürgerschaft angenommen.

„Das letzte Kapitel"

Dem Senat blieb nun überlassen, was er aus dem Antrag machte und welche der in der Debatte geäußerten Intentionen er aufgriff. In der Sache ging es um zeithistorische Fragen, im Senat hielt man sich daher an den für das Staatsarchiv zuständigen Senatssyndikus Dr. Kurt Sieveking, zugleich Chef der Senatskanzlei. Dieser sah sich unter den Beamten des Staatsarchives nach einem Bearbeiter um und fand ihn in dem Archivrat Dr. Kurt Detlev Möller (1902–1957). Da es sich um ein Parlamentsersuchen handelte, das empfindliche politische Fragen berührte, wird Sieveking sich vorweg nach der Vergangenheit des Archivrates erkundigt haben. Möllers Personalunterlagen ergaben[9]: Seit 1933 Mitglied der NS-Volkswohlfahrt, seit 1934 NS-Kraftfahrer-Korps und – nach Aufhebung der NSDAP-Mitgliedersperre – seit Mai 1937 Parteimitglied. Von 1939 bis 1945 Soldat, zunächst Gefreiter, dann Leutnant einer Kreiskommandantur im besetzten Belgien. Möllers Daten glichen denen zahlloser Beamter in Verwaltung und Hochschule (allein aus der Universität Hamburg wurden im Mai 1937 160

Abb. 21: Kurt Detlev Möller (1902–1957)

Aufnahmeanträge bei der NSDAP gestellt)[10]. Da es einen anderen unbelasteten und zugleich geeigneten Archivar in der Stadt nicht gab, stellte Sieveking mögliche Bedenken zurück und trug Möller die Untersuchung der Ereignisse um die Kapitulation an.

Der nach sechs Militärjahren gerade erst in das Zivilleben zurückgekehrte Möller – er war ganz am Schluß des Krieges noch an der Verteidigung Hamburgs im südlichen Vorfeld der Stadt beteiligt gewesen[11] – begegnete dem Ansinnen aus dem Rathaus eher mit Zögern. Vor allem schreckte ihn die Sorge, bei der Bearbeitung eines politisch so brisanten Themas Einflußnahmen Dritter ausgesetzt zu sein. Erst als ihm wissenschaftliche Unabhängigkeit zugesichert wurde, stellte er seine Einwände zurück und ließ sich am 13. Mai 1946 von Sieveking gewinnen, den Auftrag zu übernehmen[12]. Wenige Tage später, am 21. Mai 1946, bestätigte Bürgermeister Rudolf Petersen die Beauftragung durch den Senat in einem offiziellen Empfehlungsschreiben. Er unterstrich darin, dem ausdrücklichen Wunsch Möllers folgend, noch einmal den rein wissenschaftlichen Charakter der Arbeit[13]:

„Einem Beschluß der Bürgerschaft entsprechend, hat der Senat es unternommen, eine Darstellung der Ereignisse abfassen zu lassen, die der Besetzung Hamburgs durch die Engländer im Mai 1945 vorangegangen sind. Mit der Durchführung dieser Aufgabe ist der Archivrat Dr. Kurt Detlev Möller beauftragt. Im Interesse einer rein wissenschaftlichen historischen Darstellung darf ich die Bitte aussprechen, Herrn Dr. Möller bei seinen Bemühungen, die einzelnen Tatsachen zu ermitteln, durch mündliche oder schriftliche Auskunft so weit als möglich zu unterstützen."

Bevor Möller daran denken konnte, an die Darstellung der politischen und militärischen Abläufe zu gehen, die schließlich zur kampflosen Übergabe Hamburgs führten, mußte er sich zunächst eine Quellengrundlage schaffen. Im Staatsarchiv selbst befanden sich zum damaligen Zeitpunkt keine einschlägigen Akten, aber auch in den Registraturen der staatlichen Verwaltung, der NS-Gauleitung und der örtlichen Militärdienststellen fehlte es an relevanten Unterlagen, da in den letzten Tagen des Krieges befehlsgemäß alles wichtige Schriftmaterial vernichtet worden war.

Etwas günstiger stellte sich die Quellenlage erst dar, nachdem Möller eine Reihe der seinerzeit Beteiligten ausfindig machen konnte. Etliche von ihnen waren noch im Besitz von Schriftstücken aus der Schlußphase des Krieges, die sie Möller zur Verfügung stellten. Nicht weniger wichtig war, daß er auf diesem Wege Zugang zu Aufzeichnungen bekam, die einige Beteiligte unmittelbar nach 1945 gemacht hatten. Die meisten der Verfasser suchte Möller auf und festigte in eingehenden Gesprächen sein Urteil über Personen und Ereignisse. Aus dem militärischen Verantwortungsbereich gaben ihm neben einigen Stabsoffizieren vor allem Auskunft der letzte Kampfkommandant Hamburgs, Generalmajor Alwin Wolz, der Chef der Kriegsmarinedienststelle Hamburg, Konteradmiral Hano Bütow, und der Oberbefehlshaber einer östlich von Hamburg operierenden deutschen Armee, General Günther Blumentritt. Eingehende Zeugenberichte lieferten diejenigen, die als Parlamentäre zum Zustandekommen der Kapitulation beigetragen hatten.

Spärlicher waren dagegen die Auskünfte, die Möller aus dem politischen und zivilen Bereich bekam. Einer der wichtigsten Beteiligten, der einstige Reichsstatthalter und Gauleiter Karl Kaufmann, war in britischem Gewahrsam. Möller wandte sich bereits wenige Tage nach Übernahme seines Auftrages an Sieveking mit der Bitte, bei der Militärregierung vorsorglich zu sondieren, ob es möglich sei, an wichtige Zeitzeugen wie Karl Kaufmann trotz ihrer Inhaftierung heranzukommen[14]. Dieses Vorhaben erwies sich als nicht realisierbar. Immerhin war Möller eine schriftliche Aufzeichnung zur Kapitulation Hamburgs zugänglich, die Kaufmann im Juni 1946 in der Haft in Neuengamme verfaßt hatte[15]. Einzelne Hinweise gaben ferner der beim Reichsstatthalter tätig gewesene Regierungsvizepräsident Dr. Constantin Bock von Wülfingen, der ehemalige Präses der Gauwirtschaftskammer Joachim de la Camp und der als Autor der Artikelfolge in der „Hamburger Freien Presse" bereits genannte Senatssyndikus a. D. Dr. Lindemann. Hinzu kamen noch Informationen von Einzelpersonen, die kurz vor Kriegsende konspirative Privatkontakte von Hamburg über Stockholm nach London aufgenommen hatten. Es wäre sicher eine noch breitere Quellenerschließung wünschenswert gewesen; insbesondere gilt dies für die Einbeziehung von Zeitzeugen, die über Hoffnungen, Ängste und Aktivitäten in der Bevölkerung selbst hätten aussagen können. Doch die Formulierung des Ersuchens legte eine solche Ausweitung nicht unbedingt nahe. Wenn es in dem Antrag hieß: *„Die Namen aller Beteiligten sowie ihre einzelnen Missionen sollen aus der Denkschrift hervorgehen",* so bezog sich dies deutlich auf die an den Übergabeverhandlungen Beteiligten, nicht auf das Verhalten der Bevölkerung. Hinzu kam, daß der Senatskanzlei an baldigen Ergebnissen lag. So beließ Möller es weitgehend bei den auf die Übergabe sich beziehenden Aussagen; auf diese gestützt, machte er sich bereits seit Herbst 1946 daran, die eigentliche Darstellung in Angriff zu nehmen[16].

Die Arbeit an dem Manuskript blieb unberührt davon, daß sich während des Herbstes 1946 die politische Szene im Hamburger Rathaus änderte. Im Gefolge der ersten Bürgerschaftswahlen, die am 13. Oktober 1946 in Hamburg stattfanden, wurde im November der noch von den Engländern eingesetzte Bürgermeister Rudolf Petersen durch den nunmehr gewählten Ersten Bürgermeister Max Brauer (SPD) abgelöst. Nicht nur lief Möllers Auftrag ungeachtet des politischen Wechsels weiter; selbst sein unmittelbarer Ansprechpartner im Rathaus blieb derselbe, da Senatssyndikus Sieveking weiterhin die Senatskanzlei leitete.

Die Bürgerschaft bestätigte 1947 noch einmal ausdrücklich das Ersuchen ihrer Vorgängerin, der von der Militärregierung „Ernannten Bürgerschaft". Die Initiative war auch diesmal von der FDP-Fraktion ausgegangen, die ihren einstigen Antrag erneut eingebracht hatte – als Anmahnung an die Adresse des Senats. Die SPD-Fraktion verzichtete darauf, ihren Abänderungsantrag zu erneuern, der seinerzeit die Streichung der Worte *„im April/Mai 1945"* zum Ziel gehabt hatte; statt dessen stellte sie einen Erweiterungsantrag[17]:

„Weiter ersucht die Bürgerschaft den Senat, eine Untersuchung und Darstellung aller politisch und wirtschaftlich interessierenden Vorgänge von der sogenannten Machtergreifung durch die Nationalsozialisten in Hamburg bis zum Einmarsch der Besatzungstruppen zu veranlassen und die Herausgabe einer entsprechenden Druckschrift vorzubereiten."

Sowohl der FDP- wie der SPD-Antrag wurden von der Bürgerschaft am 11. Juni 1947 einstimmig angenommen.

Den Senat mußte die Anmahnung aus der Bürgerschaft nicht beunruhigen, da der mit der Bearbeitung des Bürgerschaftlichen Ersuchens betraute Möller sein Manuskript inzwischen so gut wie abgeschlossen hatte. Am 16. Juni bat die Senatskanzlei ihn, in den nächsten Tagen absprachegemäß die chronologische Darstellung entsprechend dem Ersuchen vom 26. April 1946 vorzulegen; außerdem erbat sie von ihm unter Bezug auf das Zusatzersuchen vom 11. Juni 1947 den Entwurf eines Arbeitsplanes für den gesamten Forschungszeitraum 1933 bis 1945[18]. Der letztgenannte Wunsch war zu neu, als daß Möller sofort auf ihn zu reagieren vermocht hätte. Dagegen konnte er seine auf das ursprüngliche Bürgerschaftliche Ersuchen sich beziehende Arbeit schon am 23. Juni abliefern[19]. Innerhalb von wenig mehr als einem Jahr hatte der Verfasser den Auftrag erfüllt, den er im Mai 1946 übernommen hatte. Das Manuskript trug den Titel *„Das letzte Kapitel – Geschichte der Kapitulation Hamburgs"*[20]. Der im Untertitel – *„Von der Hamburger Katastrophe des Jahres 1943 bis zur Übergabe der Stadt am 3. Mai 1945"* – abgesteckte Zeitrahmen ließ erkennen, daß der Autor sichtlich bemüht war, Gesichtspunkten Rechnung zu tragen, die bei der Formulierung des zweiten Ersuchens vom 26. April 1946 eine Rolle gespielt hatten. Zwar konnte und wollte Möller mit seiner Kapitulationsgeschichte nicht die geforderte Gesamtdarstellung der Hamburger NS-Zeit ersetzen, aber er war der bürgerschaftlichen Beschlußfassung doch insofern entgegengekommen, als er sich zumindest im Eingangsteil von der Begrenzung auf die Monate April/Mai 1945 gelöst hatte. Seine Rückschau reichte freilich nicht sehr weit. Der Blick wird weder auf 1933 noch 1939 zurückgelenkt, sondern auf die schweren Bombenangriffe auf Hamburg im Juli/August 1943. Indem Möller die *„Hamburger Katastrophe des Jahres 1943"* zum Ausgangspunkt wählte, verblieb sein Darstellungsansatz zeitlich und inhaltlich einer Perspektive verhaftet, die nicht so sehr auf den Krieg und seine Verursacher als auf die Niederlage und ihre Folgen gerichtet war. Die sich daraus ergebende Problemsicht war gewiß eine verengte, aber sie war eine Sicht, die von jener großen Mehrheit geteilt wurde, der erst die Peripetie des Krieges allmählich die Augen geöffnet hatte.

Über die Empfindungen des Autors erhalten wir einigen Aufschluß aus dem an Sieveking gerichteten Begleitschreiben, mit dem Möller sein Werk ablieferte[21]:

„Meine Arbeit über die Geschichte der Kapitulation Hamburgs im Mai des Jahres 1945 habe ich nun so weit zum Abschluß gebracht, daß ich sie zur Vorlage an den Senat für geeignet halte. Sie wissen, daß ich sie anfänglich nur mit einem gewissen Widerstreben begonnen habe und ich will Ihnen heute gestehen, daß sie mir fortwährend

innerlich hart zugesetzt hat. Andererseits ist die mir gestellte Aufgabe im Laufe der Untersuchung mir mehr und mehr ans Herz gewachsen und ich habe sie schließlich ganz zu der meinen machen können."

Gerade weil Möller sich in den zurückliegenden Monaten je länger je mehr mit seiner Aufgabe identifiziert hatte, war ihm daran gelegen, seine Darstellung möglichst unverändert publizieren zu können. In dem Begleitschreiben an Sieveking fährt er daher vorbeugend fort:

„Es wäre mir schmerzlich, wenn das Manuskript jetzt durch parteipolitische Rücksichten zerpflückt werden würde. Auf keinen Fall sollte es in Auszügen veröffentlicht werden, da ich gerade bestrebt war, die Dinge so zu schildern, daß sie zwanglos aufeinander folgen. Streichungen könnte der Text, wie ich glaube, am wenigsten vertragen."

Möllers Sorgen gründeten in der Ungewißheit über die politische Akzeptanz seiner Ergebnisse. Er hatte festgestellt, daß in der letzten Phase des Krieges in den Köpfen wichtiger Verantwortungsträger in Hamburg ein Prozeß zunehmender Distanzierung von der Politik der „verbrannten Erde" in Gang gekommen war. Weit detaillierter als seinerzeit der Artikelschreiber in der „Hamburger Freien Presse" konnte er belegen, daß insbesondere der ehemalige Reichsstatthalter Kaufmann und der letzte Kampfkommandant Wolz entgegen den Befehlen Hitlers insgeheim auf eine kampflose Übergabe Hamburgs hingearbeitet hatten. Möller war sich offenbar bewußt, daß die Präsentation eines solchen Ergebnisses als Apologie zugunsten abgetretener Gewalthaber verstanden und entsprechend angegriffen werden konnte. Auch vor diesem Hintergrund muß gesehen werden, daß Möller und Sieveking sich nach zusätzlicher wissenschaftlicher Absicherung umsahen.

Auf Anregung Sievekings erhielt der Göttinger Historiker Percy Ernst Schramm das Manuskript zu kritischer Vorlektüre. Dieser konnte als besonderer Kenner der Schlußphase des Krieges gelten, da er seit März 1943 das Kriegstagebuch im Wehrmachtführungsstab geschrieben hatte. Hinzu kam, daß Schramm von Hamburger Jugendtagen her ein Duzfreund Sievekings war und dessen persönliches Vertrauen besaß. Möller arbeitete, wie er Sieveking mitteilte, eine Reihe von Verbesserungsvorschlägen Schramms ein[22]. Eingreifender waren jedoch die von Sieveking selbst ausgehenden Wünsche. Er drang darauf, die von Möller angestellten *„Schlußbetrachtungen"* wegzulassen, außerdem im Anhang auf eine das Jahr 1945 betreffende Aufzeichnung zu verzichten, die Senator a. D. Dr. Ascan Klée Gobert im Dezember 1946 verfaßt hatte[23]. Maßgebend für die von Sieveking durchgesetzten Streichungswünsche war wohl das Motiv, der Öffentlichkeit möglichst wenig Ansatzpunkte für eine kontroverse Erörterung des Buches zu geben.

Bevor das bereinigte Manuskript beim Verlag Hoffmann und Campe in Druck ging, sandte es Sieveking zunächst noch an einige maßgebende Persönlichkeiten. Die Adressaten waren der Erste Bürgermeister Max Brauer (SPD), der Präsident der Bürgerschaft Adolph Schönfelder (SPD) und als Vertreter der englischen Control Commission of Germany General Bishop und der Deputy Regional Commissioner Dr. John Kinninmont Dunlop[24]. Ganz anders, als Möller befürchtet hatte, wurden Bedenken von keiner Seite geäußert. General Bishop ließ durch Dunlop dem Senatssyndikus Sieveking schriftlich mitteilen, er halte den Text für einen *„hochinteressanten, wertvollen Bericht über die Ereignisse, die zur Kapitulation im Mai 1945 geführt haben"*[25]. Max Brauer notierte nicht nur die eigene Zustimmung auf dem Manuskript[25a], sondern machte von der bei der Lektüre gewonnenen Kenntnis auch öffentlich Gebrauch, als er am 18. August 1947 die Bürgerschaftsdebatte über den Haushalt eröffnete. Die Art und Weise, in der er sich dabei auf Möllers Darstellung bezog, läßt erkennen, wie sehr der einstige Emigrant Max Brauer sich die Perspektive des Hamburger Archivars zu eigen gemacht hatte[26]:

„Vor einigen Wochen ist mir das Manuskript der Geschichte der letzten Monate Hamburgs vor der Kapitulation vorgelegt worden; sie ist auf Grund der Anregung, die die Bürgerschaft dem Senat vor etwa einem halben Jahr gegeben hat, inzwischen fertiggestellt und soll demnächst im Druck erscheinen. Als ich die Darstellung las – ich habe ja selbst diese Tage in Deutschland nicht miterlebt –, da ist mir erschütternd zum Bewußtsein gekommen, wie nahe auch Hamburg damals der völligen Vernichtung gewesen ist. Wenig hat gefehlt, und die Stadt wäre im Wahnsinn der allgemeinen Selbstzerstörung untergegangen . . . In letzter Minute lenkten damals die führenden Nationalsozialisten, die zum Teil selber Rebellen wurden, ein, und so ergaben sich Möglichkeiten zur schnellen Rettung, die von einigen beherzten Männern schnell ergriffen wurden."

Für Möller wird es eine Genugtuung gewesen sein, sich in der Etatrede seines Bürgermeisters wiederzufinden. Es wird uns noch beschäftigen, warum diese Genugtuung nicht von langer Dauer war. Vorerst allerdings deutete nichts auf bevorstehende Konflikte. Gleich nach Fertigstellung seines Manuskriptes war Möller darangegangen, sich den methodischen Fragen zuzuwenden, die das zweite Bürgerschaftliche Ersuchen vom 11. Juni 1947 aufwarf, wonach zusätzlich zu der Kapitulationsgeschichte eine weitere, den gesamten Zeitraum von 1933 bis 1945 umfassende Untersuchung verlangt war. Auf diese Forderung kam Möller jetzt in einem vom 26. August 1947 datierten Schreiben zurück[27]. Angesichts der Schwierigkeiten der Quellenbeschaffung und der kaum überschaubaren Ereignisfülle der Jahre von 1933 bis 1945, so teilte Möller der Senatskanzlei mit, stehe der Historiker vor einem wahren *„Dornendickicht"*. Ungelöster noch als diese äußeren Probleme seien die inhaltlichen Verständnisfragen, die sich dem Historiker stellten. Möller warnte daher davor, *„mit einem im voraus konzipierten Dispositionsschema zu beginnen . . . Erst muß das Quellenmaterial bereitliegen, dann kann das Schema aufgestellt werden, nach welchem es zu sichten und zu gestalten ist."* Aus eben diesem Grund sah Möller sich denn auch nicht in der Lage, den von der Senatskanzlei erbetenen Arbeitsplan mit Angabe von Sachgebieten und Bearbeitern vorzulegen.

Anders als bei dem noch im Stadium der Vorüberlegungen befindlichen Forschungsprojekt „Hamburg von 1933 bis 1945" waren mittlerweile alle Voraussetzun-

DAS LETZTE KAPITEL

GESCHICHTE DER KAPITULATION HAMBURGS

*Von der Hamburger Katastrophe des Jahres 1943
bis zur Übergabe der Stadt am 3. Mai 1945*

VON

KURT DETLEV MÖLLER

1947

HOFFMANN UND CAMPE VERLAG
HAMBURG

Abb. 22: Titelblatt von DAS LETZTE KAPITEL, 1947

gen erfüllt, mit den Ergebnissen des auf die Kapitulationsgeschichte begrenzten Untersuchungsauftrages an die Öffentlichkeit zu treten. Nach Sonderbewilligung des erforderlichen Papierquantums ging im Spätherbst 1947 „Das letzte Kapitel" in der mit dem Rathaus abgestimmten Fassung bei Hoffmann und Campe in einer Auflage von 5000 Exemplaren in Druck. Ein erster Auszug erschien im November in der „Hamburger Allgemeinen Zeitung", das Buch selbst wurde vom Verlag in der zweiten Dezemberhälfte fertiggestellt. Sieveking sorgte dafür, daß die Abgeordneten der Bürgerschaft und die Mitglieder des Senats ein Exemplar von der Senatskanzlei übersandt bekamen.

Es war ein zufälliges Zusammentreffen, daß eben damals ein Wechsel in der Leitung des Staatsarchives anstand. Mit Ende des Jahres 1947 endete die Dienstzeit des langjährigen Staatsarchivdirektors Dr. Heinrich Reincke. Als Nachfolger wurde Möller ins Auge gefaßt, der seit 1928 im Archiv tätig war, zunächst als wissenschaftlicher Angestellter, seit 1934 als Archivrat. Sicherlich wäre Möller auch ohne seine Arbeit über die Kapitulation Hamburgs für eine Nachfolge in Betracht gekommen; aber kein Zweifel ist, daß seine jüngste Veröffentlichung ihn im Rathaus besonders empfohlen hatte. Ehe Max Brauer den Ernennungsvorschlag machte, mußte er jedoch zunächst noch das Ergebnis von Möllers laufendem Entnazifizierungsverfahren abwarten. In dem entsprechenden Fragebogen hatte Möller seine Mitgliedschaften während der NS-Zeit angegeben und in der Spalte Publikationen eingetragen: *„Nur rein wissenschaftliche Veröffentlichungen zur hamburgischen Geschichte"*; verwiesen wurde dabei auf eine Anlage, in der alle seine Publikationstitel aus der Zeit von 1933 bis 1945 aufgeführt waren. Nachdem bereits bei einer Vorprüfung Möllers Mitgliedschaft in der NSDAP für nur *„nominell"* befunden worden war, stufte der unter der Hoheit der Besatzungsmacht tätige deutsche „Fachausschuß für die Ausschaltung von Nationalsozialisten" in seiner Sitzung vom 9. Dezember 1947 Möller in die Kategorie V (*„unbelastet"*) ein[28]. Die Entscheidung wurde umgehend dem Bürgermeisterbüro mitgeteilt, so daß Max Brauer noch am selben Tage den die Archivleitung betreffenden Ernennungsvorschlag unterschreiben konnte. Nach Befassung des Senats stellte Brauer am 19. Dezember die Urkunde aus, gemäß der Möller mit Wirkung vom 1. Januar 1948 zum Archivdirektor ernannt wurde.

Amtsenthebung Kurt Detlev Möllers

Möller hatte sein neues Amt kaum angetreten, da war es mit der Ruhe um ihn und sein Buch auch schon vorbei. Wenn Sieveking gemeint hatte, durch einige Streichungen in Möllers Manuskript Angriffen vorbeugen zu können, so hatte er sich getäuscht. Die erste, zunächst noch interne Kritik kam von Hellmut Kalbitzer. Er hatte während des NS-Regimes aktiven Widerstand geleistet und zwei Jahre im KZ Fuhlsbüttel zugebracht; seit 1946 gehörte er dem Vorstand der Hamburger SPD und seit 1947 der

Abb. 23: Bürgermeister Max Brauer am 22. 11. 1946 bei der Vereidigung des Senats

Bürgerschaft an. Sogleich nach Lektüre des ihm von der Senatskanzlei übersandten Buches schrieb er am 2. Januar 1948 an den Senat[29]:

„Da das Buch den einzigen Zweck erkennen läßt, den früheren Reichsstatthalter Kaufmann und andere Nazis zu rechtfertigen, protestiere ich gegen dieses Geschenk auf das Entschiedenste. Seine Tendenz ist besonders verlogen, da sie den Eindruck erweckt, Kaufmann und seine Kumpane trügen nicht so schwere Verantwortung für den Krieg wie andere Nazis. Welches historische Interesse kann die Öffentlichkeit, außer den Nazis, an der Feststellung haben, daß unter den führenden Nazis graduelle Schuldunterschiede bestehen, weil einer von ihnen, als es längst zu spät war, ein Verbrechen nicht mehr mitmachen wollte, nämlich die Verteidigung Hamburgs . . . Besonders empörend ist die Veröffentlichung dieses Buches und seine Unterstützung durch den Senat zu einer Zeit, in der Kaufmann der Prozeß gemacht werden soll und dafür das exakte Material zusammenzutragen ist."

Kalbitzer ließ es nicht bei Kritik bewenden, er machte auch deutlich, wo bei der Aufklärung der Vergangenheit nach seiner Meinung vordringlich anzusetzen sei:

„Wenn heute geschichtliche Untersuchungen angebracht sind, so doch nur darüber, welche Nazi-Verbrechen in Hamburg begangen wurden, z. B. wären folgende Untersuchungen einer Veröffentlichung wert:

Die Juden Pogrome und der Abtransport der Juden mit Angabe der Todesopfer.

Die politischen Verhaftungen in Hamburg von 1933–45 nebst Höhe der Strafen und Anzahl der Todesopfer und die Mitschuld Kaufmanns und seiner Kumpane.

Die Wiedergutmachung des hierdurch begangenen Unrechts.

Die Korruption der Hamburger Nazis – worüber etliche der durch Möller vernommenen Beamten aussagen könnten.

Die Herkunft der nach ihrer Verhaftung aufgefundenen Warenvorräte z. B. bei Ahrens und Kaufmann.

Die Zustände im KZ Neuengamme und die dortigen Morde, während der von Möller geschilderten Zeitspanne; insbesondere die Ermordung von Kindern."

Am Schluß seines Schreibens stellte der Abgeordnete Fragen nach dem Auftragscharakter von Möllers Buch, Fragen, die er offenbar nur deshalb nicht in die Form einer parlamentarischen Anfrage kleidete, weil er seine politischen Freunde im Senat in der Öffentlichkeit zunächst schonen wollte:

„1. Ist das Buch von Möller eine freie schriftstellerische Arbeit ohne jegliche Unterstützung durch Hamburger Behörden? Insbesondere: ist es außerhalb der Arbeitszeit Möllers verfaßt?

2. Wenn es eine freie Arbeit ist, wer hat veranlaßt, das Buch im Namen des Senats zu verschenken? Wenn es dagegen mit Hilfe oder Unterstützung Hamburger Behörden verfaßt wurde, wer trägt dafür die Verantwortung?

3. Ist Möller Pg. oder Mitglied einer Nazi-Organisation gewesen?

4. Was gedenkt der Senat gegen die Verantwortlichen zu tun?"

Wie man sieht, richtete sich die Kritik nicht in erster Linie gegen Möller selbst. Im Grunde brach in Kalbitzers Schreiben ein älterer Konflikt wieder auf, der bei der Einbringung des Bürgerschaftlichen Ersuchens nur vertagt worden war. In der seinerzeit im April 1946 geführten Debatte – Kalbitzer selbst gehörte der Bürgerschaft damals noch nicht an – hatten sich bereits unterschiedliche historische Interessen angedeutet: den einen ging es um die Akteure und Ereignisse der letzten Tage des Naziregimes, den anderen um das Regime und seine Verbrechen im ganzen. In der schließlich einmütig verabschiedeten Fassung des Ersuchens war zwischen diesen konträren Auffassungen nur eine sehr vordergründige Vermittlung zustande gekommen. Nicht von ungefähr waren in der neu aufgenommenen Ersuchensdebatte im Juni 1947 die alten Differenzen wieder aufgetaucht. Auch diesmal konnte die am Ende einvernehmliche Beschlußfassung nicht aufheben, daß die dahinter stehenden historischen Prioritäten unterschiedliche blieben: Die FDP wollte nach wie vor *„in allerkürzester Frist erfahren, was sich in den Maitagen 1945 zugetragen hat"*[30]; die SPD war dagegen weiterhin *„überzeugt, daß eine isolierte Betrachtung der Ereignisse aus April/Mai 1945 in vielen Beziehungen zu einem schiefen Urteil führen müßte"*[31].

Der Senat hatte die in der Bürgerschaft bestehenden Auffassungsunterschiede zu überbrücken gesucht, indem er zeitlich gestuft an die Beantwortung des Ersuchens ging. Möllers Buch sollte den ersten Schritt der Aufarbeitung darstellen; weitere für den Gesamtzeitraum 1933 bis 1945 waren angedacht, wobei die notwendigen methodischen Vorklärungen allerdings nicht über erste tastende Anfragen Sievekings bei Möller und P. E. Schramm hinausgekommen waren[32]. So bedachtsam dieses Nacheinander der Untersuchungsschritte ins Auge gefaßt war, spätestens die Kritik Kalbitzers mußte dem Senat deutlich machen, welche politische Brisanz in einem Verfahren steckte, welches das zeitgeschichtliche Interesse zunächst nur auf die Ereignisse der Kapitulation richtete.

Als Chef der Senatskanzlei zog sich Sieveking gegenüber Kalbitzer erst einmal auf eine protokollarische Position zurück, indem er ihm am 9. Januar mitteilte, wenn er als Abgeordneter Fragen habe, möge er eine parlamentarische Anfrage stellen[33]. So kühl sich diese Erwiderung liest, senatsintern hatte Kalbitzers Schreiben durchaus seine Wirkung. Während man in der Senatskanzlei noch im Dezember davon ausgegangen war, es erübrige sich nach Übersendung des Möllerschen Buches, auf das Bürgerschaftliche Ersuchen zurückzukommen, sah man sich nun gezwungen, eine förmliche Antwort vorzubereiten. Veränderungen an den Entwürfen spiegeln die eingetretene Unsicherheit und Nervosität. Die ersten von Sieveking vorgelegten Fassungen, die sich noch einmal ausdrücklich zu dem Auftragscharakter des Möllerschen Buches bekannten, wurden von Max Brauer verworfen. Die von Kalbitzer formulierte Kritik ließ es dem Ersten Bürgermeister offenbar geraten erscheinen, gegenüber der Veröffentlichung Möllers auf Distanz zu gehen. In dem am 20. Januar 1948 vom Senat beschlossenen Antworttext hieß es nun plötzlich[34]:

165

„Die Durchführung der Beschlüsse (der Bürgerschaft) ist für mehrere Teilgebiete in die Wege geleitet. Vorweg ist eine private Arbeit von Kurt Detlev Möller, Archivdirektor, unter dem Titel „Das letzte Kapitel" erschienen. Der Senat hat diese Schrift den Mitgliedern der Bürgerschaft überreichen lassen, obgleich er sich des kontroversen Charakters des Buchinhalts voll bewußt ist. Er ist der Überzeugung, daß die endgültige Darstellung der letzten Zeit des NS-Systems in Hamburg nicht nur die von dem Verfasser geschilderten Vorgänge, sondern auch insbesondere die erst durch eingehendere Aktenforschung festzustellenden Mißstände und verbrecherischen Handlungen zu umfassen hat. Dabei wird die endgültige Darstellung die besondere Aufgabe haben, wichtiges Memoiren- und Aktenmaterial in den Vordergrund zu stellen und die persönlichen Betrachtungen des Verfassers soweit wie möglich zu beschränken. Eine solche Publikation wird vorbereitet."

Die auf das Bürgerschaftliche Ersuchen vom Senat gegebene offizielle Antwort stand in deutlichem Widerspruch zur tatsächlichen Vorgeschichte. Der Auftragscharakter der Möllerschen Untersuchung hatte bis dahin nie in Frage gestanden; und schon gar nicht gab es für eine andere, *„endgültige Darstellung"* Vorarbeiten irgendwelcher Art. Noch am selben Tage, an dem Möller die Senatsantwort zu lesen bekam, am 24. Januar, schrieb er einen Beschwerdebrief an Sieveking, seit Monaten in Sachen „Bürgerschaftliches Ersuchen" sein Ansprechpartner, dazu sein unmittelbarer Vorgesetzter im Rathaus. Zuerst und vor allem ging es Möller dabei um eine Richtigstellung der Senatsversion von der *„privaten Arbeit"*[35]:

„Dazu muß ich bemerken, daß die jetzt gedruckt vorliegende Arbeit von Anfang an und bis zur Vollendung keine private, sondern eine durchaus a m t l i c h e gewesen ist. Meine Darstellung hat auch, wie Sie wissen, vor Drucklegung nicht nur Ihnen und Herrn Senatssyndikus Harder, sondern auch dem General Bishop, dem Präsidenten der Bürgerschaft Schönfelder, und vor allen Dingen Herrn Bürgermeister Brauer persönlich vorgelegen. Einwände gegen die Art meiner Darstellung (von Dokumentation im eigentlichen Sinne war niemals die Rede) sind mir von keiner Seite erhoben worden; ich fand vielmehr, wie Sie wissen, eine von mir in diesem Umfang gar nicht erwartete allgemeine Zustimmung. Gerade auch in dem Punkt, daß ich meinerseits persönliche Betrachtungen nicht unterdrückte, sind mir im voraus keinerlei Bedenken erhoben worden. Es ist auch meine feste Überzeugung, daß sich solche den inneren Schwierigkeiten nicht ausweichende Betrachtungen überhaupt nicht vermeiden lassen, daß sie im Gegenteil gerade vom Standpunkt der erwünschten Objektivität der Darstellung unbedingt notwendig sind, weil eine sog. reine Dokumentation, deren Vollständigkeit und damit Wahrheitsgehalt ja vom Leser schwerlich nachgeprüft werden kann und die überdies die in den Quellen vielfach auftauchenden sachlichen Unrichtigkeiten gar nicht auszumerzen vermag, die Gefahr einer subjektiven Darstellung in viel höherem Maße in sich schließt, als dies auf dem von mir mit Vorbedacht eingeschlagenen Wege der Fall sein kann.

Dies alles, sehr verehrter Herr Dr. Sieveking, wissen Sie, und ich meine, der Senat hätte dies auch in seiner Mitteilung an die Bürgerschaft sehr wohl zum Ausdruck bringen können und sollen."

Auch das als „*persönlich*" gekennzeichnete Antwortschreiben Sievekings vom 29. Januar 1948 ist erhalten. Der Senatssyndikus macht darin den schwierigen Versuch, die gegenüber dem Senatsbeschluß gebotene Loyalität mit einer Möller nicht desavouierenden Auskunft zu verbinden[36]:

„Der Senat hat in seiner Mitteilung an den Präsidenten der Bürgerschaft lediglich zum Ausdruck bringen wollen, daß es sich bei Ihrem Buch nicht um eine amtliche Publikation handelt, sondern um eine Arbeit, für die Sie persönlich die wissenschaftliche Verantwortung tragen.

Im übrigen müssen Sie es schon dem Senat überlassen, was er dem Herrn Präsidenten der Bürgerschaft mitzuteilen für richtig hält und was nicht. Selbstverständlich ist den Mitgliedern des Senats bekannt, daß Sie Ihr Buch nicht auf eigene Faust, sondern auf Grund der Ihnen durch mich übermittelten Anregung der Bürgerschaft geschrieben haben, und daß das Manuskript den in Ihrem Brief genannten Herren vorgelegen hat, ehe das Buch gedruckt wurde."

Sievekings in vermittelnder Absicht an Möller geschriebener Brief hinderte nicht, daß in der politischen Öffentlichkeit die Auseinandersetzung um „Das letzte Kapitel" jetzt erst richtig einsetzte. In einem an Brauer gerichteten Schreiben vom 26. Januar wandte sich die „Kampfgemeinschaft für totale Demokratie" gegen eine „*Reinwaschung früherer Machthaber*", mehr aber noch gegen den „*halbamtlichen Charakter*" der Möllerschen Darstellung[37]. Die Vorwürfe wurden wenige Tage später von der Kampfgemeinschaft in einem Offenen Brief an die Hamburger Bürgerschaft wiederholt und zugespitzt[38].

„Es würde einen unvorstellbaren Triumph der nazistischen Kreise bedeuten, wenn noch nicht 3 Jahre, nachdem sie von der Herrschaft über die von ihnen verschuldeten Ruinen abtreten mußten, eine solche Apologie erscheinen kann, ohne daß die Spitzen unseres Stadtstaates in aller Öffentlichkeit von derartigen Machenschaften abrücken."

Für den SPD-geführten Senat noch empfindlicher war, daß am 27. Januar das Presseorgan der SPD, das „Hamburger Echo", unter dem Titel „*Protest gegen ein Buch*" unüberhörbar Position bezog. Zwar wurde der Senat nicht unmittelbar angegriffen, aber in der Sache übertraf der nicht genannte Verfasser[38a] die bisherige Kritik an Möllers Buch noch an Schärfe: „*Es ist aus einer geistigen Haltung heraus geboren, der allzu deutlich noch die langjährige Verbindung mit den nazistischen Elementen anzumerken ist."* Besonders heftig reagierte der Artikelschreiber auf das Kaufmann-Bild, das er aus Möllers Darstellung herauslas[39]:

„Die Gloriole ist – trotz aller Vorbehalte – um Kaufmann gewunden! Wenn dann am Ende dargetan wird, wie Kaufmann in den letzten Wochen des Krieges sich bemüht habe, Hamburg vor der völligen Vernichtung zu bewahren, ist das Bild fertig, wie es

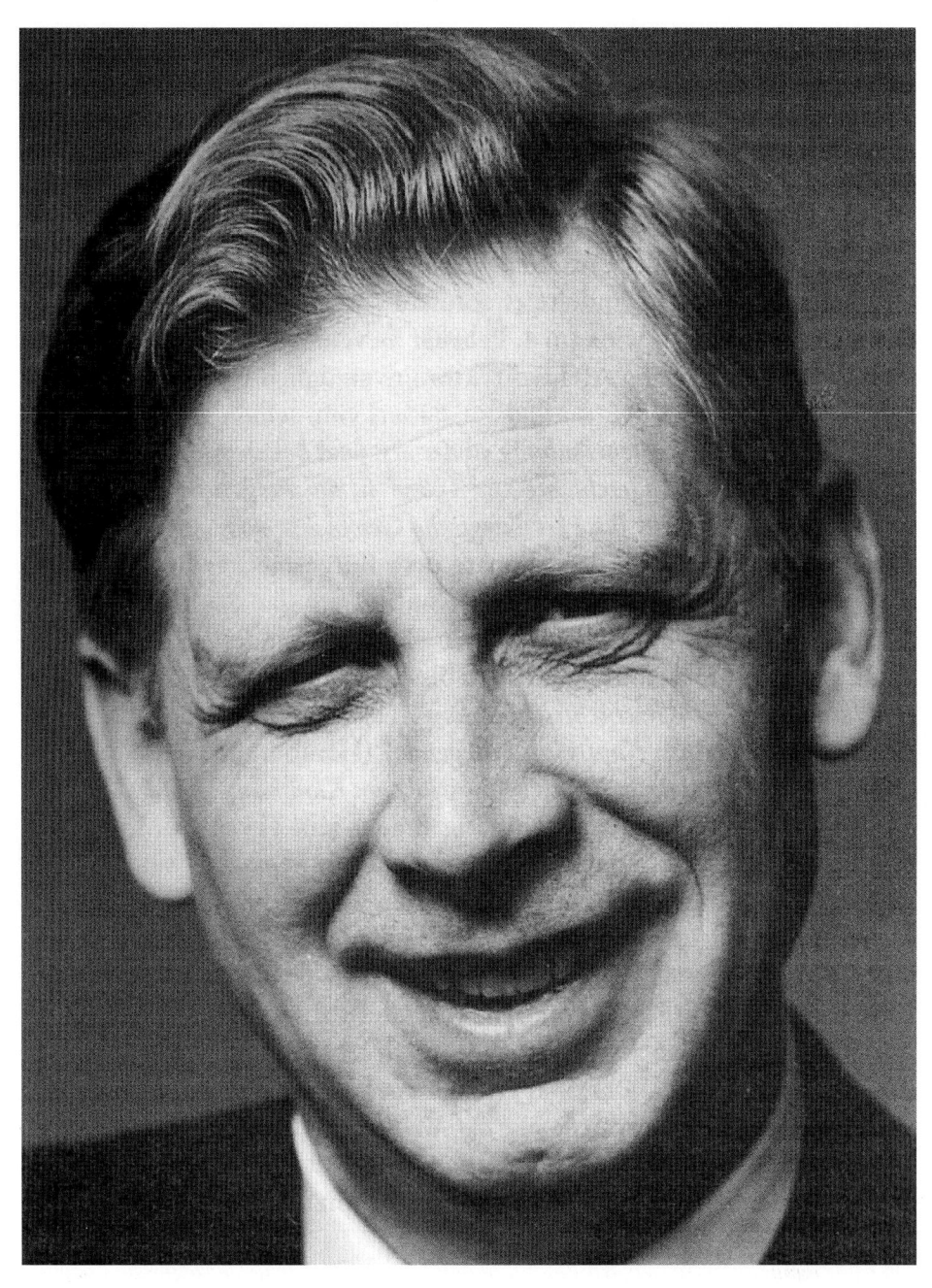

Abb. 24: Hellmut Kalbitzer (geb. 1913), Mitglied der Bürgerschaft

kein Nazi besser und schöner ausmalen könnte: Kaufmann, der deutsche Aktivist, Kaufmann, der fähige Verwaltungsmann, Kaufmann, der Retter Hamburgs."

Der Artikel endete mit einem leidenschaftlichen Protest „*gegen dieses Buch, das im Ton und Inhalt ein falsches Bild vom Wirken eines zutiefst schuldigen Mannes entrollt. Indem es scheinbar gerecht Licht und Schatten verteilt, aber vermeidet, ein Verbrechen Verbrechen zu nennen und eine Scheußlichkeit als Scheußlichkeit zu bezeichnen, vermittelt es ein veredeltes, ein verharmlostes Bild des Nazireiches. Es ist keine geschichtliche Untersuchung, sondern Geschichtsklitterung, wenn nicht noch mehr als das, nämlich eine Herausforderung aller wahrhaft nazifeindlichen Kräfte! Verlag und Verfasser sollten schleunigst und ernsthaft eine gründliche Überprüfung des Werkes vornehmen und, wie immer sie sich sonst entscheiden mögen, den weiteren Vertrieb sofort einstellen und das Buch aus dem Handel zurückziehen!*"

Unmittelbar auf die Attacke im „Hamburger Echo" folgte am 1. Februar im Mitteilungsblatt der SPD-Landesorganisation „Der Sozialist" eine weiterer Verriß. Diesmal war der Verfasser namentlich genannt: es war Hellmut Kalbitzer, der sich nach seinem Schreiben an den Senat nun auch öffentlich zu Wort meldete. Unter dem provozierenden Stichwort „*Führertreue*" bekräftigte er noch einmal die Kritik an Möllers Buch, die er vier Wochen zuvor intern geübt hatte. Ähnlich wie das „Hamburger Echo" verzichtete Kalbitzer auf einen direkten Angriff gegen den Senat. Aber für den Leser war es deutlich genug, daß er seinem Artikel kommentarlos folgende Meldung aus der „Hamburger Allgemeinen Zeitung" vom 9. Januar 1948 anfügte: „*Archivrat Dr. Kurt Detlev Möller wurde mit dem 1. Januar 1948 zum Direktor des Staatsarchives ernannt . . .*"[40]

Mittlerweile hatte sich auch in der Mitgliedschaft der SPD der Ärger um das Buch von Möller herumgesprochen. Da an demselben 1. Februar, zu dem das Mitteilungsblatt der SPD erschienen war, eine Funktionärsversammlung der Hamburger SPD stattfand, kam Kalbitzers Artikel gerade recht, um der aufgestauten Entrüstung die Zunge zu lösen. Walter Schmedemann, der stellvertretende Parteivorsitzende, nannte in seiner vor den Funktionären gehaltenen Rede den Unmut über die Herausgabe des Möller-Buches einen der Gründe, warum in der Mitgliedschaft gegenüber der Polititk des Senats eine schlechte Stimmung herrsche.

Es ist schwer zu sagen, ob Max Brauer trotz der vielfältigen massiven Kritik den inzwischen ungeliebten Archivdirektor im Amt gehalten hätte, wäre nicht in diesem Augenblick die Aufmerksamkeit auf einen von Möller im „Dritten Reich" gehaltenen Vortrag gelenkt worden. Es gehörte nicht viel dazu, den Text zu entdecken. Man brauchte nur die überall zugänglichen Bände der „Zeitschrift des Vereins für Hamburgische Geschichte" zur Hand zu nehmen, um auf den 1937 vor dem Verein gehaltenen, 1939 zum 100jährigen Jubiläum veröffentlichten Vortrag zu stoßen: „*Geschichte und Leben. Gedanken über Wesen und Aufgabe der Geschichtsschreibung*"[41]. Möller selbst hatte den Titel in seinem Entnazifizierungsverfahren angegeben, ohne daß freilich damals jemand davon Notiz genommen hätte. Als man jetzt den Text im Rathaus nachlas, war man einigermaßen schockiert. Möller zitierte darin mit zustimmender Emphase ausführlich aus einer Rede des Reichsleiters Alfred Rosenberg und aus Adolf Hitlers „Mein Kampf". Nicht genug, daß Möller sich auf nationalsozialistische Kronzeugen berief, er trug ganz im Geiste der Zeit auch sein Scherflein zur „Judenfrage" bei. Er erinnerte an ein zurückliegendes Ereignis aus dem Hamburger Kulturleben, die 25-Jahr-Feier der „Literarischen Gesellschaft" im Jahre 1916, deren Rednerliste ihm als Beispiel für eine angebliche jüdische Überfremdung Hamburgs diente[42]. Möller ließ seine damaligen Zuhörer nicht im Zweifel über seine eigene Wertung:

„*Heute blicken wir, sehend geworden, mit Verwunderung und Beschämung auf solche Tatsachen zurück und haben das begreifliche Verlangen, durch eine umfassende und wahrheitsgetreue Erforschung dieser Zusammenhänge die Ursachen zu erkennen, die zu solchen befremdlichen Ergebnissen geführt haben.*"

Als diese Rede Möllers aus dem Jahre 1937 Max Brauer Anfang Februar 1948 vorgelegt wurde, handelte er sofort. Er wartete die Befassung des Senats nicht ab, sondern wies am 4. Februar Sieveking an, den erst einen Monat im Amt befindlichen Archivdirektor unverzüglich vom Dienst zu beurlauben. In einem Aktenvermerk dazu, datiert vom selben Tag, heißt es lapidar[43]: „*Grund für diese Beurlaubung ist der erst jetzt bekanntgewordene Artikel des Herrn Dr. Möller ‚Geschichte und Leben' in der Festschrift zum 100jährigen Bestehen des Vereins für Hamburgische Geschichte vom April 1939.*"

Die Suspendierung Möllers mochte dem Bürgermeister für den Augenblick aus der Bedrängnis helfen. Der Konflikt um den Archivdirektor und „Das letzte Kapitel" war damit aber nicht ausgestanden. Quer durch die Hamburger Zeitungslandschaft gab es bissige Kommentare: „*Ein böses Kapitel Hamburgischer Geschichtsschreibung*" (Hamburger Echo, 10. 2. 48), „*Staatsarchivar spinnt Kapitulationslegende*" (Hamburger Volkszeitung, 11. 2. 48), „*Dr. Möllers letztes Kapitel – Gloriole um Kaufmann*" (SPIEGEL, 14. 2. 48). Angesichts solcher Attacken hätte Brauer sein Placet zu Möllers Darstellung am liebsten im nachhinein ungeschehen gemacht. Was Brauer bei Lage der Dinge nicht konnte, praktizierten andere prominente Leser des Buches um so eiliger: anerkennende Briefe, die noch vor kurzem den Autor des „Letzten Kapitels" erreicht hatten, wurden jetzt aus Sorge vor einer Kompromittierung diskret von den Absendern zurückerbeten. Als ein solcher Vorgang durchsickerte, spottete in der Hamburger Wochenzeitung DIE ZEIT ein Glossenschreiber[44]: „*O, dieses leidige Briefeschreiben! Dieses gefährliche, verführerische Schwarz auf Weiß!*"

Presseartikel konnte man im Rathaus zur Not ignorieren. In die Enge aber geriet der Senat, als der „Fall Möller" nun in die Bürgerschaft getragen wurde. Mitte März 1948 brachte die KPD-Bürgerschaftsabgeordnete Magda Langhans eine Kleine Anfrage ein, in der ohne Umschweife Auskunft zu den politisch heiklen Punkten der Entstehungsgeschichte des „Letzten Kapitels" verlangt wurde[45]:

„*1. Hat der Senat den Archivar Kurt Detlev Möller beauftragt oder ersucht, das Buch ‚Das letzte Kapitel' zu schreiben?*

2. Hatte der Senat Kenntnis von dem Manuskript vor der Drucklegung?
3. Welche Behörde oder welches Amt hat die Freistellung des Papiers und den Druck dieses Buches ermöglicht?
4. Ist der Senat bereit, dieses Buch wegen seiner nationalsozialistischen Tendenz zu verbieten bzw. verbieten zu lassen, damit jeder Neudruck künftig verhindert wird?"

Abgesehen von der letzten Ziffer waren dies im Kern dieselben Fragen, die bereits Wochen zuvor Hellmut Kalbitzer formuliert hatte. Doch gab es einen wesentlichen Unterschied: Die Fragen des SPD-Abgeordneten waren aus Schonung gegenüber dem Senat nur intern gestellt worden und konnten daher vom Senat letztlich mit Schweigen übergangen werden; die KPD-Abgeordnete war dagegen den förmlichen Weg der Bürgerschaftlichen Anfrage gegangen und konnte somit eine Antwort erzwingen.

Wie schwer sich der Senat mit der Anfrage tat, zeigt die Tatsache, daß es im Zuge der Beratungen drei Antwortfassungen gab. Die erste, von der Senatskanzlei am 2. März an alle Senatsmitglieder verschickte Fassung lautet[46]:

„Zu 1: Die Bürgerschaft hat am 26. April 1946 und wiederholt am 11. Juni 1947 den Senat ersucht, eine lückenlose, chronologische Darstellung der Ereignisse, die zur kampflosen Übergabe Hamburgs führten, zum Zweck der Veröffentlichung herauszugeben. Die Namen aller Beteiligten sowie ihre einzelnen Missionen sollen aus der Denkschrift hervorgehen. Dementsprechend ist Herrn Dr. Möller der Auftrag erteilt worden, eine solche Darstellung in Angriff zu nehmen.

Zu 2: Das Manuskript hat vor der Drucklegung dem Präsidenten des Senats, dem Präsidenten der Bürgerschaft und der Militärregierung vorgelegen.

Zu 3: Zur Beschaffung der nötigen Mengen ist auf Anweisung der Senatskanzlei dem Verlag gegen Bezahlung vom Staatsarchiv ein Quantum Altpapier zur Verfügung gestellt worden, das anderweitig nicht verwandt wurde.

Zu 4: Nein."

Offensichtlich kamen dem Bürgermeister bald Bedenken, die Antwort könnte politisch unerwünschte Wirkungen haben. Brauer ließ daher wenige Tage später eine Neufassung verschicken[47]:

Zu Ziffer 1 wurde klargestellt, daß die Beauftragung Möllers bereits vor der ersten Bürgerschaftswahl von Max Brauers Amtsvorgänger Rudolf Petersen ausgesprochen worden war.

Zu Ziffer 2 wurde die Frage, ob der Senat von dem Möllerschen Manuskript vor der Drucklegung Kenntnis hatte, mit einem kommentarlosen *„Nein"* beantwortet.

Zu Ziffer 4 wurde zur Frage eines Verbots verdeutlicht, daß der Senat keine gesetzlichen Möglichkeiten besäße, Bücher zu verbieten.

In dieser Fassung wurde die Antwort am 9. März vom Senat beschlossen, bemerkenswerterweise jedoch in der Bürgerschaftssitzung vom 10. März anders mitgeteilt. In der Antwort auf Ziffer 1 der Anfrage wurde jetzt jede Beauftragung Möllers mit einem lapidaren *„Nein"* bestritten[47a]. Senatssyndikus Harder hatte die undankbare Aufgabe, diese von Max Brauer offensichtlich eigenmächtig angewiesene Abänderung in der Senatssitzung vom 12. März nachträglich mitzuteilen. Max Brauer selbst nahm an der Sitzung nicht teil und ersparte sich damit die Verlegenheit einer Rechtfertigung. Im Protokoll findet sich zu der Mitteilung des Senatssyndikus nur die ebenso viel – wie nichtssagende Formel: *„Der Senat nimmt zustimmend Kenntnis"*[48].

Mit diesen Veränderungen war der ursprüngliche Antwortentwurf politisch in sein Gegenteil verkehrt worden: Aus einem Eingeständnis der Rathausregierung war eine Unschuldsbeteuerung geworden – und das mit Zustimmung aller Senatsmitglieder. Der Vorgang liest sich nicht nur mit heutigen Augen erstaunlich, er muß den Eingeweihten auch damals schon befremdlich gewesen sein. Dieser Eindruck bleibt auch dann bestehen, wenn man gelten läßt, daß nur der Bürgermeister und zwei Senatssyndici, nicht aber der gesamte Senat das Manuskript Möllers vor der Drucklegung zu sehen bekommen hatten. Unzweifelhaft ist in jedem Fall, daß der Auftrag, die Kapitulationsgeschichte Hamburgs zu schreiben, namens des Senats an Möller ergangen war, und auch im Hinblick auf das fertiggestellte Manuskript ist kaum bestreitbar, daß eine vom Vorsitzenden des Senats ausgesprochene Billigung auch den Senat in seiner Gesamtheit involvieren mußte. Angesichts dieses klaren Sachverhaltes lief das zweimalige lapidare *„Nein"*, das sich in der Senatsantwort findet, auf eine bewußte Irreführung des Parlaments hinaus.

Die Bürgerschaft debattierte über die Antwort des Senats mit reichlicher Verspätung am 5. Mai – verspätet auch deshalb, weil das Buch von Möller, das die KPD-Fraktion am liebsten verboten gesehen hätte, inzwischen vergriffen war. Die politische Kontroverse um „Das letze Kapitel" hatte das Buch zum Stadtgespräch gemacht. Die in die Buchhandlungen gegangenen Exemplare waren rasch verkauft, auf dem Schwarzmarkt wurde Möllers Darstellung, wie DIE ZEIT zu berichten wußte, sogar für 300 bis 500 Mark gehandelt. Aber in der Bürgerschaft ging es längst nicht mehr nur um das Buch; den Abgeordneten ging es vor allem um die Verantwortung des Senats. Die Fragestellerin, die KPD-Abgeordnete Langhans erinnerte in ihrem Debattenbeitrag an die Etatrede Max Brauers vom August 1947, aus der deutlich hervorging, daß der Bürgermeister das Manuskript des Möller-Buches bereits vor seiner Veröffentlichung mit erkennbarer Zustimmung gelesen hatte[49]. Auch andere Abgeordnete äußerten gewisse Zweifel an der Richtigkeit der schriftlich vorliegenden Senatsantwort. Doch auf der Senatsbank ließ sich niemand aus der Reserve locken; man hielt es für klüger, sich in der Debatte in Schweigen zu hüllen. Dabei blieb es auch, als der SPD-Abgeordnete Kalbitzer die Frage nach der politischen Verantwortung auf Personen zuspitzte. Während er gegenüber Bürgermeister Brauer, *„der als Emigrant die Dinge nicht so kennen konnte wie diejenigen, die dabei waren"*, Nachsicht walten ließ, griff Kalbitzer den beamteten Senatssyndikus Sieveking frontal an. Er warf ihm vor, daß er *„in einer politisch völlig eindeutigen Frage ebenso eindeutig den Senat von vornherein grundsätzlich falsch beraten hat"*. Die Schlußfolgerung, die Kalbitzer zog, war offensichtlich mit seiner Fraktion nicht abgesprochen und machte gerade darum Furore: „*Ich halte Herrn Dr. Sieveking deshalb nicht für geeignet, in einer solchen verantwortlichen Stelle die Beratung des Senates vorzunehmen.*"[50]

Auch wenn Kalbitzers überraschender Angriff in der Bürgerschaft unerwidert blieb, er hatte doch ein internes Nachspiel. In einer nachfolgenden Sitzung der SPD-Bürgerschaftsfraktion bekam der Abgeordnete wegen seines eigenwilligen Alleingangs zornige Vorwürfe zu hören. Noch 40 Jahre später erinnerte sich Kalbitzer[51]:

„*Ich hatte auf einen Mine getreten! Nach einem mir unverständlichen Komment der damaligen SPD-Parlamentarier, hatte ein Beamter nie Verantwortung oder Schuld vor dem Parlament – das war Sache der Senatoren. Und dann noch zu vermuten, der Bürgermeister könne irgendein Buch nicht beurteilen: Ich war zu weit gegangen!*"

Hätten Kalbitzer und die SPD-Fraktion damals gewußt, in welchem Umfang sie vom Senat unvollständig und falsch informiert worden waren, sie hätten in diesem Fall möglicherweise anders über die Verantwortlichkeiten geurteilt. Wie immer man über Kurt Sievekings Rolle denken mochte, ihm war nicht vorzuwerfen, den Vorgang kaschiert zu haben. Sowohl die am 20. Januar 1948 gegebene Senatsauskunft vom „*privaten*" Charakter der Arbeit Möllers wie auch die am 10. März 1948 in der Bürgerschaft gegebene Senatsantwort auf die Kleine Anfrage der Abgeordneten Langhans wiesen deutliche Abweichungen von den ursprünglichen, von Sieveking zu verantwortenden Beschlußentwürfen auf.

Wie sehr es Sievekings Rechtsgefühl widersprach, daß der Senat den Fall Möller 1948 zu verdunkeln gesucht hatte, wird aus einem persönlichen Brief erkennbar, den er zweieinhalb Jahre später an einen Beamten der Hamburger Schulbehörde geschrieben hat. Darin heißt es[52]:

„*Was die Position von Dr. Möller anlangt, so möchte ich diesen Anlaß nutzen, noch einmal zum Ausdruck zu bringen, daß Möller seinerzeit sein Buch nicht aus eigener Initiative geschrieben hat, sondern daß der Anstoß dazu ein Ersuchen der Bürgerschaft an den Senat gewesen ist, eine Darstellung der Vorgänge zu geben, die zur Kapitulation Hamburgs führten. Der Senat hat mit der Ausführung dieses Auftrages, was das nächstliegende war, den ersten Beamten des Staatsarchives betraut, der mir regelmäßig über den Fortgang seiner Arbeit berichtet hat.*

Die Publikation ist dann mit voller Absicht nicht in Gestalt einer amtlichen Drucksache erfolgt, weil wir uns sagten, daß dazu das Material noch zu lückenhaft und die zeitliche Distanz zu kurz war; statt dessen hat man den Weg über den Verlag Hoffmann und Campe gewählt und den Abgeordneten der Bürgerschaft je ein Exemplar des in diesem Verlag erschienenen Buches ‚Das letzte Kapitel' übermittelt. Auf diese Weise sollte ganz klar zum Ausdruck gebracht werden, daß der Senat in Ausführung des bürgerschaftlichen Ersuchens zwar um eine Darstellung der Vorgänge, die zur Kapitulation Hamburgs führten, bemüht gewesen sei, für die Ermittlung der Tatsachen und ihre Würdigung aber Herrn Dr. Möller die Verantwortung überlassen müsse. Leider ist dieser Sachverhalt seinerzeit, als das Möllersche Buch in der Bür-

gerschaft angegriffen wurde, seitens der maßgebenden Stellen nicht mit der gewünschten Deutlichkeit zur Geltung gebracht worden. Es erscheint mir als eine Pflicht der Loyalität gegen Herrn Dr. Möller, das festzustellen."

Es ist zu vermuten, daß der Verfasser dieses Briefes nicht zuletzt unter dem Eindruck des Rechtsstreites stand, den Möller seit seiner im März 1949 erfolgten endgültigen Entlassung aus dem Amt des Archivdirektors gegen die Stadt geführt hatte. Als Sieveking seinen Brief im November 1950 schrieb, hatte erst wenige Wochen zuvor das Landesverwaltungsgericht Hamburg am 5. Oktober 1950 den Prozeß zwischen Möller und der Stadt mit auffälliger Eindeutigkeit zugunsten des Ersteren entschieden: Die Entlassungsverfügung vom 16. März 1949 war als rechtswidrig aufgehoben und der Stadt auferlegt worden, die vollen Kosten des Verfahrens zu tragen[53].

Die für das Gericht maßgeblichen Entscheidungsgründe sind hier nur in Kürze darzustellen, da sie nicht so sehr inhaltlicher als formeller Natur waren. Die Richter sahen es nicht als in ihrer Kompetenz liegend an, den Möllerschen Text aus dem Jahre 1937 zu bewerten oder den Streit um den Inhalt der von Möller 1947 verfaßten „Geschichte der Kapitulation Hamburgs" zu entscheiden; sie fragten vielmehr nach der Rechtsgrundlage, auf die gestützt der Senat Möller beurlaubt und später entlassen hatte. Im Verlaufe des Prozesses kamen die Richter zu der Auffassung, daß diese Rechtsgrundlage höchst zweifelhaft gewesen sei.

Gleich 1948 war ein erster Versuch nachträglicher Legitimierung gescheitert; er hatte darin bestanden, den für Hamburg zuständigen britischen Gouverneur zu bitten, das zum Zeitpunkt der Beurlaubung bereits abgeschlossene Entnazifizierungsverfahren Möllers neu zu eröffnen. Ein entsprechendes Ersuchen Bürgermeister Brauers wurde von Gouverneur Henry Vaughan Berry am 23. März 1948 mit folgender Begründung abgelehnt[54]:

„Es ergibt sich klar aus Ihrem Brief und aus dem Fragebogen des Dr. Möller, daß er die Verfasserschaft der Schrift „Geschichte und Leben" zugegeben hat, so daß keine Rede davon sein kann, daß neues Beweismaterial verfügbar geworden ist. Es widerspricht den Grundsätzen natürlicher Gerechtigkeit und der Absicht der Verordnung Nr. 110, den Fall Dr. Möller wiederaufzunehmen, der längst entschieden ist, weil es die zuständigen Personen ohne Dr. Möllers Verschulden unterlassen haben, das ihnen in der ersten Instanz leicht verfügbare Beweismaterial so zu bearbeiten, wie jetzt unterstellt wird, daß sie es hätten bearbeiten sollen."

Nach diesem Mißerfolg hielt der Senat den Fall zunächst in der Schwebe: Möller blieb zwar beurlaubt, wurde aber nicht förmlich entlassen. Erst seit die aus allgemeinen finanzpolitischen Gründen am 30. November 1948 vom Senat erlassene „2. Verordnung zur Sicherung der Währung und öffentlichen Finanzen auf dem Gebiete des Personalrechts" vorlag, glaubte man eine ausreichende Rechtsgrundlage zu haben, nun die Beurlaubung Möllers in eine Entlassung umzuwandeln. Die von Max Brauer am 16. März 1949 unterzeichnete Entlassungsurkunde für Möller berief sich ausdrücklich auf die angeführte 2. Sicherungsverordnung, eine Rechtsgrundlage, die das

Gericht später als nur vorgeschoben qualifizierte. In Wahrheit sei es von Anfang an um eine politisch motivierte Amtsenthebung gegangen, die man erst nachträglich in das Gewand einer Sparmaßnahme zu kleiden versucht habe. Hiervon ausgehend, kam das Gericht zu dem Ergebnis, der vom Senat genannte Rechtsgrund sei mißbräuchlich in Anspruch genommen und die auf solcher Grundlage vorgenommene Entlassung sei ein „*Willkürakt*".

Juristische Nachgefechte führten dazu, daß es noch Jahre dauerte, bis der rechtlichen Rehabilitierung Möllers auch eine tatsächliche Wiedereinsetzung folgte. Am 9. Februar 1951 wurden ihm vom Senat, dessen Präsident noch immer Max Brauer war, zunächst Titel und Gehalt, nicht aber die Funktion eines Archivdirektors wieder zuerkannt. Erst geraume Zeit, nachdem es in der Bürgerschaft zu einem Mehrheitswechsel gekommen war, setzte der Präsident des neuen „Bürgerblock-Senats", Bürgermeister Kurt Sieveking (!), Möller zum 1. Januar 1956 wieder als Leiter des Staatsarchives ein[55]. Möller hat sich seines zurückgewonnenen Amtes nicht lange erfreuen können. Gebrochen durch die Erfahrungen des zurückliegenden Konfliktes, ist er zwei Jahre später am 21. November 1957 an Herzversagen gestorben.

Die Zeit unmittelbar nach 1945 ist für viele Menschen eine Zeit des Verstummens gewesen. Aus Hamburg haben wir das Zeugnis von Hellmut Kalbitzer, der in seinen 1987 erschienenen Erinnerungen von einem „*Komplott des Schweigens*" spricht, in das seine Generation, die 1945 erwachsen war, sich gegenüber den Nachwachsenden gehüllt habe. Dieses Schweigen, so sagt Kalbitzer, sei von den einstigen Mittätern und Mitläufern der NS-Herrschaft geübt worden, aber nicht nur von ihnen; über lange Zeit habe eine untergründige Abscheu auch die Widerständler gehindert, über die grausige Vergangenheit zu sprechen[56].

Der „Fall Möller" erscheint in geradezu exemplarischer Weise geeignet, den Schwierigkeiten nachzugehen, die sich nach 1945 einem öffentlichen Dialog über die Vergangenheit entgegenstellten. Die Schwierigkeiten lagen, wie schon der erste Durchgang gezeigt hat, auf beiden Seiten, bei Möller und seinen Auftraggebern ebenso wie bei seinen Kritikern. Erkennbar ist auch geworden, daß es damals offensichtlich keiner Seite möglich war, sich über diese Schwierigkeiten Rechenschaft abzulegen, ein Grund mehr, zumindest nachträglich zu fragen, warum das vom Hamburger Senat in Auftrag gegebene zeitgeschichtliche Projekt „Kapitulation" am Ende nicht Kommunikation, sondern erneutes Verstummen bewirkt hat.

„Führertreue" und „Gauleiter-Gloriole"?

Hellmut Kalbitzers am 1. Februar 1948 publizierter Angriff auf das Buch von Möller trug die Überschrift „*Führertreue*". Auf einen ähnlichen Tenor waren auch die übrigen Proteste gestimmt, die damals in der Hamburger Öffentlichkeit gegen die Darstellung Möllers erhoben wurden. Wer seine Kenntnis vom „Letzten Kapitel" nur aus der zeitgenössischen Kritik bezieht, der muß noch heute annehmen, es habe sich bei Möllers Buch um ein Produkt mehr oder minder offen neonazistischer Gesinnung gehandelt; zumindest ist man auf einen Text gefaßt, der Reste von Sympathie für das NS-Regime bekundet. Beugt man sich als unbefangener Leser über das auf holzigbrüchigem Nachkriegspapier gedruckte Buch Möllers, so möchte man im ersten Augenblick glauben, ein anderes Buch als die Kritiker von damals in der Hand zu haben. Auch bei sorgfältiger Lektüre sind darin keine Sätze zu finden, die auf *„Führertreue"* des Autors schließen ließen. Der Hitler der Kriegsjahre wird von Möller als Heerführer vorgestellt, der mit Zynismus die *„eigene militärische und politische Unfähigkeit"*[57] zu verbergen suchte; ihn habe ein *„allen Realitäten gegenüber blinder Fanatismus"* getrieben[58]. An anderer Stelle ist von *„Hitlers unermeßlicher Schuld"*[59] und seinem *„unfaßbaren Frevelmut"*[60] die Rede. Im Zusammenhang mit der von Hitler befohlenen Politik der *„verbrannten Erde"* spricht Möller von einer *„der Hysterie und dem Wahnsinn verfallenen deutschen Regierung"*[61]. Nicht weniger vernichtend fällt sein Urteil über Hitlers Paladin Joseph Goebbels und seine *„diabolische Propaganda"*[62] aus. Gewiß, diese Urteile zeugen, wie dies für viele Texte der ersten Nachkriegszeit gilt, eher von emotionaler Abreaktion als von analytischer Durchdringung. Aber unzweifelhaft ist doch: Diesem Autor, wie immer er vor 1945 gedacht hat, lag nach der zurückliegenden Erfahrung nichts ferner als Führertreue.

Bleibt die Frage nach Möllers Kaufmann-Bild. Hat der Autor des „Letzten Kapitels" dem einstigen Reichsstatthalter und Gauleiter Hamburgs eine Gloriole gewunden? Jenseits aller Bewertungsproblematik ist zunächst festzuhalten: Seit Möllers Buch kann als erwiesen gelten, daß Kaufmann in den letzten Wochen des Krieges entschlossen war, trotz entgegenstehender Befehle Hitlers Hamburg nicht mehr zu verteidigen[63]. Auch Möllers Kritiker haben das Faktum als solches nicht bestritten. Ihr Vorwurf lautete vielmehr, Möller habe die allzu späte Einsicht Kaufmanns zu einem Verdienst hochstilisiert und damit zugleich dessen schuldbeladene Vergangenheit verharmlost. Der Möller-Text selbst, gelesen aus der inzwischen eingetretenen zeitlichen Distanz, stellt sich differenzierter dar. Richtig ist, daß Kaufmanns Rolle als politischer Exponent der NS-Herrschaft in Hamburg über Andeutungen hinaus nicht beschrieben wird. Kein Wort über die in der Kaufmann-Zeit geübte politische Strafjustiz, über die Hamburger KZ-Lager Fuhlsbüttel und Neuengamme, kein Wort auch über die Verfolgung und den Abtransport der Juden in Hamburg. Selbst wenn man in Betracht zieht, daß das Möller gestellte Thema nicht die NS-Herrschaft, sondern die Kapitulation war, bleibt doch auffällig, wie sehr das von Möller vermittelte Bild allein vom Kriegsgeschehen bestimmt erscheint und demgegenüber die Ausübung von Terror und Unterdrückung durch die NS-Gewalthaber zurücktritt. So sehr dieser Mangel die Kritik herausfordern mußte, eine andere Frage ist, ob Kaufmanns Mitwirkung an der kampflosen Übergabe Hamburgs im Jahre 1945 von Möller eine Bewertung erfährt, die den Reichsstatthalter politisch exkulpierte. Von Möllers Kritikern ist dies behauptet worden, im Text selbst liest es sich anders.

Möller hat in seiner Darstellung keinen Zweifel gelasssen, daß Kaufmanns „Widerstand" seine engen Grenzen hatte: *„Die Hand aktiv gegen diese Tyrannis zu erheben, war Kaufmann, soweit wir dies heute zu beurteilen vermögen, niemals bereit. Dafür ist er an ihrer Entstehung zeit seines Lebens selbst zu schuldhaft beteiligt gewesen."*[64] Die in letzter Stunde von Kaufmann gewonnene Einsicht in die Sinnlosigkeit des Krieges wird von Möller selbst mit den Worten relativiert, sie sei *„fünf bis zehn Jahre zu spät"*[65] gekommen. Schließlich hat Möller im Hinblick auf das Kapitulationsgeschehen im Jahre 1945 gesehen und ausgesprochen, *„daß das Verhalten der damals in Hamburg verantwortlichen Männer mehr oder minder auch in ihrem wohlverstandenen eigenen Interesse gelegen hat und daß aus diesem Grunde ein Anlaß zu einer sittlichen Überbewertung ihres Handelns durchaus nicht vorliegt."*[66]

Nach einer *„Kaufmann-Gloriole"* sieht das alles nicht aus. Und doch ist kein Zweifel, daß „Gloriole" der Eindruck war, den die damaligen antifaschistischen Kritiker von Möllers Buch hatten, ein Eindruck, der keineswegs aus der Luft gegriffen schien, sondern sich auf Passagen aus dem „Letzten Kapitel" stützte. Als Beleg dienten vor allem Zitate aus einer biographischen Skizze über Karl Kaufmann, die Möller in seine Kapitulationsgeschichte eingearbeitet hatte. Mit Entrüstung registrierte man, daß in diesem Lebensbild dem Hamburger Statthalter Hitlers positive Eigenschaften zugesprochen wurden[67]: *„ausgesprochen soziales Bewußtsein"*, *„energiegeladen und mit praktischem Verstand begabt"*, *„schnelle Entschlußkraft"*, *„Organisationstalent"*. Demgegenüber verschlug es wenig, daß Möller im selben Atemzug von Kaufmanns diktatorischem Machtstreben, von seiner korrumpierenden Kameradie und religiösen Bindungslosigkeit sprach. Für die Kritiker, zumeist Verfolgte der NS-Zeit, war es schwer erträglich, ihren einstigen Unterdrücker als einen Mann vorgestellt zu bekommen, bei dem respektable Fähigkeiten und Begabungen mit schwerwiegendem moralischen Verschulden einhergegangen sein sollten. Genau diese „Vermischung" von Tüchtigkeit und Versagen, von Aktionismus und Überforderung aber war es, die Möllers besonderes Interesse fand.

Wir wissen zuviel über Kaufmanns unmittelbare Verantwortung für Verfolgung und Menschenvernichtung, zuviel auch über brutale Züge seines Charakters und seiner persönlichen Machtausübung, als daß Möllers vermittelndes Bild des Hamburger Gauleiters Bestand haben könnte. Gleichwohl muß eine Beurteilung seiner Skizze einbeziehen, daß es Möller nicht nur um das Bild Kaufmanns, sondern ebenso sehr um das Bild der Generation ging, der dieser Mann angehörte. Kaufmanns Werdegang schien ihm *„zugleich beispielhaft für große Teile der damals jungen Generation, die, durch den Krieg und das Elend der Nachkriegszeit aus altüberkommenen Bahnen gedrängt und weitgehend aus religiösen Bindungen gelöst, ohne wahre tiefere Bildung aus keinem festen Mittelpunkt heraus mehr zu leben vermochten und die gerade darum um so leidenschaftlicher nach sichtbarer Tat und äußeren Erfolgen drängten."*[68] Für Möller war das Dilemma dieser Zwischenkriegsgeneration, die sich im republikanischen Deutschland nicht zurechtzufinden wußte, ein Schlüssel zum Verständnis jener unheilvollen Entwicklung, die in das „Dritte Reich", in den Zweiten Weltkrieg und schließlich in den Zusammenbruch von 1945 geführt hatte.

Die Kritiker von 1948 empfanden Möllers Perspektive als Zumutung. Ihre scharfe Reaktion legt eine Bruchstelle der Kommunikation offen: Sie konnten und wollten nicht die Sichtweise eines Autors akzeptieren, der über die Vergangenheit auf Grund eigener Irrtumserfahrung urteilte. Noch Jahrzehnte später ist in Kalbitzers Erinnerungen etwas von der Kluft zu spüren, die sich mitten durch das erste Nachkriegsbemühen um Vergangenheitsbewältigung zog. Für Kalbitzer, geprägt vom ethischen Sozialismus Leonard Nelsons, war die Entscheidung „Widerstehen" oder „Mitmachen" vor allem eine Gewissensfrage gewesen: *„Widerstand war für uns moralische Pflicht."*[69] Entsprechend rigide fiel sein Urteil über eine historische Aufarbeitung aus, die geeignet schien, scharf gezogene Trennlinien zu verwischen. Nicht nur das Verhalten im „Dritten Reich", auch die Art und Weise seiner nachträglichen historischen Darstellung war für ihn eine Sache der politischen Moral. Wie Kalbitzer urteilten viele derjenigen, die sich Hitler entgegengestellt hatten. Legitimiert durch den eigenen Mut zum Widerstand, bestanden sie auf moralisch eindeutig markierten Unterscheidungen. Vor diesem Erfahrungshintergrund wird verständlich, warum „Das letzte Kapitel", das sich mit heutigen Augen eher unspektakulär liest, im Jahre 1948 zum politischen Skandal wurde.

„Erwachen aus der Betäubung"

Von den Zeitgenossen wurden vor allem die publizistischen Wellen wahrgenommen, die der Eklat um Möller und sein Buch schlug. Im Halbdunkel blieben dagegen die Motive der an dem Vergangenheitsstreit Beteiligten. Was Max Brauer angeht, so muß seine Reaktion vor einem lebensgeschichtlichen Hintergrund gesehen werden, der sich von dem aller anderen Rathauspolitiker unterschied[69a]. Im Juni 1946 war er aus dem Exil in den USA zurückgekehrt. Die Hamburger Sozialdemokraten hatten den renommierten einstigen Altonaer Oberbürgermeister im November 1946 an die Spitze der Hamburger Rathausregierung berufen, nicht zuletzt, weil er unbelastet war von der Bedrückung der zurückliegenden NS-Zeit. Max Bauer hat die im zerstörten Hamburg zu leistende Wiederaufbauarbeit vom ersten Tage an mit dem Selbstbewußtsein des aus der freien Welt Heimgekehrten zu seiner Sache gemacht. Doch so sehr den Hamburgern die robuste Durchsetzungskraft des neuen Bürgermeisters Eindruck machte, im Rathaus bekam mancher auch die Kehrseite zu spüren: Brauer war nicht der Mann, der sich bei langen Debatten aufhielt. Diese Haltung praktizierte er sowohl in der eigenen Fraktion und Partei wie gegenüber den Kollegen im Senat. Näheres dazu findet sich in dem von Erich Lüth verfaßten Lebensbild Max Brauers unter der eher untertreibenden Überschrift *„Brauers eigenwilliger Regierungsstil"*[69b]. Auch andere Zeitgenossen schildern ihn als einen „Tatmenschen", der sich ungern auf „Komplikationen" einließ.

Dieser Neigung entsprechend, verhielt er sich auch bei der Auseinandersetzung mit der NS-Vergangenheit. Die Abrechnung mit dem „Dritten Reich" sollte das eigene Handeln legitimieren, nicht aber erschweren oder aufhalten. In diesem Sinne war der „Fall Möller" für Max Brauer eine Belästigung. Der Vorgang drohte den Senat in Vergangenheitsdiskussionen zu verwickeln, die angesichts bedrängender Tagesnöte unerwünscht waren. Um es so weit nicht kommen zu lassen, handelte Brauer: Er entfernte Möller aus dem Amt und schnitt Nachfragen kurzerhand ab – wobei er in Kauf nahm, daß dies um den Preis wahrheitswidriger Unterrichtung des Parlaments geschah. Für die Stadt, so die Überzeugung Brauers, gab es wichtigeres als unerquickliche Erörterungen um Modalitäten von „Vergangenheitsbewältigung".

Anders lagen die Dinge bei Max Brauers Parteifreund Hellmut Kalbitzer. Er war geprägt von den Jahren, in denen er und seine engeren Freunde Widerstand gegen das NS-Regime geleistet hatten. Die Erfahrungen dieser Zeit waren ihm eine fortdauernde Verpflichtung und doch zugleich ein Schmerz, über den zu sprechen er sich lange scheute. 1987 bekannte Kalbitzer[70]: *„Erst bei der Niederschrift dieser Erinnerungen wurde mir klar, daß auch wir Widerständler unter einem langanhaltenden Schock gestanden haben . . . Die deutsche Vergangenheit haben wir noch nicht bewältigt."* Als Kalbitzer dies niederschrieb, war er 74 Jahre. Schonender als in dem einstigen Streit um „Das letzte Kapitel" urteilte er im Rückblick jetzt auch über das Dilemma, in dem sich die ehemaligen NS-Anhänger in den ersten Nachkriegsjahren befunden hatten[72]: *„. . . es ist wahrscheinlich zuviel vom menschlichen Charakter verlangt, eigene Schuld ohne Not öffentlich zu beichten; sonst hätte die katholische Kirche, die erfahrenste Kennerin der menschlichen Psyche, nicht das Beichtgeheimnis der Priester über die Bekenntnisse der Ohrenbeichte erfunden."* Nicht von ungefähr ist dies erst ein Menschenalter „danach" geschrieben. 1948, als der Streit um „Das letzte Kapitel" ausgetragen wurde, war es schwieriger, solche Brücken zu betreten.

Wie sah es in Hinsicht eigener Rechenschaft bei einem Manne aus, der wie Möller während des „Dritten Reiches" auf der „anderen" Seite gestanden hatte und nun nach der Kapitulation einer ihm fremd gewordenen Vergangenheit gegenüberstand? Einen ersten Anhalt gibt ein sehr persönliches Bekenntnis Möllers aus dem Sommer 1945. Zum 80. Geburtstag von Hans Nirrnheim, dem verdienten Vorsitzenden des Vereins für Hamburgische Geschichte, hatte er damals einige von ihm entdeckte Briefe aus der Hamburger Franzosenzeit zusammengestellt und dem Jubilar überreicht. Den Briefen hatte er eine Widmung vorangestellt, die in einem doppelten Sinne ein Zeitdokument ist: In ihr klingt noch etwas von der untergegangenen Epoche nach, und zugleich bezeugt sie ein Krisenbewußtsein, das den Verfasser die Zeit von 1945 mit der von 1814 als nahe verwandt empfinden ließ. In der Widmung heißt es[72]:

„Das Leid, das in diesen Tagen gleich einer vernichtenden Sturmflut über die Außen- und Innendeiche unseres völkischen und persönlichen Lebensraumes hereingebrochen ist, will den Überlebenden inmitten der Verwüstung als fast unertragbar und gewiß ohne Beispiel erscheinen. In dieser Lage mag es dem einen oder andern der aus

der Betäubung Erwachenden tröstlich sein, sich der Vergangenheit zu erinnern und aus der Geschichte zu erfahren, daß in ihr nur selten etwas ohne Beispiel und ohne Wiedergeburt war . . ."

Der Schreiber der Widmung gehörte selbst zu den gerade erst „*aus der Betäubung Erwachenden*". Seine so ganz den Stempel des Jahres 1945 tragenden Sätze sind den Späteren wohl ein Anstoß gewesen. Jedenfalls wurden sie stillschweigend gestrichen, als lange nach Möllers Tod die 1945 ungedruckt gebliebenen Briefe dann doch noch 1971 in der „Zeitschrift des Vereins für Hamburgische Geschichte" publiziert wurden[73]. Dem Leser blieb damals vorenthalten, aus welcher lebens- und zeitgeschichtlichen Erfahrung heraus Möller sich der Zeit von 1814 zugewandt hatte. Nur dem Umstand, daß sich das maschinengeschriebene Dedikationsexemplar in Nirrnheims nachgelassener Bibliothek findet, ist zu danken, daß die Widmung erhalten geblieben ist und uns Auskunft über Möllers „Land-unter-Stimmung" im Jahre der Kapitulation geben kann.

Knapp ein Jahr später erhielt Möller den Auftrag, jene Ereignisse wissenschaftlich darzustellen, die er 1945 als eine seine Vaterstadt überschwemmende Sturmflut umschrieben hatte. Reichte der inzwischen eingetretene knappe zeitliche Abstand aus, zu einem auch nur vorläufigen historischen Urteil zu kommen? In dem nach Abschluß seiner Arbeit im Juni 1947 verfaßten Vorwort spricht Möller ganz ähnlich wie in der Widmung für Nirrnheim von der „*betäubenden Wirkung dieser beispiellosen Katastrophe*". Er sieht die Nation „*von widerstrebenden Gefühlen der Schuld und der Scham, des Trotzes und der Verzweiflung bestürmt*". Möller war die Problematik, die sich für den urteilenden Historiker aus der eigenen emotionalen Involvierung ergibt, durchaus bewußt. Und doch erfüllte ihn jetzt sehr viel mehr der Gedanke, die schmerzhafte Erfahrungsnähe als eine Chance für die historische Erkenntnis zu nutzen[74]:

„*Was uns bewegt, was nur von einer Generation, die alles dies erlebte und durchlitt, mit Aussicht auf Erfolg zu lösen versucht werden kann (weil es bereits dem kommenden Geschlecht als rätselhaft erscheinen muß), das drängt sich in die Frage zusammen: Wie war es möglich, daß das deutsche Volk in seiner Mehrheit dieser Führung traute und ihr folgte.*"

Im Rahmen seines Themas stellte sich Möller diese Frage vor allem im Hinblick auf die Schlußphase des Krieges: Wie war zu erklären, daß die Deutschen die Aussichtslosigkeit ihrer Lage nicht früher realisierten? Möllers Antwort ist weit entfernt von abgeklärter Distanz. Noch schoben sich in seiner Wahrnehmung die „*beispiellose Katastrophe*" von 1945 und die aktuellen Bedrängnisse des Jahres 1947 ineinander:

„*Das Verhalten der Deutschen jener Tage ist nur aus der, unserer heutigen wieder so erschreckend ähnlichen Situation schiffbrüchiger Menschen zu verstehen, die, im Begriffe zu ertrinken, ohne Hoffnung und Halt nach jedem noch so schwachen Balkentrümmer greifen, der ihnen zugeworfen wird. Verzweifelnd klammerte man sich bis zuletzt an Worte wie an Planken längst zerschellter Boote. Man glaubte nicht, aber man wollte glauben, man mußte es, man wußte nichts Besseres. Die teuflische Dialektik der Goebbelschen Propaganda triumphierte."*

„Einmal muß es zum großen Vertragen kommen in Deutschland"

„Man glaubte nicht, aber man wollte glauben" – mit diesem Paradox beschrieb Möller eine Bewußtseinsspaltung, die bis zur Kapitulation, ja teilweise darüber hinaus das Denken vieler seiner Generationsgenossen beherrschte. Als Historiker sah er seine Aufgabe darin, den eingetretenen Realitätsverlust offenzulegen und damit zugleich zu einer Rückgewinnung von Wirklichkeitssinn beizutragen. In diesem Sinne diente ihm Hamburg als Beispiel, an dem sich rekonstruieren ließ, wie sich im Laufe des Krieges Realität und Realitätswahrnehmung immer weiter voneinander entfernt hatten – eine Diskrepanz, die erst mit der Kapitulation voll zutage getreten war. Möller wußte aber auch, daß es für die Überlebenden nicht mit der illusionslosen Anerkennung der Fakten getan war. Um zu seinem wirklichen Neuanfang zu kommen, mußte eine um Schuld und Versöhnung zentrierte gemeinsame Gewissenserforschung stattfinden. Möller war diese über das Historiographische hinausführende Frage so wichtig, daß er ihre Erörterung an den Schluß seiner Kapitulationsgeschichte stellte. Um so mehr mußte ihn schmerzen, daß gerade das Schlußkapitel seines Manuskriptes auf Wunsch von Sieveking nicht in die Druckfassung übernommen wurde[76]. Was immer Sievekings Gründe waren, sicher ist, daß die Streichung eine Aussage betraf, die für den Autor eine Schlüsselbedeutung hatte. Nirgendwo sonst findet sich in Möllers Kapitulationsgeschichte eine Passage, die so deutlich Auskunft über die Hoffnungen gibt, die ihn bei seiner Arbeit motivierten. Dies gilt ungeachtet der Tatsache, daß Möller in seiner Schlußbetrachtung mit eigenem Urteil zurückhält, vielmehr einen Zeitzeugen anführt, der ausdrückt, was den Autor selbst bewegte. Möller mag zu dieser mittelbaren Form der Aussage gegriffen haben, um die unvermeidlich kontroverse Frage nach Schuld und Versöhnung zu objektivieren. Aber eben mit dieser Vorsicht unterstrich er, wieviel ihm an dem Thema lag, das den Schluß seiner Darstellung bilden sollte.

Der von Möller angeführte Zeitzeuge hieß Fritz Lehmann, ein Arzt, der – anders als Möller – Hitlers Regime von Anfang an mit deutlicher Ablehnung gegenübergestanden hatte. Aus seinem während des Krieges privat geführten Tagebuch, 1946 in Hamburg veröffentlicht, zitierte Möller die Eintragung, die sich dort unter der Datumszeile *„Hamburg, 8. Mai 1945"* findet[77]:

„Nun ist es soweit. Die Zeiten des Aberwitzes und der Schande haben ihr Ende erreicht. Bis zur Neige hat Deutschland den Becher geleert, der bei den ersten Schlucken noch zu munden schien, dessen Inhalt sich dann Zug um Zug als ein Teufelstrank erwiesen, der die Kehle verbrannte und das Herz erstarren ließ. Was kommt nun, was hat als erstes zu geschehen? Die Gemüter sind erregt, auch in unserem kleinen Kreise kommt es zu deutlichen Reden und schroffen Formulierungen: Die-

ser ganze Saustall, so hieß es, muß fürs erste einmal gründlich ausgemistet werden, bis in alle Ecken und verborgenen Winkel hinein. Es muß weiterhin verhindert werden, daß nach dem Sturz dieses verruchten Systems da und dort Fanatiker und Schurken sich zu neuen Geheimbünden unter phantastischen Namen wie Werwolf, geheime Feme o. ä. zusammenschließen ... Was danach kommt, das erste Aufräumen des verwüsteten Vaterlandes, wird eine böse Arbeit werden ... Noch mühsamer wird der folgende Neuaufbau sein: Stein um Stein und Jahr für Jahr. So wie es immer nötig gewesen ist nach ähnlichen Katastrophen. Wie es auch nach 1918 erforderlich gewesen wäre und wie es schließlich zum Ziele geführt hätte, wenn nicht die Unruhe über uns gekommen wäre und die Gier, in Monaten das mit Gewalt zu nehmen, was uns erst nach langen Jahren der Arbeit ehrlich zukam. Bei diesem Aufbau des äußeren wie auch des inneren Vaterlandes werden die klügsten Köpfe zur Planung, die stärksten Arme für die Ausführung gerade recht sein.

So etwa besprachen wir uns, und einer aus unserem Kreise äußerte: Wenn die Verantwortlichen alle erwischt sind und ihre Strafe gefunden haben, dann muß ein dicker Strich gezogen werden. Unter gar keinen Umständen kann man den Spieß nun einfach umdrehen, es darf nicht dazu kommen, daß von nun an die bisherige Opposition die Nazis hetzt. Wohl wird darüber noch einige Zeit vergehen müssen, aber einmal muß es in Deutschland zum großen Vertragen kommen. Und wir, die wir bisher abseits standen, gerade wir müssen dazu mithelfen. Das waren warmherzige Worte, doch ohne weiteres wurden sie dem Sprecher nicht abgenommen. Zu bitterer Groll fraß uns allen an der Seele. Unser schönes, großes, unser liebes Vaterland! Was habt ihr daraus gemacht, ihr allesamt, Führer, wie Mitläufer, wie Nutznießer! Und alle werdet ihr jetzt wieder dastehen als wahre Unschuldslämmer, die von allem Schändlichen nichts gewußt haben, die selbst bitter empört sind, nun, da es zu spät ist. Welch ein törichtes Volk! Und dennoch u n s e r Volk. Dennoch hat unser Freund Recht, einmal muß es zum großen Vertragen kommen in Deutschland, um unser aller und – um Gottes Willen."

Die Eintragung vom Tage der deutschen Kapitulation liest sich Jahrzehnte später mit anderen Augen als 1946, als sie publiziert wurde. Nicht nur, daß den heutigen Lesern ungezählte weitere, inzwischen veröffentlichte Berichte aus der sog. „Stunde 0" zur Verfügung stehen, auch die seither verstrichene Zeit bewirkt Distanz. Anders 1946: Der Schrecken des gerade erst zu Ende gegangenen Krieges war noch ein Stück des eigenen Selbst. Entsprechend erregt war das Interesse, mit dem man die damals erst wenigen Versuche aufnahm, sich über die jüngste Vergangenheit persönlich Rechenschaft zu geben. Zu den Autoren dieser ersten Stunde gehörte der Arzt Fritz Lehmann. Seine Aufzeichnungen verdankten zusätzliche Authentizität der Tatsache, daß er sie nicht nachträglich, sondern bereits während der Kriegsjahre zu Papier gebracht hatte. Aus dem Munde dieses erklärten Regimegegners hatte es besonderes Gewicht, daß seine Worte nicht haßerfüllt, sondern nachdenklich, ja versöhnlich klangen. Auch wenn man ihm aus heutiger Sicht entgegenhalten mag, daß er sowohl das Ausmaß des

Vergangenheitstraumas wie die Qual seiner Abarbeitung unterschätzt hat, für manchen damaligen Leser wird die Lektüre des Tagebuches eine erste Ermutigung gewesen sein, sich der eigenen Erinnerung zu stellen.

Der durch seine Hitlergegnerschaft ausgewiesene Schreiber des Tagebuches konnte ohne Selbsthader plädieren: *„Einmal muß es zum großen Vertragen kommen in Deutschland, um unser aller und – um Gottes Willen."* Aber konnte das auch Kurt Detlev Möller? Konnte sich auf das Wort vom *„großen Vertragen"* berufen, wer 1937 der Partei Adolf Hitlers beigetreten war? Der Senatssyndikus Kurt Sieveking mag solche Bedenken im Kopf gehabt haben, als er aus Möllers Manuskript den Schlußteil mitsamt dem dort zitierten Tagebucheintrag herausstrich. Dieser Texteingriff war mehr als eine redaktionelle Blessur. Gerade die Frage nach Schuld und Versöhnung, die Möller mehr am Herzen liegen mußte als manches historische Detail seiner Darstellung, wurde bei der Drucklegung eliminiert. Was für den Leser allenfalls ein weißer Fleck blieb, hatte für den Autor die Bedeutung einer ihm auferlegten Verschweigung. Für den nachträglichen Betrachter, der das unverkürzte Manuskript kennt, gibt die Streichung einen Hinweis darauf, wie prekär die Situation eines Zeithistorikers sein konnte, dessen Arbeit ihn mit seiner eigenen Vergangenheit konfrontierte.

Adolf Hitler –1937 und 1947 zitiert

Mit dem Schlußkapitel war in Möllers Darstellung ein für ihn auch lebensgeschichtlich wichtiger Schnittpunkt zwischen Vergangenheit und Gegenwart entfallen. Gleichwohl wird man bei sorgfältiger Lektüre feststellen, daß es auch in der gekürzten Fassung des „Letzten Kapitels" nicht an Hinweisen darauf fehlte, wie sehr ihm die Auseinandersetzung mit seiner eigenen Vergangenheit ein Thema war. Ein aufschlußreiches Beispiel dafür findet sich in seiner Kapitulationsgeschichte im Anschluß an die Behandlung der verlustreich gescheiterten deutschen Ardennenoffensive vom Dezember 1944. Möller fragt dort[78]:

„Hatte dieses schwere und blutige Opfer angesichts unserer verzweifelten Gesamtlage überhaupt noch gebracht werden dürfen, war der Mann, dessen unheilvolle Politik Deutschland in dieses Verderben gestürzt hatte, nun endlich bereit, den Tatsachen Rechnung zu tragen und seine Konsequenzen daraus zu ziehen? Er war es nicht! Einst, in den Jahren des innerpolitischen Kampfes, hatte Hitler die Worte geschrieben: ‚Man studiert aber nicht Geschichte, um dann, wenn sie zur praktischen Anwendung kommen sollte, sich ihrer Lehren nicht zu erinnern oder zu glauben, daß nun die Dinge eben anders lägen, mithin ihre urewigen Wahrheiten nicht mehr anzuwenden wären; sondern man lernt aus ihr gerade die Nutzanwendung für die Gegenwart. Wer dies nicht fertig bringt, der bilde sich nicht ein, politischer Führer zu sein; er ist in Wahrheit ein seichter, wenn auch meist sehr eingebildeter Tropf, und aller guter Wille entschuldigt nicht seine praktische Unfähigkeit!'

Jetzt war das alles vergessen, mit allen anderen schönen Worten, durch die er die Nation wieder und wieder betrog, längst beiseite geschoben. Wenn dieses Volk, dessen Tugenden er so oft gepriesen, in der Stunde der Entscheidung dem Wahngebilde nicht entsprach, das er sich von ihm gemacht hatte, wenn es den Kampf, den er entfesselt, siegreich nicht zu bestehen vermochte, so war es in seinen Augen auch nicht wert, den Untergang seiner Führung zu überleben."

Möller hatte das Zitat aus Hitlers „Mein Kampf" nicht von ungefähr in seine Kapitulationsgeschichte eingefügt. Exakt dieselben Hitler-Sätze hatte er genau zehn Jahre zuvor angeführt, als er vor dem Verein für Hamburgische Geschichte seinen bereits erwähnten Vortrag über „*Geschichte und Leben*" hielt. Es lohnt, sich den Kontext von 1937 anzusehen. Möller berief sich damals auf die Hitler-Worte als Zeugnis dafür, „*daß geschichtliches Wissen und geschichtliche Tat einander nicht ausschließen, sondern stützen, wenn nur der Handelnde groß und stark genug ist, die Schwere der Vergangenheit zu tragen.*"[79] Es erschien Möller damals geradezu als ein Glücksfall, daß in Deutschland ein Mann regiere, der die „*Lehren der Geschichte*" begriffen hatte – ein Glücksfall für die Nation, ein Glücksfall aber auch für die Historiker. Sie könnten sich, so die von Möller 1937 vorgetragene Meinung, in ihrem ureigensten Auftrag bestätigt finden, allein der strengen Wahrheitsfindung zu dienen. Den zitierten Worten aus „Mein Kampf", die ihn an Ciceros „historia magistra vitae" erinnerten, entnahm er für die Geschichtsschreibung

„*aller Bedrängnisse und Bedenken des Tages ungeachtet, mit zwingender Notwendigkeit die Pflicht, das Vergangene so tief zu erforschen und so wahr und richtig zu schildern, wie sie es mit allen ihr zu Gebote stehenden Mitteln nur irgend vermag. Denn was sollte wohl eine Geschichtsschreibung als Lehrmeisterin des Lebens nützen, wenn sie das Resultat ihrer Forschung gleichsam vorwegnehmend oder verfälschend die Vergangenheit nicht schilderte, wie sie war, sondern wie sie wünschte, daß sie gewesen wäre.*"[80]

Das Plädoyer Möllers hatte einen aktuellen Hintergrund. Eben damals fand in der Historikerschaft eine Auseinandersetzung darüber statt, in welchem Maße man sich unter den veränderten politischen Bedingungen von der Tradition der deutschen Geschichtswissenschaft abwenden dürfe oder solle. Diese Frage hatte erst wenige Wochen vor Möllers Hamburger Auftritt eine Rolle auf dem 19. Deutschen Historikertag in Erfurt (5.–7. Juli 1937) gespielt, wobei durchaus gegensätzliche Tendenzen teils verdeckt, teils offen erkennbar geworden waren[81]. Möller bezog sich in seinem Vortrag auf diese Historikerdiskussion und ließ dabei keinen Zweifel, daß er nichts hielt von den Verächtern tradierter Ansprüche an Quellentreue und Wahrheitspflicht. Sein aus der tschechischen Geschichte stammendes Vorzeigebeispiel für Geschichtsklitterung war zwar eher entlegen gewählt; aber es war für seine Zuhörer nicht schwer, die aktuellen Bezüge selbst herzustellen, wenn sie Möller ausführen hörten[82]:

„*Das Unterfangen, der Geschichtsschreibung Zwecke zu setzen, ist, wenn es sich darum handelt, ein zweifelhaftes Recht der Gegenwart durch Beugung oder gar Fäl-*

schung der in Frage kommenden Quellen aus der Vergangenheit zu erweisen, selbstverständlich auf das schärfste abzulehnen und auch dann als Betrug zu werten, wenn es sich um die angebliche Wahrung nationaler Belange handelt."

Merkwürdig genug: Möller nahm zur Legitimierung des von ihm vertretenen Wahrheitsethos des Historikers ausgerechnet Sätze aus „Mein Kampf" in Anspruch. Aus nachträglicher Sicht erscheint das eine mit dem anderen so wenig vereinbar, daß sich die Frage aufdrängt: Berief sich Möller auf Hitler wider besseres Wissen – sei es aus Opportunismus, aus notgedrungener Anpassung oder aus taktischer List? Man wird die Frage, so naheliegend sie sein mag, letztlich verneinen müssen. Je mehr man sich in den Text von 1937 hineinliest, um so gewisser wird, daß Möller subjektiv überzeugt war, aus Hitlers Worten Respekt, ja Ehrfurcht vor der Geschichte lesen zu können. Es ist unverkennbar, daß ihm aus dem Herzen kommt, wenn er über „Mein Kampf", sagt, *„daß sich in diesem Werke Sätze finden, die jeder noch so geistesscharfen Begriffsbestimmung über das Wesen der Geschichte weit überlegen, sozusagen faßlich, handgreiflich vor Augen stellen, was eigentlich Geschichte und geschichtliche Größe sei".*[83] Möllers persönliche Identifikation wird vollends deutlich, wenn er ausgewählten Sätzen aus „Mein Kampf" hinzufügt: *„Seltsam und stark, das muß ich bekennen, rührten sie mich an, als ich sie das erstemal las."*[84]

Heinrich Reincke hat in seinem 1958 verfaßten Nachruf auf Möller zu der Rede von 1937 ausgeführt[85]:

„Mit großer Entschiedenheit und mit persönlichem Mut hat Möller sich damals ... zur Wahrheit, allein zur Wahrheit bekannt, der Politik zwar das Recht zuerkannt, geschichtliche Fragen zu stellen, niemals aber, selbst Antworten zu geben oder gar zu diktieren ... Der Vortrag, der 1939 auch im Druck erschienen ist, hat seinerzeit wegen seiner mutigen Sprache Aufsehen erregt."

Reincke wollte mit seinem Nachruf von dem frühverstorbenen Freund und Amtsnachfolger ein unbeflecktes Bild zeichnen. Möllers Vortrag geriet in solcher Perspektive zu einem Zeugnis, das eher für als gegen den Redner von 1937 sprach. So offenkundig die apologetische Absicht Reinckes ist, seine Behauptung muß deshalb nicht falsch sein, daß mancher Zuhörer Möllers dessen Wahrheitsappell, auch vor dem Hintergrund der damals geführten Historikerdiskussion, als „mutig" empfand. Auffällig ist jedoch, was alles Reincke bei der Erwähnung des Textes von 1937 unerörtert ließ.

In dem Nachruf von 1958 wird ignoriert oder bagatellisiert, was heute beim Lesen des Vortrages über *„Geschichte und Leben"* zuerst ins Auge fällt: wie naiv und quellenunkritisch Möller den Autor von „Mein Kampf" zitierte, ja wie der Wahrheitsanspruch, den Möller so hochhielt, von Stereotypen wie Blut und Boden, Rasse und Rassenmischung, Germanenreinheit und Judenfrage, gründlich korrupiert war. Zwar wehrte sich Möller gegen die Inflation der *„Übertreibungen"*, *„Verfälschungen"* und *„Schlagworte"*, aber er wog seine Warnungen mit um so beredteren Bekenntnissen zur völkisch-nationalen Erneuerung auf. Sieht man genauer als Reincke hin, dann bleibt von der *„großen Entschiedenheit"* und der *„mutigen Sprache"*, mit

185

der Möller gestritten haben soll, so viel nicht übrig. Richtig wird allerdings sein, daß Möller selbst sich damals in der Rolle eines Mannes sah, der der „Bewegung" nicht mit propagandistischer Eilfertigkeit, sondern mit Überzeugung und solider Arbeit zu dienen suchte. Zugrunde lag eine „Redlichkeit", die ein gutes Gewissen schafft, ansonsten aber zu wenig verpflichtet, schon gar nicht zu dem Mut, ein Risiko einzugehen.

Kehren wir noch einmal zu Möllers Kapitulationsgeschichte Hamburgs aus dem Jahre 1947 zurück. Der Verfasser hat sich darin der eigenen Vergangenheit ehrlicher gestellt, als dies in seinem Nachruf geschehen ist. Wie wenig er seinen zehn Jahre zuvor gehaltenen Vortrag vergessen oder verdrängt hatte, beweist die schon berichtete Tatsache, daß er genau jene Sätze aus „Mein Kampf", auf die er sich 1937 mit so viel beifälligem Pathos berufen hatte, jetzt Wort für Wort noch einmal zitierte und sie Hitlers Taten gegenüberstellte. Möllers Resümee: Derselbe Hitler, der sich einst feierlich zu den Lehren der Geschichte bekannt hatte, strafte sie als handelnder Politiker und Feldherr mit zynischer Verachtung. *„Jetzt war das alles vergessen, mit allen anderen schönen Worten, durch die er die Nation wieder und wieder betrog..."* – so der Beginn jenes bitteren Möller-Kommentars, den wir im Vorhergehenden bereits ausführlich wiedergegeben haben. Indem Möller ein und dasselbe Hitler-Wort 1937 und 1947 zitierte, dokumentierte er zugleich seinen eigenen Irrtum.

Von der Selbstkonfrontation Möllers haben seine damaligen Kritiker nichts wahrgenommen. Sie hatten keine Neigung, sich auf die geduldige Lektüre eines ihnen durch seine Vergangenheit suspekten Autors einzulassen. Als Anfang Februar 1948 die Senatskanzlei den Wortlaut des Vortrages von 1937 beim Staatsarchiv anforderte, reagierte Möller gegenüber seinen Mitarbeitern mit Resignation: *„Dann weiß ich, was auf mich zukommt"*[85a] Am 4. Februar bereits war er von seinem Amt als Archivdirektor suspendiert.

Heinrich Heffter und die „Forschungsstelle für die Geschichte Hamburgs von 1933 bis 1945"

Auch wenn die von Bürgermeister Brauer verfügte Suspendierung keinen Bezug auf „Das letzte Kapitel" nahm, so kam doch die faktische Amtsenthebung Möllers einer Desavouierung auch seiner Kapitulationsgeschichte gleich. Aus der Sicht der politischen Öffentlichkeit war damit das Ersuchen der Bürgerschaft vom April 1946 gescheitert. Was mit der Absicht historischer Konsensbildung auf den Weg gebracht worden war, hatte mit einem Eklat geendet.

Wollte man es im Rathaus bei dem Eindruck des Scheiterns nicht belassen, mußte man einen neuen Anlauf nehmen. Einen geeigneten Ansatzpunkt bot das bereits im Juni 1947 gestellte, zunächst aber vom Senat kaum verfolgte Bürgerschaftliche Zusatzersuchen, das auf die Geschichte Hamburgs im Gesamtzeitraum von 1933 bis

Abb. 25: Heinrich Heffter (1903–1975)

1945 zielte. Erst nach dem Desaster um „Das letzte Kapitel" nahm man sich nun im Senat dieses zweiten Ersuchens ernsthafter an. Zuerst und vor allem beschäftigte die Senatoren die Frage, wem man die schwierige zeitgeschichtliche Forschungsaufgabe anvertrauen könne. Am liebsten hätte man einen mit den örtlichen Verhältnissen vertrauten Hamburger gewonnen. Aber ein solcher fand sich trotz intensiver Bemühung nicht. So ließ man sich schließlich von Professoren der Universität einen geeigneten auswärtigen Forscher nennen.

Es handelte sich um Dr. Heinrich Heffter (1903–1975), einen Historiker, der im Frühjahr 1949 von der damaligen sowjetisch besetzten Zone in die Westzone übergesiedelt war. An der Hamburger Universität kannte man ihn, weil man dort seinen Antrag auf Habilitation für mittlere und neuere Geschichte entgegengenommen hatte. Als Habilitationsschrift hatte er ein Manuskript eingereicht, das ein Jahr später unter dem Titel „Die deutsche Selbstverwaltung im 19. Jahrhundert. Geschichte der Ideen und Institutionen" erschien. Heffter war nur ein Jahr jünger als Möller. Auch ihr wissenschaftlicher Werdegang war vergleichbar: Beide hatten über ein partei- bzw. geistesgeschichtliches Thema des 19. Jahrhunderts promoviert, Heffter 1926 in Leipzig, Möller 1925 in München[86]. Der eine war anschließend in Hamburg in den Archivdienst gegangen, der andere hatte in Leipzig als Fachreferent für Geschichte beim Brockhaus-Verlag gearbeitet. Unterschiedlich war dagegen ihr politischer Ausgangspunkt gewesen: Während Möller der völkisch-nationalen Bewegung nahegestanden und sich 1937 der NSDAP angeschlossen hatte, war Heffter Liberaler und Demokrat aus Überzeugung, der sich im „Dritten Reich" der Partei Adolf Hitlers bewußt verweigert hatte.

Die Tatsache, daß Heffter sich intensiv mit der Tradition der deutschen Selbstverwaltung befaßt hatte und zudem, anders als Möller, aus der NS-Zeit nicht belastet war, wird ihn dem Hamburger Senat hinreichend empfohlen haben. Heffter wiederum reizte das ihm gemachte Angebot, in Hamburg eine kleine zeitgeschichtliche Forschungsstelle aufbauen und leiten zu können. Am 23. August 1949 übernahm er die Leitung der „Forschungsstelle für die Geschichte Hamburgs von 1933 bis 1945". Bis zum Ende desselben Jahres verfügte die Forschungsstelle, sparsam wie man in Hamburg war, außer dem Leiter über zwei wissenschaftliche Mitarbeiter (Dr. Hermann Hassbargen und Berthold Biermann) und eine Schreibkraft. Formal der Schulbehörde unterstellt vollzog sich die Arbeit jedoch frei von Weisungen oder vorgegebenen Aufträgen.

Die Forschungsstelle war gewiß unabhängig; gleichwohl stellten ihre Arbeitsergebnisse für die Stadt ein Politikum dar. Diese Erfahrung machte Heffter sehr eindringlich, als er nach gut einem Jahr einen ersten öffentlichen Rechenschaftsbericht vorbereitete. Heffter hatte an einen Vortrag vor einem fachwissenschaftlichen Publikum gedacht. Doch schon bald ließ man ihn wissen, im Rathaus habe man da eigene Vorstellungen. Auf Wunsch Max Brauers blieb der Senatskanzlei vorbehalten, Zeitpunkt und Gäste zu bestimmen[87]. Nicht von ungefähr wählte man für das von Heffter benannte Thema „Hamburg und der Nationalsozialismus" den 9. November 1950, den 12. Jahrestag der sogenannten „Reichskristallnacht" als symbolträchtigen Vortragstermin. Und auch die Erstellung der Gästeliste läßt sorgfältige Regie erkennen. Unter den 113 Persönlichkeiten, die man in den Hörsaal M der Universität einlud, waren, abgesehen von wenigen Universitätsprofessoren, vor allem prominente Vertreter aus Politik und Publizistik: alle Mitglieder des Senats, Vertreter der Bürgerschaftsfraktionen, Bundestagsabgeordnete, darunter Herbert Wehner und Gerd Bucerius, die Chefredakteure der Hamburger Zeitungen, der Generaldirektor des NWDR Adolf Grimme, Redakteure internationaler Presseagenturen. Bemerkenswert auch, wer nicht gebeten wurde: Kurt Detlev Möller, der einen Monat zuvor seinen Prozeß gegen die Stadt gewonnen hatte, war nicht zu der Veranstaltung geladen, dem Strafverteidiger Karl Kaufmanns wurde die erbetene Teilnahme abgeschlagen, aber auch Kommunisten wurden nicht auf die Gästeliste genommen[88]. Damit sich keine ungebetenen Gäste einfanden, war am Hörsaaleingang eigens ein Kontrolleur postiert. Nach dem vorangegangenen Ärger um „Das letzte Kapitel" wollte man sicher sein, daß der neue Anlauf ohne Mißton begann.

Da Heffters Redemanuskript erhalten ist, können wir uns ein zuverlässiges Bild vom Inhalt seines Vortrages machen[89]. Der Titel „Hamburg und der Nationalsozialismus" schien auf einen Problemaufriß zu deuten, der Hamburgs NS-Zeit insgesamt umfaßte. Wer mit dieser Erwartung zu dem Vortrag gekommen war, mußte sich enttäuscht finden. Statt die Distanz des von „draußen" Kommenden zu neuen Fragen zu nutzen, widmete sich Heffter über lange Strecken wiederum dem Streit um die Kapitulation, insbesondere um den Anteil, den Gauleiter Kaufmann an der kampflosen Übergabe hatte. Die Anküpfung an diese Kontroverse war um so weniger ergiebig, als Heffter selbst einräumte, daß die ihm zur Verfügung stehenden Quellen nicht ausreichten, um Möllers Ausführungen im „Letzten Kapitel" wirklich zu widerlegen. Wenn Heffter dennoch eine von Möller angeblich stark abweichende Bilanz zog, dann vor allem durch Attackierung einer *„Kaufmann-Legende"*, die sich im „Letzten Kapitel" so gar nicht findet.

Heffter wollte seinen Vortrag nicht nur zu Legendenkritik nutzen, sondern auch eine neue Auffassung von Karl Kaufmanns Rolle in Hamburg begründen. Eines seiner Probleme war dabei, wie er das außerordentlich weit auseinander driftende Pro und Contra in der Beurteilung Kaufmanns in einen Erklärungszusammenhang bringen konnte. Es fällt auf, daß er zur Lösung auf ein Deutungsmuster zurückgriff, das bereits in der Debatte zum Bürgerschaftlichen Ersuchen vom 26. April 1946 angeklungen war. Damals hatte der FDP-Abgeordnete Rademacher ausgeführt, daß ein im letzten Augenblick bei den Hamburger NS-Machthabern zutagegetretener Ansatz von Vernunft nicht *„irgendein besonderer Teil der nationalsozialistischen Auffassung war, sondern es ist nichts weiter als der Geist dieser Stadt, den wir den hanseatischen nennen"*. Ähnlich sprach jetzt Heffter davon, es habe *„die Hamburger Tradition... in gewissem Maße auch den führenden Mann des hamburgischen Nationalsozialismus in* *ihren Bann zu ziehen vermocht. Dabei wird die alte Hansestadt in ihrer selbstbewußten Eigenart freilich weit mehr Gegenspieler als Partner des Nationalsozialismus".* Diese Bemerkung war zunächst nur auf die Beziehung Kaufmanns zu Hamburg bezogen. Aber Heffter schloß daran eine grundsätzliche Aussage, die er geradezu zum Angelpunkt seiner Forschungsarbeit erhob[90]:

„*In dem Gegensatz der freiheitlichen Tradition des hamburgischen Gemeinwesens zum nationalsozialistischen Herrschaftssystem möchte ich sogar das eigentliche Leitmotiv für die Arbeit der Forschungsstelle sehen, wie ich es schon im Titel des Vortrages ‚Hamburg und der Nationalsozialismus' habe andeuten wollen."*

Die vom Redner vorgetragene These war mehr als eine Reverenz gegenüber dem zu seinen Füßen sitzenden traditionsbewußten Hamburger Publikum. Schon in seinem ersten, für den internen Dienstgebrauch bestimmten „Bericht über vorläufige Forschungsergebnisse" vom 3. Januar 1950 hatte Heffter in gleicher Weise zu erklären versucht, daß Kaufmann in Hamburg nicht nur das Gesicht des Unterdrückers gehabt habe[91]:

„*Insofern Kaufmann doch wiederum in manchen, vielleicht sogar vielen Fällen sich eifrig für die hamburgischen Interessen, namentlich auf wirtschaftlichem Gebiet, eingesetzt hat, wird man wohl das eigentliche Verdienst in erster Linie der Stärke der Hamburger Tradition zuzuschreiben haben: diese Tradition, in der Lebenskraft eines jahrhundertealten bürgerlichen Gemeinwesens verwurzelt, getragen von altem Beamtentum und letzten Endes überhaupt von dem größten Teil der eingesessenen Bevölkerung, ist eben so stark gewesen, daß sie in erheblichem Maße auch den führenden Vertreter des hamburgischen Nationalsozialismus in ihren Bann gezogen hat; aber im wesentlichen hat doch der Nationalsozialismus ein Prinzip verkörpert, das jener Hamburger Tradition durchaus feindlich, aufs schärfste entgegengesetzt ist. Ich möchte hier eine meines Erachtens glückliche Formulierung von Herrn Biermann nehmen, der gleichzeitig mit Dr. Hassbargen seit dem 1. 12. 1949 Mitarbeiter der Forschungsstelle ist: in einem Geschichtswerk über das Hamburg von 1933 bis 1945 wäre Hamburg selbst, die Hamburger Tradition, der historische Held – nicht etwa Kaufmann."*

Als Heffter seinen Mitarbeiter Berthold Biermann zitierte, arbeitete dieser gerade erst einen Monat an der Forschungsstelle. Eigene Forschungen lagen seiner „*glücklichen Formulierung*" gewiß nicht zugrunde. Der aus der Emigration nach Hamburg gekommene Journalist hatte sein Bild von der hanseatischen Tradition vielmehr bereits im Kopf, als er an die Erforschung der NS-Vergangenheit Hamburgs ging. Nicht anders verhielt es sich bei Heffter, der bereits in seiner noch in Leipzig verfaßten Habilitationsschrift das „*lebendige Selfgovernment der Hansestadt Hamburg*" als einen der wenigen Aktivposten demokratischer Tradition in Deutschland gewürdigt hatte[92]. In Hamburg ließ man sich solche positive Voreinstellung gefallen. Ohnehin hatte man in der Stadt seit eh und je eine hohe Meinung von „hanseatischer Tradition"; besonders aber konnte unmittelbar nach 1945 nichts besser als Traditionsstolz über das NS-

Trauma hinweghelfen. Was anders als dieser Wille zum „Drüberwegkommen" war es, der den Bürgschaftsabgeordneten Rademacher 1946 im Zusammenhang mit der kampflosen Übergabe Hamburgs vom „*hanseatischen Geist dieser Stadt*" reden ließ. Noch Ende der 50er Jahre hat Hamburgs Schulsenator Heinrich Landahl im Rückblick auf 1945 den hamburgischen Traditionsstolz beschworen[93]: „*Der alte Hanseatengeist, der sich in Hamburgs Vergangenheit schon so oft bewährt hat, wenn Schicksalsschläge unsere Vaterstadt trafen, war auch damals lebendig.*"

Das Bemühen, nach dem Einbruch des Jahres 1945 neue Identität aus der hanseatischen Tradition zu gewinnen, war nur zu verständlich. Eine andere Frage ist, ob diese Tradition tatsächlich in kritischer Stunde ihre Bewährungsprobe so gut bestanden hatte, wie man dies in Hamburg in Anspruch nahm. Landahl selbst, der sich später so nachdrücklich auf den „*alten Hanseatengeist*" berief, hatte 1933 als Hamburger Reichstagsabgeordneter der linksliberalen „Deutschen Staatspartei" für Hitlers Ermächtigungsgesetz gestimmt. Wie Landahl hatten sich auch andere Vertreter des Hamburger Establishments verhalten. Und selbst vor 1933 hatten gerade die Bewohner solcher Stadtteile, in denen traditionsbewußtes Bürgertum dominierte, weit überproportional für Hitler gestimmt, so in den Bezirken Rotherbaum und Harvestehude[94]. Irrig ist die oft gehörte Behauptung, es habe zwischen Hitler und Hamburg Berührungsängste gegeben. In neueren Untersuchungen wird darauf hingewiesen, daß Hitler der Stadt Hamburg insgesamt 31 Besuche abgestattet hat[95]. Jedesmal wurde er von den Hamburgern emphatisch gefeiert – nicht anders als in anderen deutschen Großstädten. Gewiß, wenn es nützlich schien, wußte man sich in Hamburg auch im „Dritten Reich" hanseatisch zu geben. So hatte man mit Carl Vincent Krogmann einen Mann aus angesehener Hamburger Kaufmannsfamilie zum neuen Bürgermeister bestellt. Auch sonst fehlte es nicht an Verbeugungen vor Hamburgs historischer Tradition. Dies hinderte aber nicht, daß Hamburg den Ehrgeiz hatte, sich als „Führerstadt" besonders hervorzutun. In vieler Hinsicht konnte die Stadt sich als „Mustergau" rühmen – von der Konsequenz der Sterilisierungspraxis bis zur Härte der politischen Strafjustiz.

Nichts war in Hamburg „ganz anders". Und doch mochten die Hamburger sich in den ersten Nachkriegsjahren nicht eingestehen, daß der „Hanseatengeist" nicht vor dem Ungeist des Nationalsozialismus geschützt hatte. Diesem Tabu trug auch Heinrich Heffter Rechnung, als er hamburgische Tradition und Nationalsozialismus als „*aufs schärfste entgegengesetzt*" erklärte. Es war nur eine Konsequenz dieser Kontrastierung, daß er in seinem Vortrag über „Hamburg und der Nationalsozialismus" versuchte, eine Parallele zur Franzosenzeit herzustellen, indem er die Hitlerzeit verfassungsgeschichtlich als „*zweite Fremdherrschaft für Hamburg*"[96] bezeichnete. Bei solcher Betrachtung war es dann allerdings möglich, in der Hamburger Tradition einen „*historischen Helden*" zu sehen, der mit den NS-Machthabern wie mit feindlichen Besetzern gekämpft hatte.

Heffters erklärtes Ziel war gewesen, die in Möllers Buch vermeintlich enthaltene „*Kaufmann-Legende*" zu widerlegen. Tatsächlich hat Heffter zur Beförderung einer Legende beigetragen, die in Hamburg sehr viel tiefer Wurzel geschlagen hatte: die Legende von der auch in brauner Zeit bewährten hanseatischen Tradition. Das prominente Publikum, das am 9. November 1950 zu Heffters Vortrag geladen war, wird sich dem Bekenntnis zu Hamburgs standfest gebliebener Tradition gern angeschlossen haben.

Gründe des Schweigens

Aus den sieben Jahren von 1949 bis 1956 gibt es insgesamt 15 von der Forschungsstelle erstellte „Berichte über vorläufige Forschungsergebnisse"[97]. Die ersten elf hat Heffter verfaßt, die restlichen stammen von Dr. Herbert Schottelius, der nach Heffters Berufung an die Technische Universität Braunschweig (1954) die Leitung der Forschungsstelle übernommen hatte. Die Berichte sind nie veröffentlicht worden, vielmehr dienten sie ausschließlich der internen Unterrichtung des Senats und der für die Forschungsstelle zuständigen Schulbehörde. Immer wieder wird von den Verfassern der vertrauliche Charakter der Berichte unterstrichen; begründet wird dies, abgesehen von der Unvollständigkeit der Forschungen, vor allem mit der Besorgnis, durch zu frühe Einbeziehung der Öffentlichkeit die Erschließung zeitgeschichtlicher Zeugnisse zu gefährden. Die Schwierigkeiten, mit denen die Forschungsstelle bei der Quellensicherung zu kämpfen hatte, waren politisch-psychologischer Art. In zahlreichen Fällen trafen Heffter und seine Mitarbeiter auf Zeitzeugen, die mit Aussagen zögerten, Vorbehalte äußerten oder sich ganz verweigerten. Diese Erfahrung ließ es der Forschungsstelle geraten erscheinen, sich vorerst mit Publikationen zurückzuhalten – ein Zirkel, der im Ergebnis den notwendigen öffentlichen Dialog zur jüngsten Vergangenheit nicht eben erleichterte.

Barrieren, die sich einem Dialog entgegenstellten, gab es ganz unterschiedliche, bei den Tätern andere als bei den Opfern, bei Juden andere als bei Kommunisten, bei Mitläufern des Regimes andere als bei ehemaligen NS-Verantwortungsträgern. Probleme gab es aber nicht nur auf der Zeugenseite. Die Schwierigkeiten begannen bereits bei der Zusammenarbeit mit dem für die Quellensicherung wichtigsten Partner der Forschungsstelle, dem Hamburger Staatsarchiv. Der „Fall Möller" warf hier noch lange seine Schatten. Fast zu ebendem Zeitpunkt, zu dem Heffter seine Arbeit an der Forschungsstelle aufnahm (23. 8. 1949), erhob Möller gegen seine Entlassung als Staatsarchivdirektor Anfechtungsklage vor Gericht (29. 9. 1949). Im Archiv, wo sich alle Mitarbeiter für die Wiedereinsetzung ihres Direktors vergeblich engagiert hatten[98], sah man auf die mit der wissenschaftlichen Widerlegung Möllers befaßte Forschungsstelle mit spürbarer Antipathie. Heffter empfand dies bei den dienstlichen Kontakten mit dem Staatsarchiv so sehr, daß er sich bei dem in der Schulbehörde für die Forschungsstelle zuständigen Oberschulrat Schroeder beschwerte. In einem Bericht, den Schroeder darüber am 24. Oktober 1949 an seinen Senator Heinrich Landahl fertigte, heißt es[99]:

„Seitdem die Forschungsstelle ihre Arbeit aufgenommen und Herr Dr. Heffter seinen Dienst angetreten hat, wird seine Arbeit durch das Staatsarchiv nicht nur nicht unterstützt, sondern im Gegenteil nicht unerheblich gehemmt, wenn nicht sogar sabotiert. . . . Herr Dr. Heffter spürte von Anfang seiner Tätigkeit an seitens der Herren des Staatsarchivs, insbesondere seitens des Herrn Prof. Kellinghusen, eine ablehnende, kühle, um nicht zu sagen feindliche Haltung, die besonders zum Ausdruck kam in einer mangelnden Bereitschaft, die Forschungsstelle in ihrer Arbeit zu unterstützen."

Heffter befürchtete auch für die Zukunft Schwierigkeiten, *„weil gewisse Kreise des Staatsarchivs"*, wie es in dem Vermerk Schroeders heißt, *„in der Errichtung der Forschungsstelle eine Brüskierung des Staatsarchivs sehen würden und weil diese Kreise einschließlich des bisherigen Direktors Möller sich innerlich noch nicht vom Nationalsozialismus gelöst hätten."*[100] Soweit letztere Annahme Möller betraf, war sie, wie bereits dargelegt, durchaus unbegründet. Aber zutreffend war sicher, daß man im Staatsarchiv seit der Erfahrung mit dem „Letzten Kapitel" und der bald darauf erfolgten Entlassung Möllers höchst reserviert gegenüber zeitgeschichtlicher Hamburg-Forschung war. Dieselbe abschreckende Wirkung hatte der „Fall Möller" übrigens auch im „Verein für Hamburgische Geschichte"[101]. Zeitgeschichtliche Manuskripte, die dem Verein zur Publikation angeboten wurden, stießen dort auf größte Zurückhaltung, da man ähnliche politische Weiterungen fürchtete, wie sie „Das letzte Kapitel" nach sich gezogen hatte. Erst im Jahre 1964 gelang es dem Vorsitzenden und Staatsarchivdirektor Jürgen Bolland, die Vorbehalte im Verein zu überwinden. Er setzte damals die erste zeitgeschichtliche Veröffentlichung des Vereins durch, die Edition der hinterlassenen Erinnerungen des hamburgischen Staatsrates Leo Lippmann, der als Jude 1933 entlassen worden war und sich 1943 angesichts seiner bevorstehenden Deportation das Leben genommen hatte.

Die Kooperationsprobleme mit dem Staatsarchiv haben sich im Laufe der Jahre entspannt, zumal seit 1952 an der Forschungsstelle ein wissenschaftlicher Beirat gebildet worden war, in dem neben der Universität auch das Staatsarchiv, vertreten durch den inzwischen rehabilitierten Dr. Möller, einen Sitz hatte[102]. Schwieriger war es, die sehr unterschiedlichen Vorbehalte abzubauen, die gegenüber der Arbeit der Forschungsstelle bei vielen Zeitzeugen bestanden. Am augenfälligsten war die Reserve bei den Kommunisten. Als die Forschungsstelle im August 1949 eingerichtet wurde, waren die Zeiten längst vorbei, in denen die Kommunisten noch am ersten Nachkriegskonsens einen gewissen Anteil gehabt hatten. In Hamburg waren die beiden von der KPD gestellten Senatoren Franz Heitgres (Amt für Wiedergutmachung und Flüchtlingshilfe) und Friedrich Dettmann (Gesundheitsbehörde) bereits 1946 bzw. 1948 wieder aus der Rathausregierung ausgeschieden. Aber auch die Erinnerung an den Widerstand gegen das NS-Regime erwies sich immer weniger als ein die Kommunisten noch mit anderen politischen Parteien verbindendes Element. Je nach Orientierung im aktuellen Ost-West-Konflikt rivalisierten Widerstandstraditionen mit unterschiedlichem Interessenhintergrund miteinander. Diese politischen Spannungen wirkten sich unvermeidlich auch auf die Einschätzung aus, mit der die Hamburger Kommunisten der vom Senat begründeten Forschungsstelle begegneten.

Versuche der Forschungsstelle, Quellenmaterial über den kommunistischen Widerstand von seiten der KPD- nahen „Vereinigung der Verfolgten des Naziregimes" (VVN) zu bekommen, stießen schon im Vorfeld auf abwehrende Reaktion. Um in dieser Hinsicht definitive Klarheit zu bekommen, entschloß sich die Forschungsstelle zu einer förmlichen Anfrage bei Senator a. D. Heitgres. Dieser hatte während der NS-Herrschaft wegen der Zugehörigkeit zum aktiven kommunistischen Widerstand viele Jahre im KZ-Neuengamme zubringen müssen und war nach 1945 Vorsitzender der VVN in Hamburg. Am 11. August 1950 richtete der Forschungsstellen-Mitarbeiter Berthold Biermann, selbst einstiger Emigrant, an Heitgres ein Scheiben, in dem er ausführte[103]:

„Leider haben wir bisher trotz wiederholter Bemühungen auf der Seite der kommunistischen Widerstandskämpfer nicht die Mitarbeit erzielen können, die im Interesse der Sache wünschenswert wäre. Es besteht dadurch die Gefahr, daß der Anteil dieser Gruppen nicht genügend zur Geltung kommt, denn ohne ausreichende Unterlagen läßt sich Umfang und Bedeutung ihrer Tätigkeit kaum beurteilen.

Ich hoffe bei Ihnen Verständnis für diesen Gesichtspunkt unserer Arbeit zu finden und wäre Ihnen sehr verbunden, wenn Sie mir einmal Gelegenheit geben würden, die Möglichkeiten einer Zusammenarbeit mit Ihnen zu erörtern."

Die vom 25. August 1950 datierte Antwort von Heitgres lief auf eine klare Absage hinaus:

„Ich würde gerne behilflich sein, das gesamte Widerstandsmaterial der Forschungsstelle für die Geschichte Hamburgs von 1933 bis 1945 zur Verfügung zu stellen, wenn nicht wirklich entscheidende grundsätzliche Erwägungen dagegen sprächen. Es ist mir nicht bekannt, welche Bemühungen Ihrerseits bisher gemacht wurden. Ich kann aber nicht verhehlen, daß die politische Entwicklung nach 1945 durchaus berechtigt Mißtrauen gegenüber allen diesbezüglichen Unternehmungen amtlicher Stellen hervorgerufen hat.

Beachten Sie bitte, daß seitens des Senats vor zwei Jahren Herr Kurt Detlev Möller beauftragt wurde, ‚Das letzte Kapitel' zu schreiben, und damit unter besonderem Protektorat das Loblied der Nazisten verfaßt wurde. Alle bisher erschienenen Widerstandsbücher, die nicht im Zusammenhang mit den wirklichen Widerstandskämpfern fertiggestellt wurden, enthalten immer nur einige wenige und von dem großen Widerstandskampf kaum erfaßte und wirksame Bagatellen. . . . Daß meine, hier gesagte Darstellung der wirklichen ‚Forschungsarbeit' amtlicherseits stimmt, beweist der mir am heutigen Tag auf den Tisch gewehte Brief des Senator Landahls vom 23. August. Er schreibt darin, daß die VVN ‚seit geraumer Zeit eine rein kommunistische Organisation ist. Das angebotene Material darf von den Schulen nicht angenommen wer-

den.'... *Sie werden verstehen, daß angesichts einer solchen widerspruchsvollen Politik, die aber eindeutig Wegbereiterin einer reaktionären Ideologie ist, kein aufrechter Widerstandskämpfer Vertrauen zu einer derartigen ‚Forschungsarbeit' haben kann."*

Der Brief von Heitgres zeigt, wie sehr die Zeitgeschichte zu einem Schauplatz des Kalten Krieges geworden war. Jede Seite reklamierte „ihre" Vergangenheit, sammelte und hütete „ihre" Quellen. In der Forschungsstelle resignierte man in Hinsicht der VVN. Es verwundert nicht, in einem vom 26. Februar 1951 datierten „Bericht über vorläufige Forschungsergebnisse" den „Vorgang Heitgres" mit dem Bemerken abgeschlossen zu finden, daß man auf das Material der VVN *„nicht mehr rechnen kann"*[104]. Einige Jahre später unternahm die Forschungsstelle noch einmal zwei Vorstöße. Doch auch jetzt scheiterten alle Versuche einer Kontaktaufnahme. In einem „Bericht über vorläufige Forschungsergebnisse" vom 30. April 1955 heißt es[105]: *„Kürzliche Bemühungen nach der Seite des Rotfrontkämpferbundes blieben nach wie vor ergebnislos, da hier ein generelles Schweigeverbot zu bestehen scheint."* Im Jahr darauf wandte sich die Forschungsstelle ein letztes Mal an die VVN. Diesmal hatte Franz Heitgres, der 1954 im Zusammenhang mit Richtungskämpfen in der Hamburger KPD aus seiner Partei ausgeschlossen worden war, entsprechende Adressen zur Verfügung gestellt. Ob trotz oder wegen solcher Vermittlung – die Anfragen blieben wiederum ohne Antwort.

Auf Kommunikationsprobleme ganz und gar anderer Art stößt man in den Unterlagen der Forschungsstelle, wenn man die Korrespondenzen mit jüdischen Zeitzeugen nachliest. Wenden wir uns beispielhaft einer Befragung zu, die von Dr. Schottelius namens der Forschungsstelle unternommen wurde, um etwas über das Schicksal der aus Hamburg abtransportierten Juden zu erfahren. Im Mai 1954 bat er die Jüdische Gemeinde, ihm Anschriften von Überlebenden zugänglich zu machen. Gestützt auf die mitgeteilten Adressen[106], richtete er an 14 teils in den USA, teils wieder in Hamburg lebende Juden Schreiben, denen er einen Fragebogen zur Klärung genauerer Umstände der Deportation hinzufügte[107]. Unter den Angeschriebenen war auch der in New York lebende Rabbi Salomon Carlebach, ein Sohn des letzten Hamburger Oberrabbiners Dr. Joseph Carlebach. Schottelius hatte sich an den Sohn Carlebach gewandt, weil er zu den wenigen am Leben Gebliebenen eines Deportationstransportes von 400 Hamburger Juden gehörte, die im Dezember 1941 nach Lettland verbracht und dort fast alle ermordet worden waren; zu den Opfern gehörten auch die Eltern Salomon Carlebachs und drei seiner Geschwister. Schottelius erhielt auf sein nach New York gerichtetes Schreiben eine Antwort von Salomon Carlebach, in der dieser begründete, warum er nicht ohne weiteres bereit sei, auf die ihm gestellten Fragen Auskunft zu geben. Schottelius erschien dieser Briefwechsel von so grundsätzlicher Bedeutung, daß er ihn in einem der internen „Berichte über vorläufige Forschungsergebnisse" abschriftlich mitteilte[108]. Im folgenden die Anfrage aus Hamburg und das Antwortschreiben aus New York in vollem Wortlaut:

Hamburg, 23. 6. 1954

Sehr geehrter Herr Carlebach!
Gestatten Sie, daß ich mich mit einer Bitte an Sie wende? Im Senatsauftrage beschäftige ich mich mit der Geschichte der rassischen Verfolgung in Hamburg. Von der Jüdischen Gemeinde ist mir Ihr Name als der eines wichtigen Zeugen für das Schicksal der Transporte nach RIGA aufgegeben worden.
Ich wäre Ihnen dankbar, wenn Sie mir dadurch bei meiner Aufgabe helfen würden, daß sie an Hand der beiliegenden Stichpunkte eine Darstellung Ihrer Erlebnisse geben könnten. Ich weiß, sehr geehrter Herr Carlebach, in wie hohem Maße Sie eine solche Anfrage seitens einer deutschen wissenschaftlichen Stelle als Zumutung empfinden können. Sicher lassen Ihnen auch die Mühen um eine neue Existenz für Sie und die Ihren nicht viel Zeit und Kraft zu erneutem Erinnern an jene unendlich belastenden Ereignisse; aber vielleicht haben Sie auch den Wunsch, daß das Erleiden und der Tod so vieler Kameraden auch in Deutschland nicht vergessen bleiben mögen und sind bereit, mir dabei zu helfen. Es handelt sich für mich darum, das Leid der jüdischen Mitbürger als ein in der vielhundertjährigen Geschichte unserer Vaterstadt in seinen Ausmaßen einmaliges Ereignis einer Verfolgung dokumentarisch festzuhalten.
In der Hoffnung, daß Sie für meine Bitte Verständnis haben, bin ich
mit den besten Empfehlungen
Dr. H. Schottelius

New York, Aug. 5. 1954

Sehr geehrter Herr Dr. Schottelius!
Im Besitze Ihres werten Schreibens vom 23. 6. 1954, fühle ich mich veranlaßt, einige wichtige Gesichtspunkte klar zu machen, bevor ich mich dazu entschließen kann, mit einem Beauftragten des Senates der Stadt Hamburg mitzuarbeiten.
Der Name „Forschungsstelle" klingt natürlich recht wissenschaftlich und Ihre ermutigenden und gleichzeitig selbstrechtfertigenden Begleitworte geben mir den Eindruck, daß es sich hier um eine rein historische Studie handelt, der man keine tiefere Bedeutung zumessen darf. Wir Juden haben aber für so etwas immer wenig Verständnis gehabt. Wissenschaft ohne Moral und Weltforschung ohne Ethik ist dem jüdischen Charakter ein Unding. Daher kann ich nicht umhin, der weiteren Bedeutung dieser Geschichtsstudie nachzugehen.
Sie werden es mir vergeben müssen, wenn ich es mir vorbehalte, welche Möglichkeiten als Hintergrund für Ihren Auftrag in Betracht kommen. Um aber dem Zweck Ihres Unterfangens zu dienen, werde ich annehmen, daß ein solcher Akt der Stadtväter aus einem Gefühl der Reue und der Einsicht des Verbrechens herausgewachsen ist. Nun ist es schwer Unrecht gutzumachen, wenn es von einer Masse begangen, gegen eine Gemeinde gerichtet und viele Jahre angedauert hat. Ich möchte gerne von Ihnen bestätigt haben, daß der Anlaß für Ihren Auftrag auf den vorgehenden Gedanken ba-

siert ist: „Laßt uns das Ausmaß unseres Vergehens erforschen, auf daß wir es wieder gutmachen können."

Wie können Sie so etwas bestätigen? Wenn es auch noch nicht möglich ist zu übersehen, wie viel die Stadt Hamburg ihren jüdischen Mitbürgern schuldet, so bezieht sich das nur auf die Gemeinde und ihre Institutionen als solche. Was aber können Sie bezeigen für die Einzelnen?

Ist es Ihnen bekannt, daß mein seliger Vater, Oberrabbiner Dr. Joseph Carlebach, in Hamburg-Altona für über zwanzig Jahre gewirkt hat? Daß tausende jüdische und nichtjüdische Bürger der Stadt bei ihm Hilfe in Rat und Tat gesucht und gefunden haben? Daß sein Name und sein Wirken der Stadt Hamburg mehr Ruhm und Würde gebracht haben als zahlreiche der heutigen Stadtväter? Welche Resolution des Senats der Stadt Hamburg hat dazu aufgerufen, sein Andenken zu ehren? Welcher Senatsausschuß ist beauftragt worden, Wege und Mittel zu erforschen und die Dankbarkeit der Stadt gegen einen ihrer größten Menschen, der durch ihre Mitschuld umgebracht worden ist, für Nachwelt und Zukunft zu verewigen?

Ich bin begierig, Beweise zu erhalten, daß Ihrer Arbeit ein ernster Vorsatz zu Grunde liegt.

Die neun Fragen, die Sie mir einlegten, sind unwesentlich und können wenig dazu helfen „ein in der vielhundertjährigen Geschichte unserer Vaterstadt in seinen Ausmaßen einmaliges Ereignis einer Verfolgung dokumentarisch festzuhalten".

Sollte ich von dem Senate der Stadt Hamburg an der Reinheit Ihres Vorhabens überzeugt werden, kann ich Ihnen über die Geschichte der Hebräer in Nazi-Hamburg viel erzählen.

Ich wünsche Ihnen aufrichtigen Erfolg,

hochachtungsvoll
Rabbi
Salomon Carlebach

Schottelius ist in einem nachfolgenden Brief auf die ihm gestellten Fragen auf seine Weise eingegangen. Doch obwohl sich daraufhin die Reserve Salomon Carlebachs gegenüber Schottelius und seinem Anliegen minderte, kam der in Aussicht gestellte, ausführliche Bericht nicht zustande. Das Stummbleiben rührte nicht daher, daß Carlebach die Redlichkeit der von Schottelius gegebenen Auskünfte bezweifelt hätte. Das Schweigen hatte tiefere Gründe. Über den Holocaust in reiner Chronistenmanier etwas aufzuschreiben, war dem Angesprochenen unmöglich. Das erfahrene Grauen hatte eine Dimension, der sich das bloß berichtende Wort verweigerte. Die dem überlebenden Juden auf der Seele brennenden Fragen von Schuld und Sühne, von Moral und Ethik ließen sich nicht in die Raster gewohnter Historie pressen.

So gravierend die unterschiedlich motivierten Vorbehalte waren, auf die Heffter und seine Mitarbeiter bei verfolgten Kommunisten wie bei überlebenden Juden trafen, empfindlicher noch wirkte sich in der täglichen Arbeitspraxis der Forschungsstelle aus, daß viele der Täter, die aktiv an der Durchsetzung der NS-Herrschaft beteiligt gewesen waren, nur äußerst schwer oder gar nicht zu Äußerungen über die jüngste Vergangenheit zu bewegen waren. Um einen Begriff von dieser Schwierigkeit zu geben, sei exemplarisch der Amtmann i. R. Paul Wagner zitiert, den Schottelius um Auskunft über seine im letzten Kriegsjahr ausgeübte Tätigkeit beim Hamburger Reichsverteidigungskommissar Kaufmann gebeten hatte. Unter dem Datum des 4. November 1954 antwortete Wagner auf die Anfrage[109]:

„Auf Ihr Schreiben vom 2. d. M. teile ich Ihnen mit, daß ich selbstverständlich jederzeit bereit bin, bei Ihnen zwecks Besprechung über die von Ihnen angeschnittene Frage vorzusprechen.

Ich muß aber vorsorglich darauf hinweisen, daß Sie voraussichtlich über das Ergebnis sehr enttäuscht sein werden, da ich es seinerzeit pflichtgemäß durchaus vermieden habe, mir über die damaligen Ereignisse irgendwelche Aufzeichnungen zu machen, und außerdem nach dem grauenhaften Zusammenbruch mich ganz bewußt bemüht habe, die kritische Zeit nach Möglichkeit ganz aus meinem Gedächtnis zu löschen."

Auf solche „Gedächtnisauslöschung" stieß die Forschungsstelle in zahlreichen Fällen, auch wenn das Schweigen nicht immer einen so subalternen Duktus hatte. Die Gründe für die Verschlossenheit sind mit Sicherheit vielschichtig gewesen; in den „Berichten über vorläufige Forschungsergebnisse" finden sich dafür vielfältige Anhaltspunkte. Am häufigsten wird von der Sorge NS-belasteter Zeitzeugen berichtet, man wolle sie zu ihrem Nachteil „aushorchen". Auch wenn die Forschungsstelle sich frei von solchen Absichten wußte, so war doch stadtbekannt, daß es am Hamburger Staatsarchiv im Zusammenhang mit dem geplanten Prozeß gegen Karl Kaufmann zur gerichtlichen Beschlagnahme eines privaten Depositums gekommen war; es handelte sich dabei um das Tagebuch des einstigen NS-Bürgermeisters Carl Vincent Krogmann, das dieser nach dem Kriege dem Staatsarchiv mit der Auflage anvertraut hatte, daß er allein verfügungsberechtigt bleibe. Dieser Eingriff war gewiß ein Einzelfall, aber er beleuchtete die psychologische Situation, die auf Grund der noch laufenden NS-Prozesse bestand.

Die Auswirkungen auf die Arbeit der Forschungsstelle beschreibt Heffter in einem Bericht vom 26. Februar 1951[110]:

„Insbesondere die noch schwebenden politischen Prozesse schaffen bei manchen wichtigen Zeugen der Hitlerzeit persönliche Hemmungen, die oft nicht oder nur schwer zu überwinden sind. Die Prozesse fördern gewiß ein auch historisch sehr wertvolles Material zutage; aber es läge doch im Interesse der Forschungsarbeit, wenn diese Prozesse in absehbarer Zeit abgeschlossen würden. Auf alle Fälle läßt die gespannte Atmosphäre der Gegenwart für die Forschungsstelle immer noch viel Vorsicht und Diskretion ratsam erscheinen."

Noch ein Jahr später dauerten die Schwierigkeiten an. So heißt es in einem Bericht vom 25. April 1952[111]:

„Die hamburgische Vorsicht und Zurückhaltung geht oft bis zu einem durchaus unberechtigten Mißtrauen, das immer wieder zu spüren ist, als ob die Forschungsstelle im Dienst politischer Propaganda oder der Staatsanwaltschaft oder auch des Staatssicherheitsamtes oder sogar des Secret Service arbeite. Am meisten hat dazu m. E. beigetragen, daß das Verfahren gegen den ehemaligen Gauleiter Kaufmann noch nicht abgeschlossen ist."

Den angesprochenen Zeitzeugen ging es durchaus nicht immer nur um Befürchtungen, die sich unmittelbar auf die eigene Person bezogen. Ebenso häufig spielte die Scheu eine Rolle, womöglich anderen zu schaden. Charakteristisch hierfür ist ein Vorgang, der die Benutzung des erwähnten Krogmann-Tagebuches betrifft. Am 30. Dezember 1953 berichtet Heffter, es sei ihm in einem Gespräch gelungen, Krogmanns Einwendungen gegen die Verwendung seines Materials bei Veröffentlichungen auszuräumen; Bedingung sei allerdings gewesen, daß nicht *„noch lebende Persönlichkeiten der hamburgischen Geschichte dadurch in ungünstiges Licht gerückt, also belastet würden"*[112]. Auflagen solcher Art waren nicht selten mit der Überlassung privaten Quellenmaterials verbunden. In Berichten vom 7. November 1951 und 5. September 1953 nennt Heffter ausdrücklich umfängliche Unterlagen aus dem Privatarchiv von Emil Helfferich, dem Aufsichtsratsvorsitzenden der HAPAG in der NS-Zeit und Mitglied im „Freundeskreis Himmler", sowie von dem einstigen Gaurichter Dr. Ferdinand Korn und dem ehemaligen SA-Führer Alfred Conn – durchgehend mit der Verpflichtung übergeben, *„es gar nicht zu veröffentlichen oder mindestens, falls einmal die Absicht vorliegen sollte, die ausdrückliche Genehmigung des Eigentümers einzuholen"*[113]. An diese in den Berichten gegebene Information fügt Heffter die bemerkenswerte und doch zugleich problematische Feststellung: *„Die Bereitschaft der Forschungsstelle, auf solche Bedingungen einzugehen, ist eine wesentliche Grundlage für ihren wachsenden wissenschaftlichen Kredit."*

Soweit die Schwierigkeiten der Quellensicherung mit Rückwirkungen der NS-Prozesse verknüpft waren, suchte die Forschungsstelle den bestehenden Befürchtungen auch dadurch Rechnung zu tragen, daß sie gegenüber Dritten nicht nur von den einschlägigen Quellen, sondern auch von daraus gewonnenen Forschungsergebnissen nur mit größter Zurückhaltung Gebrauch machte. Beispielhaft sei ein Spezialbericht genannt, den Schottelius 1953 über das berüchtigte „Sonderkommando Kraus" gefertigt hatte. Da darin gerichtsrelevante Fakten enthalten waren, bat Heffter darum, gerade diesen Bericht besonders vertraulich zu behandeln, *„auch um den notwendigen Abstand zwischen Geschichtsforschung und Justiz zu wahren"*[114].

Probleme beim Umgang mit NS-Zeitzeugen gab es nicht nur wegen justizieller Rücksichten; mehr noch bestanden bei vielen Betroffenen Hemmnisse im emotional-moralischen Bereich. Auch wenn die hier liegenden Schwierigkeiten in den Berichten der Forschungsstelle weniger konkret in Erscheinung treten, so waren sie doch Heffter und seinen Mitarbeitern sehr wohl bewußt. In einem Vortrag, den Heffter am 21. Januar 1953 vor hamburgischen Geschichtslehrern hielt, sprach er von der Notwendigkeit, sich über das Justizielle hinaus mit der moralischen Belastung, die das NS-Regime hinterlassen hatte, umfassend auseinanderzusetzen. In diesem Zusammenhang äußerte er[115]:

„Aber die inneren Widerstände gegen eine solche Auseinandersetzung sind groß, es scheint, daß sie immer größer werden. Freilich haben wir genug schwere Lasten zu tragen, und es ist deshalb wohl eine natürliche Neigung, so schlimme Erinnerungen zu verdrängen. Ich meine dabei die ganze Nation, nicht etwa nur die mehr oder weniger große Zahl derer, die persönlich jede Entnazifizierung als peinlich empfinden. Wenn aber auch der starke Wunsch zu vergessen begreiflich sein mag, so ist es uns doch schwerlich erlaubt, diesem Wunsch einfach nachzugeben, schon weil man im Ausland viel weniger bereit ist, zu vergessen – und unsere Existenz hängt doch von der Rückkehr in die Völkergemeinschaft ab, von der Wiederherstellung friedlicher und freundlicher Beziehungen zu den vom Nationalsozialismus heimgesuchten Nachbarvölkern; es kommt hinzu, daß die unbelehrbaren Anhänger Hitlers ihrerseits nicht schweigen, sondern an der Legendenbildung eines Neofaschismus spinnen; vor allem aber muß doch das deutsche Nationalbewußtsein, wenn es endlich ein sicheres, von Ressentiments und unbeherrschten Leidenschaften freies Gleichgewicht erlangen will, mit der eigenen Vergangenheit ins Reine kommen."

„Mit der eigenen Vergangenheit ins Reine kommen" – zu dieser großen Aufgabe beizutragen, hatten sich auch Heffter und seine Mitarbeiter zum Ziel gesetzt. Überblickt man die tatsächliche Wirkung der Forschungsstelle, so kommt man zu einer recht skeptischen Beurteilung. Das Quellenmaterial, das aufzuspüren und zu sammeln der Forschungsstelle gelang, blieb angesichts der ungünstigen Zeitumstände höchst lückenhaft; man sieht dem Inhalt der Sammelmappen an, wie zufällig vieles zusammengekommen war. Die Auswertung des Materials geriet, wie man den 15 „Berichten über vorläufige Forschungsergebnisse" entnehmen kann, kaum über Ansätze hinaus. Editionen oder darstellende Veröffentlichungen unterblieben gänzlich – unter anderem aus Sorge vor negativen Rückwirkungen auf das ohnehin schwierige Geschäft der Quellensicherung.

Von den einstigen Mitarbeitern der Forschungsstelle war Berthold Biermann bereis 1951 ausgeschieden. Heffter war 1954 nach Braunschweig berufen worden, Dr. Hassbargen war 1955 gestorben und Dr. Schottelius war 1956 in den Bundesdienst übergetreten. Über die noch im selben Jahr verfügte Schließung der Forschungsstelle heißt es in einer späteren Mitteilung des Senats an die Bürgerschaft[116]: *„Mit dem Ausscheiden von Dr. Schottelius war die Forschungsstelle ohne Fachkräfte und mußte ihre Tätigkeit einstellen, da es trotz aller Bemühungen nicht gelang, wissenschaftlich bewährte Kräfte für die Arbeit zu gewinnen."* Man kann, wenn man die floskelhafte Rechtfertigung gegenüber der Bürgerschaft beiseite läßt, den Sachverhalt auch so beschreiben: Die Stadt unterließ es, Abgänge an der Forschungsstelle zu ersetzen, und führte so die schrittweise Einstellung der Arbeit herbei.

So unzureichend die Unterstützung durch die Stadt war, die Ursachen für die Schwierigkeiten der ersten zeitgeschichtlichen Forschung in Hamburg sind komplexer. Unsere Untersuchung hat uns in Zonen des Schweigens geführt, die auf tiefe Kommunikationsstörungen innerhalb der Nachkriegsgesellschaft weisen. Der unvermittelte Bruch zwischen dem Gestern und dem Heute, die schmerzhaften Risse in den Lebensgeschichten, die Spannung zwischen Opportunität und Erinnerung – alles dies hat die notwendige Vergangenheitsarbeit belastet und schließlich scheitern lassen.

Erst vier Jahre später gelang in Hamburg die Etablierung einer zeitgeschichtlichen Arbeitsstätte, die dauerhaften Bestand hatte. Die auf Beschluß der Bürgerschaft zum 1. April 1960 wieder errichtete und von Dr. Werner Jochmann geleitete „Forschungsstelle für die Geschichte des Nationalsozialismus in Hamburg" übernahm die in der Vorgängereinrichtung zusammengetragenen Materialien, ansonsten aber handelte es sich um eine Neugründung[117]. Mit ihr beginnt erst eigentlich die systematisch und zugleich kontinuierlich betriebene zeitgeschichtliche Forschung in Hamburg.

Abb. 26: Schramm zwischen den Altbürgermeistern Kurt Sieveking (links)
und Max Brauer (rechts) in Hamburg, 1966

Percy Ernst Schramm
Ein Sonderfall in der Geschichtsschreibung Hamburgs

Unter den Hamburg-Historikern des 20. Jahrhunderts ist Percy Ernst Schramm (1894–1970) die am meisten ins Auge fallende Gestalt. Kein neuerer Autor hat das geschichtliche Bild der Hansestadt so nachhaltig geprägt, keiner erreichte mit seinen Darstellungen eine so große, über das Hamburger Publikum hinausreichende Leserschaft. Die Resonanz hatte Gründe: Schramm schrieb nicht aus der Retorte rein akademischer Gelehrsamkeit. Der mit der Stadt an der Elbe seit Kindheit Vertraute verleugnete nicht den Stolz des traditionsbewußten Hamburgers. Etwas davon übertrug sich auf seine Diktion: Er wußte mit Kraft und Selbstbewußtsein zu erzählen, ja, für seinen Gegenstand zu werben. Zudem gab er seinen hamburgischen Arbeiten dadurch überregionales Interesse, daß er sie in die Zusammenhänge deutscher wie überseeischer Geschichte einordnete. Wie kaum ein anderer stellte er sich zur Aufgabe, Hamburgs Anspruch, „Tor zur Welt" zu sein, zu einem Thema der Geschichtsschreibung zu machen.

Was aus hamburgischer Sicht ehrgeizig erscheint, nimmt in Schramms wissenschaftlichem Gesamtwerk einen gewichtigen, aber doch zweiten Platz ein. Sein Renomee als Historiker verdankte er gelehrten Leistungen auf anderem Gebiet. Sowohl seine Dissertation als auch seine Habilitation wiesen ihn als Mediävisten aus, dessen methodisches Interesse der mittelalterlichen Ideengeschichte und Ikonologie galt. Auf Grund der auf diesem Forschungsterrain vorgelegten Publikationen wurde er 1929 an die Universität Göttingen berufen. Die Erforschung des Mittelalters, insbesondere seiner Herrschaftszeichen, blieb seither das Feld, dem er den größten Teil seiner Arbeitskraft zuwandte. Noch bis in seine letzten Jahre lag hier der Schwerpunkt seines wissenschaftlichen Wirkens[1].

Frühe Studien

Im Unterschied zu seiner bereits Anfang der zwanziger Jahre einsetzenden reichen Produktion auf mediävistischem Gebiet sind Schramms große Hamburg-Bücher allesamt erst in späteren Jahren entstanden. Es wäre voreilig, wollte man daraus schließen, das hamburggeschichtliche Interesse des Autors datiere erst aus seiner zweiten Lebenshälfte. Es handelte sich nicht um späte Liebe, vielmehr gehörte Schramms Passion schon in Schülertagen der hanseatischen Geschichte. Geweckt worden war sie durch die frühe Beschäftigung mit der Vergangenheit seiner eigenen, in Hamburg seit 1675 ansässigen Familie[2]. Sein Interesse schlug sich in ausgedehnten genealogischen Studien nieder, deren Ergebnisse der gerade Zwanzigjährige in dem 1914 erschienenen fünften Band des „Hamburger Geschlechterbuches" veröffentlichte[3]. Auch in den folgenden Jahren, als er sich im Hinblick auf seine ins

Auge gefaßte wissenschaftliche Karriere ganz überwiegend mit mittelalterlichen Themen befaßte, verfolgte er seine familiengeschichtlichen Forschungen weiter. 1921 erschien das von ihm gemeinsam mit Ascan W. Lutteroth erarbeitete „Verzeichnis gedruckter Quellen zur Geschichte hamburgischer Familien" (rund 2000 Titel!)[4]. 1927 veröffentlichte er im siebten Band des „Hamburger Geschlechterbuches" weitere Untersuchungsergebnisse zur Herkunft seiner väterlichen und mütterlichen Vorfahren[5].

Es scheint zunächst ein unvermittelter Sprung von den rein genealogischen Studien seiner frühen und mittleren Jahre zu der Problemweite seiner späteren Hamburg-Bücher. Ein Blick in den Nachlaß Schramms zeigt jedoch, daß er schon mit seinen ersten genealogischen Arbeiten Absichten verfolgte, die auf strukturelle historische Zusammenhänge zielten. Von besonderem Interesse ist in dieser Hinsicht ein „Die Genealogie als Wissenschaft" überschriebener Text, den er 1917 als Soldat in einer Pause des Kriegsgeschehens zu Papier brachte. Der Verfasser führt darin aus, daß Forschungen, die der Geschichte der eigenen Vorfahren dienen, als solche nicht schon Wissenschaftscharakter für sich geltend machen können. Wissenschaftliches Interesse komme genealogischer Arbeit erst unter einer Fragestellung zu, in deren Mittelpunkt soziale Kollektive stehen: *„Wenn ich diese Anschauung über die kollektiven Erscheinungen habe, kann ich manchmal Nutzen aus den singulären ziehen. Ist der vorliegende singuläre Fall nämlich ein Typus, so ist er nur ein Stellvertreter für eine Reihe übriger gleicher Fälle. ... Folgerung ist also, daß die Genealogie vom kollektivistischen Standpunkt ausgehen muß und daß die Erforschung einer an und für sich singulären Erscheinung keine wissenschaftliche Tätigkeit ist, daß sie es nur werden kann, wenn man diese singuläre Erscheinung in einen größeren Rahmen setzt."*[6]

Als Anstoß für sein Interesse an „*kollektiven Erscheinungen*" hat Schramm später die Schriften von Werner Sombart und Max Weber genannt[7]. Was ließ ihn gerade diese Autoren so nachhaltig aufnehmen? Warum schloß er sich nicht an stärker preußisch ausgerichtete Historiker wie Erich Marcks oder Max Lenz an, denen er in Hamburg schon als Schüler begegnete?[8] Geht man solcher Frage nach, stößt man auf spezifisch hansestädtische Erfahrungen, die seiner historischen Orientierung zugrundelagen.

Zu den Besonderheiten der gehobenen Hamburger Gesellschaft – und Schramms Familie zählte zu ihr – gehörte ihre feste Einbindung in ein stadtbürgerliches Gemeinwesen. So sehr man im geschäftlichen Leben miteinander konkurrierte, ein ungeschriebener Komment gebot, nicht ungebührlich aus der Reihe zu treten. Protzenhaftes Gebahren paßte in diese Welt nicht.

Man war nicht bloßer Einzelkämpfer, sondern „Bürger". Nicht zufällig notierte sich Schramm als Schüler einen Satz aus Goethes „Wilhelm Meister", der dem Korpsgeist Hamburgs wie auf den Leib geschnitten schien: *„Ich freute mich nun, so wenig hervorstechende Originalität unter meinen Landsleuten zu finden; ich freute mich, daß sie eine Richtung von außen anzunehmen nicht verschmähten"*.[9]

Vor dem Hintergrund solcher „Bürger"-Prägung wird der besondere sozialgeschichtliche Akzent erklärlich, mit dem Schramm schon früh sein historisches Interesse begründete. In einem an die Eltern gerichteten Brief von 1911 heißt es: „*... Und zwar interessiert mich das bürgerliche Leben (nicht das adlige, das mir sehr fern liegt), auch nicht so das rein Politische, sondern was dahinter liegt*".[10] In einer während des Ersten Weltkrieges entworfenen Skizze über „Hamburgs Geschichtsschreiber" nimmt er das spezifisch Hamburgische seiner Betrachtungsweise als Thema erneut auf: „*In Hamburg – als einer Republik – tritt das Individuum hinter der Masse zurück. Deshalb ist die Frage zu beachten, ob und wer das Einwirken der Masse beobachtet und ob man Hinneigung zu materialistischer Auffassung feststellen kann.*"[11]

Für Schramm war kein Widerspruch, die Rolle der Masse in der hansestädtischen Geschichte zu betonen und zugleich den eigenen bürgerlichen Vorfahren nachzuforschen. Wenn er von der Rolle der „Masse" in der Hansestadt sprach, dann waren damit nicht die im alten Hamburg seit jeher von der politischen Mitwirkung ausgeschlossenen Unterschichten gemeint, sondern die Masse der das Gemeinwesen verfassungsmäßig tragenden Bürger. In der Tat nahmen diese ihre republikanischen Rechte nicht als Individuen, sondern als Staatsvolk wahr: als Bürgerschaftsmitglieder, als Commerzdeputierte, als Waisenhausprovisoren, als Klosterbürger, als Oberalte, als Mitglieder des Senatskollegiums. Wie selbstverständlich handelte es sich dabei um denselben Personenkreis, der auch in Hamburgs Wirtschaft das Sagen hatte: Kaufleute, Schiffseigner, Börsenmakler, Gewerbetreibende, Juristen – also Angehörige jener Familien, denen Schramm selbst entstammte und deren Herkünften er seine frühen genealogischen Studien widmete.

Wie dargelegt, war dem jugendlichen Familienforscher der Einzelfall „*nur ein Stellvertreter für eine Reihe übriger gleicher Fälle*". Diese auf „Typisches" gerichtete sozialgeschichtliche Intention nahm in seinem Kopf zunehmend konkrete Gestalt an. Wie er sich ein auf Hamburg bezogenes Großprojekt dachte, geht aus einem Brief hervor, den der gerade nach Göttingen Berufene im Oktober 1929 an seinen Hamburger Freund Otto Westphal richtete[12]. Der Schreiber knüpft darin an Gespräche an, die die beiden über das Desideratum einer „Hamburger Biographie" geführt hatten. Es wird beklagt, daß das in der zweiten Hälfte des 19. Jahrhunderts entstandene „Lexikon der hamburgischen Schriftsteller" gerade jene Menschen nicht erfasse, denen die Hafenstadt ihre hervorragende Stellung verdanke: die Kaufleute. Angesichts so ungleicher Forschungslage hält Schramm ein gestuftes Vorgehen für geboten. Zunächst sollte man in privaten Wirtschaftsarchiven systematisch auf Quellensuche gehen und auf dieser Grundlage Firmenbiographien schreiben. Erst nach solcher Vorarbeit sei an das Gesamtprojekt einer „Hamburger Biographie" zu gehen – nun mit der Chance, neben dem geistigen vor allem das handeltreibende Hamburg angemessen zu erfassen.

Auch wenn seinerzeit aus dem Plan in der konzipierten Form nichts geworden ist, die Grundidee, Hamburg-Geschichte in erster Linie als Kaufmannsgeschichte zu begreifen, hat Schramm festgehalten; sie liegt allen seinen späteren Hamburg-Büchern zugrunde. Als paradigmatisch interpretiertes Material dienten ihm dabei zum großen Teil die Quellen aus dem eigenen Familienarchiv, eine Konstellation, die – wie zu zeigen sein wird – ihren Reiz, aber auch ihre Gefahren hatte.

„Der deutsche Anteil an der Kolonialgeschichte bis zur Gründung eigener Kolonien"

Von den hamburggeschichtlichen Plänen, mit denen Schramm sich trug, ließ seine den Leser erreichende wissenschaftliche Arbeit noch lange nichts ahnen. Auch in den nächsten Jahren galten seine Veröffentlichungen fast ausschließlich mediävistischen Themen. Erst Anfang 1939 legte er zum ersten Mal eine kleinere Darstellung vor, die aus seinem persönlichen Hamburg-Archiv geschöpft war: „Die Geschichte der Familie Oswald – O'Swald". Der Text war Teil einer von dem Hamburger Wirtschaftshistoriker Ernst Hieke verfaßten Monographie „Zur Geschichte des deutschen Handels mit Ostafrika. Das hamburgische Handelshaus Wm. O'Swald & Co. 1: 1831–1870"[13]. Die O'Swalds gehörten zu den mütterlichen Vorfahren Schramms; doch daß es um mehr als Familiengeschichte ging, zeigt schon der Veröffentlichungsrahmen. Die Arbeit erschien als Band 1 einer neu begründeten Reihe „Forschungen zur hamburgischen Wirtschafts- und deutschen Außenhandelsgeschichte". Gemeinsames Anliegen von Schramm und Hieke war, am Beispiel der Firma O'Swald die Verdienste der Hamburger um die frühe kommerzielle Erschließung Afrikas herauszustellen.

Es fällt auf, daß die Gemeinschaftsarbeit der beiden Autoren zu einem Zeitpunkt erschien, als in Deutschland die Kolonialfrage wieder politische Aktualität gewann. Zwei Jahre zuvor hatte Hitler in mehreren Reden die ehemaligen deutschen Kolonien zurückgefordert. Seither war es zu einer Welle von Aktivitäten gekommen. In Hamburg war 1938 das einstige Kolonialinstitut wiedererrichtet und im Jahr darauf die „Hansische Universität" zu einem Mittelpunkt kolonialer Forschung und Lehre bestimmt worden[14]. Insgesamt stieg die Zahl kolonialwissenschaftlicher Veröffentlichungen sprunghaft an. Auch die Ostafrika-Studie von Hieke und Schramm gehört in diesen Publikationsboom.

Deutlicher noch wird der aktuelle Zeitbezug bei einem kolonialhistorischen Vortrag, den Schramm im Wintersemester 1938/39 gehalten hat. Die Universität Göttingen führte damals eine kolonialwissenschaftliche Vorlesungsreihe durch, in deren Rahmen Schramm den Part des Historikers übernahm. Der von ihm unter dem Titel „Der deutsche Anteil an der Kolonialgeschichte bis zur Gründung eigener Kolonien" konzipierte Vortrag ist anschließend zusammen mit dem Beitrag des Völkerkundlers Hans Plischke von der Göttinger Akademie der Wissenschaften in ihren „Nachrichten" veröffentlicht worden[15].

Ganz im Sinne der neu entfachten Kolonialdebatte spricht Schramm von dem Deutschland angetanen „*Raub der Kolonien*"[16]. Er weist darauf hin, mit welch zweifelhaften Argumenten das Ausland schon vor 1914 die deutsche Kolonialverwaltung diffamiert habe, und fährt dann fort: *„Zu ihrer Rechtfertigung braucht heute kein Wort mehr verschwendet zu werden. Nur daran ist zu erinnern, daß die Engstirnigkeit und Verständnislosigkeit, auf die in der Heimat die Kolonialverwaltung bei den links gerichteten Parteien stieß, diesen scheinheiligen Vorwürfen Vorschub geleistet hat."*[17] Wie in dem Ostafrika-Buch hebt Schramm auch in seinem Göttinger Vortrag die dem staatlichen Handeln vorausgehende koloniale Tätigkeit der Hamburger hervor, wobei er besonders die Godeffroys, Woermanns und O'Swalds nennt. Ihre Pionierarbeit, so schließt er nicht ohne Stolz, habe vorbereitet, daß seit Bismarcks Kolonialerwerb *„Deutsche über See auf deutschem Boden leben konnten."*[18] Schramms Beteiligung an der kolonialwissenschaftlichen Vorlesungsreihe fügte sich in die von Berlin geführte politische Regie. Gleichwohl bleibt die Frage, welche Schlüsse daraus über den Grad der Identifikation seines Kolonialinteresses mit dem NS-Regime gezogen werden können. Wir lassen die Frage zunächst offen, um sie später noch einmal aufzunehmen.

Inkubationszeit

Die beiden Vorträge waren noch nicht im Druck erschienen, da wurde Schramm im Herbst 1939 als Reserveoffizier reaktiviert. Seine Tätigkeit als Hochschullehrer war damit für lange Zeit unterbrochen. Während der Kriegsjahre diente er in verschiedenen Stäben, zuletzt im Range eines Majors als Kriegstagebuchführer im Wehrmachtführungsstab. Nach der deutschen Kapitulation blieb er noch fast eineinhalb Jahre in alliierter Internierungshaft, um bei den Nürnberger Prozessen als ehemaliger Kriegstagebuchführer für Auskünfte verfügbar zu sein. Im Oktober 1946 kehrte er nach Göttingen zurück, doch die Wiederaufnahme seiner Lehrtätigkeit wurde ihm von der britischen Besatzungsmacht zunächst verwehrt. Erst Ende 1948 wurde ihm der Lehrstuhl wieder zuerkannt, den er 1939 mit Beginn des Krieges hatte verlassen müssen[19].

Anders als man annehmen sollte, hat während der Jahre von 1939 bis 1948 zwar Schramms Lehr-, nicht aber seine Autorentätigkeit geruht. Es scheint vielmehr, als seien die veränderten Umstände für ihn ein Ansporn gewesen, in freien Tag- und Nachtstunden die Realisierung der hamburggeschichtlichen Projekte nachzuholen, die er bisher zurückgestellt hatte. Mit einigem Recht läßt sich sagen, daß jene Jahre für Schramm zur eigentlichen Inkubationszeit seiner hanseatischen Geschichtsschreibung wurden. Entstehungsgeschichtlich gehen seine großen Hamburg-Monographien – sie umfassen insgesamt mehr als 3000 Seiten – durchweg auf seine seit 1939 eingetretene akademische Zwangspause zurück.

Evident ist dies bei der ersten bedeutenden Darstellung, die noch während des Krieges erschien: „**Hamburg, Deutschland und die Welt**" (1943). Kurz nach dem Krieg kam die von ihm zusammengestellte Quellensammlung „**Kaufleute zu Haus und über See. Hamburgische Zeugnisse des 17., 18. und 19. Jahrhunderts**" (1949) heraus. Von seinem 1950 veröffentlichten Buch „**Deutschland und Übersee**" wissen wir, daß es im Manuskript bereits bei Kriegsende so gut wie abgeschlossen war[20]. Auch das 1963/64 publizierte zweibändige Werk „**Neun Generationen**" lag schon 1948 in einer Rohfassung vor. Selbst die letzte seiner vaterstädtischen Monographien „**Gewinn und Verlust**" (1969) ist nach Schramms eigener Aussage mit den anderen Hamburg-Büchern zeitlich parallel entworfen worden.

„Deutschland und Übersee"

Für den heutigen Leser ist verblüffend, daß innerhalb der von 1939 bis 1948 reichenden Zeitspanne, in der Schramms große Hamburg-Bücher entstanden oder konzipiert wurden, das Jahr 1945 keine sichtbare historiographische Zäsur bildet[21]. Das Phänomen verdient genauere Betrachtung. Als Exempel eignet sich seine kolonialgeschichtliche Darstellung „**Deutschland und Übersee**" geschrieben vor 1945, überarbeitet erschienen 1950. Das Buch trägt den Untertitel: „**Der deutsche Handel mit den anderen Kontinenten, insbesondere Afrika, von Karl V. bis zu Bismarck. Ein Beitrag zur Geschichte der Rivalität im Wirtschaftsleben.**"

Mit dem Stichwort „Rivalität" zielte der Autor auf das durch die deutsche Kolonialpolitik strapazierte Verhältnis zu England – ein Gegenstand, der dem einer Hamburger Kaufmannsfamilie Entstammenden besonders vertraut war. Aus hanseatischer Sicht stellte sich die Beziehung zu England als vor allem von außenwirtschaftlichen Interessen bestimmt dar. Gerade weil man im übrigen Deutschland mit Außenhandelsproblemen weniger Umgang hatte, hielt man sich in der Hansestadt für verpflichtet und berechtigt, den über lange Generationen erworbenen Erfahrungsschatz an ein größeres deutsches Publikum weiterzugeben. Diesen Standpunkt hatte Schramm aus seiner Vaterstadt ererbt, ihn verleugnete er selbst während des „Dritten Reiches" nicht, wie Zitate aus damaliger Zeit ausweisen. Das Bewußtsein, in dieser Hinsicht ein gesichertes Urteil zu haben, erklärt zu einem guten Teil das Selbstgefühl, mit dem Schramm an den Grundzügen des Manuskriptes von „Deutschland und Übersee" festhielt. Natürlich schloß dies nicht aus, in der Druckfassung von 1950 unabweisbare Anpassungen vorzunehmen, so die Klarstellung, daß es nicht darum gehen könne, dem Verlust der deutschen Kolonien nachzutrauern[22]. Aber grundsätzlich hatte für ihn die auf weltweiten Handel gegründete historische Erfahrung der Hanseaten ihren Kurswert behalten.

Abb. 27: Schramm als akademischer Lehrer in Göttingen, Winter-Semester 1956/57

Für Schramm war 1945 das „Dritte Reich" mit Schmach untergegangen, nicht aber das Weltbild, mit dem er aufgewachsen war. Zu diesem Weltbild gehörte ganz selbstverständlich der kolonisatorische Anspruch, mit dem Hamburger Kaufleute nach Südamerika, Schwarzafrika oder auch Südostasien gegangen waren. Schramm selbst war in seinem Elternhaus umgeben gewesen von Erinnerungsstücken, die seine Vorväter aus ihrer überseeischen Handelstätigkeit mitgebracht hatten. Ihr Andenken hielt er als Beispiel für hanseatischen Wagemut hoch und suchte das Gedächtnis daran den Späteren zu erhalten.

Die Familienüberlieferung, aus der heraus Schramm schrieb, gab ihm Quellen an die Hand, mit deren Hilfe er den frühen Hamburger Kolonialhandel höchst anschaulich darstellen konnte. Zugleich hat ihm solche „Nähe" aber doch auch erschwert, die dem Historiker notwendige Distanz zu seinem Gegenstand herzustellen. Die Quellenzeugnisse in „Deutschland und Übersee" zeigen, daß Schramms Darstellung vorwiegend auf Familienpapieren beruht, die nach Mexiko und Brasilien, vor allem aber nach Afrika führen. In Mexiko hatte sein Urgroßvater Justus Ruperti von 1822 bis 1827 kaufmännische Aktivitäten entfaltet. In Brasilien ging es um eine in das Jahr 1827 datierende hanseatische diplomatische Mission zum Abschluß eines Handelsvertrages, an der sein Urgroßvater Adolph Schramm teilgenommen hatte. Bei den besonders reichlich fließenden Zeugnissen, die nach Schwarzafrika wiesen, handelte es sich in erster Linie um Geschäftspapiere seiner mütterlichen Vorfahren O'Swald. Auch wenn er auf diese Quellen teilweise schon früher verwiesen hatte, so war er doch bisher nur am Rande auf den größeren kolonialgeschichtlichen Zusammenhang eingegangen. Diese Einordnung holte er nun nach. Dem Leser wollte er auf diese Weise ein Bild nicht nur von einzelnen hanseatischen Kolonialunternehmungen, sondern von den deutschen Überseeaktivitäten insgesamt vermitteln.

Heute dürften weniger die von Schramm im einzelnen ausgebreiteten Kenntnisse interessieren. Wohl aber ist inzwischen seine Darstellung selbst zur Quelle geworden, die Auskunft über die Sichtweise eines Historikers gibt, dessen geistige Wurzeln noch in die Zeit des deutschen Kolonialismus zurückreichen. Ausgangspunkt sei ein für Schramms Urteilsbildung aufschlußreiches Beispiel: Die Hamburger Firma Wm. O'Swald war seit den 40er Jahren des 19. Jahrhunderts im ostafrikanischen Sansibar und im westafrikanischen Lagos und Palma tätig gewesen. Schramm berichtet, wie die Firma über zwei Jahrzehnte Kaurimuscheln von der Ost- zur Westküste transportierte und sie dort gegen einheimische Produkte eintauschte, die anschließend auf dem europäischen Markt verkauft wurden[23]. Zum Verständnis des Vorgangs muß man wissen, daß an der westafrikanischen Küste seit alters die dort nur in begrenzter Menge verfügbaren Kaurimuscheln als Währung dienten. Indem nun die Firma Wm. O'Swald tonnenweise Kaurimuscheln von den im Indischen Ozean gelegenen Seychellen über Sansibar nach Lagos und Palma einschleuste, verschaffte sie sich die Möglichkeit, in Westafrika ohne realen Gegenwert fast beliebig viel an Palmöl oder Elfenbein einzukaufen. Von der offensichtlichen Mißbräuchlichkeit solcher Praktik abgesehen, ruinierte das für die Firma Wm. O'Swald überaus gewinnträchtige Geschäft auf die Dauer das westafrikanische Währungssystem – auch wenn Schramm dies nicht recht einräumen will. Für ihn blieb die Transaktion ein Geschäft, das segensreich zur handelspolitischen Erschließung Westafrikas beigetragen habe.

Nicht anders als die O'Swaldschen Vorfahren waren in Schramms Augen die ersten deutschen Afrika-Pioniere insgesamt „ehrbare Kaufleute", die sich vorteilhaft von jenen skrupellosen Geschäftemachern unterschieden, die sich in älteren Zeiten am Sklavenhandel bereichert hatten: *„Die deutschen Kaufleute eroberten ihre Stellung einzig und allein durch reellen und nicht durch Sklavenhandel. Auf dem Anfang ihrer Tätigkeit liegt nicht jener Schatten, der auf der Kolonialpolitik der übrigen, von Anfang an an Afrika beteiligten Nationen z. T. bis in die Mitte des 19. Jahrhunderts lagert."*[24] Die Argumentation liest sich wie eine historische Gegenrechnung: Die Siegermächte von 1918, die den Deutschen ihre Kolonialfähigkeit und -würdigkeit abgesprochen hatten, sah er im Buch der Geschichte mit der Verantwortung für die Tragödie des Sklavenhandels belastet. Mit Hilfe solcher Rückerinnerung schuf Schramm die Folie, vor der er die deutschen Kolonialkaufleute in ein helles Licht rückte – ein historiographisches Verfahren, dessen apologetische Funktion unübersehbar ist.

Den Sklavenhandel wertete Schramm als gravierende Hypothek, nicht den Kolonialismus selbst. Im Gegenteil: Er wird nicht müde zu unterstreichen, daß den Europäern in Afrika legitimerweise eine koloniale Mission zukam. An ihr sich zu beteiligen, stand in seinen Augen den Deutschen des zurückliegenden Jahrhunderts nicht weniger zu als den Engländern, Franzosen, Spaniern oder Portugiesen. Für ihn stand außer Zweifel, daß unbeschadet des Vorsprungs der westeuropäischen Nationen die eigenen Vorväter grundsätzlich einen gleichen Anspruch auf Landnahme in Afrika hatten. Es kam für die Deutschen nur darauf an, Areale auf dem schwarzen Kontinent zu erschließen, die noch *„herrenlos"*[25] waren. Bei solcher Terminologie ist wie selbstverständlich ausgeschlossen, den Afrikanern selbst oder ihren angestammten Regenten könnten Territorialrechte zustehen. Gebiete, die noch nicht von einer europäischen Macht in Besitz genommen waren, werden vom Verfasser in Übernahme der Kolonialherrensprache durchgehend als für deutschen Zugriff verfügbares *„Niemandsland"*[26] bezeichnet.

Derselben Perspektive folgt Schramm auch in kultureller Hinsicht. Afrika – so wie es die Europäer insbesondere an der Westküste vorfanden – das war für ihn der Inbegriff der Barbarei: *„Nirgendwo sonst gab es einen gleich teuflischen Bund zwischen Sadismus, Bestialität, Orgiasmus und magischem Irrglauben."*[27] Die Drastik solcher Bewertung zuspitzend spricht er von *„in Menschenopfern schwelgenden Negern"*[28] oder von im Innern Afrikas herrschender *„viehischer, orgiastischer Grausamkeit"*[29].

Ebenso wie die Stereotype von den „schwarzen Teufeln" übernahm Schramm auch die von den europäischen Fortschrittsbringern: *„Je deutlicher man sich vor Augen rückt, wie es um 1840 im Schwarzen Erdteil aussah, um so mehr Bewunderung empfindet man für alle jene Männer, die vor diesen Gefahren und Scheußlichkeiten* *nicht zurückgeschreckt sind, sondern als Kolonialbeamte, als Kapitäne, Offiziere und Ärzte, als Missionare, als Kaufleute, als Pflanzer ihr Teil dazu beigetragen haben, daß die Greuel verschwanden und eine bessere, dabei produktivere Lebensform sich verbreitete.*"[30] Solches zivilisatorische Verdienst hatten sich die Deutschen in der Sicht des Verfassers nicht nur in Afrika erworben, sondern nicht weniger in anderen Teilen der südlichen Erdhalbkugel. So zitiert Schramm einen Engländer, der 1874 die erfreuliche Auswirkung pries, welche der von der Hamburger Firma Godeffroy auf der Südseeinsel Samoa betriebene Plantagenanbau auf die eingeborenen Arbeitskräfte habe: „*Sie kommen schmutzig, falsch und wild an; nach sechs Monaten Pflanzarbeit gleichen sie nicht mehr denselben Wesen, und bis Ablauf ihrer Kontrakte sind sie soweit vorgeschritten, daß sie ebenso ungeeignet sind zur Gemeinschaft mit den brutalen Brüdern in der Heimat, wie sie es ehemals für die Berührung mit der zivilisierten Welt waren.*"[31] Schramm sah sich durch dieses Urteil ganz und gar in seiner eigenen Einschätzung bestätigt.

Nicht weniger positiv als die „*Verwandlung*"[32] der Eingeborenen bewertete er die gesteigerte Selbsteinschätzung, die die Deutschen ebenso wie vor ihnen die westeuropäischen Nationen aus ihrer Erfahrung mit den Kolonialvölkern mit nach Hause brachten: „*Bisher war das Wesentlichste, was das Erleben überseeischer Länder einbrachte, an den Deutschen vorbeigegangen, nämlich das Gefühl, in der Fremde als Pionier eines höher gearteten und überlegenen Volkes zu wirken und als solcher einem Herrenstande anzugehören, der über allen Eingeborenen, selbst über denen der Fürsten rangierte.*"[33]

Nicht nur über die Kolonialwelt des 19. Jahrhunderts urteilte Schramm noch ganz aus dem Blickwinkel seiner Vorfahren; deutliche Spuren dieser Sichtweise zeigt auch noch sein Urteil über die südliche Hemisphäre der eigenen Gegenwart. So schreibt er über das zeitgenössische Afrika: „*Völlig gebrochen ist der Irrwahn, der einst das Leben der Neger zur Hölle machte, auch heute noch nicht; doch hat er sich immer weiter in das Innere Afrikas verkriechen müssen. Es ist, wie wenn ein Vulkan ausgebrannt ist, in dem einmal alle furchtbaren Instinkte der schwarzen Rasse aufgeloht waren. Humus hat bereits die Lavamassen überdeckt; nur gelegentlich rumpelt es in der Tiefe, und die Frage drängt sich auf, ob die dort schlummernde Glut wirklich endgültig erstickt ist.*"[34] Nach solcher Einlassung wundert nicht, daß Schramm dem europäischen Fortschrittsglauben zwar testiert, er habe Afrika ein neues Gesicht gegeben, zugleich aber einschränkt: „*Dieser Glaube hat keine Berge versetzt, aus Schwarzen keine Weiße gemacht . . .*"[35]

War Schramms Darstellung der deutschen Kolonialaktivitäten eine Nachgeburt des „Dritten Reiches"? Hätte der Verfasser in den zitierten Textstellen ihn kompromittierende Rückstände von NS-Ideologie gesehen, er hätte sie 1950 vor der Drucklegung gestrichen. Nein, für ihn gab es im Blick auf „Deutschland und Übersee" kein NS-Problem. Er schrieb wie ein Hanseat auch fünfzig Jahre vorher hätte schreiben können. Der Befund hat nichts Beruhigendes, aber er könnte erklären helfen, warum es in Schramms Werk weder 1945 noch zu einem anderen Datum eine historiographische Zäsur gab.

Die Urteile, die sich in „Deutschland und Übersee" finden, müssen einen heutigen, unter dem Problemhorizont „Dritte Welt" stehenden Leser schockieren. Um es nicht bei einem Schramm isolierenden Affekt zu belassen, ist zu fragen, wie die Fachkritik seinerzeit sein kolonialgeschichtliches Werk aufgenommen hat. Eine Nachprüfung hat zum Ergebnis, daß eine Auseinandersetzung fast nicht stattgefunden hat. In der Zeitschrift des Vereins für Hamburgische Geschichte sucht man vergeblich nach einer Besprechung; sie unterblieb wohl aus nachkriegsbedingten äußeren Gründen. Eine Reaktion aus Hamburg kam nur von Egmont Zechlin, der sich in den „Hansischen Geschichtsblättern" zu Wort meldete[36]. In Fortführung der vom einstigen Hamburger Kolonialinstitut begründeten Tradition lehrte Zechlin an der Universität schwerpunktmäßig „Überseegeschichte", er konnte im vorliegenden Fall also als fachlich in besonderem Maße zuständig gelten. Er äußerte sich denn auch ausführlich über das Buch, verlor jedoch kein auch nur andeutungsweise kritisches Wort. Selbst eine Wendung wie „*herrenlose Räume*" wird vom Rezensenten wie selbstverständlich übernommen.

Mit vier Jahren Verspätung zeigte Ludwig Beutin „Deutschland und Übersee" in der Historischen Zeitschrift an. Zwar war auch hier der Tenor der Besprechung respektvoll, immerhin findet sich bei Beutin doch eine vorsichtig kritische Bemerkung: „*. . . wenn von dem ‚Segen der Arbeit', der den Negern gebracht wurde, die Rede ist (S. 368 ff.) müssen weitere Überlegungen einsetzen. Hier ist es mit der naiven Selbstsicherheit des europäischen Kaufmanns des 19. Jahrhunderts nicht getan.*"[37]

Schärfere Töne schlug nur Gerhard Ritter an, aber dies nicht öffentlich, sondern in einem persönlichen Brief an den Autor[38]. Gegenstand der Ritterschen Kritik war nicht das gedruckte Buch, sondern eine Manuskriptfassung, die Schramm vor der Veröffentlichung dem befreundeten Kollegen zur Durchsicht geschickt hatte. Die Einwände Ritters zielten allerdings weniger auf die kolonialistisch eingefärbten Urteile Schramms als auf dessen Ausführungen zur Vorgeschichte des Ersten Weltkriegs. Ritter widersprach vor allem der Auffassung Schramms, der Ausbruch des Kriegs gehe vornehmlich auf schicksalhaft wirksame wirtschaftliche Gegensätze zwischen England und Deutschland zurück. Der streitbare Freiburger Historiker hielt demgegenüber an dem Primat der politischen Verantwortung fest. Nicht konkurrierende wirtschaftliche Interessen, sondern der vor allem der deutschen Führung anzulastende Mangel an politischem Augenmaß und Realitätssinn habe 1914 zum Krieg geführt. Ob der Adressat sich in der Sache überzeugt fand, sei dahingestellt, immerhin beschloß Schramm, den zweiten Teil seines Manuskriptes, auf den sich Ritter in erster Linie bezog, vorerst zurückzuziehen und einer späteren, letztlich jedoch unterbliebenen Publikation vorzubehalten.

Unberührt von solcher Reduktion blieb die „Deutschland und Übersee" zugrundeliegende koloniale Bewertungsperspektive. An ihr nahm niemand Anstoß. Eine Grundsatzdiskussion in Sachen Kolonialismus stand in der deutschen Geschichtswissenschaft noch lange nicht an. Sie kam erst seit den späten sechziger Jahren in Zusammenhang mit den Turbulenzen der Studentenbewegung in Gang[39].

„Hamburg, Deutschland und die Welt"

Während „Deutschland und Übersee" heute weitgehend vergessen ist, wird die Veröffentlichung, auf die Schramms Ruf als Hamburg-Autor zurückgeht, nach wie vor als Standardwerk zitiert: „Hamburg, Deutschland und die Welt". So begründet dieses Rangverhältnis ist, weisen die Bücher doch in mancher Hinsicht Gemeinsamkeiten auf. Beide sind während des Zweiten Weltkrieges geschrieben. Selbst der Umstand, daß nur „Hamburg, Deutschland und die Welt" noch vor Kriegsende erschien, wird durch die Tatsache relativiert, daß das Werk 1952 ohne substanzielle Änderungen in zweiter Auflage herauskam. Im Vorwort weist der Autor zwar auf Kürzungen und Verbesserungen in Details hin, betont aber im selben Atemzug: *„Die Urteile und Wertungen der Stammfassung habe ich dagegen unverändert gelassen – unverändert lassen können, da sich meine Auffassung nicht verschoben hat und sich diese auch heute noch vertreten läßt."*[40] Damit ist deutlich: Hinsichtlich einer über das Jahr 1945 hinaus beanspruchten Fortgeltung der Beurteilungsmaßstäbe stehen die beiden Werke einander in nichts nach.

Ein weiterer Berührungspunkt ist der familiäre Zusammenhang. Beide Werke gehen zurück auf denselben, aus einem großen Vorfahrenkreis erwachsenen Quellenfundus. Entsprechend sind auch die behandelten Personen zum Teil dieselben. Zum Beispiel begegnet der in „Deutschland und Übersee" auftretende Urgroßvater Justus Ruperti auch dem Leser von „Hamburg, Deutschland und die Welt". Dort wird mehr Gewicht auf seine Auslandszeit, hier auf seine erfolgreiche Tätigkeit in Hamburg gelegt. In beiden Fällen wird Hamburg-Geschichte als Kaufmannsgeschichte präsentiert, wobei Schramm sich ausdrücklich zu deren familiärem Hintergrund bekennt. So spricht er in „Deutschland und Übersee" von der *„Einlösung einer Verpflichtung gegenüber meinen beiden Großvätern und ihren Verwandten: Ernst Schramm (1812–1881), der in Brasilien in die 1831 begründete Firma seines Bruders Adolph eintrat, und Albrecht Percy O'Swald (1831–1899), der in Sansibar mit seinem Bruder William das von seinem Vater 1831 errichtete Handelshaus erfolgreich fortsetzte."*[41] Eine ähnliche Hommage findet sich zu Eingang von „Hamburg, Deutschland und die Welt"; es heißt dort: *„Dies Buch ist gewidmet dem alten Hamburg, das für mich verkörpert ist in meinem Vater Bürgermeister Dr. Max Schramm (1861–1928) und meiner Mutter Olga Schramm geb. O'Swald (geb. 1869)."*[42]

Nicht zuletzt in thematischer Hinsicht weisen die beiden Bücher Parallelen auf. Das gilt für die in Hamburg so wichtige Englandbeziehung nicht weniger als für die immer präsente Überseewelt. Beide Aspekte werden von Schramm ebenso selbstverständlich wie in „Deutschland und Übersee" auch hier ausführlich gewürdigt.

Abb. 28: Schramm mit seiner 90jährigen Mutter Olga Schramm, geb. O'Swald; im Hintergrund Bild seines Vaters Bürgermeister Dr. Max Schramm, 1959

Der Gemeinsamkeiten sind viele – gleichwohl ist keine Frage, welches der beiden Werke das methodisch und inhaltlich komplexere ist. „Deutschland und Übersee" ist einsträngig angelegt, es bleibt im wesentlichen auf wirtschaftsgeschichtliche Gesichtspunkte begrenzt. In „H a m b u r g, D e u t s c h l a n d u n d d i e W e l t" fügt der Autor dagegen ganz verschiedene Facetten zusammen. Natürlich spielt auch hier die Wirtschaftsgeschichte eine bedeutende Rolle: Der Leser wird informiert über Binnen- und Fernhandel, über Bank- und Assekuranzgeschäfte, über Post- und Eisenbahnprojekte, über Bodenspekulation und Städtebau, über Vermögensbildung und Kreditkrisen. Gleichermaßen einbezogen werden jedoch Sozial-, Kultur- und Geistesgeschichte. Der Autor unterrichtet über Bedingungen von sozialen Aufstiegskarrieren, über Wandlungen des norddeutschen Protestantismus, über das Verhältnis zu Freimaurern und Juden, über Rollenzuteilungen in der Ehe, über Veränderungen in Bildung und Wohnkultur. Auch die politischen Fragen kommen zu ihrem Recht: Beschrieben werden die Parteiungen des Jahres 1848, das Agieren der hansestädtischen Abgeordneten in der Paulskirche, das hamburgische Lavieren zwischen Preußen und Österreich bis zur Reichseinigung.

Zusammengehalten werden so unterschiedliche Aspekte, indem der Autor seine breit gefächerte Darstellung immer wieder um dieselben Personen kreisen läßt, durchweg mütterliche Vorfahren. Unter ihnen sind zwei Schlüsselfiguren: Justus Ruperti, Kaufmann und Präses der Commerzdeputation, und dessen Schwager Ernst Merck, Chef eines Bank- und Handelshauses, Abgeordneter der Frankfurter Nationalversammlung und seit 1853 österreichischer Generalkonsul in der Hansestadt.

Über das engere familien- und stadtgeschichtliche Interesse hinaus ging Schramm den Lebenswegen der beiden Männer in der erklärten Absicht nach, jene das vergangene Jahrhundert prägende soziale Schicht zu porträtieren, der er selbst entstammte: das städtische Großbürgertum[43]. Den Anstoß dazu gab ihm, so hat er nachträglich berichtet, die Polemik des „*gräßlichen Joseph Goebbels*". „*Er schimpfte immer auf die Bürger und die Bourgeois, und da ich mich als Hamburger auch stolz fühlte als Bürger, kam ich nun dazu, in einem Buch darzustellen, wie das mit den Bürgern war.*"[44] In der Tat, anders als der von antibürgerlichem Ressentiment erfüllte Goebbels war Schramm um ein dem „Bürger" gerecht werdendes Urteil bemüht. Man spürt, es geht dem Autor um eigenes Herzblut.

Freilich die Lage, aus der heraus er schrieb, war umdüstert. Als er an die Darstellung ging, war ihm durchaus bewußt, daß das einst so engagierte Bürgertum seine gestaltende Rolle inzwischen eingebüßt hatte. Im Hinblick auf die aktuelle Situation des Jahres 1943 war dies offensichtlich. Aber war die politische Abdankung des Bürgertums erst ein Ergebnis des „Dritten Reiches"? Der Autor verfolgt die Frage bis tief in das 19. Jahrhundert und kommt zu dem Schluß, daß die Kapitulation der Bürger ihren Ausgang in der 1848er Revolution hat. Die Gründe sah er in einer Doppelfront: von rechts Bedrohung durch Militär und Reaktion, von links Bedrohung durch Anarchie und Kommunismus. Die Mehrheit des Bürgertums, so Schramm, wertete die Gefahr von Links als das größere Übel; zu dessen Abwehr arrangierte sich das Bürgertum mit den eben noch bekämpften konservativen Ordnungsmächten und verzichtete damit zugleich auf seinen eigenen politischen Führungsanspruch.

Die von dem Verfasser für das Scheitern der 48er Bewegung gegebene Erklärung gibt Anlaß, die Frage zu stellen: Welcher Art waren nach Schramms Meinung die Ängste, die das bürgerliche Publikum so übermäßig auf die politische Gefahr des Kommunismus reagieren ließen? Sieht man sich die vom Autor aus dem Jahr 1848 beigebrachten Zeugnisse für die Furcht vor dem Kommunismus kritisch an, so fällt auf, daß sie mehr vom roten Gespenst als von roten Revolutionären handeln. Abgesehen von dünn gesäten publizistischen Indizien dient ihm als Beleg für die Gefahr „roter Anarchie" nur eine im sonstigen Revolutionsgeschehen isolierte Gewalttat, die Ermordung der beiden konservativen Abgeordneten Lichnowsky und Auerswald am 18. September 1848 in Frankfurt[45]. Der liberale Historiker Veit Valentin hatte über das Ereignis in seiner 1931 veröffentlichten großen Geschichte der 48er Revolution zutreffend geurteilt: *„Es war ja so einfach, in diesem traurigen Einzelfalle das eigentlich Symptomatische zu erblicken; der solide Bürger hörte es mit Gruseln, wenn nun alles Revolutionäre hingestellt wurde als rohes Banditentum."*[46]

Schramm bestätigt den Sachverhalt und wertet ihn doch anders. Während Valentin die mit dem Frankfurter Mord begründete politische Umorientierung der bürgerlichen Öffentlichkeit kritisch hinterfragt, sieht Schramm zwölf Jahre nach Valentin denselben Vorgang deutlich resignativer. Gewährsmann ist ihm der Hamburger Paulskirchenabgeordnete Ernst Merck, für den der Frankfurter Mord zum Anlaß wurde, politisch nach rechts zu rücken. Schramm räumt zwar ein, daß die kommunistische Gefahr in den Herbsttagen des Jahres 1848 eher ein Phantom war; gleichwohl haben die Folgen dieses Phantoms für ihn etwas Unausweichliches. In seinem Buch heißt es dazu: *„Und je weiter sich die Klassenkampfparole des Sozialismus durchsetzte, kam es – nach einer zugespitzten, aber treffenden Formulierung – zu einem Klassenkampf der Besitzenden, die ihre als bedroht angesehenen Rechte verteidigten. Ihnen dabei zu helfen, war der Staat gut ... In dem Bemühen, gegenüber rechts die Bewegung zu erhalten und gegenüber links zu bremsen, hat sich der Liberalismus schließlich geistig und politisch verbraucht ..., Dem besonnenen Vaterlandsfreunde', so hatte Mevissen bereits 1849 geschrieben, ,bleibt ... nichts übrig, als von dem geschaffenen Werk resignierend zurückzutreten und von einer besseren Zukunft die Verwirklichung desselben zu erwarten."*[47] Das Mevissen-Wort, zitiert in der deprimierenden Situation des Jahres 1943, wirkt wie ein nur leicht verschlüsseltes Bekenntnis des Autors Percy Ernst Schramm.

In einem aus Anlaß seines 75. Geburtstages 1969 gegebenen Interview[48] hat Schramm „Hamburg, Deutschland und die Welt" seine *„wissenschaftlichen Buddenbrooks"* genannt – ein Bekenntnis, aus dem neben Melancholie doch auch Stolz spricht. Mit Genugtuung hatte ihn 1943 beim Erscheinen seines Buches erfüllt, daß Friedrich Meinecke, über dessen rein geistesgeschichtlich orientierte Werke er eher kritisch dachte[49], ihm in einem Brief höchstes Lob für seine Darstellung erteilte[50]. Und tatsächlich war es kaum einem anderen mitlebenden deutschen Historiker gelungen, aus sehr persönlicher Sicht ein so vielseitiges und zugleich anschauliches Tableau des zurückliegenden Jahrhunderts zu zeichnen. Im Unterschied zu den Arbeiten Meineckes und seiner Schüler führte Schramm nicht in eine abgehobene Ideenwelt, sondern mitten hinein in die soziale Wirklichkeit der bürgerlichen Gesellschaft – ein historiographisches Exempel, das so sehr aus dem Rahmen fiel, daß Ludwig Beutin 1951 in der Vierteljahrschrift für Sozial- und Wirtschaftsgeschichte urteilen konnte, Schramms Buch stelle „*in der wissenschaftlichen Literatur etwas Besonderes, Erstmaliges dar.*"[51]

Für Schramm selbst besaß „Hamburg, Deutschland und die Welt" nicht zuletzt aus lebensgeschichtlichen Gründen einen bleibenden Stellenwert. Er hatte nicht vergessen, unter welchen politisch schwierigen Bedingungen er das Buch einst geschrieben hatte. Als er das Manuskript im vierten Kriegsjahr abschloß, lag seine Vaterstadt bereits in Trümmern[52]. Wenn er denn Illusionen über das „Dritte Reich" gehabt hatte, jetzt waren sie zerstört. Das Kriegstagebuch des Wehrmachtführungsstabes, das er seit Anfang 1943 abzufassen hatte, führte er in dem Bewußtsein, „Notar des Unterganges" zu sein. In solcher Situation dem Hamburger Bürgertum des 19. Jahrhunderts ein historisches Denkmal zu setzen, war prekär, dies um so mehr, als Schramm Themen wie die Rolle der Freimaurer oder auch die Debatte um die Judenemanzipation nicht ausklammerte. Es war kaum zu übersehen, daß der Autor so empfindliche Fragen durchaus abweichend von der offiziellen Tendenz anging.

Ohne ein hämisches Wort würdigte er die Freimaurer in ihrer Bedeutung für den Prozeß der Aufklärung[53]. Noch mehr mußte überraschen, wie er die Judenemanzipation darstellte. Indem er verwies auf „*die guten Erfahrungen, die man mit Salomon Heine, aber auch mit einer Reihe von anderen Juden gemacht hatte*"[54], suchte er die Gründe plausibel zu machen, mit denen profilierte Hamburger Kaufleute die Gleichstellung der Juden befürwortet hatten. Demonstrativ ließ er seinen eigenen Urgroßvater Ruperti zu Wort kommen, der sich im Jahre 1847 in einem vehementen Plädoyer dafür einsetzte, die Juden, diesen „*höchst achtbaren und tätigen Teil*" der Kaufmannschaft, zu der Versammlung des „Ehrbaren Kaufmanns" zuzulassen: „*Denn wir alle, Juden wie Christen, sind Hamburger und wissen, daß auf die Dauer jeder Einzelne von dem Flor des Ganzen abhängig ist. Aber wahrlich, meine Herren, die Emanzipation der Juden für unseren Kreis ist nicht mehr ein Akt der Nachgiebigkeit, sondern der Gerechtigkeit, und Hamburg kann sich demselben nicht mehr entziehen, wenn es mit der Civilisation des Jahrhunderts gleichen Schritt halten will.*"[55] Ein Leser des Jahres 1943 mag im Zweifel gewesen sein, worüber er sich mehr wundern sollte: darüber, daß ein Autor solche Aussagen zitierte, oder darüber, daß sie dem Zensor entgangen waren.

Schramm hat das Kapitel über die Judenemanzipation rückblickend zu den moralischen Aktivposten seiner Lebensbilanz gezählt. Um so mehr hat ihn getroffen, daß gerade dieser Text ihm 1964 den Vorwurf eines aus dem Exil zurückgekehrten Journalisten eintrug, ein Antisemit zu sein. Schramm reagierte mit einer Beleidigungsklage, die zu einem durch mehrere Instanzen gehenden Prozeß führte. Am Ende stand ein gerichtlich vermittelter Vergleich, der – wie zu erwarten – den Streit zwar beendete, aber nicht klärte[56].

In der Tat war es aussichtslos, den Text von 1943 juristisch bewerten zu wollen. Schramm konnte für sich in Anspruch nehmen, entgegen der üblichen antisemitischen Polemik sowohl die Judenemanzipation wie auch die Verdienste der Juden im Hamburger Wirtschaftsleben sachlich geschildert zu haben. Demgegenüber konnte sich der Journalist vor Gericht darauf beziehen, daß sich in Schramms Text auch gegenläufige Formulierungen finden. So werden Heinrich Heines Hamburg-Satiren als *„giftige Säure"*, als *„Ressentiment gegen Deutschland, gegen die bürgerliche Welt und gegen das echte Hamburgertum"* bezeichnet[57]. Zu Justus Ruperti wird versichert, er sei unbeschadet seines Eintretens für die Judenemanzipation *„doch weit entfernt von Philosemitismus"* gewesen[58]. Am Schluß des Kapitels über die Judenemanzipation wird von den Hamburgern gesagt: *„. . . ihr Stadtstaat (war) zu sicher gefügt, die Bevölkerung zu solide, der Lebensstil zu fest geprägt, als daß jüdisches Wesen es auflockern und mit seinen Methoden durchsetzen konnte. So sind – von Ausnahmen wie dem Selfmademan Ballin und den bereits zu Ende des 18. Jahrhunderts vermögenden Warburgs abgesehen – bis zum Weltkrieg nur solche Juden im öffentlichen Leben Hamburgs einflußreich geworden, die sich dem Hamburgertum weitgehend anpaßten – womöglich soweit, daß in der zweiten oder dritten Generation ihre Herkunft bereits vergessen war."*[59]

Äußerungen solcher Art lasen sich vor 1945 anders als nachher. In kritischer Voraussicht hatte Schramms Ehefrau ihrem Mann gegen Ende des Krieges zu seiner Buchproduktion geschrieben: „Bist Du auch wirklich vorsichtig genug, daß Du nichts schreibst, bei dem Du Dich in zwei Jahren nicht mehr behaglich fühlst?"[60] Der Angesprochene war in dieser Hinsicht weniger besorgt. Es ist kennzeichnend für ihn, daß er das Kapitel über die Judenemanzipation in der 1952 erschienenen zweiten Auflage von „Hamburg, Deutschland und die Welt" so gut wie unverändert ließ. Die Verlagslektorin berichtet, ihr gegenüber habe der Autor erklärt, es käme ihm unehrlich vor, nachträglich daran Korrekturen vorzunehmen: *„Er hätte sich seiner Zeit bemüht, trotz all der heißen Eisen, die er anfaßte, nichts zu sagen, was er als Historiker nicht verantworten konnte. Heute würde er sicher vieles anders formulieren, aber geschrieben habe er es nun einmal so, und dazu wolle er auch stehen."*[61] Wie immer man die Sätze von 1943 interpretiert, man wird dem Autor abnehmen müssen, daß er sich bei ihrer Abfassung frei wußte von regimekonformem Antisemitismus. Eher gilt: Schramm schrieb, wie man in großbürgerlich-liberalen Kreisen Hamburgs seit je über die jüdischen Mitbürger urteilte – mit Respekt, gelegentlich sogar mit Bewunderung und doch spürbar distanziert[62].

„Neun Generationen"

Wer 1943 „Hamburg, Deutschland und die Welt" gelesen hatte, dazu 1950 „Deutschland und Übersee", wird angenommen haben, der Autor habe sein Familienarchiv nunmehr erschöpft. Doch weit gefehlt. In Wahrheit hatte Schramm sich in den beiden Werken fast ausschließlich auf Zeugnisse seiner mütterlichen Vorfahren bezogen; ausgespart hatte er dagegen weitgehend die reichen Materialien aus dem väterlichen Ahnenbereich. Das Vorhaben, auch diesen Familienstrang zum Gegenstand einer großen Darstellung zu machen, datiert, wie schon erwähnt, länger zurück. Zwar kam es erst 1963/64 zu einer Veröffentlichung, doch Idee und erste Entwürfe entstanden in der Zeit der Internierung Schramms unmittelbar nach dem Zweiten Weltkrieg. Das Herkommen als Stabilimentum – aus solcher Gestimmtheit hatte er bereits „Hamburg, Deutschland und die Welt" geschrieben. Erst recht galt dies für die nach 1945 konzipierten „Neun Generationen". Mit diesem seinem umfangreichsten Hamburg-Werk wollte er der Katastrophenerfahrung der Deutschen ein Element bürgerlicher Dauer entgegensetzen.

Einwände drängen sich auf: War ein derartiger Stabilisierungsversuch tragfähig? Ließ sich von der Geschichte Hamburgs auf die Deutschlands schließen? Schramm ging mit solcher Problematik einigermaßen freizügig um. Einerseits strich er mit unerschüttertem hamburgischen Traditionsbewußtsein die historisch geprägte Besonderheit seiner Vaterstadt gegenüber allen anderen Regionen Deutschlands nachdrücklich heraus; andererseits interpretierte er die Geschichte seiner hamburgischen Vorfahren als einen deutschen „Musterfall". Am deutlichsten kommt diese Widersprüchlichkeit der Argumentation in der Tatsache zum Ausdruck, daß Schramm seinen vielzitierten Vortrag über „Hamburg – ein Sonderfall in der Gesichte Deutschlands"[63] zu eben dem Zeitpunkt hielt, zu dem seine „Neun Generationen" erschienen, ein Werk, das er als eine in hamburgisches Gewand gekleidete „Deutsche Geschichte" vorstellte. Die zeitgenössische Fachkritik ließ die Gegensätzlichkeit der Aussagen unbefragt passieren – so blieben These und Antithese unausgetragen nebeneinander stehen.

Eine weitere Frage schließt sich an: War die Stadt an der Elbe nicht viel zu sehr an den Diskontinuitäten der deutschen Geschichte beteiligt, um als Exempel positiver Kontinuität dienen zu können? Der Autor hat das Dilemma sehr wohl empfunden. Er suchte ihm zu entgehen, indem er die politische Geschichte des Bürgertums, die in „Hamburg, Deutschland und die Welt" noch ihre Rolle gepielt hatte, jetzt ausklammerte und sich auf die „Kulturgeschichte" beschränkte. Wie sehr dieser Rückzug auf die Kultur etwas mit dem vorangegangenen deutschen „Zusammenbruch" zu tun hatte, spricht der Verfasser von „Neun Generationen" selbst aus: „. . . *Aufteilung Deutschlands in vier Besatzungszonen: Finis Germaniae? . . . Man muß ein Herz aus Stein haben, wenn man angesichts der politischen Geschichte der Deutschen, die so ganz anders verlaufen ist als die der anderen Völker Europas, nicht zusammenzuckt:*

Vae semper victis! Weh' den immer wieder Besiegten! Das ist die Quintessenz der politischen Geschichte der Deutschen . . . Gibt es wenigstens in der kulturellen Geschichte Deutschlands eine Kontinuität? . . . Hier ergibt sich ein Gegensatz zur politischen Geschichte der Deutschen. Wer sich diese vergegenwärtigt, mag das ‚Schicksal' anklagen – solcher Ruf verhallt ungehört – oder er mag die Kurzsichtigkeit, die Verblendung, die Anmaßung der Deutschen geißeln – das trifft vielfach zu, erschöpft jedoch das Problem nicht. Wer sich dagegen an die kulturelle Geschichte der Deutschen hält, stößt auf Folgerichtigkeit."[64]

Hier urteilt ein Historiker, dem „kulturelle Kontinuität" einen Halt in der Niederlage bedeutete. Er bekräftigte dieses Motiv noch, indem er ausdrücklich solchen Schicksalen nachspürt, die als Exempel für *„Kontinuität durch Bewährung im Unglück"* dienen konnten[65]. Und so werden dem Leser Menschen vorgestellt, die von Pestilenzen, Feuerstürmen, Kriegen und Revolutionen *„heimgesucht"*[66] wurden und schließlich doch einen Weg gefunden haben, der aus dem Unheil herausführt.

Schramm verfolgt seinen Ansatz über drei Jahrhunderte. Die Belege entnimmt er aus den Hinterlassenschaften väterlicher Vorfahren aus Hamburg, deutet sie jedoch, seiner Konzeption entsprechend, als über die Hansestadt hinaus aussagekräftige Zeugnisse einer deutschen *„Leidensgeschichte"*[67]. Sein Ziel ist *„an einem konkreten Beispiel darzustellen, was die Deutschen vom Ende des Dreißigjährigen Krieges bis zur letzten Währungsreform erlitten, geglaubt, gedacht, empfunden, erhofft und wie sie neun Generationen lang gute sowie schlimme Zeiten überstanden haben"*.[68]

Es überrascht nicht, daß Schramm für sein Werk die Darstellungsform einer „Generationengeschichte" wählte. Je stärker er die Geschichte seiner Vorfahren zum Ausweis unterschiedlicher Generationserfahrungen machte, um so mehr konnte er das Tun und Lassen der Einzelnen hinter einem allgemeinen Schicksal zurücktreten lassen. In solchem Sinne heißt es gleich zu Anfang seines Werks: *„Alle Generationen, von denen in den folgenden 25 Kapiteln die Rede sein wird, haben Kriege und Umsturz erlebt . . . Und hielten von Zeit zu Zeit friedliche Jahrzehnte sie in Sicherheit, dann fuhren sie um so erschreckter auf, wenn ‚durch Krieg und großen Schrecken' ihre Existenz von neuem erschüttert wurde."*[69]

Generationsgemeinschaft verbindet, aber sie entlastet auch. Am augenfälligsten läßt sich dies ablesen an der von Schramm als Manuskript hinterlassenen Autobiographie „J a h r g a n g 9 4" – ein wohl nicht zufällig fragmentarisch gebliebener Versuch, das eigene Leben ganz und gar als Generationsschicksal zu begreifen[70]. Das Thema Generationszugehörigkeit spielte in Schramms Werk schon sehr viel früher eine Rolle, so wenn er 1943 in „Hamburg, Deutschland und die Welt" schrieb: *„Die Wichtigkeit des Generationsproblems ist uns, die wir die Zeit vom ersten zum zweiten Weltkrieg durchlebten, ja wieder sehr deutlich zum Bewußtsein gekommen."*[71] Der Autor erinnert in diesem Zusammenhang an den Hamburger Verleger Friedrich Perthes, Zeitgenosse einer vergleichbar revolutionären Epoche. Dieser hatte einst ein Beispiel dafür geliefert, wie an Hand der Generationsfrage übermächtige Zeiterfahrungen reflektiert werden können[72]. In Zeugnissen solcher Art sah Schramm eine Bestätigung seiner Orientierung an den Generationen – eine Sicht, die dem Historiker erlaubte, individuelles Verhalten durch Einbettung in vorpolitische Gegebenheiten zu relativieren und damit zugleich zu „entschärfen".

Was der Verfasser von „Neun Generationen" auszubreiten hatte, verstand er als Kulturgeschichte. Im Untertitel setzte er freilich den Begriff in Anführungsstriche: „D r e i h u n d e r t J a h r e d e u t s c h e r ‚K u l t u r g e s c h i c h t e'". Man spürt ein Zögern. In der Tat, die Gattung „Kulturgeschichte" galt als angestaubt. Der Autor selbst erinnert in seinem Vorwort an Gustav Steinhausens „Geschichte der deutschen Kultur" (1904) – ein Werk, das ihm als Sammelsurium heterogenster Dinge erschien, kaum geeignet, methodisch neue Wege zu weisen[73]. Sein Vorbild fand er denn auch nicht unter den zeitgenössischen Kulturhistorikern, sondern in einem dem vorangegangenen Jahrhundert angehörenden Manne, der sich weniger als Fachhistoriker denn als Schriftsteller verstand: Gustav Freytag. Dessen „Bilder aus der deutschen Vergangenheit" waren Schramm seit seiner Jugend vertraut. Es sei ein *„glücklicher Zufall"* gewesen, so schreibt er, daß dieses kulturgeschichtliche Werk erneut in seine Hände fiel, als er in der Gefangenschaft an die Realisierung seines Vorhabens ging[74].

Ein neuer Gustav Freytag? So gern sich Schramm in solcher Nachfolge sah, ein näherer Vergleich zeigt doch, wie grundlegend verschieden der Erfahrungshorizont ihrer beider Geschichtsschreibung war. Freytag hatte sein Werk 1866 abgeschlossen unter dem Eindruck der Epochenereignisse, die das Tor zur deutschen Nationalstaatswerdung aufgestoßen hatten. *„In dieser Zeit"*, heißt es in einem Brief Freytags an seinen Freund und Verleger Salomon Hirzel, *„wurde uns das Glück, zu erleben, was die Beschäftigung mit deutscher Vergangenheit zu einer sehr frohen Arbeit macht."*[75] Im Schlußband von „Bilder aus der deutschen Vergangenheit" bekennt der Autor: *„Eine herzliche Wärme, das Gefühl junger Kraft erfüllt Hunderttausende. Es ist eine Freude geworden, Deutscher zu sein; nicht lange, und es mag auch bei fremden Nationen der Erde als eine hohe Ehre gelten."*[76]. Aus solcher Hochstimmung hatte Freytag seine kulturgeschichtlichen Bilder geschaffen, Zeugnisse eines Aufbruchs zu bürgerlich-nationalem Selbstbewußtsein.

Völlig anders die Situation, in der 1945/46 der Plan zu „Neun Generationen" entstand. Nicht nur die mühevoll gewonnene deutsche Staatlichkeit war zerbrochen, auch die Städte waren zerstört und mit ihnen das Selbstbewußtsein ihrer Bürger. Vom *„Gefühl junger Kraft"* war nichts geblieben, allenfalls ging es noch um die Kraft zum Überleben. Wenn Schramm gleichwohl davon spricht, daß Gustav Freytag zum Paten seines Werkes „Neun Generationen" geworden sei, dann liegt darin eine Bestätigung, wie sehr er die im eigenen Jahrhundert schmerzlich erfahrene Diskontinuität wenn nicht zu leugnen, so doch zu überspielen suchte. Seine Bewunderung für Gustav Freytag entsprang einer Wunschvorstellung, die gewiß aufrichtig war, aber doch in einer veränderten Wirklichkeit deutlich an ihre Grenzen stieß.

Unbeschadet des in Anspruch genommenen Vorbildes – Schramm wußte das Instrument der Kulturgeschichte auf seine Weise eindrucksvoll zu nutzen. So sehr er sich in der Schilderung des politischen Handelns der Menschen zurückhielt, so sorgsam ging er ihrem Verhalten im „unpolitischen" Alltag nach und antizipierte dabei Fragestellungen, die von den meisten Sozial- und Literaturhistorikern erst Jahre oder Jahrzehnte später „entdeckt" wurden[77].

Um Beispiele zu nennen: Lange ehe die Frauenforschung breiten Eingang in die Geschichtswissenschaft fand, widmete sich Schramm mit großer Intensität dem Verhältnis der Geschlechter in der bürgerlichen Gesellschaft Hamburgs. Es dürfte damals nur wenige historische Darstellungen gegeben haben, in denen so Eingehendes insbesondere über die bürgerliche Frau und ihr sich wandelndes Rollenverständnis in Ehe, Familie und Kultur zu lesen war[78]. Ähnliches gilt für die Historizität des Todes. Seit dem 1978 erschienenen enzyklopädischen Werk von Philippe Ariès ist dieses Thema in aller Munde[79]. Bei Schramm finden sich dazu bereits fünfzehn Jahre früher höchst aufschlußreiche Ausführungen[80].

Wohl am eindrücklichsten ist, in welchem Maße er die erst in jüngerer Zeit von der Literaturwissenschaft aufgenommenen rezeptionsgeschichtlichen Fragen vorweggenommen hat. Schramm hat dieses zu seiner Zeit noch fast unbestellte Forschungsfeld unter das Stichwort „L i t e r a t u r g e s c h i c h t e d e r L e s e n d e n" gestellt. Von der Barockzeit bis in das beginnende 20. Jahrhundert verfolgte er die Lesegewohnheiten des gebildeten Publikums in Hamburg. Als Materialgrundlage dienten ihm von seinen Vorfahren überlieferte Bestandsverzeichnisse ihrer Bibliotheken, ferner familiäre Briefe, Tagebücher, Gelegenheitsdichtungen, Poesiealben und Gesangbücher. Besondere Aussagekraft erhält die Interpretation dieser Zeugnisse durch den fortlaufend vorgenommenen Vergleich mit der „L i t e r a t u r g e s c h i c h t e d e r S c h r e i b e n d e n". Schramm kommt dabei zu der Beobachtung, daß es zwischen den beiden Verlaufsebenen unterschiedliche Tempi gibt. In der Regel rezipieren die Lesenden eine Literatur, die gemessen an der Literatur der Schreibenden *„nicht mehr ‚zeitgemäß'"* ist.[80a] Vor dem Hintergrund solcher Ungleichzeitigkeit des Gleichzeitigen sucht Schramm Anhaltspunkte für Verbreitungs- und Wirkungsgrade von Literatur zu gewinnen – eine Methode, die vieles zutagegefördert, was sich rein literarischer Textanalyse verschließt[81].

Eines der Kabinettstücke in der Reihe von Expertisen zur Geschichte der Lesenden ist das Porträt der Bibliothek seines Vaters, des Hamburger Bürgermeisters Dr. Max Schramm[82]. Sie umfaßte etwa 5000 Bände und reichte von den europäischen Klassikern über historische, kulturwissenschaftliche und sozialreformerische Autoren bis zu Vertretern der zeitgenössischen Moderne. Mit Hilfe von Notizbüchern, in denen der Vater die Eindrücke seiner Lektüre festzuhalten pflegte, gelingt dem Sohn, ein Rezeptionsprofil nachzuzeichnen, wie es ähnlich konturenscharf nur selten zu finden sein dürfte. Der Autor wendet kein Wort darauf, daß die zum Fundament seiner eigenen Bildung gewordene väterliche Bibliothek 1945 in einem Bergwerksschacht zum großen Teil verloren gegangen ist. Erhalten blieben dagegen die in Öl gemalten Ahnenporträts, die bis zum Tode von Max Schramm über dessen Schreibtisch ihren Platz hatten. Sie hingen später über dem Arbeitsplatz, an dem der Sohn die beiden Bände von „Neun Generationen" schrieb – sichtbares Zeichen der Tradition, der sein hamburggeschichtliches Werk über tiefe Einbrüche hinweg verpflichtet blieb.

„Gewinn und Verlust"

1969 hat Schramm ein letztes Mal eine auf Hamburger Zeugnissen beruhende größere Publikation vorgelegt: die Geschichte der ihm väterlich verbundenen Familien Jencquel und Luis[83]. Auch in diesem Fall ging es um Vorfahren, die seit Jahrhunderten der Oberschicht angehört und der Stadt Senatoren gestellt hatten. Im Handel mit Portugal und Übersee sowie im Bank- und Assekuranzgeschäft hatten sie ihren Wohlstand begründet, im 19. Jahrhundert hatten sie ihn vermehrt durch lukrative Aktivitäten in der mit der Großstadtentwicklung verbundenen Bodenspekulation.

Wiederum diente die Familiengeschichte dazu, um daran allgemeinere wirtschafts- und sozialgeschichtliche Zusammenhänge zu verdeutlichen. Wenn das Exempel gleichwohl nicht ebenso stringent wie in früheren Fällen ausfiel, so mochte dies auch damit zu tun haben, daß die zur Verfügung stehenden Quellen streckenweise spärlich waren. Treu blieb sich der Autor freilich in der Selbstverständlichkeit, mit der er auch diesmal hansestädtisch geprägtes Urteilen und Denken in seine Geschichtsschreibung einfließen ließ.

In Anlehnung an Gustav Freytags Kaufmannsroman „Soll und Haben" überschrieb er sein Buch „Gewinn und Verlust". Die in dem Titel zum Ausdruck kommende Betrachtungsweise paßte in der Tat auf das geschäftliche Auf und Ab, von dem Schramm zu berichten hatte. Das Schema von Gewinn und Verlust hatte für den Autor aber auch in einem generelleren Sinne Geltung. Schon in „Deutschland und Übersee" hatte er geschrieben: *„Wie in jeder Kaufmannsfirma werden auch im Buch der Geschichte Aktiva und Passiva geführt – nur wird in ihm nicht jedes Jahr Bilanz gezogen."*[84] Und gegen Ende desselben Werkes heißt es: *„. . . folgen wir dem Brauch der in diesem Buch so oft angeführten Kaufleute und machen nun nach dieser ‚Inventur' eine ‚Schlußbilanz' mit Debet- und Kreditseite auf."*[85] Solche Kriterien wandte Schramm wie einst auf die Geschichte der deutschen Überseepolitik so jetzt auf Aspekte der hamburgischen Kaufmannsgeschichte an. „Gewinn und Verlust" – er buchstabierte dies in seinem letzten Werk aus als Aufstieg und Abstieg, Fortschritt und Stagnation, überschießende und versiegende Vitalität. Es ist nicht erkennbar, daß er Probleme damit gehabt hätte, seine Befunde jeweils auf der einen oder der anderen Seite des Kontos zu verbuchen. Erst recht gibt es keine Anhaltspunkte, daß er Zweifel an der Haltbarkeit seiner „Soll und Haben"-Bilanzierung gehabt hätte.

Einzelfall und Typus

Ein Jahr nach Erscheinen seines letzten Buches setzte der Tod der wissenschaftlichen Arbeit des 76jährigen ein Ende. Ein Rückblick auf die seiner Vaterstadt gewidmeten Werke kann an eine Bemerkung anknüpfen, die sich im Vorwort von „Gewinn und Verlust" findet. Der Autor führt dort aus, daß alle seine Hamburg-Bücher einen methodischen Zusammenhang aufweisen. Sollte sich ein Leser, so schreibt er, die Mühe eines Vergleichs seiner Veröffentlichungen machen, „so *wird er finden, daß sie manches gemeinsam haben (insbesondere das Bemühen, im Einzelvorgang das wirtschafts- und sozialgeschichtlich allgemein Bezeichnende darzustellen und auf diese Weise umfassenden Vorgängen Farbe und Plastik zu verleihen).*"[86]

Lassen wir unter solchem methodischen Gesichtspunkt Schramms hamburggeschichtliches Lebenswerk noch einmal Revue passieren. Von Beginn seiner Studien an war er bestrebt gewesen, seinen Arbeiten einen Horizont zu geben, der über die Versenkung in hanseatische Details hinausführt. Erinnert sei daran, daß er bereits 1917 festgehalten hatte, es komme darauf an, hinter den Einzelfällen „Typisches" aufzuspüren. Derselbe Gedanke stand Pate, als er 1929 das unausgeführt gebliebene Konzept einer „Hamburger Biographie" entwickelte.

Sichtbar eingelöst wurde sein historiographischer Anspruch zum ersten Mal, als er 1943 mit einer großen Darstellung an die Öffentlichkeit trat: „Hamburg, Deutschland und die Welt". Wäre es dem Autor nur um das durch seine Quellen nahegelegte engere Thema gegangen, er hätte sich auf eine Geschichte der Familien Ruperti und Merck beschränkt. Doch er leitete aus seinem Material eine typologische Fragestellung ab, die es rechtfertigen konnte, im Untertitel von „Leistung und Grenzen hanseatischen Bürgertums" zu sprechen.

Gegen Ende seines Lebens hat Schramm seinen Ansatz in dem Spätwerk „Neun Generationen" noch einmal neu aufgenommen und weitergeführt. Gleich zu Eingang des 1963 erschienenen ersten Bandes schreibt er, entgegen dem äußeren Anschein handele es sich nicht um *„Familiengeschichte",* der Verfasser habe vielmehr die Geschichte einer Sippe als *„Test Case"* gebraucht, um daran für die deutsche Kulturgeschichte *„Typisches"* aufzeigen zu können[87].

Resümee: Schramm konnte mit gutem Grund von seiner Hamburg-Geschichtsschreibung behaupten, sie sei durchgehend typologisch angelegt. Bleibt zu fragen: Haben die von Schramm entwickelten „Typen" noch heute wissenschaftlich Bestand? Kann die moderne Forschung dort anknüpfen, wo der Verfasser von „Neun Generationen" die Feder aus der Hand legte? Kein Zweifel, das inzwischen in allen Sozial- und Geisteswissenschaften erhöhte Theoriebewußtsein läßt das der Hamburg-Geschichtsschreibung Schramms zugrundeliegende Verfahren in einem veränderten Licht erscheinen. Vergleicht man seine Arbeiten mit neueren Darstellungen, so springt irritierend ins Auge, daß die von Schramm vorgenommenen Typisierungen einen auffällig niedrigen Abstraktionsgrad haben. Man möchte einwenden: Was dem theorie-

Abb. 29: Percy Ernst Schramm (1894–1970), um 1961

orientierten modernen Leser als Mangel erscheinen mag, hat in Schramms Texten ein entsprechend höheres Maß an Anschaulichkeit zur positiven Kehrseite. Doch solcher Hinweis hebt nicht das methodische Problem auf, das in einer Typologie liegt, die ganz und gar verdinglichter Anschauung verhaftet ist.

Die Denkfigur des „Typischen" hat Eingang in die Geschichtswissenschaft gefunden, weil die Historiker eine Bezugsebene brauchen, die ihnen übergreifende Vergleiche ermöglicht. Wie immer sie dabei den Typus definieren, seine Funktion als tertium comparationis setzt voraus, daß er von der Fülle des Individuellen hinreichend abgesetzt ist. Umgekehrt gilt, daß ein Historiker, der den Typus zu stark an die jeweiligen individuellen Tatbestände anlehnt, denselben seiner Eignung als Vergleichsinstrument mehr oder weniger beraubt.

Schramm gehört zu letzterer Art von Historikern: Für ihn fallen Typus und Einzelfall weitgehend zusammen. Er habe versucht, so schreibt der Verfasser im Vorwort zu „Neun Generationen" unumwunden, *„Grundprobleme der deutschen Geschichte an einem typischen Einzelfall durch die letzten drei Jahrhunderte zu verfolgen . . ."*[88] Wie man sieht, Typus und Einzelfall sind hier im *„typischen Einzelfall"* begrifflich zur Deckung gebracht – wobei es in diesem Fall die Familie des Autors ist, in der Typus und Einzelfall als identisch erscheinen. Kapitel für Kapitel werden Vertreter seiner Familie vorgestellt, um jeweils typische Züge hanseatischen oder auch deutschen Bürgertums zu veranschaulichen. Die lange Reihe endet mit des Verfassers eigenem Vater. Die ausführliche Würdigung seiner Bildungswelt begründet der Sohn so: *„Es wäre nicht berechtigt gewesen, so eingehend auf Max Schramms Interessen und auf seine ästhetischen Wertungen einzugehen, wenn nicht sein geistiger Kosmos als typisch für das gebildete Bürgertum um 1900 angesehen werden könnte. So oder ähnlich wie er dachte und empfand die Bildungsschicht im gesamten deutschen Sprachraum . . ."*[89]

Beispiele solcher Art von „typischen Einzelfällen" finden sich an vielen Stellen im Werk Schramms. Er selbst wird die Angreifbarkeit seiner häufig allzu umstandslos vorgenommenen Typusbildung nicht empfunden haben.

Dies hängt sicherlich auch mit dem allgemeinen Stand der damaligen Wissenschaftsdiskussion zusammen. Die begriffliche Klärung typologischer Arbeit war über tastende Anfänge kaum hinausgekommen. Nur so ist zu verstehen, wie vage Schramm das Problem 1950 in „Deutschland und Übersee" anspricht: *„Früher sprach man in dieser Hinsicht von Kulturgeschichte, in neuerer Zeit anspruchsvoller von Soziologie; ich möchte meinen, daß es keines Wortes bedarf, daß vielmehr solches Herausarbeiten von Grundtypen sich für jede Darstellung, die über das Biographische hinausgreift, von selbst verstehen sollte . . ."*[90]

Schramm hätte nicht deutlicher machen können, wie weit man in der Geschichtswissenschaft von einem reflektierten Verständnis typologischer Methoden entfernt war. Was ihn selbst angeht, so klingen in seinen Worten Restbestände von Anregungen nach, die ihn in seinen jungen Jahren beschäftigt hatten. Er nennt als einstige Ideenspender neben Gustav Freytag vor allem Werner Sombart und Max Weber.

Doch die von ihnen vertretenen Methodenansätze waren inzwischen ferne Erinnerung. Eine aktuelle Grundlagendebatte, auf die er sich hätte beziehen können, gab es in der damaligen deutschen Geschichtswissenschaft nicht. Die historische Zunft setzte auf „Bewährtes" und scheute ungewohnte Methoden. So war von deutscher Seite auch eine Wiederanknüpfung an strukturgeschichtliche Fragestellungen unterblieben, wie sie in den zwanziger und frühen dreißiger Jahren von Hans Rosenberg oder Ekkehard Kehr vorgetragen worden waren. Waren die Genannten schon in der Weimarer Zeit Außenseiter gewesen, so wurden sie im „Dritten Reich" verfemt und gehörten nach 1945 lange Zeit zu den Vergessenen.

Man muß sich an die Windstille der historischen Methodendiskussion in den Kriegs- und ersten Nachkriegsjahren erinnern, will man Leistung und Grenzen der Hamburggeschichtsschreibung Schramms abwägen. So wie die Dinge lagen, mußte er den Versuch, die Geschichte seiner Vaterstadt mit typologischen Fragen zu durchdringen, im Alleingang angehen. In methodischer Hinsicht jedenfalls konnte die gleichzeitige deutsche Fachwissenschaft ihm kaum mit Kritik oder Hilfe dienen. Vor solchem Hintergrund verdient sein Sisyphus-Unternehmen mehr als Respekt. Wie wenige andere hat er die großen Themen hamburgischer Geschichte mit Übersicht und Gestaltungskraft darzustellen vermocht. Kaum ein Bereich aus den letzten drei Jahrhunderten hanseatischer Geschichte, zu dessen Erforschung er nicht wichtige Erkenntnisse beigesteuert hat. Ganz besonders gilt dies für die Wirtschafts-, Sozial- und Kulturgeschichte, ein Feld, auf dem er – ungeachtet aller Einwände – Pionierarbeit geleistet hat.

Man mag Schramms These von Hamburg als einem „Sonderfall in der Geschichte Deutschlands" zustimmen oder widersprechen, unstreitig dürfte sein, daß die historischen Werke, die Schramm seiner Vaterstadt gewidmet hat, einen Sonderfall in der Geschichtsschreibung Hamburgs darstellen – einen Sonderfall, der ein bis heute nicht erschöpftes Anregungspotential enthält.

Hamburg, der republikanische Akzent der Republik? Nachforschungen zu einer Legende

Legenden haben etwas Anonymes an sich, gemeinhin schleichen sich ihre Urheber unerkannt davon. In diesem Fall jedoch verhält es sich anders. Der Anspruch Hamburgs, „republikanischer Akzent der Republik" zu sein, hat einen Autor, der sich dingfest machen läßt: es ist der einstige Erste Bürgermeister der Stadt, K l a u s v o n D o h n a n y i. Er hat die eingängige Formel „erfunden" und sie bei vielen Gelegenheiten der Öffentlichkeit eingeprägt.

So unzweifelhaft seine Urheberschaft ist, er kann sich darauf berufen, daß er nur ein Webmuster fortsetzt, das bereits viele vor ihm in den Teppich der stadtrepublikanischen Tradition eingeschlagen haben. Nun ist gewiß richtig, daß in solche Traditionsbildung immer auch ein Element legendärer Verklärung eingewirkt ist. Aber man macht es sich zu einfach, wenn man es mit dieser Feststellung bewenden läßt. Zum einen enthält Tradition, selbst da, wo sie in die Nähe der Legende rückt, oft mehr historische Aussagekraft, als eine allein an Fakten orientierte Wissenschaft wahrhaben will; und zum anderen entfaltet Tradition, wie gerade das Beispiel Hamburg zeigt, in aller Regel eigenmächtige Wirkungen, die das politische Handeln sowohl belasten wie beflügeln können. Nicht von ungefähr sagt Dohnanyi – aus der Erfahrung schwieriger Amtsjahre vertraut mit den Tiefen und Untiefen hanseatischer Tradition – in seiner 1985 gehaltenen Rede über „D a s g e i s t i g e G e s i c h t H a m b u r g s": *„Und so kommt es, daß uns Traditionen sogar beherrschen können, wenn sie ihre soziale Bedeutung längst verloren haben. Hamburg ist eine traditionsreiche Stadt, so sagen wir jedenfalls immer. Und ich meine, diese Traditionen können auch heute noch Kraft spenden, vorausgesetzt allerdings, daß wir auch ihre Gefahren erkennen: die Gefahren nämlich des falschen Beharrens auf solchem Vergangenem, wenn es unserer Zukunft im Wege steht."*[1]

Dohnanyi sucht in seiner Rede eine Schneise durch das unwegsame Gelände der Überlieferung zu schlagen, indem er zwischen republikanischer und demokratischer Tradition unterscheidet: Hamburgs republikanische Tradition gründe in jener bürgerlich-aristokratischen Verfassung unserer Stadt, die in Modifikationen bis 1919 gegolten hat; die demokratische Tradition beruhe dagegen auf dem Prinzip der staatsbürgerlichen Gleichheit, das sich in Hamburg erst in diesem Jahrhundert durchgesetzt hat. Bei idealtypischer Betrachtung im Sinne Max Webers ist dies gewiß eine zulässige Unterscheidung. Der stärker differenzierende Historiker wird jedoch daran erinnern, das auch in den älteren Epochen Hamburgs das egalitäre Prinzip immer schon wie ein unbequemer Widersacher virulent war, so wie umgekehrt in der demokratisch geprägten Stadtverfassung der Gegenwart sich durchaus auch Strukturelemente einer altrepublikanischen Vergangenheit finden.

Beginnen wir mit den frühneuzeitlichen Verfassungskämpfen um die Wende vom 17. zum 18. Jahrhundert, deren Ergebnis Hamburgs Charakter als Stadtrepublik bleibend geprägt hat. Diese konfliktreiche Phase, die die Stadt fast ihre Selbständigkeit gekostet hätte, wurde beendet durch den „Hauptrezeß" von 1712. Eine vom Kaiser in der zerstrittenen Hansestadt eingesetzte Kommission hatte ihn unter dem Interesse dauerhafter innerstädtischer Machtstabilisierung in vierjähriger Arbeit ausgehandelt. Die Struktur der neuen Ordnung beruhte auf einem gemeinsamen Regiment von Rat und Erbgesessener Bürgerschaft, wobei der letzteren – bei 70 000 Einwohnern – nur einige hundert Bürger angehörten, die über ausreichend Grundbesitz und Vermögen verfügten. Für erstaunlich lange Zeit war damit definiert und festgelegt, was unter „Hamburgischer Republik" zu verstehen sei. Es war ein Stadtregiment von reichen Kaufleuten, verankert in einem Kondominium von Rat und Bürgerschaft.

So eindeutig die Sieger auszumachen sind, so eindeutig ist auch, wer die Verlierer waren. Über Jahre hatte eine „Popularpartei", die sich vor allem auf Handwerker und kleine Händler stützte, den alleinigen Machtanspruch der Kaufmannschaft abzuwehren gesucht. Ihren Höhepunkt hatte diese Auseinandersetzung in den sog. „Jastram-Snitgerschen Wirren" erreicht, die am 6. Oktober 1686 mit der Enthauptung der beiden Anführer der „Popularpartei" blutig endeten.

Die hamburgische Geschichtsschreibung hat den von Cordt Jastram und Hieronymus Snitger angeführten Aufrührern kein einhelliges Andenken bewahrt. Die Zeitgenossen des 17. Jahrhunderts urteilten über sie je nach Interessenstandort sehr unterschiedlich. Einem auf der Seite des Rats stehenden Chronisten stellte es sich so dar, daß *„die Ämter, Handwerker und geringen Bürger sich ... Jastram und Snitger zugesellet hatten und leicht solches Gesindlein gegen die Obrigkeit und reichen Bürger aufzubringen stehet."*[2] Der mit dem Rat überworfene ehemalige Gerichtsvogt A u g u s t   W y g a n d rechtfertigte dagegen wenig später das Bestreben der „Popularpartei" in einer Schrift, die er provozierend ein „Manifest der bürgerlichen Freiheit" nannte. Er berief sich darin ausdrücklich auf die *„Democratia oder besser zu reden: Populari Forma Rei Publicae".*[3] In bewußter Abgrenzung gegen das aristokratische Ratsregiment sagt er dort über die Herrschaftsform der Democratia: *„Daß Sie nach ihrer Art die Aller-Vollenkommenste sey, nemlich die allerrichtigste Unterhalterinn der Frey- und Gleichheit."*[4] Nicht daß die von Wygand geforderte *„Frey- und Gleichheit"* demokratische Grundrechtsnormen vorwegnimmt, aber keine Frage ist doch, daß hinter Wygands Formel ein Anspruch auf verbreitete bürgerliche Selbstregierung steckte, der die Privilegienstruktur der Kaufmannsrepublik zu sprengen drohte. Weshalb denn auch die Hamburger Obrigkeit Wygands Schriften öffentlich auf dem Markt verbrennen ließ und den Verfasser aus der Stadt verbannte.

Wie war es hundert Jahre später, auf der Höhe der Aufklärung, um den Geist der Stadtrepublik bestellt? An der Macht- und Verfassungslage hatte sich nichts grundlegend geändert. Aber man stand neuen Entwicklungen aufgeschlossener gegenüber. Bahnbrechend hatte in dieser Hinsicht die 1765 von Kaufleuten und Juristen gegründete „Hamburgische Gesellschaft zur Beförderung der Manufacturen, Künste und nützlichen Gewerbe", kurz „Patriotische Gesellschaft" gewirkt. Die Stadt verdankte dieser Vereinigung, nachdem sie ein Menschenalter bestand, u. a. eine Gewerbeschule, bessere Straßenbeleuchtung, eine Rettungsanstalt für Ertrinkende, bessere Feuerspritzen, die erste Sparkasse, eine Armenanstalt, eine Flußbadeanstalt. Aber nicht nur das. Wichtiger war, die „Patriotische Gesellschaft" hatte das geistige Klima der Stadt verändert. Als Beispiel für das gewandelte Bewußtsein sei die Antrittsrede zitiert, die 1784 der neu berufene Senator Nikolaus Anton Johann Kirchhof vor der versammelten Erbgesessenen Bürgerschaft hielt. Nachdem er wie einst seine Vorgänger zunächst die überkommene hamburgische Verfassung gepriesen hatte, mahnte er mit deutlich kritischem Unterton, *„daß es ein falsches und jeder Republik höchst schädliches Vorurteil sei, alles dasjenige zu verachten und lächerlich zu machen, was neu ist, was mit unsern Meinungen nicht übereinstimmt, was man nicht begreift oder was fürs Gegenwärtige nichts einbringt."*[5]

Schon wenige Jahre später stellten die Nachrichten aus dem revolutionären Frankreich Hamburgs republikanischen Konsens auf eine harte Probe. Gerade unter den Aufklärern glaubten viele, die eigenen politischen Ideale in der französischen Bewegung wiederzufinden. Es fehlte anfänglich in der Hansestadt denn auch nicht an deutlichen Sympathiebeweisen für den Umsturz in Frankreich. Zum ersten Jahrestag des Sturms auf die Bastille gab einer der führenden Kaufleute der Hansestadt, Georg Heinrich Sieveking, in seinem Landhaus in Harvestehude ein rauschendes Fest, das über Hamburgs Grenzen hinaus von sich reden machte. Der Hausherr selbst verfaßte aus diesem Anlaß ein Lied, in dem er den Kampf der Franzosen für die Menschenrechte emphatisch feierte. Und Sieveking ließ es nicht bei Gesängen bewenden. Auch im Verwaltungsalltag seiner Vaterstadt suchte er mit der Verwirklichung von Menschenrechten Ernst zu machen. So trat er als ehrenamtlich bestellter Jahresvorsteher des städtischen Zuchthauses energisch für Reformen ein: *„In Frankreich ist die Bastille gottlob zerstöret. Ist unser Zuchthaus besser, wenn es von eines Menschen Willkür abhing, einen Menschen seiner Freiheit zu berauben, ohne das ihm gesetzmäßig sein Prozeß gemacht sei?"*[6]

Als mit den französischen Revolutionsheeren die schrillen Töne der Marseillaise über den Rhein drangen, sah Sieveking sich gezwungen, Mißdeutungen seiner Position entgegenzutreten; aber er weigerte sich, seinen Idealen abzuschwören. Goethe, der im Hauptquartier der österreichisch-preußischen Interventionsarmee von Sievekings Haltung erfuhr, konnte sich nicht genug über so viel Verleugnung des großbürgerlichen Klasseninteresses verwundern. In einem Brief an einen Adressaten in Hamburg schrieb er (23. September 1793): *„Herr Sieveking mag ein reicher und gescheuter Mann sein, so weit ist er aber doch nicht gekommen, einzusehen, daß das Lied: Allons, enfants etc. in keiner Sprache wohlhabenden Leuten ansteht, sondern bloß zum Trost und zur Aufmunterung der armen Teufel geschrieben und komponiert ist."*[7]

Je mehr die Ideen von 1789 in Europa zu einer bis dahin nicht gekannten Polarisierung des politischen Denkens führten, um so deutlicher rückten nun auch in Hamburg die Überzeugungen auseinander. Zunehmend bildeten sich konträre Idealbilder

der „res publica" heraus. Man könnte sie – in Vorwegnahme späterer Parteirichtungen – als radikal-demokratisch, als gemäßigt-liberal und als konservativ bezeichnen.

Die erste der drei Richtungen steht uns erst seit Walter Grabs Forschungen über die norddeutschen Jakobiner deutlicher vor Augen. Sie wird durch eine kleine Schar revolutionärer Publizisten repräsentiert, die sich nicht scheuen, es auf einen offenen Bruch mit den Autoritäten des alten Hamburg ankommen zu lassen. Einige von ihnen gründeten in Altona einen „Jakobinerklub echter Republikaner." Andere verfaßten in Hamburg und Altona Bücher und Zeitschriften, in denen sich Aussagen wie diese finden: *„Eine kleine und langsame Reform hält das Volk hin und wiegt es im Schlaf"*[8] oder *„Revolutionen sind zur Erhaltung der Welt und der bürgerlichen Gesellschaft so notwendig, als es das Brot zur Erhaltung des menschlichen Lebens ist"*[9] oder *„Ein Volk muß seine Freiheit selbst erobern, nicht zum Geschenk erhalten"*[10]. Begreiflich, daß die stadtrepublikanische Obrigkeit in Hamburg aufschreckte: so wollte man die Republik nicht verstanden wissen. Mit Verboten und Ausweisungen machte der Senat, so gut es ging, dem jakobinischen Ärgernis ein Ende.

Hamburgtypischer als diese „Radikalen" waren die Vertreter gemäßigt-liberaler Überzeugungen. Sie knüpften, in gehöriger Distanz zu revolutionären Tendenzen, unmittelbar an die im ganzen moderate Reformtradition der Hamburger Aufklärung an. Einer von ihnen war der Hamburger Lehrer und Schriftsteller J o h a n n   C a r l   D a n i e l   C u r i o. Er verdient in unserer Skizze einen besonderen Platz, weil er der Geschichtsschreibung geradezu als Kronzeuge für das Selbstbewußtsein stadtrepublikanischen Bürgertums gedient hat. Insbesondere der Historiker Percy Ernst Schramm hat sich in den seiner Vaterstadt gewidmeten Arbeiten immer wieder, wenn er den „Sonderfall Hamburg" herausstellte, auf ein Wort Curios vom Jahre 1803 berufen: *„Wir haben keinen Adel, keine Patrizier, keine Sklaven, ja selbst nicht einmal Untertanen. Alle wirklichen Hamburger kennen und haben nur einen einzigen Stand, den Stand des Bürgers. Bürger sind wir alle, nicht mehr und nicht weniger."*[11]

Schramm nahm dieses Wort für bare Münze und illustrierte damit seine These von der Unvergleichlichkeit des alten Hamburg. Erst eine jüngere Historikergeneration begegnete dem Curio-Wort mit größerer quellenkritischer Reserve. Am gründlichsten ist Franklin Kopitzsch bemüht, dem Aussagewert des Zitats auf den Grund zu gehen. Verblüfft liest man bei Kopitzsch, daß Curio, der so beredt *„Bürger sind wir alle"* formulierte, gleichwohl zu den zahlreichen Einwohnern Hamburgs gehörte, denen das Bürgerrecht zeitlebens vorenthalten blieb.[12] Von den damals etwa 130 000 Einwohnern Hamburgs waren allenfalls 3000 bis 4000 im politischen Sinne Bürger. Alle übrigen blieben, weil nicht mit dem erforderlichen Grundbesitz ausgestattet, von der Mitwirkung an der kommunalen Selbstverwaltung ausgeschlossen.

Ein heutiger Leser mag sich an den Kopf fahren. Wie konnte derselbe Curio, der aller bürgerlichen Rechte so völlig entbehrte, dennoch jenes Wort prägen, das seither den Laudatoren Hamburgs unentwegt als Beleg republikanischen Bürgergeistes gedient hat?

Die Frage läßt sich nur zureichend beantworten, wenn man Curio nicht durch die Brille unseres Jahrhunderts, sondern mit den Augen seiner Hamburger Zeitgenossen sieht. Für sie war Curio ein Mann, den unbeschadet seines rechtlichen Status vor allem sein stadtpatriotisches Engagement auszeichnete. Von 1805 bis 1807 gab er die Zeitschrift „Hamburg und Altona" heraus, die sich an ihre Leser unter dem Motto wandte: *„Die Kenntnis der Welt macht uns zu Menschen und die Kenntnis des Vaterlandes zu Bürgern."* Bleibendes Verdienst erwarb sich Curio dadurch, daß er 1805 die „Gesellschaft der Freunde des vaterländischen Schul- und Erziehungswesens" gründete. Er bezog sich dabei ausdrücklich auf das große Beispiel der „Patriotischen Gesellschaft": *„In Hamburg war es von jeher eine heilige und fromme Sitte, durch die Konstitution und den Bürgersinn sanktioniert, daß der Staatsverwaltung in jeder nützlichen Einrichtung von Patrioten im höchsten und heiligsten Sinn des Wortes vorgearbeitet wurde. Die ehrwürdige Patriotische Gesellschaft ist uns hierin ein Vorbild. Unsere Gesellschaft hat es ebenfalls gewagt, eine solche Vorarbeit in Rücksicht der Bürgerschulen zu übernehmen."*[13]

Schon im Namen „Patriotische Gesellschaft" und „Gesellschaft der Freunde des vaterländischen Schul- und Erziehungswesens" wird deutlich, welchen hohen „patriotischen" Identifikationswert die eigene Vaterstadt inzwischen gewonnen hatte. Die Angelegenheiten Hamburgs wurden von den Gebildeten nicht mehr allein als Sache der „Staatsverwaltung" oder der „Erbgesessenen Bürgerschaft" angesehen, sondern wurden zu Gegenständen allgemeinen Interesses erklärt. „Tua res agitur" war die Parole, mit der man das Hamburger Publikum ansprach. In Fortführung der Tradition der Aufklärung machte man die „res publica" im wahren Sinne des Wortes zur „öffentlichen Sache."

Neben solchem aufgeklärt-liberalen Verfassungsverständnis bildete sich nun freilich in Hamburg unter dem Eindruck der französischen Ereignisse schon sehr früh auch ein entschieden konservativ geprägtes Bewußtsein heraus. Anhänger des Bestehenden kehrten die Vorzüge der althergebrachten Freiheit heraus und stellten sie dem als abschreckend empfundenen französischen Exempel entgegen. Stellvertretend für viele andere Zeugnisse sei hier nur das „Freiheitslied" des Hamburger Theaterdramaturgen J o h a n n   F r i e d r i c h   S c h i n k vom Jahre 1792 zitiert:

„Und u n s e r e Freiheit drückt uns nicht
Es fließt durch sie kein Blut;
Sie glänzt auf unserm Angesicht
Nicht auf dem Band und Hut.
So nehm' an unserer Freude teil,
wes Glaubens, Volks er sei –
Und singe Heil dir, Hamburg, Heil,
Denn du bist wirklich frei."[14]

Mit dem antirevolutionären Freiheitslied von 1792 war in Hamburg ein Ton angeschlagen, der seither in immer neuen Variationen aufgenommen und weitergetragen wurde. Prominentester Verfechter dieser konservativen Lesart von Hamburgs republikanischer Tradition wurde im 19. Jahrhundert Johann Heinrich Bartels, über Jahrzehnte Mitglied des Senats und in entscheidenden Jahren – so 1842 beim Großen Brand – Bürgermeister der Stadt. In einem 1835 geschriebenen Verfassungskommentar trat er allen Neuerern mit der wirkungsvoll vorgetragenen Geschichtslegende entgegen, Hamburgs historische Verfassung habe jene Ideale längst vorweggenommen und verwirklicht, denen die Heißsporne der Gegenwart nachstürmten: *„Alles das, was in neuern Zeiten über Freiheit und Gleichheit, über Menschenrechte und deren Versäumniss hin und her, für und wider gesprochen worden, war schon seit Jahrhunderten das Thema der öffentlichen Verhandlungen unserer Vorfahren, und vieles von dem, was man für Erfindungen neuerer Zeit, und für eine höhere Weisheit des laufenden Jahrhunderts ausgab, findet man angewandt und ins Leben eingeführt in den ältern und neuern Verfassungsgesetzen Hamburgs. Unsere Vorfahren eilten ihrem Zeitalter voraus, und bereiteten uns dadurch die erfreuliche Ruhe in der vielbewegten Gegenwart."*[15]

Bartels errichtete mit seiner historischen Argumentation einen Schutzwall, der das Verfassungsverständnis der Hamburger vor den Verführungen des demokratischen Zeitgeistes bewahren sollte: je selbstbewußter er für Hamburgs Überlieferung die Attribute „Freiheit" und „Gleichheit" in Anspruch nahm, um so energischer glaubte er alle Abirrungen von Geist und Buchstaben der überkommenen republikanischen Verfassung abwehren zu können.

Gefahren der Abirrung sah er in der Tat auf Schritt und Tritt. Verderblich erschien ihm vor allem die Aussicht, das Prinzip der Erbgesessenen Bürgerschaft eines Tages durch das moderne Repräsentativsystem ersetzt zu sehen: *„Ich halte es für Bürgerpflicht, so bestimmt und deutlich als möglich zu erklären, daß wir das Repräsentativ-System für herabwürdigend für Hamburgs Bürger und für unverträglich mit der Freiheit und Gleichheit aller Bürger, wie sie unter dem Panier der Gesetze bei uns zu finden ist, halten ... Eine Wahlart, wie sie nach den neuen Theorien des Repräsentativ-Systems vorgenommen werden muß, bewirkt eine größere Aufregung der Gemüter, als einer kleinen Handelsrepublik frommen kann, welche allein bei einem tiefen innern Frieden Gedeihen findet ... Sollten die Repräsentanten des Volks etwa die Rechte desselben beim Senat vertreten? Wie würde dadurch nicht das innere Gleichgewicht, so künstlich erfunden und so richtig gedacht, verrückt werden? Wie hoch würde nicht dadurch die Schale des Volks in die Lüfte steigen und dort schwebend erhalten werden, während daß die des Senats so tief herabgedrückt würde, daß dabei ... der innere Frieden unmöglich erhalten werden könnte."*[16]

In hohem Alter wandte sich Bartels unter dem ihn bedrängenden Erlebnis der 48er Revolution ein letztes Mal an das Publikum seiner Vaterstadt, diesmal in Gestalt eines „Sendschreibens an meine vielgeliebten Mitbürger." Hier faßte er sein Verständnis von hamburgischer Regierungskunst in die geradezu klassische Formel: *„Mein Grundsatz ist immer gewesen und das ist auch der Grundsatz, nach dem man* *in Hamburg verfuhr: Alles für's Volk, doch nichts durch die Masse. Das Erste schafft: Freiheit und Ordnung, das Letzte: Revolution und Anarchie."*[17]

Spätere Bürgermeister haben das nicht mehr so schnörkellos und unverblümt formuliert. Und dennoch meint man zu spüren, daß in der zweiten Hälfte des 19. Jahrhunderts der Geist des 1850 gestorbenen Bartels noch lange im Rathaus fortlebte. Trotz der Verfassungsreform von 1860 behauptete die hanseatische Kaufmannsrepublik weiterhin ihre oligarchischen Züge. Auch und gerade nach Einbeziehung in das Wilhelminische Kaiserreich hielt die regierende Klasse an ihren machtpolitischen Privilegien nachdrücklich fest. Die seit 1870/71 veränderten Rahmenbedingungen machten es allerdings notwendig, die hamburgische Verfassungstradition in protokollarisches Einvernehmen mit der Reichsideologie zu bringen. Der in Hamburg von 1885 bis 1897 errichtete Bau eines neuen repräsentativen Rathauses stellt den Versuch dar, im Gewande historisierender Architektur beide Elemente augenfällig zu verbinden. Das von Hermann Hipp kenntnisreich analysierte ikonographische Programm demonstriert einerseits hamburgisches Geschichtsbewußtsein (von den Wappen senatorischer Familien bis zur Stadtgöttin Hammonia), andererseits trägt es aber auch dem neuen Reichspatriotismus Rechnung (vom Kaisersaal bis zu dem den Rathausturm bekrönenden goldenen Reichsadler). Hier wie dort ließ man es an symbolhaltiger Kunstentfaltung nicht fehlen.

Ganz frei von Zweifeln waren die Stadtväter freilich nicht, ob eine so aufwendige Selbstdarstellung dem bürgerlichen Geist der Stadtrepublik angemessen sei. Man erinnerte sich sehr wohl der zurückhaltenden Architektur des alten, dem Brand von 1842 zum Opfer gefallenen Rathauses. Der Topograph J. L. von Heß hatte 1787 diesen Bau beschrieben und als Zeugnis republikanischer Selbstbescheidung charakterisiert. Für die Hamburger, so heißt es bei ihm, ist das Rathaus *"ein allgemeines Wohnhaus der Bürger, wo für die Gerechtsamen und Sicherheit der Stadt gearbeitet wird, nicht aber für eine Reihe von Gallagemächern, wo, mit tiefen Stirnfalten, die irgend einem Schranzen gebührenden Honneurs anerwogen und überlegt, Serenissimi allerhöchste Willensmeinungen ohne Bedenken in Untertänigkeit befolgt werden, Rücken sich krümmen, und Köpfe gute Muße haben."*[18]

Diese Gesinnung der Vorväter im Kopf glaubte man im Senat der Bürgerschaft eine besondere Erklärung schuldig zu sein, warum in Hamburg ein monumentaler Prachtbau notwendig sei. In einem dem Bauantrag hinzugefügten Begleitschreiben an die Bürgerschaft heißt es apologetisch: *"Mit dem Rathausbau bauen wir an dem Unabhängigkeitssinn unseres kleinen, aber kräftigen Gemeinwesens; mit dem Hinweis auf Zeiten und Verhältnisse, in welchen ein stolzer Bau kein Recht mehr hat, arbeiten wir selbst daran, den im Volk gebliebenen althanseatischen Bürgersinn zu beseitigen..."*[19]

Daß den alten Hanseaten der neue Großmaßstab durchaus fremd gewesen war, blieb dabei ungesagt, ein Indiz dafür, daß Glanz und Gloria der Wilhelminischen Ära die Erinnerung an bescheidenere Zeiten zu überformen begann.

Gravierender als diese historische Ungereimtheit war die Tatsache, daß der Anspruch des neuen Rathauses und die soziale Wirklichkeit in Hamburg nicht zueinanderstimmten. Nicht einmal beim Richtfest, das am 7. September 1892 feierlich begangen wurde, ließ sich die Widersprüchlichkeit der Situation ganz kaschieren. Von dem bei einem solchen Anlaß üblichen Umzug der Gewerke wurde ausdrücklich abgesehen, weil man im Senat befürchtete, *„daß der Einfluß einzelner Volksredner die Arbeiter an der Teilnahme an dem Zuge abhielte und der Letztere dann nicht zu Stande käme oder unwürdig ausfiele".*[20] Hinter solcher eher bagatellisierenden Formulierung verbargen sich handfeste Auseinandersetzungen. Es fallen in diese Zeit nicht nur Arbeitskämpfe und Streiks, die gerade das Baugewerbe empfindlich betrafen, es mehrte sich auch das mit dem Hamburger Regierungssystem verbundene politische Konfliktpotential. 108 der insgesamt 192 Sitze in der Bürgerschaft waren von vornherein den Grundbesitzern und „Notabeln" vorbehalten, nur der Rest wurde im Wege von Wahlen besetzt. Selbst das solchermaßen in seiner politischen Relevanz beschränkte Wahlrecht stand nur denjenigen zu, die durch eine Gebühr das Bürgerrecht erworben hatten. Mit Hilfe dieser Barrieren war es gelungen, die Sozialdemokraten noch zu einer Zeit am Einzug in die Bürgerschaft zu hindern, als bereits alle Hamburger Reichstagsmandate auf Grund des im Reich geltenden allgemeinen, gleichen Wahlrechts an die Sozialdemokraten fielen. Kein Wunder, daß das neue Rathaus von denen, die es mit ihrer Hände Arbeit errichteten, nicht so sehr als „ihr" Rathaus, sondern als Bastion einer Klassenherrschaft empfunden wurde.

Wie sehr die im Rathaus Regierenden sich ihrer prekären Situation bewußt waren, belegt eindrucksvoll die Ausgestaltung desjenigen Saales, der wie kein anderer dem Regierungssystem Hamburgs symbolhaften Ausdruck verleihen sollte: der unter dem Rathausturm zentral plazierte „Saal der Republiken." Der Münchener Maler Alexander von Wagner hatte 1898 vom Senat den Auftrag bekommen, geeignete Motive für das Kuppelfresko zu benennen. Der Künstler schlug vor, drei Beispiele für republikanischen Bürgermut darzustellen:

– Anschlag von Aristogeiton und Harmodios auf die Söhne des athenischen Tyrannen Peisistratos

– Auflehnung Wilhelm Tells gegen den habsburgischen Landvogt Geßler und – zum ideologischen Ausgleich –

– Ermordung Marats durch Charlotte Corday

So großzügig die Stadtväter sich sonst gegenüber den künstlerischen Ideen zur historischen Ausschmückung des Rathauses verhielten, in diesem Fall reagierten sie allergisch. Allzusehr fühlten sie sich an Aufrührer vor der eigenen Haustür erinnert. Die Vorschläge des Malers wurden samt und sonders für ungeeignet befunden. Ausdrücklich zu Protokoll gab Bürgermeister B u r c h a r d seine Bedenken gegen die Wilhelm-Tell-Szene: *„Namentlich der Hut Gesslers und die zerbrochenen Ketten haben einen revolutionären Beigeschmack."*[21] Von dem Wilhelm-Tell-Motiv verblieb nur eine literarische Reminiszenz: etwas verloren blickt heute aus dem Freskohimmel des „Saals der Republiken" ein zum Heros stilisierter Friedrich Schiller auf den Betrachter herunter – sinnentleerter Rest einer als „staatsgefährdend" verworfenen Bildidee.

Angesichts fortschreitender Oligarchisierung, für die der Rathausneubau ein symbolischer Ausdruck ist, kann man Hamburg nur in sehr eingeschränktem Sinn nachsagen, eine republikanische Rolle im Wilhelminischen Deutschland gespielt zu haben. Das Hamburger Wahlrecht übertraf – vollends nach dem „Wahlrechtsraub" von 1906 – an Exklusivität alle anderen deutschen Staaten. Viele Bürger mußten es in dieser Lage geradezu als Hohn empfinden, daß über dem Eingangsportal des Rathauses wie selbstverständlich die altrepublikanische Sentenz prangte: *„Libertatem peperere maiores digne studeat servare posteritas"* (zu Deutsch: Die Freiheit, die die Alten errungen, trachte die Jugend würdig zu bewahren).

Vieles sprach dafür, daß der stadtrepublikanische Gedanke seine Kraft verbraucht hatte. Um so bemerkenswerter ist, daß gerade der Konflikt um den „Wahlrechtsraub" bei einigen bürgerlichen Abgeordneten unerwartete republikanische Zivilcourage mobilisierte. Als die bürgerlich-konservative Mehrheit in der Bürgerschaft die Wahlrechtsvorlage gegen alle Widerstände durchsetzte, verließ der junge Abgeordnete Carl Julius Braband die rechte Fraktion und gründete gemeinsam mit seinem Freund Carl Petersen die oppositionelle Fraktion der „Vereinigten Liberalen." Schockierender noch war für das bürgerliche Publikum, daß er und Petersen aus Protest gegen die Entrechtung der Arbeiter ihren Rock als Reserveoffiziere zurückgaben. Der Eklat konnte nicht wirkungsvoller sein.

Der von Braband und Petersen vollzogene Bruch war ein Signal, das in die Zukunft wies. Es bahnte eine Entwicklung an, die ein politisches Zusammengehen von Arbeiterbewegung und Teilen des Bürgertums und damit eine Öffnung der Kaufmannsrepublik eines Tages als möglich erscheinen ließ.

Der militärische Zusammenbruch im Ersten Weltkrieg brachte die Dinge in rascheren Fluß als noch wenige Jahre zuvor erhofft oder befürchtet. Mit der Revolution von 1918 setzte sich auch in Hamburg das allgemeine gleiche Wahlrecht durch; es brachte den Sozialdemokraten die absolute Mehrheit der Sitze in der Bürgerschaft ein. Wer nun erwartet hatte, die Wahlsieger würden ihre neu gewonnene Position zur Aufkündigung aller Kontinuität nutzen, sah sich durch die tatsächliche Entwicklung überrascht. Die Überraschung begann bereits mit der Bestellung des „Ersten Bürgermeisters." Nicht Otto Stolten, der Führer der Mehrheitssozialdemokratie, nahm den Bürgermeisterstuhl für sich in Anspruch. Vielmehr verständigten sich Sozialdemokraten und Demokraten (letztere hervorgegangen aus den „Vereinigten Liberalen") darauf, einem parteipolitisch nicht gebundenen Repräsentanten des „alten Hamburg" den Vortritt zu lassen. Nicht nur im personellen, auch im institutionellen Bereich kam es zu einer Verschränkung mit Elementen des alten Stadtstaates. Republik und Demokratie, in der Vergangenheit eher feindliche Brüder, gingen jetzt eine Symbiose ein, die Altes und Neues eng miteinander verquickte. Kernstücke aus der alten Verfassungstradition waren dabei Kollegialprinzip und Deputationsmitwirkung, Ecksteine des neuen Verfassungsverständnisses Ressortprinzip und parlamentarische Kontrolle.

Die Demokratisierung des Stadtstaates bei gleichzeitiger Fortführung traditioneller Strukturen hat nicht unwesentlich zu einer spezifisch hamburgischen Konsensbildung beigetragen. Die Stadt verdankt diesem aus Moderne und Herkommen gemischten Konsens ein gut Teil ihres inneren Zusammenhalts. Eben so richtig ist aber auch, daß in der historisch begründeten Heterogenität der Verfassung eine der Ursachen für die fast unglaubliche Schwerfälligkeit des Regierens und Verwaltens in Hamburg liegt.

Da Gewöhnung unempfindlich macht, war (und ist) nicht allen Hamburgern der Schneckengang ihres Stadtregiments bewußt. Um so mehr springt er denen ins Auge, die einen Vergleich mit anderen Großkommunen ziehen können. Als Zeuge mag Hamburgs großer Stadtbaumeister Fritz Schumacher dienen. Zunächst hatte er sich mit dem Irrgarten der Hamburger Verwaltung seufzend abgefunden. Das änderte sich jedoch, nachdem er von 1920 bis 1923 in Köln Gelegenheit gehabt hatte, das dortige außerordentlich effektive Kommunalsystem gründlich kennenzulernen. Von Stund an verlor die Hamburger Situation für ihn ihre resignierend hingenommene Normalität. Er erkannte jetzt, so schreibt Schumacher, daß es sich um eine „Eigenart" Hamburgs handelte. Das Bild, das man in dieser Hinsicht bei Schumacher gewinnt, hat nur wenig von seiner Aktualität verloren. Er beschreibt: „... *wie schwer es ist, ein sechzehnköpfiges, ganz unorientiertes Gremium gleichstehender, entscheidender Männer, die den Senat darstellten, bei widerstreitenden Ansichten in den wenigen Augenblicken eines Referats aus den gewohnten Gleisen der Beurteilung zu bringen...*"[22] *Es gab bei der demokratischen Regierungsform Hamburgs niemanden, der, wie etwa ein Oberbürgermeister, eine Veränderung der Dinge durchzuführen vermochte...*[23] *Ein weiser Kenner hat einmal gesagt: ‚Die Hauptgrundlage, auf der sich ein demokratisches Regime aufbaut, ist das Mißtrauen.' Dafür gab Hamburg eine nur historisch verständliche Bestätigung. Statt einer Dezentralisierung der Verantwortung gab es nur Kontrollen über Kontrollen.*"[24]

Um zumindest im eigenen Wirkungsbereich die schlimmsten Mängel des hamburgischen Systems zu überwinden, entwickelte Schumacher ein Netz pragmatischer Kooperationsverfahren. Noch heute muß erstaunen, was ihm während der Jahre der Weimarer Republik mit dieser Methode an städteplanerischen Leistungen gelungen ist. Die Erklärung hierfür dürfte allerdings weniger in strukturellen Voraussetzungen als in der mit ungewöhnlicher Überzeugungskraft ausgestatteten Persönlichkeit Schumachers liegen.

Die Machtusurpation der Nationalsozialisten im Jahr 1933 machte die alten Probleme vergessen. Aus dem bis dahin mit Stolz geführten Namen „Freie und Hansestadt" wurde das Wort „Freie" gestrichen. Für 12 Jahre wurde Hamburg zu einer Satrapie der Gewalt. Am Ende stand ein Krieg, der die Stadt in eine Trümmerwüste verwandelte. 45 000 Hamburger verbrannten im Inferno der Bombennächte, 70 000 Männer starben sinnlos an den Fronten, 7000 Hamburger Juden wurden ermordet.

Es hat etwa bewegendes, daß die Überlebenden nach 1945 die Strukturen der 1933 außer Kraft gesetzten Verfassung weitgehend restaurierten. Man stellte den Hoheitsanspruch der Bürgerschaft wieder her, aber auch die Mitwirkungsrechte der Deputationen, man schuf wieder parlamentarisch kontrollierte Behörden, ließ aber auch das Prozedere des alten Kollegialorgans Senat wiederaufleben. Hamburg kehrte zu seiner historischen Identität zurück.

Als Klaus von Dohnanyi 40 Jahre nach dem Krieg die Identität der Stadt auf die Formel „*Hamburg, der republikanische Akzent der Republik*"[25] brachte, lag darin ebenso sehr eine Liebeserklärung wie ein Stoßseufzer. Aus solchem Zwiespalt spricht Hamburgs Dilemma. „Die Ungereimtheiten gehören zum Charme dieser Stadt" – so überschreibt E c k a r t   K l e ß m a n n 1987 ein Porträt Hamburgs. Und er schloß seine Skizze mit den Sätzen: *„Für Überraschungen ist diese Stadt allemal gut. Es dauert hier eben alles ein bißchen länger als anderswo. Der Hamburger versteht das als Solidität, und das ist seine Lieblingstugend."*[26] Es kann nicht verwundern, daß Hamburgs Erster Bürgermeister, der die Stadt durch die Stromschnellen des Wettbewerbs mit Rotterdam, Köln, Frankfurt und München steuern muß, das verzögerte Hamburger Tempo nicht so gelassen nehmen kann. Nicht ohne Grund heißt es in seiner 1988 gehaltenen Rede über „H a m b u r g ,   S t a d t s t a a t   u n d   V e r f a s s u n g – e i n e   E x i s t e n z f r a g e": *„Wenn es jetzt nicht gelingt, die Forderung nach politischen Strukturen, die mit unseren Wettbewerbern gleichwertig sind, ernsthaft zu diskutieren und dann durchzusetzen, wird Hamburg auch die Aufgabe der wirtschaftlichen und ökologischen Modernisierung und der Neuorientierung unserer kulturellen Grundlagen nicht bewältigen können. Die Politik kann strukturpolitisch keine Wunder bewirken. Aber ohne ein leistungsfähiges politisches System geht es auch nicht."*[27]

Es ist nicht Sache historischer Nachforschung, die Zukunft zu erkunden. Aber es steht dem Historiker zu, den von der Politik gestellten Fragen geschichtliches Gewicht zuzusprechen oder auch zu verweigern. Der Rückblick auf die Geschichte der hanseatischen Republik läßt keinen Zweifel: Klaus von Dohnanyi hat einen Nerv der Stadt getroffen. Man muß nicht jeder seiner Thesen zustimmen, aber man kann ihm nicht das historische Gewicht, ja die historische Unausweichlichkeit seiner Fragen bestreiten.

Anmerkungen

Eine Republik wird besichtigt
Das Hamburgbild des Aufklärers Jonas Ludwig von Heß

1 Gerhard Meyer, Die Schriftgattung der Topographie seit dem 18. Jahrhundert, betrachtet vornehmlich an Beispielen aus Nordwest-Deutschland. Berichte zur dtsch. Landeskunde 40, 1968, S. 92–120.
2 Gerhard Meyer, Die Topographien von Hamburg. In: Wilhelmine Jungraithmayr (Hg.), Das historische Museum als Aufgabe. Forschungen und Berichte aus dem Museum für Hamburgische Geschichte 1946–1972. Hbg. 1972.
3 Zur Biographie von Jonas Ludwig von Heß (1756–1823): Lexikon der hamburgischen Schriftsteller bis zur Gegenwart, Bd. 3, Hbg. 1857, S. 232–236; Otto Beneke, Jonas Ludwig von Heß. Allgemeine Deutsche Biographie, Bd. 12, Berlin 1880, S. 292–295.
4 Jonas Ludwig von Heß, Durchflüge durch Deutschland, die Niederlande und Frankreich. Bd. 6. Hbg. 1798. S. 5–6.
5 Johann Peter Willebrand, Hamburgs Annehmlichkeiten von einem Ausländer beschrieben. Hbg. und Leipzig 1772. – Franklin Kopitzsch, Aufklärung und Stadt, Anmerkungen zu einem Aufgabenfeld regionalgeschichtlicher Forschung. Jb. für Regionalgesch. 14, 1987, S. 218–227.
6 Christian Ludwig von Griesheim, Die Stadt Hamburg nach ihrem politischen, ökonomischen und sittlichen Zustande. Schleswig 1759. Vorbemerkung S. 5.
7 v. Heß (wie Anm. 4), S. 7–8.
8 Ebd., S. 8.
9 v. Heß, Topographisch-politisch-historische Beschreibung der Stadt Hamburg. Bd. 1. Hbg. 1787. Vorrede.
10 Franklin Kopitzsch, Grundzüge einer Sozialgeschichte der Aufklärung in Hamburg und Altona. Hbg. 1990. S. 637–652. – Hans-Gerd Engeleit, Das hamburgische Zeitungs- und Zeitschriftenwesen am Ende des 18. Jahrhunderts: Die Anfänge der Wirtschaftspresse, ZHG 78, 1992, S 103–133.
11 Journal aller Journale oder Geist der vaterländischen und fremden Zeitschriften. 8 Bde. Hbg. 1786/87.
12 Ebd., Bd. 3, 1786, S. 161.
13 Ebd., Bd. 1, 1786, S. 378. Epistel an einen jungen Dichter. – Bd. 3, 1786, S. 199, Rousseaus Grabschrift.
14 Ebd., Bd. 3, 1786, S. 161.
15 v. Heß (wie Anm. 9), Bd. 2. Hbg. 1789. Vorrede.
16 Unwiderrufliches Fundamental-Gesetz, Regimentsform, oder Haupt-Receß der Stadt Hamburg. Mit einer Einleitung hrsg.v. Ludwig von Heß. Hbg. 1781. – Kopitzsch (wie Anm. 10), S. 174.
17 v. Heß (wie Anm. 9), Bd. 1. Vorrede.
18 Ebd., Vorrede.
19 Ebd., S. 355 (punktuelle Kritik an Mißständen im Zuchthaus).
20 Ebd., Vorrede.
21 Ebd., S. 379 und 382–383.

22 Ebd., Bd. 2, S. 164.
23 Ebd., S. 142.
24 Ebd., S. 323.
25 Ebd., S. 409. – Noch 100 Jahre später hat Julius von Eckardt das Heß-Zitat als Motto für seine Schilderung der Hamburger Gesellschaft der 70er Jahre des 19. Jhs. benutzt: Julius von Eckardt, Lebenserinnerungen, Bd. 1. Leipzig 1910. S. 190. – Ausführliche Zitate aus der Heß'schen Ethognomik bei Kopitzsch (wie Anm. 10), S. 633–636.
26 Zur Erläuterung der Vignette: v. Heß (wie Anm. 9), Bd. 3. Hbg. 1792. S. 319.
27 Ebd., S. 13.
28 Ebd., S. 16.
29 Ebd., S. 48.
30 Ebd., S. 68.
31 Ebd., S. 49.
32 Ebd., S. 39.
33 Ebd., S. 68.
34 Ebd., S. 103–104.
35 Hans-Dieter Loose, Die Jastram-Snitgerschen Wirren in der zeitgenössischen Geschichtsschreibung. ZHG 53, 1967, S. 1–20. – Kopitzsch (wie Anm. 10), S. 101 ff.
36 v. Heß (wie Anm. 9), Bd. 1, S. 58 und 61.
37 Ebd., Bd. 3, S. 233–234.
38 Ebd., S. 226–227.
39 Ebd., S. 195.
40 Ebd., S. 196–197.
41 Ebd., S. 222.
42 Ebd., S. 191 und 232.
43 Ebd., S. 228.
44 Ebd., S. 295.
45 Ebd., Vorrede.
46 J. L. v. Heß, Hamburg topographisch, politisch und historisch beschrieben. 2. Auflage, umgearbeitet und vermehrt. 2. Teil. Hbg. 1811. S. V. – Heß hat nicht nur das Verfassungskapitel eliminiert, sondern auch an anderen Stellen der Ausgabe von 1810/11 Streichungen vorgenommen; es handelt sich durchweg um Textstellen, deren Streichung eine demonstrative Reaktion auf die französische Besatzung war. So fehlen im 3. Teil (1811) folgende Aussagen der Ausgabe von 1789, Bd. 2: „*In einer Stadt, die das Ringen nach Freiheit und der Genuß dieser höchsten Menschenwürde so emporgebracht hat, wo der Baum der Handlung, fast allein durch Freiheit gepflegt, in so schöner Blüte steht . . .*" (S. 151). „*Nur in einem freien Staate, dessen Lage freilich immer von der Natur begünstigt sein muß, konnten solche Kräfte entwickelt, solche Reichtümer erworben werden, und solche Tugenden zur Blüte kommen. Die Handelsfreiheit in Hamburg ist überaus vollkommen . . .*" (S. 189). „*Von dem hiesigen Bürger kann man nicht sagen, daß er diene; auch nicht, daß er befehle. Selbst dem Staate dient er nicht; denn der Staat ist sein.*" (S. 322).
47 Ebd., 1. Teil. Hbg. 1810. S. X.
48 J. L. v. Heß, Versuche zu sehen, 1. Teil. Hbg. 1797. S. 84.
49 Ebd., S. 89. – Über den politischen Freundeskreis von Heß in Hamburg vgl. Johann Georg Rists Lebenserinnerungen, hrg. v. Gustav Poel. 1. Teil. Gotha 1880. S. 44. – Heß' Ver-

kehr in den Familien Sieveking und Reimarus wird im Lexikon (wie Anm. 3) erwähnt. – Ein Beleg hierfür ist auch ein vom 23. 5. 1800 datierter Brief, den Heß gerichtet hat an Johanna Margaretha Sieveking (geb. Reimarus), die Witwe Georg Heinrich Sievekings (Handschriftenabt. der Staatsbibl. Hbg., Sig.: Campe Sammlg. 18/Heß, J. L. v.). – Neue familiäre Beziehungen ergaben sich, als Heß am 20. 11. 1805 noch heiratete; seine Frau Thusnelda war eine Tochter des Senators Johann Michael Hudtwalcker. – Über die Rolle, die Heß im Kreise der hamburgischen Aufklärer spielte, vgl. Joist Grolle, Kant in Hamburg. Der Philosoph und sein Bildnis, Hbg. 1995, bes. S. 9 ff. u. S. 42 ff.

50 v. Heß (wie Anm. 48), S. 33.
51 Ebd., S. 336.
52 Ebd., S. 337.
53 Ebd., S. 368.
54 Hermann Tiemann, Hanseaten im revolutionären Paris (1789–1803). Skizzen zu einem Kapitel deutsch-französischer Beziehungen. ZHG 49/50, 1964, S. 109–146. – Walter Grab, Demokratische Strömungen in Hamburg und Schleswig-Holstein zur Zeit der ersten französischen Republik. Hbg. 1966. – Ders., Norddeutsche Jakobiner. Demokratische Bestrebungen zur Zeit der französischen Revolution. Hbg. 1967. – Ders., Ein Volk muß seine Freiheit selbst erobern. Zur Geschichte der deutschen Jakobiner, Frankfurt/M. 1984. – Arno Herzig u. a. (Hrg.), „Sie, und nicht Wir". Die Französische Revolution und ihre Wirkung auf Norddeutschland und das Reich. Bd. 1: Norddeutschland. Hbg. 1989.
55 v. Heß (wie Anm. 48), S. 124.
56 Ebd., S. 134.
57 Ebd., S. 134.
58 Ebd., S. 238.
59 Ebd., 2. Teil, Hbg. 1800, S. 193.
60 Ebd., 1. Teil, S. 155.
61 Ebd., S. 156.
62 Ebd., S. 126.
63 Ebd., S. 153.
64 Ebd., S. 115.
65 Ebd., S. 10.
66 Ebd., S. 143.
67 Ebd., S. 143.
68 Ebd., S. 99.
69 Ebd., S. 116.
70 Ebd., S. 117.
71 „Die Geißel" (Dez. 1797). Zit. nach Georg Friedrich Rebmann, Werke und Briefe, Bd. 3. Berlin 1990. S. 324–325. – Zu Rebmanns Urteil über die „Versuche zu sehen" von Heß vgl. Grab, Demokratische Strömungen (wie Anm. 54), S. 20.
72 Vgl. oben S. 18.
73 v. Heß (wie Anm. 46), S. 351.
74 Ebd., S. 341.
75 Ebd., 1. Teil, Hbg. 1810, S. 243.
76 v. Heß (wie Anm. 9), S. 146.
77 Ebd., S. 155.

78 v. Heß (wie Anm. 46), 1. Teil, S. 211.
79 Ebd., S. 212–213.
80 Ebd., S. 438.
81 Ebd., S. 68–70. – Vgl. Joist Grolle, Wiederherstellung der Pappelanlage um das Büsch-Denkmal, in: Patriotische Gesellschaft 1765/1990. Ein Jubiläumsjahr, Hbg. 1991, S. 69–80.
82 Ebd., 2. Teil, S. 56 – Vgl. Ingeborg Grolle, Kinderschicksal und Armenpolitik. Aus den Akten des Hamburger Waisenhauses, ZHG 79, 1993, S. 37–87.
83 v. Heß (wie Anm. 46), S. 96–97.
84 Ebd., S. 114–115.
85 J. L. v. Heß, An das große Armen-Collegium. Hbg. 1806.
86 v. Heß (wie Anm. 46), S. 114–115. – Vgl. Monika Zachau, Zwangsläufig oder abwendbar? Auffassungen von Armut in Hamburg innerhalb und außerhalb der „Hamburgischen Gesellschaft zur Beförderung der Künste und nützlichen Gewerbe" zwischen 1788 und 1840. Hbg. o. J. S. 45–47. – Zur Beteiligung von Heß an der Armenanstalt: Mary Lindemann, Patriots and Paupers: Hamburg, 1712–1830. New York 1990. S. 190–192.
87 v. Heß (wie Anm. 46), S. 273.
88 Beneke (wie Anm. 3), S. 292.
89 v. Heß (wie Anm. 46), S. 288, 291, 294, 296, 302, 312.
90 Ebd., S. 277.
91 Ebd., S. 291.
92 Ebd., S. 293.
93 Ebd., S. 310–311.
94 Ebd., S. 319.
95 Ebd., S. 425.
96 J. L. v. Heß, Agonien der Republik Hamburg im Frühjahr 1813. Hbg. 1815. S. 46.
97 Aus England hat Heß an Friedrich Perthes und Karl Sieveking zahlreiche Briefe geschrieben (StA Hbg., Nachlaß Perthes I).
98 Die wichtigsten der Streitschriften sind in einem Sammelband enthalten, der sich im StA Hbg. befindet (Smbd. A 322/2). – Unter den konservativen Autoren, die sich mit Heß auseinandersetzten, war der prominenteste Senator Johann Heinrich Bartels. Seine gegen Heß gerichtete Hauptschrift: Bericht über das, was im Jahr 1813 vom 12ten bis 30sten May unter meinen Augen und unter meiner Mitwirkung in Hamburg vorging wie auch actenmäßige Berichtigung verschiedener irriger Angaben in der von Herrn Heß herausgegebenen Schrift unter dem Titel „Agonien der Republik Hamburg im Frühjahr 1813". Hbg. 1815. – Aus der umfangreichen älteren Literatur zur Hamburger „Franzosenzeit" sei hier nur verwiesen auf: Theodor Friedrich Böttiger, Das Einströmen des Nationalgefühls in Hamburg während der Franzosenzeit. Hbg. 1926. An Darstellungen aus jüngster Zeit seien genannt: Detlef Zunker, Hamburg in der Franzosenzeit 1806–1814. Volkskultur und Volksprotest in einer besetzten Stadt: Ergebnisse, Zs. für demokratische Geschichtswiss. 23, Hbg. 1983; Jürgen Huck, Das Ende der Franzosenzeit in Hamburg. Quellen und Studien zur Belagerung und Befreiung von Hamburg 1813–1814. Hbg. 1984; Renate Hauschild-Thiessen, Die Franzosenzeit 1806–1814. Geschichte – Schauplatz Hamburg. Hbg. 1989; Wolf-Rüdiger Osburg, Die Verwaltung Hamburgs in der Franzosenzeit 1811–1814, Frankfurt/M. 1988.

99 v. Heß (wie Anm. 96), S. 56.
100 v. Heß (wie Anm. 85), S. 13.
101 v. Heß (wie Anm. 96), S. 403.
102 Ebd., S. 404.
103 J. L. v. Heß, An das Publikum. Hbg. 1816. S. 41–42.

Geschichte und Zeitgenossenschaft
Leonhard Wächters historische Vorlesungen im Vormärz

1 Auf Veranlassung des Senats wurde die Veranstaltung dokumentiert und erläutert in einer repräsentativ gestalteten Büttenpapierausgabe: Reden, welche am Michaelistage in der Halle des Rathauses gehalten worden. Hbg. 1828. – Zu Vorbereitung und Ablauf der Gedenkfeier sowie zu ihrem zeitgenössischen Stellenwert vgl. Johann Martin Lappenberg, Programm zur dritten Secularfeyer der bürgerschaftlichen Verfassung Hamburgs. Hbg. 1828; Elard Hugo Meyer, Johann Martin Lappenberg. Eine biographische Schilderung. Hbg. 1867, S. 84–91; Heinrich Sieveking: Karl Sieveking 1787–1847. Lebensbild eines hamburgischen Diplomaten aus dem Zeitalter der Romantik. 3. T., Hbg. 1928, S. 140 f.; Rainer Postel: Johann Martin Lappenberg. Ein Beitrag zur Geschichte der Geschichtswissenschaft im 19. Jahrhundert. Lübeck und Hbg. 1972, S. 56 f. – Zu den zahlreichen Jubiläumsschriften des Jahres 1828 vgl. die bibliographischen Angaben bei Tilman Stieve, Der Kampf um die Reform in Hamburg 1789–1842. Hbg. 1993, S. 410–412.
2 Ebd., S. 5.
3 Ebd.
4 Ebd., S. 7.
5 Ebd., S. 5.
6 Ebd.
7 Ebd.
8 Ebd., S. 9.
9 Ebd., S. 8.
10 Johann Gustav Gallois, Geschichte der Stadt Hamburg. 3. Bd., Hbg. 1856. S. 252.
11 Heinrich Heine, Schöne Wiege meiner Leiden, Hamburgische Miniaturen, hrg. von Walter Vontin. Hbg. 1981. S. 143–144.
11a Zu den Unruhen des Sommers 1830 in Hamburg vgl. Tilman Stieve, Der Kampf um die Reform in Hamburg 1789–1842. Hbg. 1993 (Beiträge zur Gesch. Hbgs. Bd. 44), S. 248–254.
12 Zur Biographie von Johann Heinrich Bartels (1761–1850): (Otto Beneke), Der Hamburgische Bürgermeister Johann Heinrich Bartels. Ein Abriß seines Lebens und Wirkens nebst Fragmenten aus seinen Schriften. Hbg. 1850.–Lexikon der hamburgischen Schriftsteller bis zur Gegenwart. Bd. 1, Hbg. 1851. S. 138–144. – Rainer Postel, Hamburger Bürgermeister als Historiker. ZHG 74/75, 1989, S. 122–125.
12a Zur Börsenhalle: Franklin Kopitzsch, Grundzüge einer Sozialgeschichte der Aufklärung in Hamburg u. Altona. Hbg. 1990. S. 579–580.
13 Zur Biographie von Leonhard Wächter (1762–1837): Christian Friedrich Wurm, Notizen über Leonhard Wächter und seine Schriften. In: Leonhard Wächter's Historischer Nachlaß, hrg. von C. F. Wurm. Bd. 2, Hbg. 1839. S. V-XLV. – Lexikon der hamburgischen Schriftsteller bis zur Gegenwart. Bd. 7, Hbg. 1879. S. 540–543. – Walter Patenius, Das Mittelalter in Leonhard Wächters (Veit Webers) Romanen. Ein Beitrag zur Kenntnis der beginnenden Wiederbelebung des deutschen Mittelalters in der Literatur des 18. Jahrhunderts. Leipzig 1904. S. 8-22. Allgemeine Deutsche Biographie. Bd. 40, S. 428–431. – Helmut Reinalter, Axel Kuhn, Alain Ruiz (Hrsg.), Biographisches Lexikon zur Geschichte der

demokratischen und liberalen Bewegungen in Mitteleuropa. Bd. 1 (1770–1800), Frankfurt a. M., Bern, New York, Paris 1992, S. 128.

14 Ein am letzten Tage des Jahres 1789 von Wächter verfaßter Weihegesang auf das erste Revolutionsjahr findet sich auszugsweise abgedruckt im Historischen Nachlaß (wie Anm. 13), Bd. 2, S. XV:
„Schon die Nachwelt, nicht vom Schein betrogen,
bauet, letztes Jahr, Dir einen Siegesbogen,
reich geschmückt; auf goldnem Grunde
prunken, wunderschön, die lieblichen Gestalten
weise Freiheit, Bürgertreue; die, im Bunde
mit der Menschlichkeit, das Füllhorn halten,
so der Menschen Menschenglück zuspendet."

15 Johann Georg Rists Lebenserinnerungen, hrg. von Gustav Poel. 1. Teil, Gotha 1880. S. 29, 43–44.
16 Wächters Bericht darüber in: Nachtbote, Berlin 1793.
17 Historischer Nachlaß (wie Anm. 13), Bd. 2, S. 302.
18 Christian Petersen, Geschichte der Hamburgischen Stadtbibliothek, Hbg. 1838. S. 174.
19 Historischer Nachlaß (wie Anm. 13), Bd. 1, S. IV.
20 Der Editionsbericht Wurms ebd., S. IV-VIII.
21 Ebd., S. 1.
22 Jonas Ludwig von Heß, Topographisch-politisch-historische Beschreibung der Stadt Hamburg. Bd. 3, Hbg. 1792. Vorrede.
23 Johann Georg Büsch, Versuch einer Geschichte der Hamburgischen Handlung nebst zwei kleineren Schriften verwandten Inhalts, Hbg. 1797. – Über Büsch als Geschichtsschreiber: Kopitzsch (wie Anm. 12a), S. 101.
24 Historischer Nachlaß (wie Anm. 13), Bd. 1, S. 169.
25 Ebd., S. 1.
26 Ebd., S. 20.
27 Ebd., S. 39.
28 Ebd., S. 195.
29 Ebd., S. 196.
30 Ebd., S. 197–198.
31 Ebd., S. 16–17.
32 Wächter über Heß: *„mein wackerer, redlicher Freund, den ich dreißig Jahre gekannt und mit ihm manches Leid und manche Freude geteilt habe."* (Historischer Nachlaß [wie Anm. 13], Bd. 2, S. 342).
33 Leonhard Wächter, Zur Geschichte der Parteiungen in Hamburg während des 17. Jahrhunderts und bis zum Hauptrezeß. In: Historischer Nachlaß (wie Anm. 13), Bd. 1, S. 273–466. Bd. 2, S. 3–134. – Wurm teilt in seinem Lebensbild Wächters ein Gedicht mit, daß dieser in jüngeren Jahren auf Snitger und Jastram verfaßt hat (wohl um 1802). Die Parteinahme für die beiden Hingerichteten wird hier sehr viel deutlicher als in der Vorlesung. Das in Hexametern abgefaßte Gedicht lautet (Historischer Nachlaß [wie Anm. 13], Bd. 2, S. XLIII):
„Wanderer, weile nur hier; es ist der Acker entsündigt:
Schnitger's und Jastram's Gebein moderte vormals in ihm.
Der Parteiungen Wut, das Zetergeschrei der Verleumdung

ist vor der Wahrheit verstummt: schuldlos erlagen sie einst.
Das, dem Richtstuhl entfremdete, Recht, die heilige Scheue,
was dem Ganzen gebührt, eigenem Vorteil zu leih'n,
Gleichheit, Eintracht, zum Zweck selbständig gesetzlicher Freiheit
wünschten sie Hamburg zurück, mühten sich männlich darum.
Sie erlagen der Macht, die den Händen mutlos Geschreckter
plötzlich die Herrschaft entwand, siegend zu Boden schlug.
Wessen die Nachwelt sie zeiht, ist, daß sie eifernd vergessen:
eh' er zum Sprunge sich hebt, schleiche der Tiger heran."

34 Historischer Nachlaß (wie Anm. 13), Bd. 2, S. 137–424.
35 Ebd., S. 394.
36 Ebd.
37 Ebd., S. 368–372.
38 Ebd., S. 286.
39 Ebd., S. 412.
40 Ebd., S. 185.
41 Der vollständige Text der Pestalozzi-Schrift in: Johann Heinrich Pestalozzi, Sämtliche Werke, Kritische Ausgabe. Bd. 24A, Zürich 1977. S. 1–221. – Zur zeitgeschichtlichen Bedeutung der Schrift „An die Unschuld": Peter Stadler, Pestalozzi. Geschichtliche Biographie. Bd. 2, Zürich 1993. S. 396–408; Heinrich Roth, J. H. Pestalozzi: Die andere Politik. Zürich 1987; Adalbert Rang, Der politische Pestalozzi. Frankfurt/M. 1967. S. 121–158.
41a Pestalozzi, Sämtliche Werke (wie Anm. 41), S. 10. – Die Schrift „An die Unschuld" belegt, daß Pestalozzi die Schweizer Verhältnisse doch nicht nur positiv beurteilte. Unter dem frischen Eindruck der gegen Napoleon gerichteten deutschen Befreiungsbewegung schreibt er – in allzu euphorischer Einschätzung der nachbarlichen Entwicklung: er sehe „*als Schweizer mit Neid auf die in Deutschland durch ihre Leiden in höhern und niederen Ständen erwachte Bürgertugend, auf Berlin's, Hamburg's, Frankfurt's, Bremen's und so vielen deutschen Städten entfalteten hohen Patriotismus. Ich sehe mein Vaterland, ich sehe den Boden der allbeneideten Freiheit ungern hinter Deutschlands sich höher hebender bürgerlicher Weisheit und Kraft zurückstehen . . .*" (ebd., S. 80).
42 Historischer Nachlaß (wie Anm. 13), Bd. 2, S. 193.
43 Ebd., S. 163.
44 Ebd., S. 148.
45 Ebd., S. 259.
46 Ebd., S. 186–189.
47 Ebd., S. 201.
48 Ebd.
49 Ebd., S. 420.
50 Ebd., S. 185.
51 Ebd., Bd. 1, S. 274.
52 Ebd., Bd. 2, S. 196.
53 Ebd., S. 190.
54 Ebd.
55 Ebd., S. 419.
56 Ebd., S. 155.

57 Ebd., S. 156.
58 Ebd., S. 158.
59 Ebd., S. 159.
60 Ebd., S. 163–164.
61 Ebd., Bd. 1, S. IV.
62 Ebd., S. IX-XI. Bd. 2, S. XLV.
63 Ebd., Bd. 1, S. V.
64 Petersen (wie Anm. 18), S. 174.
65 Lexikon der hamburgischen Schriftsteller (wie Anm. 13), S. 541.
66 ZHG 5, 1866, S. 155.
67 Carl Mönckeberg, Geschichte der Freien und Hansestadt Hamburg. Hbg. 1885, S. 395.
68 Barbara Leisner, Heiko K. L. Schulze, Ellen Thormann (Hrsg.), Der Hamburger Hauptfriedhof Ohlsdorf. Geschichte und Grabmäler. Bd. 2, bearbeitet von Andreas v. Rauch, Hbg. 1990. S. 29 (Nr. 120).

Stadtgeschichte im Umbruch
Das Hamburgbild zwischen 48er Revolution und Jahrhundertwende

1 Julius von Eckardt, Lebenserinnerungen. 2 Bde. Leipzig 1910, hier Bd. 1, S. 221.
2 Stenographische Berichte über die Verhandlungen des Reichstags, 4. Legislaturperiode, IV. Session. Bd. 1, S. 389 ff., ebd. die Debattenantwort, die Senator Versmann, Bevollmächtigter zum Bundesrat für die Freie und Hansestadt Hamburg, gab. Er konterte Treitschkes Attacke mit der kühlen Replik: „Ich glaube nicht, daß man mit ganz allgemeinen Gesichtspunkten, und mit allgemeinen patriotischen Beteuerungen und dergleichen – solche Sachen erledigen kann. Das macht auf mich den Eindruck, als wenn man mit Schaumünze bezahlen wollte."
3 Heinrich von Treitschke, Deutsche Geschichte im Neunzehnten Jahrhundert. Bd. 3 (1885), zitiert nach der Ausgabe von 1927, S. 44.
4 Ebd., S. 564.
5 Ebd., S. 568.
6 Ebd., S. 568.
7 Ebd., S. 570.
8 Ebd., Bd. 5 (1894), zitiert nach der Ausgabe von 1927. Bd. 5, S. 436.
9 Ebd., S. 436.
10 Heinrich von Treitschke, Aufsätze, Reden und Briefe. Hg. von K. M. Schiller. 1929. Bd. 3 (Schriften und Reden zur Zeitgeschichte), S. 11.
11 Jacob Burckhardt, Über das Studium der Geschichte. Der Text der „Weltgeschichtlichen Betrachtungen" nach den Handschriften. Hg. von P. Ganz. München 1982, S. 259. Zu der zitierten Stelle merkt Ganz an (S. 487): „Burckhardts Lob des Kleinstaats ist wohl auch als Polemik gegen Heinrich von Treitschke zu verstehen, der überzeugt war, nur der Großstaat sei in der Lage, die wahre Idee des Staates zu verwirklichen." Ganz verweist ergänzend auf Burckhardts „Historische Fragmente" (Gesamtausgabe. Bd. 6, S. 441), wo es heißt: „Der Kleinstaat hat Sinn und Leben nur, wenn er eine Republik und zwar eine wirkliche ist, und gerade so viel ändert und bestehen läßt, als seinen lebendigen Kräften gemäß ist."
Zu Burckhardts Verhältnis zu Treitschke vgl. die Einleitung von Ganz, S. 73, ferner die Burckhardt-Biographie von Werner Kaegi. Bd. 6, S. 75.
12 Hermann Hipp, Das Rathaus der Freien und Hansestadt Hamburg. In: Das Rathaus im Kaiserreich, Kunstpolitische Aspekte einer Bauaufgabe des 19. Jahrhunderts. Hg. von E. Mai/J. Paul/St. Waetzoldt. Berlin 1982, S. 196.
13 Vgl. Hipp: (Anm. 12), S. 222, ferner Hermann Hipp, Freie und Hansestadt Hamburg. Geschichte, Kultur und Stadtbaukunst an Elbe und Alster. Köln 1989, S. 129.
14 Adolf Wohlwill, Aus drei Jahrhunderten der Hamburgischen Geschichte (1648–1888). Hamburg 1897. Zum Biographischen: Adolf Wohlwill, Rückblicke auf meine Lern- und Lehrjahre. In: ZHG 12, 1908, S. 511 ff; ferner W. Bippen, Adolf Wohlwill. Ein Nachruf. In: ZHG 22, 1918, S. 1–20. Es sei darauf hingewiesen, daß im selben Jahr 1897, in dem Wohlwill seine Darstellung der letzten 300 Jahre hamburgischer Geschichte vorlegte, Alfred Lichtwark seinen klassisch gewordenen Essay „Hamburg" veröffentlichte (zuerst in der Zeitschrift PAN, April 1897). Da das Schwergewicht seines Stadtporträts nicht im Historischen liegt, bleibt es hier außer Betracht.

15 Wohlwill: (Anm. 14), Vorwort.
16 Ebd., S. 7.
17 Ebd., S. 7.
18 Ebd., S. 22.
19 Ebd., S. 29.
20 Ebd., S. 97.
21 Ebd., S. 98.
22 Ebd., S. 108.
23 Ebd., S. 156.
24 Vgl. Katharina Baark, Das Vorlesungsgebäude in Hamburg. Magisterarbeit Hamburg 1983; ferner Hipp: (Anm. 13), S. 374 f.
25 In: Erich Marcks, Männer und Zeiten, Aufsätze und Reden zur neueren Geschichte. Bd. 1, Leipzig 1916, S. 385–404.
26 In: Das Vorlesungsgebäude in Hamburg. Hamburg 1911, S. 82–93. Im selben Jahr 1911, in dem das Vorlesungsgebäude eingeweiht wurde, feierte Erich Marcks seinen 50. Geburtstag (17. Nov.). Alfred Lichtwark nahm dies zum Anlaß für eine Eloge auf Marcks (Jahrbuch der Gesellschaft Hamburgischer Kunstfreunde, Jg. 1911). Der Text belegt, wie sehr das hamburgische bürgerliche Publikum von den „Geschichtsgemälden", die Erich Marcks in seinen Vorlesungen malte, beeindruckt war: „Wer das Publikum seiner Vorlesungen ansieht, findet schon in der Zusammensetzung einen Hinweis auf die Universalität seiner Wirkung. Mitglieder des Senats, denen es in Hamburg vor anderen schwer wird, einen Abend für sich zu gewinnen, Kaufleute, Lehrer, Offiziere, Journalisten, Gelehrte, Handwerker und Frauen aller Stände bewerben sich vor Anfang des Semesters um Eintrittskarten, und die keine erlangen, warten jeden Abend scharenweise in der Vorhalle, um im letzten Augenblick sich der Plätze der Verhinderten zu bemächtigen. Sie sitzen und lauschen die anderthalb zu rasch verfliegenden Stunden, und sie würden ebenso den Saal füllen, wenn es möglich wäre, daß der Redner alle Abend auf dies Katheder stiege (...) Was geht vor sich, wenn Erich Marcks redet? (...) er läßt an dieser Arbeit, ohne sie zu ermüden, seine Zuhörer teilnehmen. Das allein würde genügen, anzulocken und zu fesseln. Aber darüber hinaus verfügt Erich Marcks über die Gabe der künstlerischen Gestaltung, die erst den Historiker macht. Geschichte läßt sich, wenn ein tüchtiger Handwerker forscht und wertet, definieren als Meinungen über unbekannte Tatsachen. Erst durch die Hand des Künstlers wird sie in die Sphäre der Gültigkeit des Kunstwerks hinausgehoben. Wer Erich Marcks zuhört, sieht ein solches Kunstwerk entstehen (...) Seine Sprache folgt dem Massenaufbau in Raum, Licht und Farbe in jeder Abschattung, jedem Reflex, jedem Farbton, jeder Linie und jedem Fleck mit der selben Hingebung an die Sache, die den Ehrgeiz des heutigen Malers oder Dichters ausmacht. Sie erkennen denn auch in ihm einen der ihrigen." Als kritischer Kommentar schließt sich nahtlos an, was Aby Warburg im Jahr zuvor über den problematischen Zusammenhang vermerkt, der sich seit der Jahrhundertwende zwischen Geschichtsschreibung und historischer Malerei entwickelte. Warburg demonstriert seine Kritik am Beispiel der Wandfresken, die Hugo Vogel 1903–1909 für den großen Festsaal des Hamburger Rathauses gemalt hatte: „Die malende Geschichtsdarstellung begann jene Stilwandlung, die sich in der schreibenden Historie anbahnte, mitzumachen: hier wie dort suchte man, von der antiquarisch-politischen Einzelerzählung zu ‚großzügig' typenprägender Überschau ganzer Kulturepochen fortzuschreiten." Polemisch

spricht Warburg von „pseudomonumentalen Surrogaten wirklich großgesinnter Vergangenheitskunde".(Aby Warburg, Die Wandbilder im hamburgischen Rathaussaale. In: Kunst und Künstler, Illustrierte Monatsschrift für Kunst und Kunstgewerbe 8, 1910, S. 427–429).

27 Vgl. Lothar Gall, Bismarck. Der weiße Revolutionär. Frankfurt 1980, S. 106.
28 Das Vorlesungsgebäude. (Anm. 26), S. 93.
29 Wilhelm-Gymnasium Hamburg 1881–1981. Eine Dokumentation über 100 Jahre Wilhelm-Gymnasium. Hg. von P.-R. Schulz. Hamburg 1981, S. 183. Zum historischen Hintergrund ebd., S. 15–26: Renate Hauschild-Thiessen, Von Lessing bis zu Wilhelm I. Das schwierige Kapitel der Namensgebung für Hamburgs zweite Gelehrtenschule.
30 Eckardt (Anm. 1).
31 Vgl. Michael Garleff, Zum Rußlandbild Julius von Eckardts. In: Rußland und Deutschland. Kieler Historische Studien. Bd. 22. Stuttgart 1974, S. 206–224. Ders.: Julius von Eckardt in Deutschland. In: Zeitschrift für Ostforschung, 33. Jg. H. 4, S. 534–550.
32 Eckardt: (Anm. 1). Bd. 1, S. 116.
33 Ebd., S. V/VI.
34 Ebd., S. 155.
35 Ebd., S. 226–233.
36 Ebd., S. 171 f.
37 Ebd., S. 193 f.
38 Ebd., S. 191.
39 Ebd., S.198.
40 Ebd., Bd. 2, S.13 f.
41 Ebd., S. 15.
42 Renate Hauschild-Thiessen, Bürgerstolz und Kaisertreue. Hamburg und das Deutsche Reich von 1871. Hamburg 1979, S. 108–125.
43 Vgl. Hipp (Anm. 12), S. 205.
44 Vgl. Renate Hauschild-Thiessen, Otto Beneke als Wahrer hamburgischer Tradition. In: Geschichte in Hamburg ZHG 74/75. Hamburg 1989, S. 161 ff.
45 Hauschild-Thiessen (Anm. 44), S. 163.
46 Otto Beneke, Hamburgische Geschichten und Sagen. Hamburg 1853.
47 Otto Beneke, Hamburgische Geschichten und Denkwürdigkeiten. Hamburg 1856, S. 42 f.
48 Ebd., S. 162.
49 Ebd., S. 163.
50 Ebd., S. 303–310.
51 Hauschild-Thiessen (Anm. 44), S. 170.
52 Es handelt sich um den 1885 in den „Hansischen Geschichtsblättern" erschienenen Aufsatz von Wohlwill: Reinhard als französischer Gesandter in Hamburg und die Neutralitätsbestrebung der Hansestädte in den Jahren 1795–1797. Vgl. dazu Hauschild-Thiessen (Anm. 44), S. 170.
53 Jacob Gallois, Der chinesische Spion in Hamburg. Nach der französischen Originalhandschrift übersetzt und glossiert von C. A. Lange und R. Pomfrett. Hamburg 1950.
54 Johann Gustav Gallois, Hamburgs neueste Zeit 1843–1860. Hamburg 1864, S. 168.
55 Johann Gustav Gallois, Geschichte der Stadt Hamburg, Hamburg 1867, S. 634.
56 Galloi (Anm. 54), S. 242.

57 Gallois (Anm. 55), S. 634.
58 Ebd., S. 635.
59 Gallois (Anm. 54), S. 286.
60 Johann Gustav Gallois, Geschichte der Stadt Hamburg, 3 Bde. Hamburg 1853–1856, hier Bd. 1 (1853), S. IV.
61 Ebd., S. IV. Drei Jahre später hat Gallois seine Kritik noch einmal wiederholt. Er adressierte sie diesmal an den Verein für Hamburgische Geschichte. Der Verein arbeitete seit seiner Gründung (1839) unter dem Vorsitz des Stadtarchivars Johann Martin Lappenberg (1794–1865), ein Mann, der gegen die „hohlen Liberalen und Republikaner" ebenso wie gegen „Ungestüm und Unverstand der Demokratie" wetterte. Über den von Lappenberg geleiteten Verein schreibt Gallois 1856 im dritten Band seiner „Geschichte der Stadt Hamburg": „Der Verein für hamburgische Geschichte beschäftigte sich, dank seiner Leitung und seinen tonangebenden Elementen, großenteils mit antiquarischen Spielereien." (S. 712). Zu Lappenberg vgl. Rainer Postel, Johann Martin Lappenberg. Ein Beitrag zur Geschichte der Geschichtswissenschaft im 19. Jahrhundert. Lübeck–Hamburg 1972, dort auch die oben zitierten Urteile von Lappenberg (S. 175 und 218).
62 Gallois (Anm. 60). Bd. 1 (1853), S. V.
63 Ebd., S. V.
64 Ebd., S. 201.
65 Ebd., S. 250.
66 Ebd., S. 311.
67 Ebd., S. 376.
68 Ebd., S. 491.
69 Gallois (Anm. 60). Bd. 2 (1853), S. 46.
70 Gallois (Anm. 60). Bd. 1 (1853), S. 476. Manfred Asendorf kommt in seiner Untersuchung „Der Fall Wygand oder: Von der Bürgerrechtsbewegung zur Demokratie, Ein Beitrag über Hamburger Verhältnisse des 17. Jahrhunderts" (In: Tel Aviver Jahrbuch für deutsche Geschichte XVIII/1989) zu einer gleichlautenden Bewertung (S. 387): „In den Bürgerkämpfen des 17. Jahrhunderts suchen die Ratsfamilien Anlehnung an Kaiser und Reich, die Bürgerrechtler an Dänemark, das innenpolitische Reformen einführt (1664 Gründung Altonas mit dem Versprechen bürgerlicher, religiöser und wirtschaftlicher Freiheiten, Glaubensfreiheit auch für Juden, anders als in Hamburg)."
71 Gallois (Anm. 60). Bd. 2 (1853), S. 57.
72 Ebd., S. 237.
73 Ebd., S. 283.
74 Ebd., S. 308.
75 Ebd., S. 529.
76 Gallois (Anm. 55), S. 664.
77 Gallois (Anm. 60), Bd. 3 (1856), S. 769.
78 Gallois (Anm. 53), S. 15.
79 Gallois (Anm. 60), Bd. 3 (1856), S. 117.
80 Ebd., S. 424.
81 Ebd., S. 649.
82 Ebd., S. 216.
83 Ebd., S. 433

84 Ebd., S. 733.
85 Ebd., Vorwort.
86 Ebd., S. 729.
87 Gallois (Anm. 54), Vorwort.
88 Ebd., Vorwort.
89 Ebd., Vorwort.

Die Proletarier und ihre Stadt
Heinrich Laufenberg gibt der Arbeiterbewegung eine Geschichte

1 Sozialdemokratische Partei in Hamburg, Jahresbericht der vereinigten Vorstände der drei Sozialdemokratischen Vereine, Geschäftsjahr 1906/07, Hamburg 1907, S. 15.
2 Eduard Bernstein, Geschichte der Berliner Arbeiterbewegung, T. 1 (1848–1878), Berlin 1907. Vgl. Hans-Christoph Schröder, Eduard Bernstein als Historiker der Englischen Revolution, in: Geschichte und Gesellschaft, Bd. 7, 1981, S. 219–254.
3 Brigitte Emig, Max Schwarz, Rüdiger Zimmermann, Literatur für eine neue Wirklichkeit. Bibliographie und Geschichte des Verlags J. H. W. Dietz Nachf. 1881 bis 1981, Berlin 1981, S. 50 f.
4 Franz Mehring, Geschichte der deutschen Sozialdemokratie, T. 1: Von der Julirevolution bis zum preußischen Verfassungsstreite. 1830 bis 1863. Stuttgart 1897; T. 2: Von Lassalles Offenem Antwortschreiben bis zum Erfurter Programm. 1863 bis 1891. Stuttgart 1898 (= Die Geschichte des Sozialismus in Einzeldarstellungen, hg. von E. Bernstein, C. Hugo, K. Kautzky, P. Lafargue, F. Mehring, G. Plechanow, Bd. 3). – Vgl. Helga Grebing, Monika Kramme, Franz Mehring, in: Deutsche Historiker V, hg. von H.-U. Wehler, Göttingen 1972, S. 73–94; ferner Walter Kumpmann, Franz Mehring als Vertreter des historischen Materialismus, Wiesbaden 1966.
5 Zitiert nach (Hg.) Ursula Herrmann, Volker Emmerich, August Bebel. Eine Biographie, Berlin 1989, S. 729.
6 Vgl. Hamburger Echo, 24. 5. 1911 (Besprechung des 1. Bandes von H. Laufenberg, Geschichte der Arbeiterbewegung in Hamburg, Altona und Umgegend).
7 Franz Mehring, Geschichte der deutschen Sozialdemokratie, 2. verbesserte Auflage, Stuttgart 1903/04.
8 Zitiert nach Franz Mehring, Gesammelte Schriften, Bd. 2, Berlin 1960, S. 702.
9 Documente des Socialismus, hg. von E. Bernstein, Bd. 4, Stuttgart 1904, S. 102.
10 Die zeitgenössische Presse berichtet übereinstimmend, daß Laufenberg von Mehring empfohlen war; Laufenberg spricht im Vorwort zum 1. Bd. seiner „Geschichte der Arbeiterbewegung" (S. VII) von Mehring als seinem Vorbild.
11 Hamburger Fremdenblatt, 30. 9. 1907.
12 Zum Honorar vgl. Bericht im „Vorwärts", 27. 11. 1920.
13 Vgl. Bernhard Schuler-Kabierske, Heinrich Laufenberg. Materialien für eine Biographie. Diplomarbeit an der Hochschule für Wirtschaft und Politik, Hamburg 1984. Für jede Beschäftigung mit Laufenberg ist diese Arbeit, nicht zuletzt wegen ihrer sorgfältigen bibliographischen Recherche, überaus hilfreich. – Vgl. die biographischen Artikel über Laufenbeg in: NDB, Bd. 13, Berlin 1982, S. 709–710 (Verf. Hermann Weber); Geschichte der deutschen Arbeiterbewegung, Biographisches Lexikon, Berlin 1970, S. 258 f.
14 StA Hbg. S 11360 Akte der politischen Polizei Heinrich Laufenberg.
15 Vorwärts, 28. 8. 1903.
16 Vgl. Universitätsarchiv Rostock, UA, Prom. Akten phil., 79/1901, Heinrich Laufenberg (darin ein handschriftlicher Lebenslauf).
17 Die Bildungsbestrebungen der Arbeiterschaft. Vortrag des Genossen Dr. H. Laufenberg, gehalten auf der Generalversammlung des Fortbildungsvereins von Hamburg-Altona am 22. August 1908, Hamburg 1908.

18 Vgl. Johannes Schult, Die Hamburger Arbeiterbewegung als Kulturfaktor, Hamburg 1954, S. 37 ff. – Ders., Lebenserinnerungen, S. 219 ff. (Manuskript; vorh. in der Forschungsstelle für die Geschichte des Nationalsozialismus in Hamburg).
19 Sozialdemokratische Partei in Hamburg, Jahresbericht der Landesorganisation und der drei Sozialdemokratischen Vereine, Geschäftsjahr 1908/09, Hamburg 1909, S. 34.
20 Hamburger Echo, 4. 10. 1908.
21 Hamburger Echo, 14. 11. 1909.
22 August Müller, Kritisches über den Marxismus und die Taktik der Sozialdemokratie, Hamburg 1909.
23 Schuler-Kabierske (wie Anm. 13), S. 9 (Anm. 4).
24 Die Hamburger Arbeiterbewegung. Eine Festgabe. Hamburg 1908, S. 5 f.
25 Franz Mehring, Gesammelte Schriften, Bd. 1 (= Geschichte der deutschen Sozialdemokratie, Erster Teil), Berlin 1960, S. 701.
26 Die Hamburger Arbeiterbewegung (wie Anm. 24), S. 44.
27 Müller (wie Anm. 22), S. 22.
28 Vgl. Arno Herzig, Organisationsformen und Bewußtseinsprozesse Hamburger Handwerker und Arbeiter in der Zeit von 1790–1848, in: Arbeiter in Hamburg, hg. von Arno Herzig, Dieter Langewiesche und Arnold Sywottek, Hamburg 1983, insbes. S. 106 (Anm. 5).
29 H. Laufenberg, Hamburg und sein Proletariat im achtzehnten Jahrhundert. Eine wirtschaftshistorische Vorstudie zur Geschichte der modernen Arbeiterbewegung im niederelbischen Städtegebiet, Hamburg 1910, S. 114.
30 Laufenberg (wie Anm. 29), S. 112.
31 Laufenberg (wie Anm. 29), S. 124.
32 Hamburger Echo, 4. 4. 1910.
33 Sozialdemokratische Partei in Hamburg, Jahresbericht der Landesorganisation und der drei Sozialdemokratischen Vereine, Geschäftsjahr 1909/10, Hamburg 1910, S. 10.
34 Heinrich Bürger, Die Hamburger Gewerkschaften und deren Kämpfe von 1865 bis 1890, Hamburg 1899, S. 561.
35 H. Laufenberg, Geschichte der Arbeiterbewegung in Hamburg, Altona und Umgegend, Bd. 1, Hamburg 1911, S. VII.
36 Mehring (wie Anm. 8), S. 104.
37 Laufenberg (wie Anm. 35), S. 37 f.
38 Laufenberg (wie Anm. 35), S. 120 f.
39 Laufenberg (wie Anm. 35), S. 240 ff.
40 Laufenberg (wie Anm. 35), S. 245.
41 Laufenberg (wie Anm. 35), S. 248.
42 Archiv für Geschichte des Sozialismus und der Arbeiterbewegung, Bd. III; 1913, S. 318.
43 Karl Marx, Zur Kritik der Hegelschen Rechtsphilosophie, in: Karl Marx, Der historische Materialismus. Die Frühschriften, hg. von L. Landshut und F. Salomon, Bd. 1, Leipzig 1932, S. 267.
44 Archiv für Geschichte des Sozialismus (wie Anm. 42), S. 319.
45 Ebd.
46 Sozialdemokratische Partei in Hamburg, Jahresbericht der Landesorganisation und der drei Sozialdemokratischen Vereine, Geschäftsjahr 1910/11, Hamburg 1911, S. 14 f.
47 Hamburger Echo, 24. 5. 1911.

48 Hamburger Echo, 27. 7. 1911.
49 Sozialdemokratische Partei (wie Anm. 46), S. 57.
50 Hamburger Echo, 27. 7. 1911.
51 Sozialdemokratische Partei in Hamburg. Jahresbericht der Landesorganisation und der drei Sozialdemokratischen Vereine, Geschäftsjahr 1912/13, Hamburg 1913, S. 11.
52 Laufenberg, Bd. 1 (wie Anm. 35), S. 211.
53 Franz Mehring, 1807 bis 1812. Von Tilsit nach Tauroggen, Stuttgart 1912, S. 5.
54 Franz Mehring, Das restaurierte Preußen, 23. August 1912, in: F. Mehring: Gesammelte Schriften, Bd. 6, Berlin 1965, S. 259.
55 H. Laufenberg, Hamburg und die französische Revolution, Hamburg 1913, S. 123.
56 Laufenberg (wie Anm. 55), S. 161.
57 Laufenberg (wie Anm. 55), S. 177.
58 Laufenberg (wie Anm. 55), S. 219.
59 Laufenberg (wie Anm. 55), S. 250.
60 Laufenberg (wie Anm. 55), S. 190.
61 Ebd.
62 Franz Mehring, Deutsche Geschichte vom Ausgange des Mittelalters, Berlin 1910/11, in: Franz Mehring, Gesammelte Schriften, Bd. 5, Berlin 1977, S. 216.
63 Hundertjahrfeier zur Erinnerung an Hamburgs Befreiung von der Franzosenherrschaft, Festzug am 24. März 1913, hg. vom Festzugsausschuß, Hamburg 1913.
64 Sozialdemokratische Partei (wie Anm. 51), S. 9.
65 Sozialdemokratische Partei (wie Anm. 51), S. 53.
66 Sozialdemokratische Partei (wie Anm. 51), S. 9.
67 H. Laufenberg, Hamburg und die französische Revolution, Hamburg 1913. Vgl. Detlef Zunker, Hamburg in der Franzosenzeit, in: ergebnisse (Zeitschrift für demokratische Geschichtswissenschaft, Heft 23) Hamburg 1983, S. 60–66; der Autor mißt den Ereignissen vom 24. Februar 1813 ähnlich wie Laufenberg große Bedeutung zu – eine Bewertung, die ungeachtet breiterer Quellengrundlage nur in Grenzen überzeugt.
68 Sozialdemokratische Partei (wie Anm. 51), S. 11.
69 H. Laufenberg, Der politische Streik, Stuttgart 1914.
70 H. Laufenberg zusammen mit Fritz Wolffheim und Carl Herz, Organisation, Krieg und Kritik. Dokumente zu den Hamburger Parteidebatten, Hamburg o. J. (1915), S. 16.
71 Dokumente und Materialien zur Geschichte der deutschen Arbeiterbewegung, Reihe II: 1914–1945, Bd. 1 (Juli 1914 – Oktober 1917), Berlin 1958, S. 64 ff.
72 H. Laufenberg, Massen und Führer, Hamburg o. J. (1919), S. 16 u. 18.
73 Schuler-Kabierske (wie Anm. 13), S. 54.
74 Schuler-Kabierske (wie Anm. 13), S. 55 f.
75 Schuler-Kabierske (wie Anm. 13), S. 100.
76 Schuler-Kabierske (wie Anm. 13), S. 122 f.
77 Schuler-Kabierske (wie Anm. 13), S. 129 f. – Vgl. Kommunistische Arbeiter-Zeitung, Hamburg 22. 11. 1919; dort berichtet Laufenberg über seine Aussage vor Gericht: „Ich bin auch eingegangen auf die Art und Weise, wie ich mir diesen revolutionären Volkskrieg gegen die Entente denke, daß man z. B. die Idee des Jahres 1813 erneut aufgreifen könnte."
78 Schuler-Kabierske (wie Anm. 13), S. 130.

79 W. I. Lenin, Ausgewählte Werke in zwei Bänden, Bd. 2, Moskau 1947, S. 690.
80 Lenin (wie Anm. 79), S. 720.
81 Lenin (wie Anm. 79), S. 722.
82 Heinrich Laufenberg, Fritz Wolffheim, Moskau und die deutsche Revolution. Eine kritische Erledigung der bolschewistischen Methoden, Hamburg o. J. (1920), S. 4, 14, 16, 17, 37.
83 Laufenberg, Wolffheim (wie Anm. 82), S. 33.
84 Laufenberg, Wolffheim (wie Anm. 82), S. 21.
85 Laufenberg, Wolffheim (wie Anm. 82), S. 18.
86 Laufenberg, Wolffheim (wie Anm. 82), S. 3.
87 Laufenberg, Wolffheim (wie Anm. 82), S. 20.
88 Laufenberg, Wolffheim (wie Anm. 82), S. 37.
89 Laufenberg, Wolffheim (wie Anm. 35), S. 111.
90 Laufenberg, Wolffheim (wie Anm. 35), S. 156.
91 Laufenberg, Wolffheim (wie Anm. 35), S. 226.
92 H. Laufenberg, Zwischen der ersten und zweiten Revolution, Hamburg 1919, S. 48.
93 Laufenberg, Wolffheim (wie Anm. 82), S. 44.
94 Vorwärts, 27. 11. 1920.
95 Ebd.
96 Laufenberg u. Wolffheim, Aus der Regierungspraxis der Sozialdemokratischen Partei, in: Der Volkswart. Parteilose Halbmonatsschrift für klassenlosen Aufbau und revolutionäre Außenpolitik, 1. Ausgabe Oktober 1921, S. 8.
97 Laufenberg betätigte sich in den folgenden Jahren als Herausgeber von kurzlebigen Zeitschriften: „Der Volkswart. Parteilose Halbmonatsschrift für klassenlosen Aufbau und revolutionäre Außenpolitik" (Hbg. 1921); „Weg und Ziel. Organ für deutschen Aufbau" (Hbg. 1923/24); „Die Harpune. Monatsschrift für Kulturradikalismus", hg. zus. mit Walter Funder (Hbg. 1927).
98 Hamburger Fremdenblatt, 22. 5. 1930.
99 H. Laufenberg, Geschichte der Arbeiterbewegung in Hamburg, Altona und Umgegend, Bd. 2, Hamburg 1931, Geleitwort (ohne Paginierung).
100 Laufenberg (wie Anm. 99), S. 437 f.
101 Laufenberg (wie Anm. 99), S. 652.
102 Laufenberg (wie Anm. 99), S. 459.
103 Laufenberg (wie Anm. 99), S. 704.
104 General-Anzeiger, 13. 10. 1911 (Verfasser der Rezension war L. Binger).
105 Laufenberg (wie Anm. 55), S. VII.
106 Karl Marx, Der Bürgerkrieg in Frankreich, mit einem Vorwort und Anmerkungen von Heinrich Laufenberg, Hamburg 1919, S. XII.

Blick zurück im Zorn
Das Revolutionstrauma des Ernst Baasch

1. Ernst Baasch, geb. 19. 11. 1861 in Hamburg, gest. 29. 1. 1947 in Freiburg i. B. – Zu seinen biographischen Daten: 250 Jahre Commerzbibliothek 1735–1985. Hbg. 1985. S. 113; Suevia-Tübingen 1931–1956. Bd. 4 Lebensbilder. Tübingen 1956. S. 89–90; Hamburger Geschlechterbuch. Bd. 7, 1927. S. 42.
2. Ernst Baasch, Geschichte Hamburgs 1814–1918. Bd. 1. Gotha, Stuttgart 1924. S. V.
3. Ernst Baasch, Hamburg und Österreich 1814–1866. Freiburg i. B. 1930. S. 70.
4. 250 Jahre Commerzbibliothek (wie Anm. 1), S. 47 ff.
5. Archiv der Handelskammer Hbg., Personalakte Ernst Baasch, Bl. 87.
6. Zu Prof. Dr. Robert Münzel und Stadtbibliothek: Werner Kayser, 500 Jahre Wissenschaftliche Bibliothek in Hamburg 1479–1979. Hbg. 1979. S. 147 ff.
7. Erich M. Warburg.
8. Personalakte Ernst Baasch, Bl. 94 a.
9. Ebd., Bl. 95 und 96.
10. Ebd., Bl. 102 (Schreiben v. 1. 4. 1919).
11. Gerhard Ahrens, Werner von Melle und die Hamburgische Universität. ZHG 66, 1980, S. 63–93.
11a Zu Georg von Below: Sigfrid Steinberg (Hg.): Die Geschichtswissenschaft der Gegenwart in Selbstdarstellungen. Leipzig 1925. S. 1–49; Minnie von Below, Georg von Below. Ein Lebensbild für seine Freunde. Stuttgart 1930; Jürgen Fröchling, Georg von Below – Stadtgeschichte zwischen Wissenschaft und Ideologie. Die alte Stadt, Zs. für Stadtgeschichte, Stadtsoziologie und Denkmalpflege, Jg. 6, 1979, S. 54–85; R. von Bruch, Wissenschaft, Politik und öffentliche Meinung. Gelehrtenpolitik im Wilhelminischen Deutschland (1890–1914). Husum 1981. S. 242 ff.; Luise Schorn-Schütte, Stadt und Staat. Zum Zusammenhang von Gegenwartsverständnis und historischer Erkenntnis in der Stadtgeschichtsschreibung der Jahrhundertwende (Die alte Stadt, Jg. 10, 1983, S. 228–266); Otto Gerhard Oexle, Ein politischer Historiker: Georg von Below. In: Notker Hammerstein (Hg.), Deutsche Geschichtswissenschaft um 1900, Stuttgart 1988. S. 283–312.
12. Ernst Baasch, Geschichte Hamburgs 1814–1918. Bd. 1. S. V.
13. Hamburger Nachrichten, 5. 4. 1922.
13a Rezension von Otto Westphal: ZHG 30, 1929, S. 229.
14. Ernst Baasch, Geschichte Hamburgs 1814–1918. 2 Bde. Gotha, Stuttgart 1924/25 (erschienen in der von Hermann Oncken herausgegebenen Reihe „Allgemeine Staatengeschichte", Abt. „Landesgeschichte").
14a Zur Kritik meiner „Geschichte Hamburgs 1814–1918". In: Baasch (wie Anm. 3), S. 60–72.
15. Baasch (wie Anm. 14), Bd. 1, S. VI–VII.
16. Heinrich Reincke, Die Kämpfe um die Hamburgische Verfassung 1848 bis 1860. In: Hans Nirrnheim/Heinrich Reincke, Die Hamburgische Verfassungsfrage im 19. Jahrhundert. Vorträge und Aufsätze, hrg. vom Verein für Hamburgische Geschichte. H. 1, Hbg. 1923. S. 42–43.
17. Baasch (wie Anm. 14), Bd. 1, S.VII.

18 Ebd., Bd. 2, S. 166.
19 Ebd., Bd. 1, S. 134.
20 Ebd., Bd. 1, S. 130 und S. 134.
21 Ebd., Bd. 1, S. 167.
22 Ebd., Bd. 2, S. 126.
23 Ebd., Bd. 2, S. 226.
24 Ernst Baasch, Die Handelskammer zu Hamburg 1665–1915. Bd. 2, Abt. 2. Hbg. 1915. S. 198.
24a Nicht auszuschließen ist, daß Baasch u. a. auch auf den 1914 geschlossenen „Burgfrieden" Rücksicht nahm, wenn er in seiner 1915 erschienenen Darstellung vermied, auf zurückliegende Auseinandersetzungen zwischen der Handelskammer und der Hamburger Sozialdemokratie näher einzugehen.
25 Ebd., Bd. 2, Abt. 1, S. 557.
26 Ebd., Bd. 2, Abt. 2, S. 615.
27 Ebd., S. 622–623.
28 Ebd., S. 626.
29 Baasch (wie Anm. 14), Bd. 1, S. 79.
30 Ebd., S. 30–31.
31 Ebd., Bd. 2, S. 169.
32 Ebd., S. 106.
33 Ebd. – Vgl. hierzu: Daniela Kasischke, Die antisemitische Bewegung in Hamburg während des Kaiserreiches 1873–1918. In: Arno Herzig (Hg.), Die Juden in Hamburg 1590 bis 1990. Wissenschaftliche Beiträge der Univ. Hbg. zur Ausstellung „Vierhundert Jahre Juden in Hamburg". Hbg. 1991. S. 475–485.
34 Baasch (wie Anm. 14), Bd. 2, S. 107.
35 Ebd., S. 131.
36 Zu Eduard Rosenbaum (1887–1979): 250 Jahre Commerzbibliothek (wie Anm. 1), S. 53 und S. 113. – Rosenbaum hat zusammen mit A. J. Sherman verfaßt: Das Bankhaus M. M. Warburg & Co. 1798–1938. Hbg. 1976.
36a Weltwirtschaftliches Archiv, Bd. 7, Jena 1919, S. 178–184.
37 Wirtschaftsdienst, Heft 12 (26. 3. 1926), S. 418.
38 Alfred Herrmann, Hamburg und das Hamburger Fremdenblatt. Zum hundertjährigen Bestehen des Blattes 1828–1928. Hbg. 1928. S. 559.
39 Baasch (wie Anm. 14), Bd. 2, S. VI.
40 Ebd.
41 Selbstanzeige des 2. Bdes seiner „Geschichte Hbgs.". In: VSWG 19, 1926, S. 495.
42 Baasch (wie Anm. 14), Bd. 2, S. 306–324. – Bereits ein Jahr nach Erscheinen des zweiten Bandes der Hamburg-Geschichte schreibt Georg von Below unter Verweis auf Baaschs kritische Kommentierung der Hamburger Universitätsgründung: *„Nicht aus Rücksicht auf die Allgemeinheit, sondern überwiegend aus Eitelkeit und politischen Interessen sind die Universitäten Köln und Hamburg gegründet worden. In diesen volkreichen Städten wenden sich Tausende zum Studium aus dem einfachen Grund, weil die Universität nun eben am Ort sich befindet, während dieselben Elemente sich bisher praktischen Berufen zugewandt hatten."* (Georg von Below, Einleben in die Verfassung oder Verfassungsänderung?. Langensalza 1926. S. 37).

43 Gerhard Ahrens, Die hamburgische Stiftungsprofessur für Geschichte (1907–22). ZHG 74/75, 1989, S. 41–60. – Ders., Hanseatische Kaufmannschaft und Wissenschaftsförderung. Vorgeschichte, Gründung und Anfänge der „Hamburgischen Wissenschaftlichen Stiftung" von 1907. VSWG 66, 1979, S. 216–230.
44 Aby Warburg in einem Brief vom November 1907 an Heinrich Sieveking (Heinrich Sieveking, Werdegang eines Hamburger Gelehrten, Erinnerungen 1871–1914, bearb. v. Gerhard Ahrens. Hbg. 1977. S. 92).
45 Erich Marcks, Hamburg und das bürgerliche Geistesleben in Deutschland. Antrittsrede, gehalten am 8. 10. 1907. Hbg. 1907. S. 44.
46 Ernst Baasch, Der Einfluß des Handels auf das Geistesleben Hamburgs. Pfingstblätter des Hansischen Geschichtsvereins, Leipzig 1909, S. 54.
47 Ebd., S. 29.
48 Ebd., S. 15.
49 Ebd., S. 10.
50 Baasch (wie Anm. 14), Bd. 2, S. 318.
51 Ebd.
52 Protokolle und Ausschußberichte der Bürgerschaft im Jahre 1910, Ausschußbericht Nr. 31 (Juni 1910), S. 30.
53 Ernst Baasch, Quellen zur Geschichte von Hamburgs Handel und Schiffahrt im 17., 18. und 19. Jahrhundert. Hrg. mit Untersützung der Hamburgischen Handelskammer. Hbg. 1910. S. IV–V.
54 Worauf angespielt wird, ist nicht mehr festzustellen.
55 Staats- und Universitätsbibliothek Hbg. – Carl von Ossietzky, Handschriftenabt., Nachlaß Werner von Melle.
56 Ebd., Brief von Erich Marcks an Senator Werner von Melle, 5. 1. 1911.
57 Sitzung des Professorenrats des Kolonialinstituts v. 18. 10. 1910, Staatsarchiv Hbg., 364–7 Professorenrat des Kolonialinstituts, B II 2, Bd. 10, S. 118.
58 Archiv der Handelskammer Hbg., Personalakte Ernst Baasch, Bl. 61–62 (23. 12. 1910).
59 Zu Becker: Erich Wende, C. H. Becker, Mensch und Politiker. Stuttgart 1959. S. 25 ff.
60 C. H. Becker, Warum Universität, warum nicht Überseehochschule? Hamburger Nachrichten, 2. 2. 1913.
61 Ebd.
62 Archiv der Handelskammer Hbg., Personalakte Ernst Baasch, Bl. 73–74 (3. 2. 1913).
63 Ernst Baasch, Universität und Zollanschluß. Hamburger Nachrichten, 13. 2. 1913.
64 Ernst Baasch, Die Handelskammer zu Hamburg 1665–1915. Bd. 1. Hbg. 1915. S. 720.
65 Ebd.
66 Ebd., S. 167.
67 Ebd., S. 213.
68 Ebd., S. 222.
69 Ebd., S. 66.
70 Ebd., S. 119.
71 Ebd., S. 236.
72 Ebd., S. 137.
73 Ebd., S. 214.
74 Ebd., Bd. 2, 2. Abt., S. 881.

75 Werner von Melle, Dreißig Jahre Hamburger Wissenschaft 1891–1921. Rückblicke und persönliche Erinnerungen. 2 Bde. Hbg. 1923/24.
76 Baasch (wie Anm. 3), S. 70.
77 Baasch (wie Anm. 14), Bd. 2, S. 327–328. – In der Personalakte von Baasch (Archiv der Handelskammer) befindet sich ein Schreiben von Baasch an die Kammer, in dem er nachrichtlich mitteilt, daß er sich um die Stelle des Direktors der Stadtbibliothek bewerbe. Der Senat entschied sich jedoch für den „auswärtigen" Robert Münzel.
78 Baasch (wie Anm. 14), Bd. 2, S. 328.
79 Ebd., S. 349.
80 Ebd., S. 354.
81 Ebd., S. 354.
82 Ebd., S. 162.
83 Ebd., S. 374.
84 Ebd., S. 375.
85 Ebd., S. 372.
86 Ebd., S. 374.
87 Ebd., S. 83.
88 Ebd., S. 374.
89 Ebd., S. 320–321.

Von der Verfügbarkeit des Historikers
Heinrich Reincke in der NS-Zeit

1 Percy Ernst Schramm, Neun Generationen. Dreihundert Jahre deutscher „Kulturgeschichte" im Licht der Schicksale einer Hamburger Bürgerfamilie (1648–1948), Bd. 1, Göttingen 1963, S. 474.
2 Heinrich Reincke/Walter Hävernick/Gustav Schlotterer (Hrsg.), Hamburg. Einst und Jetzt, Hamburg 1933 (Auflagenhöhe: 3.000). Hävernick war am Museum für Hamburgische Geschichte tätig. Schlotterer war Regierungsdirektor in der Hamburger Wirtschaftsbehörde; er trat am 30. Mai 1933 in Hamburg als Hauptredner einer Bücherverbrennung auf, zu der die Hitlerjugend und die Jugend des Deutschnationalen Handlungsgehilfenverbandes aufgerufen hatten (vgl. Manfred Asendorf, Die Bücherverbrennungen 1933. Ausdruck instabiler innenpolitischer Verhältnisse?, in: Angela Graf/Hans-Dieter Kübler (Hrsg.), Verbrannte Bücher, verbrannte Ideen, Verbrannte, Hamburg 1993, S. 20 ff.).
3 Percy Ernst Schramm, Hamburg, Deutschland und die Welt. Leistung und Grenzen hanseatischen Bürgertums in der Zeit zwischen Napoleon I. und Bismarck, 1. Aufl. München 1943, S. 672.
4 ZHG 28, 1927, S. 229.
5 Schramm, Hamburg, Deutschland und die Welt, S. 672.
6 In: Hans Nirrnheim/Heinrich Reincke, Die hamburgische Verfassungsfrage im 19. Jahrhundert. Vorträge und Aufsätze. Herausgegeben vom Verein für Hamburgische Geschichte, Heft 1, Hamburg 1923, S. 24–43.
7 Ebd., S. 3.
8 Ebd., S. 42 ff.
9 Heinrich Reincke, Hamburg. Ein Abriß der Stadtgeschichte von den Anfängen bis zur Gegenwart, Bremen 1925, S. 282. Nahezu textgleich erschien 1926 eine zweite Auflage, ergänzt um ein Vorwort und eine Inhaltsübersicht (Auflagenhöhe: 16.000).
10 Ebd., (1. Aufl.), S. 281.
11 Ebd.
12 Ebd., S. 285.
13 Ebd., S. 287.
14 Ebd., S. 289.
15 Ebd.
16 Ebd., S. 288.
17 Ebd., S. 289.
18 Schreiben Reinckes an den Senat vom 18. 9. 1933, StAHH 131–15, Senatskanzlei – Personalakten D 14.
19 Über Reinckes kirchenpolitisches Engagement vgl. Erich von Lehe im Anhang von Heinrich Reincke, Hamburg am Vorabend der Reformation (aus dem Nachlaß herausgegeben), Hamburg 1966, S. 119 und 122–125 (vgl. auch Heinrich Wilhelmi, Die Hamburger Kirche in der nationalsozialistischen Zeit 1933–1945, Göttingen 1968, S. 82 u. 95).
20 Heinrich Reincke, Albert Krantz als Geschichtsforscher und Geschichtsschreiber. In: Festschrift der Hamburger Universität, Werner von Melle dargebracht, Hamburg 1933, S. 147.
21 Ebd., S. 144.

22 Ebd., S. 143.
23 Reincke/Hävernick/Schlotterer (wie Anm. 2), S. 1; dort die folgenden Zitate.
24 Ebd., S. 100.
25 Reincke (wie Anm. 9), S. 3.
26 Reincke/Hävernick/Schlotterer (wie Anm. 2), S. 3.
27 Ebd., S. 5.
28 Ebd., S. 13.
29 Reincke (wie Anm. 9), S. 22.
30 Reincke/Hävernick/Schlotterer (wie Anm. 2), S. 18.
31 Reincke (wie Anm. 9), S. 49 ff.
32 Reincke/Hävernick/Schlotterer (wie Anm. 2), S. 34.
33 Reincke (wie Anm. 9), S. 60.
34 Reincke/Hävernick/Schlotterer (wie Anm. 2), S. 38.
35 Ebd., S. 63 u. 66.
36 Reincke (wie Anm. 9), S. 279.
37 Reincke/Hävernick/Schlotterer (wie Anm. 2), S. 86.
38 Ebd., S. 90.
39 Reincke (wie Anm. 9), S. 281.
40 Reincke/Hävernick/Schlotterer (wie Anm. 2), S. 98.
41 Ebd., S. 99 ff.
42 Reincke (wie Anm. 9), S. 251.
43 Heinrich Reincke, Über die Herkunft der Bevölkerung Hamburgs in Vergangenheit und Gegenwart. Vortrag vom 25. 4. 1934 in der Aula des Johanneums, in: Das Johanneum, Mitteilungen des Vereins der ehemaligen Schüler der Gelehrtenschule des Johanneums, 7. Jg., H. 27, Juni 1934, S. 74.
44 Heinrich Reincke, Bremen und Hamburg, in: Bremische Weihnachtsblätter. Herausgegeben von der Historischen Gesellschaft zu Bremen, H. 6, 1936, S. 11.
45 Heinrich Reincke, Gestalt, Ahnenerbe und Bildnis Heinrichs des Löwen, in: Zeitschrift des Vereins für Lübeckische Geschichte und Altertumskunde, Bd. 28, 1936, S. 203. Reincke bezieht sich an der zitierten Stelle auf Martin Philippson, Heinrich der Löwe, Herzog von Bayern und Sachsen, 2. Aufl. 1918.
46 Das Staatsarchiv und die Personenforschung, Hamburg 1935, Sachbearbeiter Hans Kellinghusen (= Hamburg im Dritten Reich. Arbeiten der hamburgischen Verwaltung in Einzeldarstellungen, herausgegeben vom Hamburgischen Staatsamt, H. 3), S. 8 ff. – Zu Prof. Dr. Wilhelm Holzmann vgl. Christian Hünemörder, Biologie und Rassenbiologie in Hamburg 1933 bis 1945; ferner Hendrik van den Bussche/Friedemann Pfäfflin/Christoph Mai, Die Medizinische Fakultät und das Universitätskrankenhaus Eppendorf; beide Arbeiten in: Eckart Krause/Ludwig Hubert/Holger Fischer (Hrsg.), Hochschulalltag im „Dritten Reich". Die Hamburger Universität 1933–1945, Berlin, Hamburg 1991, Bd. 3, S. 1169 ff., 1326 ff. u. 1382.
47 Hans Kellinghusen, Heinrich Reincke. Nachruf, in: ZHG 47, 1961, S. 7.
48 Reincke (wie Anm. 43), S. 73 ff.
49 Schreiben von Reincke vom 15. 6. 1939 an den Generaldirektor des Reichsarchivs Dr. Zipfel, StAHH 133–1 II StA II, 1939, Nr. 11854.
50 Hans Kellinghusen (wie Anm. 47), S. 11 – Zur Entstehungsgeschichte der Avignon-Akten-Edition vgl. Jürgen Bolland in seiner Vorbemerkung zu: Rat und Domkapitel von

Hamburg um die Mitte des 14. Jahrhunderts, Teil 1: Die Korrespondenz zwischen dem Hamburger Rat und seinen Vertretern an der päpstlichen Kurie in Avignon 1337 bis 1357, bearbeitet von Richard Salomon (Veröffentlichungen aus dem Staatsarchiv der Freien und Hansestadt Hamburg, IX, 1), Hamburg 1968.
51 Manuskript (S. 5), StAHH 622 – 2 Reincke, 19 c.
52 Ebd., S. 1.
53 Ebd., S. 7.
54 Ebd., S. 13.
55 Heinrich Reincke, Hamburgische Territorialpolitik, in: ZHG 38, 1939, S. 28–113.
56 Heinrich Reincke, Hamburgs Aufgaben im Wandel der Zeiten, in: Otto Rautenberg (Hrsg.), Deutschlands Städtebau, Hamburg, Berlin 1922, S. 16.
57 Reincke (wie Anm. 55), S. 111 ff.
58 Vgl. Peter Gabrielsson, Die 750-Jahrfeier des Hamburger Hafens 1939, in: ZGH 74/75, 1989, S. 189–206.
59 Heinrich Reincke, Hamburgs Lebensgesetz. Festvortrag zur 750-Jahrfeier des Hamburger Hafens am 7. Mai 1939 (= Vorträge und Aufsätze, hrsg. vom Verein für Hamburgische Geschichte, H. 6), Hamburg 1939, S. 5.
60 Ebd., S. 18.
61 Ebd., S. 21.
62 Vgl. Gabrielsson (wie Anm. 58), S. 205.
63 Hamburgs Weg zum Reich und in die Welt. Urkunden zur 750-Jahrfeier des Hamburger Hafens, Hamburg 1939, S. VIII.
64 In: Die Reise. Monatsschrift der Hamburg-Amerika-Linie für Reise, Verkehr und Wirtschaft, 9. Jh., H. 7, Juli 1941, S. 9 ff.
65 Schreiben von Heinrich Reincke vom 10. 10. 1942 an Otto Heinrich Meissner, Inhaber des Verlages Otto Meissner, StA HH 622 – 2 Reincke 17.
66 Vgl. Ahasver von Brandt, Hundert Jahre Hansischer Geschichtsverein. Ein Stück Sozial- und Wissenschaftsgeschichte, in: Hansische Geschichtsblätter, Jg. 88, 1970, S. 60–62 u. 79.
67 Fritz Rörig, Volkskunde, Hanse und materialistische Geschichtsschreibung, HZ, Bd. 163, S. 490 ff.
68 Heinrich Reincke, Hansische Umschau (Herbst 1938 bis Herbst 1940), in: Hansische Geschichtsblätter, Jg. 65/66, 1941, S. 291–293, s. auch S. 207.
69 Ernst Hering, Die deutsche Hanse, Leipzig 1940 (Auflagenhöhe: 20.000).
70 Heinrich Reincke, Besprechungsteil der Hansischen Geschichtsblätter, Jg. 65/66, 1941, S. 211–214.
71 Heinrich Reincke, Besprechung von Fritz Rörig. Vom Werden und Wesen der Hanse, Leipzig 1940, in: Hansische Geschichtsblätter, Jg. 65/66, 1941, S. 207.
72 von Brandt (wie Anm. 66), S. 7.
73 Ebd., S. 51.
74 Hansische Volkshefte, H. 14, Willy Hoppe, Die Hanse und der Osten. Vorwort von H. Entholt (im Auftrage des Hansischen Geschichtsvereins), Bremen 1927, S. 3. Vgl. auch von Brandt (wie Anm. 66), S. 59.
75 von Brandt (wie Anm. 66), S. 36.
76 Vgl. Karen Schönwälder, Historiker und Politik. Geschichtswissenschaft im Nationalsozialismus, Frankfurt am Main, New York 1992, S. 229, 247, 323, 366.

77 Heinrich Hunke (Hrsg.), Hanse, Downing Street und Deutschlands Lebensraum, Berlin 1940, S. 7.
78 Heinrich Reincke, Hanse, in: Hunke (Hrsg.), Hanse, Downing Street, S. 19. „Hansa-Bund": 1904 gegründete Interessenvertretung von Gewerbe, Handel und Industrie gegen den agrarischen Konservativismus (1934 aufgelöst).
79 Ebd., S. 20.
80 Ebd., S. 30.
81 Ebd., S. 22.
82 Ebd.
83 Ebd., S. 21.
84 Ebd., S. 23.
85 EBd., S. 25.
86 Ebd., S. 21 u. 25.
87 Ebd., S. 37.
88 Hans Brinkmann, Besprechung von Hunke (Hrsg.), Hanse, Downing Street, in: Hansische Geschichtsblätter, Jg. 65/66, 1941, S. 207–211.
89 Heinrich Hunke (Hrsg.), Hanse, Rhein und Reich, Berlin 1942, S. 74.
90 Schreiben Reinckes vom 5. 1. 1942, StA HH 131 – 1 II, Staatsarchiv II, 1942, Nr. 40.
91 Heinrich Reincke, Der Zug der Deutschen nach dem Osten, in: Mitteilungen der Nordischen Gesellschaft, Hamburg-Kontor, 21. u. 22. Folge, Nov. u. Dez. 1943 (vorh. in der Commerz-Bibliothek, Hamburg). – Zur „Nordischen Gesellschaft" vgl. Hans-Jürgen Lutzhöft, Der Nordische Gedanke in Deutschland 1920–1940 (= Kieler Historische Studien, Bd. 14), Stuttgart 1971, S. 55 ff. – Zum „National-Klub von 1919" vgl. Manfred Asendorf, Hamburger Nationalklub, Keppler-Kreis, Arbeitsstelle Schacht und der Aufstieg Hitlers, in: 1999. Zeitschrift für Sozialgeschichte des 20. und 21. Jahrhunderts. Heft 3/1987, S. 106–150 – Ich verdanke M. Asendorf den Hinweis, daß sich in den Akten des Nationalklubs von 1919 eine stenographische Fassung des Vortrags befindet, den Reincke dort am 27. März 1943 hielt (heute im Besitz der „Hamburger Stiftung für Sozialgeschichte des 20. Jahrhunderts"). Der Text ist mit wenigen Ausnahmen wortgleich mit der Fassung, die sich in den „Mitteilungen" der Nordischen Gesellschaft abgedruckt findet.
92 Schreiben Heinrich Reinckes vom 7. 3. 1940 an Herrn E. F. Werner-Rades (Haude & Spenersche Buchhandlung Max Paschke, Verlag für Wirtschaftswissenschaft, Berlin), StA HH 622-2 Reincke 7.
93 Im Reincke-Nachlaß befindet sich dazu ein Sonderdruck „Deutsches Blut kehrt heim", hrsg. vom Reichsorganisationsleiter – Hauptschulungsamt der NSDAP (abgeschlossen Januar 1941), StA 622-2 Reincke 3a.
94 Reincke (wie Anm. 91), S. 174.
95 Ebd., S. 177.
96 Ebd., S. 179.
97 Ebd., S. 176.
98 Ebd., S. 180.
99 Ebd., S. 191.
100 Ebd., S. 195.
101 Vgl. von Brandt (wie Anm. 66), S. 36 – Werner Daitz war Leiter des Außenpolitischen Amtes der Reichsleitung der NSDAP, seit 1939 Präsident des Führungsringes der „Gesell-

schaft für europäische Wirtschaftsplanung und Großraumwirtschaft e. V." (auch der oben genannte Heinrich Hunke gehörte dem Führungsring an). Aus den zahlreichen Publikationen von Werner Daitz seien hier nur kurz genannt: „Die alte Städtehanse und der kontinental-europäische Wirtschaftskreislauf" (Vortrag auf der Reichstagung der Nordischen Gesellschaft, Juni 1934; abgedruckt u. a. in: Nationale Wirtschaftsordnung und Großraumwirtschaft, Jahrbuch 1941, S. 169–176) – „Der Weg zur völkischen Wirtschaft", München 1938. Auf diese Veröffentlichung hat sich Fritz Rörig ausdrücklich bezogen (Vom Werden und Wesen der Hanse, Leipzig 1940, S 10). Rörig schreibt nach einem zustimmenden Hinweis auf das von Heinrich Hunke 1940 herausgegebene Werk ‚Hanse, Downing Street und Deutschlands Lebensraum': „Bereits vorher hat Werner Daitz die wesentliche Bedeutung der Hanse für eine Grundlegung der inneren und äußeren Wirtschaftspolitik des neuen Reichs in wirkungsvollen Formulierungen zu nutzen gewußt. Ich verweise auf seine unter dem Titel ‚Der Weg der völkischen Wirtschaft' 1938 erschienenen „Ausgewählten Reden und Aufsätze". In großen Zügen ist so ein erfreulicher Zusammenklang von Geschichtsforschung und gegenwartsbezogener Geschichtsdeutung festzustellen."

Fritz Rörig gehörte dem Wissenschaftlichen Beirat der „Gesellschaft für europäische Wirtschaftsplanung und Großraumwirtschaft e. V." an; sein Vortrag „Unternehmerkräfte im flandrisch-hansischen Raum", gehalten 1938 auf dem Internationalen Historikertag in Zürich, findet sich u. a. abgedruckt in: Nationale Wirtschaftsordnung und Großraumwirtschaft, Jahrbuch 1941, S. 186 ff.

Verbindungen gab es auch auf der Ebene der Symbole. 1940 hatte Fritz Rörig auf eine in Gotland gefundene, mit eingraviertem Adler versehene Silberschale aus dem Anfang des 14. Jahrhunderts hingewiesen und sie als „Reichssymbol" gedeutet (Fritz Rörig, Reichssymbolik auf Gotland, in: Hansische Geschichtsblätter, Jg. 64, 1940, S. 65). Ab 1941 findet sich diese Schale als Emblem auf dem Deckblatt der von Werner Daitz herausgegebenen Veröffentlichungen. Zur Begründung heißt es im „Jahrbuch 1941", S. 11: „Die Zeichnung auf dieser hansischen Schale wurde von der Gesellschaft für europäische Wirtschaftsplanung und Großraumwirtschaft e. V. zu ihrem Symbol auserwählt und mit dem Leitwort ‚Einige und führe' versehen, das von Werner Daitz – im Gegensatz zum ‚Divide et impera!' der englischen Weltwirtschaftspolitik – als Ausdruck der geistigen Grundhaltung der europäischen Großraumwirtschaft geprägt wurde." – Im Mitteilungsblatt der Gesellschaft für europäische Wirtschaftsplanung und Großraumwirtschaft e. V., Nr. 3/4, März/April 1941, ist zu lesen: „Ferner machen wir unsere Mitglieder und Freunde darauf aufmerksam, daß auch die Herausgabe der ausgezeichneten periodischen Schrift des Hansischen Geschichtsvereins, der ‚Hansischen Geschichtsblätter', die gerade heute vermehrte Beachtung verdienen, nunmehr auf Anregung von Werner Daitz in enger Beziehung mit unserer Gesellschaft erfolgt. Um diese Verbindung, die auf der gemeinsamen Wiedererweckung und Förderung des hansischen Gedankens beruht, auch nach außen hin deutlich zu machen, werden die ‚Hansischen Geschichtsblätter' wie die Schriften unserer Gesellschaft erscheinen, nämlich in blauem Umschlag mit roter Schrift." – Eine entsprechende Mitteilung findet sich auch im Jahresbericht des Hansischen Geschichtsvereins 1940/41, in: Hansische Geschichtsblätter, Jg. 65/66, 1941, S. 348 (dort mit dem Zusatz: „Die wissenschaftliche Haltung der Geschichtsblätter und unseres Vereins selbst bleibt davon unberührt.").

Eine nachdrücklich empfehlende Besprechung von „Nationale Wirtschaftsordnung und Großraumwirtschaft, Jahrbuch 1941" hat Hans Brinkmann veröffentlicht in: Hansische Geschichtsblätter, Jg. 65/66, 1941, S. 283.

102 Reincke (wie Anm. 91), S. 175.
103 Ebd., S. 201.
104 Ebd.
105 Ebd., S. 177.
106 Ebd.
107 Ebd., S. 176.
108 Heinrich Reincke, Reichsadler und Hansekogge als Zeichen der deutschen Hanse, in: Hansische Soldaten-Briefe, Sommer 1943, S. 2 ff., StAHH/Bibliothek Sig. D 100/201, Kapsel 3.
109 Hamburger Tageblatt, 16. 9. 1943. Der am Schluß zitierte Dichter ist Max Schenkendorf. Aus einem Brief Reinckes vom 4. 8. 1943 geht das katastrophale Ausmaß der Zerstörung hervor, das der schwere Luftangriff vom 27. Juli 1943 hinterließ. Dennoch berichtet der Briefschreiber zuversichtlich: „Die Stimmung war im allgemeinen überraschend ruhig und gefaßt. Und wo einmal ein garstiges Wort laut wurde, so fanden sich immer ruhige verständige Männer oder Frauen, die in allgemeiner Zustimmung die Dinge zurechtstellten. Auch in den nächsten Tagen habe ich manchen einfachen Mann bewundert, von dem eine solche Atmosphäre der Ruhe und Entschlossenheit ausging." Zitiert nach: Die Hamburger Katastrophe vom Sommer 1943 in Augenzeugenberichten, bearbeitet von Renate Hauschild-Thiessen, Hamburg 1993 (= Veröffentlichungen des Vereins für Hamburgische Geschichte, Bd. 38), S. 41. –
Im Jahr zuvor hatte das Staatsarchiv sich zur Benennung einer in Hamburg-Bahrenfeld für Bombengeschädigte neu errichteten Häuserzeile zu äußern. In seiner dienstlichen Stellungnahme vom 21. 2. 1942 bezieht sich Reincke auf den Vorschlag des Tiefbauamtes, die Straße wegen eines nahegelegenen Sportplatzes ‚Trainingsring' zu nennen: „Eine neue Straße für die durch englische Bomben Geschädigten kann man nicht mit einem nicht eingedeutschten englischen Fremdwort bezeichnen. Will man beim Motiv bleiben, so bieten sich Namen wie Fußballstraße, Ballplatz, Aschenbahn, Laufbahn an, je nach dem besonderen Zweck, für den der Sportplatz benötigt wird. Noch besser scheint mir aber im vorliegenden Fall ein Name wie etwa Trutzengland." StA HH 133 – 1 II, Staatsarchiv II, 1942, Nr. 256.
110 Schreiben von Reincke vom 24. 4. 1944 an das „Hamburger Fremdenblatt", dem er seinen Text zur gesonderten Veröffentlichung anbietet („vom Propagandaamt nicht nur genehmigt, sondern begrüßt"). StA HH 622 – 2, Reincke 19 c.
111 StA HH 221 – 11 Staatskommissar für die Entnazifizierung, Z 8040 Reincke.
112 Otto Heinrich Meissner an Reincke vom 16. 2. 1946. StA HH 622 – 2, Reincke 17.
113 Reincke an Meissner vom 4. 3. 1946. StA HH 622 – 2, Reincke 17.
114 StA HH 622 – 2, Nr. 17.
115 Reincke an Ahasver von Brandt vom 9. 5. 1951. StH HH 622-2, Reincke 1.

Zur Bibliographie ist generell zu verweisen auf: Annelise Tecke, Das Schriftwerk Heinrich Reinckes, chronologisch zusammengestellt, in: ZHG 47, 1961, S. 35–44.

Schwierigkeiten mit der Vergangenheit
Anfänge der zeitgeschichtlichen Forschung nach 1945

1 Kurt Detlev Möller, Das letzte Kapitel. Geschichte der Kapitulation Hamburgs. Von der Hamburger Katastrophe des Jahres 1943 bis zur Übergabe der Stadt am 3. Mai 1945. Hbg. (Hoffmann und Campe Verlag) 1947.
2 Stenographische Berichte der Bürgerschaft, 26. 4. 1946 (5. Sitzung), S. 74.
3 Mikrofilm im StA Hbg.
4 Die Verfasserschaft geht eindeutig hervor aus dem Lindemann-Nachlaß, StA Hbg, 622-1 Lindemann 28/3.
5 Wortlaut des Flugblatts bei Möller, S. 140.
6 Wie Anm. 2.
7 Ebd.
8 Ebd.
9 StA Hbg, 131 – 15 Senatskanzlei – Personalakten, D 129.
10 Vgl. Rainer Hering: Der „unpolitische" Professor? Parteimitgliedschaften Hamburger Hochschullehrer in der Weimarer Republik und im „Dritten Reich". In: Eckart Krause, Ludwig Huber, Holger Fischer (Hrsg.), Hochschulalltag im „Dritten Reich". Die Hamburger Universität 1933–1945. Bd. 1. Berlin/Hbg. 1991. S. 94.
11 Heinrich Reincke, Worte des Gedenkens für Dr. Kurt Detlev Möller. ZHG 44, 1958, S. 19.
12 Das Datum der Beauftragung geht aus dem Urteil des Landesverwaltungsgerichts Hbg. vom 5. 10. 1950 hervor (vgl. Anm. 53).
13 StA Hbg, 131 – 1 II Senatskanzlei – Gesamtregistratur II, 809 b.
14 Ebd., Möller an Sieveking, 17. 5. 1946.
15 StA Hbg, 731 – 6 Zeitgeschichtl. Sammlung III 9: Karl Kaufmann, Die Kapitulation von Hamburg, Unveröff. Ms. (10 Seiten). – Der Text gelangte an Möller über Sieveking, der ihn seinerseits von Dr. R. Brinckmann (Warburg-Bank) mit Schreiben vom 21. 6. 1946 (StA Hbg, 131 – 1 II Senatskanzlei – Gesamtregistratur II, 809) zugesandt bekommen hatte.
16 Alle Möller verfügbaren Quellen finden sich als geschlossene Materialsammlung in StA Hbg, 731 – 6 Zeitgeschichtliche Sammlung, III 8 und 9.
17 Stenographische Berichte der Bürgerschaft, 11. 6. 1947 (11. Sitzung), S. 269.
18 Wie Anm. 13.
19 Ebd.
20 StA Hbg, 731 – 6 Zeitgeschichtliche Sammlung, III 8.
21 StA Hbg, (wie Anm. 13).
22 Schreiben Möllers vom 4. 7. 1947, StA Hbg, 321. 10 – 5/9.
23 Ebd.
24 Möller an Sieveking, 24. 1. 1948 (wie Anm. 13).
25 Ebd., 3. 9. 1947.
25a Mündliche Mitteilung eines ehemaligen Mitarbeiters im Staatsarchiv.
26 Stenographische Berichte der Bürgerschaft, 18. 8. 1947 (14. Sitzung), S. 8.
27 StA Hbg, 131 – 1 II Senatskanzlei – Gesamtregistratur II, 810.
28 StA Hbg, 221 – 11 Staatskommissar für die Entnazifizierung, E d 82 62.
29 Wie Anm. 13.

30 Stenographische Berichte (wie Anm. 17), S. 270.
31 Ebd.
32 StA Hbg, 131 – 1 II Senatskanzlei – Gesamtregistratur II, 810, Schramm an Sieveking, 17. 1. 1948.
33 Wie Anm. 13.
34 Stenographische Berichte der Bürgerschaft, 11. 2. 1948 (3. Sitzung), S. 45–46.
35 Wie Anm. 13.
36 Ebd.
37 Ebd.
38 Ebd.
38a Der Verfasser war offenbar Alfons Penk, ein am „Hamburger Echo" tätiger Journalist (mündliche Auskunft von Hellmut Kalbitzer).
39 StA Hbg, 135 – 1 V, Staatliche Pressestelle V, I D II f.
40 Der Sozialist, 3. Jg., Nr. 2, Hbg. 1. 2. 1948, vorhanden im Archiv der Forschungsstelle für die Geschichte des Nationalsozialismus in Hbg.
41 ZHG 38, 1939, S. 1–27.
42 Die vier von Möller namentlich als „Juden" herausgestellten Redner der „Literarischen Gesellschaft" waren der Konzertmeister Heinrich Bandler, der Buchhändler Leon Goldschmidt, der Schauspieler Max Montor gen. Goldenberg und der Pädagoge Jacob Loewenberg. Alle Genannten waren zum Zeitpunkt der Möller-Rede bereits verstorben.
43 Wie Anm. 9.
44 DIE ZEIT, 26. 2. 1948.
45 Stenographische Berichte der Bürgerschaft 10. 3. 1948. (5. Sitzung), S. 107.
46 Wie Anm. 13, Fassung 1.
47 Ebd., Fassung 2.
47a Stenographische Berichte (wie Anm. 45).
48 Wie Anm. 13, Fassung 3.
49 Stenographische Berichte der Bürgerschaft, 5. 5. 1948 (9. Sitzung), S. 232–233.
50 Ebd., S. 234.
51 Hellmut Kalbitzer, Widerstehen oder Mitmachen. Eigen-sinnige Ansichten und sehr persönliche Erinnerungen. Hbg. 1987. S. 121. – Vgl. dazu Hamburger Freie Presse, 15. und 22. 5. 1948.
52 Archiv der Forschungsstelle für die Geschichte des Nationalsozialismus in Hbg., Sieveking an Oberschulrat Heinrich Schroeder, 21. 11. 1950.
53 StA Hbg., 221 – 5 Verwaltungsgericht, Unterakte IV b VG 3220/49.
54 Wie Anm. 13.
55 Reincke (wie Anm. 11), S. 25. – Zu Kurt Sieveking, insbesondere seiner Rolle als Bürgermeister in der Zeit des „Bürgerblocks", s. Helmut Stubbe-da Luz, Kurt Sieveking 1897–1986. In: Hamburgische Lebensbilder, hrsg. v. Verein für Hamburgische Geschichte. Bd. 4, Die Politiker. Hbg. 1990, S. 51–71.
56 Kalbitzer (wie Anm. 51), S. 120.
57 Möller (wie Anm. 1), S. 32.
58 Ebd., S. 32.
59 Ebd., S. 35.
60 Ebd., S. 43.

61 Ebd., S. 48.
62 Ebd., S. 21.
63 Vgl. Jan Heitmann, Das Ende des Zweiten Weltkrieges in Hamburg. Die kampflose Übergabe der Stadt an die britischen Truppen und ihre Vorgeschichte. Frankfurt 1990; dazu kritische Rezension von Rainer Hering, ZHG 77, 1991, S. 234 – Zu Kaufmann: Frank Bajohr, Hamburgs „Führer". Zur Person und Tätigkeit des Hamburger NSDAP-Gauleiters Karl Kaufmann (1900–1969), in: Frank Bajohr, Joachim Szodrzynski (Hg.), Hamburg in der NS-Zeit. Ergebnisse neuerer Forschungen. Hamburg 1995, S. 59–91. – Vgl. Manfred Asendorf, Karl Kaufmann und Hamburgs langer Weg zur Kapitulation, in: Kriegsende und Befreiung. Beiträge zur Geschichte der nationalsozialistischen Verfolgung in Norddeutschland. H. 2, Bremen 1995, S. 12–23. Asendorf hat auf Grund einer inzwischen besseren Quellengrundlage nachweisen können, daß einige Angaben im „Letzten Kapitel" zu korrigieren sind. Eine andere Frage ist, ob es der Intention Möllers gerecht wird, ihn als Vertreter einer unkritischen „Kaufmann-Legende" zu sehen. Auch bei Würdigung der Studie von Asendorf halte ich an meiner abweichenden Interpretation fest.
64 Möller (wie Anm. 1), S. 46.
65 Ebd., S. 11.
66 Ebd., S. 60.
67 Ebd., S. 24.
68 Ebd., S. 24.
69 Kalbitzer (wie Anm. 51), S. 50.
69a Vgl. Arnold Sywottek, Max Brauer. In: Walter Mühlhausen/Cornelia Regin (Hrsg.), Treuhänder des deutschen Volkes. Die Ministerpräsidenten der westlichen Besatzungszonen nach den ersten freien Landtagswahlen. Politische Porträts, Melsungen 1991, S. 181–206.
69b Erich Lüth: Max Brauer, Glasbläser, Bürgermeister, Staatsmann. Hbg. 1972. S. 46–48.
70 Kalbitzer (wie Anm. 51), S. 96.
71 Ebd., S. 120.
72 Das Widmungsexemplar befindet sich in der Bibliothek des Vereins für Hamburgische Geschichte.
73 Briefe Johannes Michael Speckters an Johann Martin Lappenberg aus den Jahren 1813–1817. Mitgeteilt und eingeleitet von Kurt Detlev Möller †. ZHG 57, 1971, S. 83–101.
74 Möller (wie Anm. 1), S. 33.
75 Ebd., S. 33.
76 Das Ms. des Schlußkapitels (vier Schreibmaschinenseiten) im StA Hbg, 731 – 6 Zeitgeschichtliche Sammlung, III 8.
77 Fritz Lehmann, 1939–1945. Beobachtungen und Bekenntnisse. Hbg. 1946. S. 150 ff.
78 Möller (wie Anm. 1), S. 42.
79 Kurt Detlev Möller, Geschichte und Leben. ZHG 38, 1939, S. 7.
80 Ebd., S. 10.
81 Helmut Heiber, Walter Frank und sein Reichsinstitut für Geschichte des neuen Deutschlands. Stuttgart 1966. S. 708–719.
82 Möller (wie Anm. 79), S. 16.
83 Ebd., S. 8.

84 Ebd., S. 9.
85 Reincke (wie Anm. 11), S. 17–18.
85a Mündliche Mitteilung eines ehemaligen Mitarbeiters im Staatsarchiv.
86 Heffters Dissertationsthema: „Die Kreuzzeitungspartei und die Kartellpolitik Bismarcks"; Möllers Dissertationsthema: „Beiträge zur Geschichte des kirchlichen und religiösen Lebens in Hamburg in den ersten Jahrzehnten des 19. Jahrhunderts".
87 Archiv der Forschungsstelle für die Geschichte des Nationalsozialismus in Hbg., Aktenvermerk vom 3. 11. 1950.
88 Gästeliste samt einem erläuternden Vermerk im Archiv der Forschungsstelle; vgl. auch StA Hbg, 131 – 1 II Senatskanzlei – Gesamtregistratur II 810.
89 Unveröff. Ms. (38 Schreibmaschinenseiten) im Archiv der Forschungsstelle.
90 Ebd., S. 28.
91 Bericht über vorläufige Forschungsergebnisse vom 3. 1. 1950, S. 2.
92 Heinrich Heffter, Die deutsche Selbstverwaltung im 19. Jahrhundert. Geschichte der Ideen und Institutionen. Stuttgart 1950. S. 198.
93 Hamburg unser Wille zu sein. Ein Lesebuch für die Abschlußklassen der Hamburger Schulen. Hbg. 1959. Vorwort.
94 R. F. Hamilton, Who Voted for Hitler? Princeton 1982.
95 Thomas Krause, Das Ende einer Legende. In: Maike Bruhns u. a., „Hier war doch alles nicht so schlimm". Wie die Nazis in Hamburg den Alltag eroberten. Hbg. 1984. S. 50. – Werner Johe, Hitler in Hamburg. Hbg. 1996.
96 Ms. (wie Anm. 89), S. 30.
97 Die Berichte befinden sich sowohl im Archiv der Forschungsstelle wie im StA Hbg, Senatskanzlei II, 321. 10 – 6/1.
98 Wie Anm. 9, Petition von 11 Angehörigen des Staatsarchives zu Gunsten von Möller vom 6. 2. 1948.
99 Archiv der Forschungsstelle.
100 Ebd.
101 Hans-Dieter Loose, Kontinuität und Wandel. Die letzten 50 Jahre des Vereins für Hamburgische Geschichte. ZHG 74/75, 1989, S. 15.
102 Aus dieser Zeit (1952–1954) findet sich im Archiv der Forschungsstelle ein Briefwechsel zwischen Möller und Heffter, der erkennen läßt, daß Heffter die in der Kontroverse um „Das letzte Kapitel" gegenüber Möller geäußerten Kritikpunkte inzwischen nur mehr in abgeschwächter Form aufrechterhielt.
103 Archiv der Forschungsstelle, dort auch das nachfolgende Antwortschreiben von Heitgres vom 25. 8. 1950.
104 4. Bericht (wie Anm. 97), S. 3.
105 13. Bericht, S. 1.
106 Das Schreiben der Jüdischen Gemeinde Hbg. vom 26. 5. 1954 enthielt 15 Adressen (Archiv der Forschungsstelle).
107 Die Anschreiben und der 9 Punkte umfassende Fragebogen im Archiv der Forschungsstelle.
108 12. Bericht (wie Anm. 97). Vgl.: Jüdischer Alltag als humaner Widerstand. Dokumente des Hamburger Oberrabbiners Dr. Joseph Carlebach aus den Jahren 1939–1941, ausgewählt und kommentiert von Miriam Gillis-Carlebach. Hbg. 1990.

109 Archiv der Forschungsstelle.
110 4. Bericht (wie Anm. 97), S. 1.
111 6. Bericht, S. 5.
112 10. Bericht, Anlage „Das Tagebuch des ehemaligen Bürgermeisters C. V. Krogmann".
113 5. Bericht, S. 5.
114 9. Bericht, S. 2.
115 8. Bericht, Anlage: Vortrag „Die Innenpolitik der Hitlerzeit unter besonderer Berücksichtigung Hamburgs", S. 1.
116 Mitteilung des Senats an die Bürgerschaft Nr. 39/150, 8. 3. 1960.
117 Ursula Büttner, Die Forschungsstelle für die Geschichte des Nationalsozialismus in Hamburg. ZHG 74/75, 1989, S. 81–96.

Percy Ernst Schramm
Ein Sonderfall in der Geschichtsschreibung Hamburgs

1 Norbert Kamp, Percy Ernst Schramm und die Mittelalterforschung. In: Geschichtswissenschaft in Göttingen, Vorlesungsreihe, hg. Hartmut Boockmann. Göttingen 1987. S. 344–363. – Ein Verzeichnis der von Schramm verfaßten Schriften (bis Ende 1962) in: Festschrift für Percy Ernst Schramm zu seinem siebzigsten Geburtstag, hg. Peter Classen und Peter Scheibert. Bd. 2. Wiesbaden 1964. S. 281–316.
2 Joist Grolle, Der Hamburger Percy Ernst Schramm – ein Historiker auf der Suche nach der Wirklichkeit. Vorträge und Aufsätze. Hg. Verein für Hamburgische Geschichte. Heft 28. Hbg. 1989. S. 43–47.
3 Hamburger Geschlechterbuch, Bd. 5 (= Deutsches Geschlechterbuch, Bd. 27). Görlitz 1914. S. 41–60, 91–122, 339–343. Zum „Deutschen Geschlechterbuch" und seinem Herausgeber Bernhard Koerner: Joist Grolle, „Deutsches Geschlechterbuch" – Ahnenkult und Rassenwahn. In: (Hg.) Peter Freimark, Alice Jankowski, Ina S. Lorenz, Juden in Deutschland. 25 Jahre Institut für die Geschichte der deutschen Juden. Hbg. 1991. S. 207–228. – Siehe auch: Joist Grolle, Der Hamburger Percy Ernst Schramm (wie Anm. 2), S. 52 (Zitat aus einem am 13. 7. 1914 an Aby Warburg gerichteten Brief Schramms, in dem dieser sich kritisch zu Koerners antisemitischen Vorworten im „Deutschen Geschlechterbuch" äußert).
4 Verzeichnis gedruckter Quellen zur Geschichte hamburgischer Familien unter Berücksichtigung der näheren Umgebung Hamburgs, gemeinsam mit Ascan W. Lutteroth. Hbg. 1921.
5 Hamburger Geschlechterbuch, Bd. 7 (= Deutsches Geschlechterbuch, Bd. 51). Görlitz 1927. S. 247–295, 407–478.
6 Die Genealogie als Wissenschaft (1917), StA Hbg, 622–1 Familie Schramm, L 49/2.
7 Neun Generationen. Dreihundert Jahre deutscher „Kulturgeschichte" im Licht der Schicksale einer Hamburger Bürgerfamilie (1648–1948). Bd. 1. Göttingen 1963. S. 5–6.
8 Erich Marcks lehrte seit 1907 im Rahmen des Hamburger „Allgemeinen Vorlesungswesens", nach seiner Wegberufung folgte ihm 1914 Max Lenz. Gerhard Ahrens, Die Hamburgische Stiftungsprofessur für Geschichte (1907–22). ZHG 74/75,1989, S. 41–60.
9 StA Hbg, 622–1 Familie Schramm, L 24. – Das Goethe-Zitat in „Wilhelm Meisters Lehrjahre", 4. Buch, 16. Kapitel.
10 StA Hbg, 622–1 Familie Schramm, J 37.
11 Hamburgs Geschichtsschreiber: StA Hbg, 622–1 Familie Schramm, L 49/3. – Den Begriffen, die Schramm in seinen aus dem Ersten Weltkrieg datierenden Texten verwandt hat, ist anzumerken, daß der Verfasser nicht nur Werner Sombart und Max Weber, sondern auch Karl Lamprecht gelesen hat. Sein Interesse an den Schriften Lamprechts hat auch später angehalten. Er hat ihn immer wieder – teils kritisch, teils zustimmend – zitiert (vgl. Anm. 33). In den fünfziger Jahren regte er einen seiner Schüler zu einer Dissertation über Lamprecht an: Kay Hoffmeister, Karl Lamprecht. Seine Geschichtstheorie und seine Stellung zum Imperialismus. Diss. phil. Göttingen 1956. In dem Gutachten vom 5. 11. 56, das Schramm über die Arbeit schrieb, heißt es (StA Hbg, 622–1 Familie Schramm, L142): *„Das von H. bearbeitete Thema liegt mir seit langem nahe. Auf Lamprecht stieß mich bereits als Primaner Aby Warburg, indem er mich zur Kritik anstachelte. Wie fragwürdig die*

älteren Teile seines vielbändigen Geschichtswerkes sind, erfuhr ich bei der Analyse der das 10. Jahrhundert betreffenden Teile (Renovatio Imperii, 1929); dagegen wie sachkundig und daher von bleibendem Wert die die Wirtschaftsgeschichte des 19. Jahrhunderts behandelnden Abschnitte sind, ersah ich bei der Ausarbeitung von „Deutschland und die Weltwirtschaft" (1943 ff.). Ich ermunterte daher meinen ‚Schreiber', den seither als Schriftsteller bekannter gewordenen Dr. Felix Hartlaub, in den freien Abendstunden des Wehrmachtführungsstabes eine Habilitationsschrift über Lamprecht in Angriff zu nehmen. Das gab Anlaß zu mancherlei Gesprächen – blieb jedoch ohne Ergebnis, da Hartlaub zu den 1945 in der Endphase des Krieges spurlos zu Grunde gegangenen gehört. Ich habe daher Herrn Hoffmeister ermuntert, das verwaiste Thema zu übernehmen." – Zu Hartlaub vgl. Anm. 20.

12 StA Hbg, 622–1 Familie Schramm, L 162.
13 Ernst Hieke, Zur Geschichte des deutschen Handels mit Ostafrika. Hbg. 1939, darin Beitrag von Schramm S. 7–54. – Zu Hieke (1911–1974) s. Nachruf von Wilhelm Treue, Tradition, 20. Jg. 1975, S. 42–43.
14 Günter Moltmann, Die „Übersee- und Kolonialkunde" als besondere Aufgabe der Universität. In: Eckart Krause, Ludwig Huber, Holger Fischer (Hg.), Hochschulalltag im „Dritten Reich". Die Hamburger Universität 1933–1945. Bd. 1. Berlin Hamburg 1991. S. 159–173.
15 Nachrichten von der Gesellschaft der Wissenschaften zu Göttingen. Göttinger Beiträge zur Kolonialgeschichte von Hans Plischke und P. E. Schramm. Philologisch-historische Klasse. Fachgruppe II (Mittlere und Neuere Geschichte, N. F., Bd. III, Nr. 1). Göttingen 1940.
16 Ebd., S. 58
17 Ebd.
18 Ebd., S. 63.
19 Zu Schramms Rolle in der NS-Zeit: Grolle (wie Anm. 2); Joist Grolle, Percy Ernst Schramm – Fritz Saxl. Die Geschichte einer zerbrochenen Freundschaft. ZHG 76, 1990, S. 145–167.
20 Auf die Entstehungsgeschichte während des Krieges geht der Autor in „Deutschland und Übersee" (S. 473–474) ein. – Im Wehrmachtführungsstab diente ihm als Mitarbeiter u. a. Felix Hartlaub (1913–1945). Aus den Briefen Hartlaubs geht hervor, daß seine Zuarbeit sich nicht nur auf das Kriegstagebuch, sondern auch auf die Erstellung des Manuskripts von „Deutschland und Übersee" bezog (Felix Hartlaub in seinen Briefen. Hg. von Erna Krauss und G. F. Hartlaub. Tübingen 1958. S. 204–205, 207, 209–210, 212, 217, 225). – Beachtung verdienen die kritischen Bemerkungen Hartlaubs zur Führung des Kriegstagebuches (Aussortierung von belastenden Dokumenten über von deutscher Seite verübte Kriegsgreuel): Felix Hartlaub, Das Gesamtwerk. Dichtungen. Tagebücher. Frankfurt/M. 1955. S. 143–181 „Im Sperrkreis", bes. S. 148–149.
21 Zur historiographischen Situation nach 1945: Winfried Schulze, Der Neubeginn der deutschen Geschichtswissenschaft nach 1945: Einsichten und Absichtserklärungen der Historiker nach der Katastrophe. In: Ernst Schulin (Hg.), Deutsche Geschichtswissenschaft nach dem Zweiten Weltkrieg. München 1989. S. 1–37.
22 Deutschland und Übersee. Der deutsche Handel mit den anderen Kontinenten, insbesondere Afrika, von Karl V. bis zu Bismarck. Ein Beitrag zur Geschichte der Rivalität im Wirtschaftsleben. Braunschweig 1950. S. 359.

23 Ebd., S. 273, 329–330. – Helmut Washausen, Hamburg und die Kolonialpolitik des Deutschen Reiches 1880 bis 1890. Hbg. 1968. S. 89–90. – Vgl. Karl Evers, Das Hamburger Zanzibarhandelshaus Wm. O'Swald & Co 1847–1890. Zur Geschichte des Hamburger Handels mit Ostafrika, Diss. phil. Hbg. 1986, S. 109–136.
24 Deutschland und Übersee (wie Anm. 22), S. 379.
25 Ebd., S. 296.
26 Ebd., S. 297, 307, 310.
27 Ebd., S. 146.
28 Ebd., S. 161.
29 Ebd., S. 147.
30 Ebd., S. 161.
31 Ebd., S. 369.
32 Ebd., S. 369.
33 Ebd., S. 109. – Vgl. auch S. 393, wo Schramm sich in seiner Bewertung des deutschen Kolonialengagements zustimmend auf das in dieser Hinsicht emphatische Urteil Karl Lamprechts in dessen „Deutscher Geschichte" bezieht.
34 Ebd., S. 148.
35 Ebd., S. 162.
36 Hansische Geschichtsblätter, Bd. 71, 1952, S. 122–125.
37 Historische Zeitschrift, Bd. 177, 1954, S. 551.
38 Brief vom 1. 7. 1947 von Ritter an Schramm, in Auszügen veröffentlicht in: Gerhard Ritter. Ein politischer Historiker in seinen Briefen. Hg. von Klaus Schwabe und Rolf Reichardt. Boppard 1984. S. 431.
39 Aufschlußreich ist ein vergleichender Blick in die Geschichte der Afrikanistik: Hilke Meyer-Bahlburg und Ekkehardt Wolff, Afrikanische Sprachen in Forschung und Lehre. 75 Jahre Afrikanistik in Hamburg (1906–1984). Hamburger Beiträge zur Wissenschaftsgeschichte. Bd. 1. Berlin, Hbg. 1986. S. 16: „*Im Grunde genommen ist bis zum Beginn der 70er Jahre die Kontinuität der akademischen Afrikanistik nie öffentlich von deren Vertretern in Frage gestellt worden, d. h. die geistige Auseinandersetzung mit der gesellschaftlichen Funktion einer ehemals unverhohlen kolonialistischen Zielen dienenden Wissenschaft stand bis dahin – oder steht bis heute? – noch aus: Manch einem war oder ist der Verbleib im Elfenbeinturm sicher bequemer als die Mühe der selbstkritischen intellektuellen Dekolonisierung des eigenen Wertesystems.*"
40 Hamburg, Deutschland und die Welt. 2. Aufl. Hbg. 1952. Vorwort.
41 Deutschland und Übersee (wie Anm. 22), S. 473.
42 Hamburg, Deutschland und die Welt. München 1943. S. 5.
43 Grolle (wie Anm. 2), S. 38–40.
44 Interview mit dem Kölner Stadtanzeiger (14. 10. 1969): StA Hbg, 622–1 Famlie Schramm, L 271.
45 Hamburg, Deutschland und die Welt (wie Anm. 42), S. 319–320.
46 Veit Valentin, Geschichte der deutschen Revolution 1848–49. Bd. 2. Berlin 1931. S. 166.
47 Hamburg, Deutschland und die Welt (wie Anm. 42), zusammengezogen aus den Seiten 612 und 614.
48 Interview (wie Anm. 44).

49 Neun Generationen. Dreihundert Jahre deutscher ‚Kulturgeschichte' im Licht der Schicksale einer Hamburger Bürgerfamilie (1648–1948). Bd. 2. Göttingen 1964. S. 542.
50 Jahrgang 94 (unveröffentlichte Lebenserinnerungen Schramms): StA Hbg, 622–1 Familie Schramm, L 303/304/305.
51 Vierteljahrschrift für Sozial- und Wirtschaftsgeschichte, Bd. 38, 1951, S. 73.
52 Unmittelbar nach den vernichtenden Bombenangriffen vom Juli 1943 besuchte Schramm Hamburg: Neun Generationen (wie Anm. 49), S. 545–576.
53 Hamburg, Deutschland und die Welt (wie Anm. 42), S. 374–382.
54 Ebd., S. 418.
55 Ebd., S. 419–420.
56 StA Hbg, 622–1 Familie Schramm, L 265 (Prozeß mit dem Chefredakteur des „Darmstädter Echo" Reinowski). – Grolle (wie Anm. 2), S. 59–60. – Über Schramms Einstellung zur „Judenfrage" ebd., S. 51–54.
57 Hamburg, Deutschland und die Welt (wie Anm. 42), S. 416.
58 Ebd., S. 421.
59 Ebd., S. 424.
60 StA Hbg, 622–1 Familie Schramm, L 93 (Brief vom 5. 11. 1944 von Ehrengard Schramm, geb. von Thadden). – Als Schramms Frau schrieb, hatte sie keinen Zweifel, daß das Ende des „Dritten Reiches" absehbar war, ein System, dem sie deutlich ablehnend gegenüberstand. Als ihre Schwester Elisabeth von Thadden von der Gestapo unter dem Vorwurf der „Wehrkraftzersetzung" verhaftet wurde, setzte sich Ehrengard Schramm mit persönlichem Mut für sie ein, ohne jedoch deren Hinrichtung im September 1944 verhindern zu können. Vor diesem Hintergrund ist der an ihren Mann gerichtete Brief als ein Votum gegen Konzessionen an das dem Untergang entgegengehende Terrorregime zu lesen. – Zur Biographie: Helga-Maria Kühn, Ehrengard Schramm. Eine engagierte Göttinger Bürgerin. Göttinger Jahrbuch 1993. S. 211–224.
61 Grolle (wie Anm. 2), S. 60.
62 Zur Stellung der Juden in Hamburg: Julius von Eckardt, Lebenserinnerungen. Bd. 1. Leipzig 1910. S. 202 ff.
63 Hamburg – ein Sonderfall in der Geschichte Deutschlands. Vorträge und Aufsätze. Hg. vom Verein für Hamburgische Geschichte. Heft 13. Hbg. 1964. – Dazu kritisch-differenziert: Franklin Kopitzsch, Grundzüge einer Sozialgeschichte der Aufklärung in Hamburg und Altona. 2. Aufl. Hbg. 1990. S. 185–186; vgl. auch Joachim Whaley, Religiöse Toleranz und sozialer Wandel in Hamburg 1529–1819. Hbg. 1992. S. 21 und Andreas Schulz, Weltbürger und Geldaristokraten. Hanseatisches Bürgertum im 19. Jahrhundert. Historische Zeitschrift Bd. 259, 1994, S. 637–670.
64 Neun Generationen (wie Anm. 49), S. 588.
65 Ebd., S. 590.
66 Ebd., S. 591.
67 Ebd., S. 590.
68 Ebd., S. 5.
69 Ebd., Bd. 1, S. 25.
70 StA Hbg, 622–1 Familie Schramm, L 303/304/305.
71 Hamburg, Deutschland und die Welt (wie Anm. 42), S. 285–286.
72 Ebd., S. 286.

73 Neun Generationen (wie Anm. 49), Bd. 1, S. 9.
74 Ebd.
75 Gustav Freytag, Bilder aus der deutschen Vergangenheit. Bd. 1. Berlin 1927. S. 12.
76 Ebd., Bd. 2. Berlin 1927. S. 865.
77 Hingewiesen sei auf eine reizvolle Vorstudie zu „Neun Generationen": P. E. Schramm, Hamburger Biedermeier. Mit 122 Karikaturen eines Dilettanten aus den Jahren 1840/50. Hbg. 1961.
78 Neun Generationen (wie Anm. 49), Bd. 1, S. 122, 132, 160, 204, 206, 214, 229, 288. – Ausführlich hat sich Schramm mit einem frauengeschichtlichen Thema zum ersten Mal 1951 befaßt: Die Hamburgerin im Zeitalter der Empfindsamkeit. ZHG. 41, 1951, S. 233–267. – Vgl. auch einen frühen methodisch wichtigen Hinweis von ihm: Kaufleute zu Haus und über See. Hamburgische Zeugnisse des 17., 18. und 19. Jahrhunderts, gesammelt und erläutert von P. E. Schramm. Hbg. 1949. S. 221. – Aus neuerer Sicht: Anne-Charlott Trepp, „Sanfte Männlichkeit" und „selbständige Weiblichkeit" – Frauen und Männer im Hamburger Bürgertum zwischen 1770 und 1840. Göttingen 1996. Über „Neun Generationen" heißt es dort (S. 20): *„eine großartige Kultur- und Familiengeschichte . . ., die trotz leicht harmonisierender Interpretationen den Zugang zu den Bewohnern Hamburgs und ihrer Geschichte sehr erleichtert. Darüber hinaus hat Schramm sich schon seinerzeit sehr einfühlsam mit der Lage der Frauen im Bürgertum beschäftigt und diese auch in einem Aufsatz („Die Hamburgerin im Zeitalter der Empfindsamkeit") thematisiert."*
79 Philippe Ariès, L'homme davant la mort. Paris 1978; deutsche Übersetzung: Geschichte des Todes. München 1980.
80 Neun Generationen (wie Anm. 49), Bd. 1, S. 119, 216–217, 312; Bd. 2, S. 228–230, 251.
80a Neun Generationen (wie Anm. 49), Bd. 2, S. 18.
81 Ebd., Bd. 1, S. 231, 300, 305, 312, 316, 420, 424; Bd. 2, S. 18, 202, 261, 263–265, 283, 345, 460, 540. – Vgl. auch P. E. Schramm, Zur Literaturgeschichte der Lesenden. In: Konrad Gaiser (Hg.), Das Altertum und jedes neue Gute. Für Wolfgang Schadewaldt zum 15. März 1970. Stuttgart/Berlin/Köln/Mainz 1970. S. 325–341.
82 Neun Generationen (wie Anm. 49), Bd. 2, S. 449–474.
83 Gewinn und Verlust. Die Geschichte der Hamburger Senatorenfamilien Jencquel und Luis (16.–19. Jahrhundert). Zwei Beispiele für den wirtschaftlichen und sozialen Wandel in Norddeutschland. Hbg. 1969.
84 Deutschland und Übersee (wie Anm. 22), S. 104.
85 Ebd., S. 453.
86 Gewinn und Verlust (wie Anm. 83), S. 6–7.
87 Neun Generationen (wie Anm. 49), Bd. 1, S. 6–7.
88 Ebd., Bd. 1, S. 5.
89 Ebd., Bd. 2, S. 463.
90 Deutschland und Übersee (wie Anm. 22), S. 9.

Hamburg, der republikanische Akzent der Republik?
Nachforschungen zu einer Legende

1 Klaus von Dohnanyi, Das geistige Gesicht Hamburgs, Rede v. 26. 11. 1985, in: Vorträge vor dem Übersee-Club in Hamburg, Sonderdruck, o. J., S. 35.
2 Hans-Dieter Loose, Die Jastram-Snitgerschen Wirren in der zeitgenössischen Geschichtsschreibung. ZHG 53, 1967, S. 9, Anm. 14.
3 (August Wygand), Hamburgische Bürgerliche Freyheit oder Gründliches Manifest, Altona 1699, zitiert nach: Manfred Asendorf, Franklin Kopitzsch, Winfried Steffani, Walter Tormin (Hg.): Geschichte der Hamburgischen Bürgerschaft. 125 Jahre gewähltes Parlament, Berlin 1984, S. 43.
4 Ebd. – Vgl. Manfred Asendorf, Der Fall Wygand oder: Von der Bürgerrechtsbewegung zur Demokratie. Ein Beitrag über Hamburger Verhältnisse des 17. Jahrhunderts, in: Tel Aviver Jahrb. für deutsche Geschichte, XVIII/1989, S. 379–414.
5 Franklin Kopitzsch, Grundzüge einer Sozialgeschichte der Aufklärung in Hamburg und Altona, 2. Aufl., Hbg. 1990, S. 607.
6 Kopitzsch (wie Anm. 5), S. 619.
7 Kopitzsch (wie Anm. 5), S. 617.
8 Walter Grab, Norddeutsche Jakobiner. Demokratische Bestrebungen zur Zeit der Französischen Revolution, Frankf. M. 1967, S. 73.
9 Grab (wie Anm. 8), S. 80.
10 Grab (wie Anm. 8), S. 93.
11 Percy Ernst Schramm, Hamburg – ein Sonderfall in der Geschichte Deutschlands (Vorträge und Aufsätze, hg. vom Verein für Hamburgische Geschichte, H. 13), Hbg. 1964, S. 16.
12 Kopitzsch (wie Anm. 5), S. 185 f.
13 Hermann Stoll, Geschichte der Gesellschaft der Freunde des vaterländischen Schul- und Erziehungswesens in Hamburg. Festschrift zur Hundertjahrfeier 1805–1905, Hbg. 1905, S. 38.
14 Kopitzsch (wie Anm. 5), S. 622.
15 (Johann Heinrich Bartels), Einige Abhandlungen über Gegenstände der hamburgischen Verfassung, Hbg. 1835, S. 135.
16 (Johann Heinrich Bartels), Beleuchtung der Bemerkungen über das in der hamburgischen Bürgerschaft beobachtete Verfahren, Hbg. 1833, S. 15, 19, 20.
17 Johann Heinrich Bartels, Sendschreiben an meine vielgeliebten Mitbürger, Hbg. 1849, S. 11.
18 Jonas Ludwig von Heß, Topographisch-politisch-historische Beschreibung der Stadt Hamburg. Bd. 1 Hbg. 1787, S. 382 f.
19 Hermann Hipp, Das Rathaus der Freien und Hansestadt Hamburg, in: Ekkehard Mai, Jürgen Paul, Stephan Waetzoldt (Hg.): Das Rathaus im Kaiserreich. Kunstpolitische Aspekte einer Bauaufgabe des 19. Jahrhunderts, Berlin 1982, S. 196.
20 Hipp (wie Anm. 19), S. 219.
21 Hipp (wie Anm. 19), S. 215.
22 Fritz Schumacher, Stufen des Lebens, Erinnerungen eines Baumeisters, Stuttg. u. Berlin 1935, S. 291.

23 Schumacher (wie Anm. 22), S. 292.
24 Schumacher (wie Anm. 22), S. 329.
25 Dohnanyi (wie Anm. 1), S. 34.
26 Frankfurter Allgemeine Zeitung, 4. 4. 1987.
27 Klaus von Dohnanyi, Stadtstaat und Verfassung – eine Existenzfrage, Rede v. 11. 2. 1988 (wie Anm. 1), S. 80.

Bibliographischer Nachweis

Eine Republik wird besichtigt. Das Hamburgbild des Aufklärers Jonas Ludwig von Heß. Erstmals in: Zeitschrift des Vereins für Hamburgische Geschichte, Bd. 79, 1993, S. 1–36.

Geschichte und Zeitgenossenschaft. Leonhard Wächters historische Vorlesungen im Vormärz. Erstmals in: Zeitschrift des Vereins für Hamburgische Geschichte, Bd. 80, 1994, S. 47–72.

Stadtgeschichte im Umbruch. Das Hamburgbild zwischen 48er Revolution und Jahrhundertwende. Erstmals unter dem Titel ‚Das Hamburgbild in der Geschichtsschreibung des 19. Jahrhunderts' in: (Hgg.) Inge Stephan, Hans-Gerd Winter, ‚Heil über Dir, Hammonia', Hamburg im 19. Jahrhundert. Kultur, Geschichte, Politik. Hamburg, Dölling und Galitz Verlag, 1992, S. 17–46.

Die Proletarier und ihre Stadt. Heinrich Laufenberg gibt der Arbeiterbewegung eine Geschichte. Erstveröffentlichung.

Blick zurück im Zorn. Das Revolutionstrauma des Ernst Baasch. Erstveröffentlichung.

Von der Verfügbarkeit des Historikers. Heinrich Reincke in der NS-Zeit. Erstmals in: (Hgg.) Franz Bajohr, Joachim Szodrzynski, Hamburg in der NS-Zeit. Ergebnisse neuerer Forschungen (= Forum Zeitgeschichte, Bd. 5, hg. von der Forschungsstelle für die Geschichte des Nationalsozialismus in Hamburg). Hamburg, Ergebnisse Verlag, 1995, S. 25–57.

Schwierigkeiten mit der Vergangenheit. Anfänge der zeitgeschichtlichen Forschung nach 1945. Erstmals in: Zeitschrift des Vereins für Hamburgische Geschichte, Bd. 78, 1992, S. 1–65.

Percy Ernst Schramm. Ein Sonderfall in der Geschichtsschreibung Hamburgs. Erstmals in: Zeitschrift des Vereins für Hamburgische Geschichte, Bd. 81, 1995, S. 23–60.

Hamburg, der republikanische Akzent der Republik? Nachforschungen zu einer Legende. Erstmals in: (Hgg.) Peter Glotz, Rolf Kasiske, Torsten Teichert, Fritz Vahrenholt, Vernunft riskieren. Klaus von Dohnanyi zum 60. Geburtstag. Hamburg, Christians Verlag, 1988, S. 85–96.

Soweit die Erstveröffentlichung nicht durch den Verein für Hamburgische Geschichte erfolgt ist, wird den Verlagen für freundliche Wiederabdruckerlaubnis gedankt.

Bildnachweis

Abb. 1:	Photographie von Hans Meyer-Veden
Abb. 2–16:	Staatsarchiv Hamburg
Abb. 17:	Gemälde in der Hamburger Commerzbibliothek
Abb. 18–28:	Staatsarchiv Hamburg
Abb. 29:	Photographie von Otto Steinert

Personenregister

Abendroth, Amandus 87
Adler, Georg 80
Ahrens, Georg 164
Ariès, Philippe 223
Aristogeiton 236
Arnim, Bettina von 65
Asher, Karl Wilhelm 108
Auerswald, Hans von 217

Baasch, Ernst 5, 99–122
Ballin, Albert 132, 134, 219
Bartels, Johann Heinrich 35, 37, 50, 234, 243 (Anm. 98)
Bebel, August 77, 78, 96
Becker, Carl Heinrich 115, 116, 120
Behrman, Georg 30
Below, Georg von 103
Beneke, Otto 3–5, 63–68, 120
Bernstein, Eduard 77–79, 97
Berry, Henry Vaughan 174
Beutin, Ludwig 213, 218
Biermann, Berthold 188, 190, 194, 200
Bishop, engl. General 160, 166
Bismarck, Otto von 59, 60, 207
Blumentritt, Günther 156
Blunck, Hans Friedrich 127
Bock von Wülfingen, Constantin 157
Boizenburg, Wirad von 136
Bolland, Jürgen 193
Braband, Carl Julius 237
Brand, Heino 67
Brandt, Ahasver von 140
Brauer, Max 157, 159, 160, 162, 163, 165, 166, 169, 171, 172, 174, 175, 178, 179, 186, 188, 202
Brinkmann, Hans 142
Brockes, Barthold Hinrich 112
Bucerius, Gerd 189
Bürger, Gottfried August 37
Bürger, Heinrich 82
Büsch, Johann Georg 26, 40, 42
Bütow, Hano 156
Bugdahn, Paul 154
Burchard, Johannes Heinrich 122, 236
Burckhardt, Jacob 54, 249 (Anm. 11)
Byron, George Lord 87

Camp, Joachim de la 157
Carlebach, Joseph 195, 197

Carlebach, Salomon 195–197
Cato d. J. 33
Chabot, François 23
Chamberlain, Houston Stewart 103
Chateauneuf, Alexis de 121
Cicero 184
Conn, Alfred 199
Corday, Charlotte 236
Couthon, Georges Auguste 23
Curio, Johann Carl Daniel 232, 233

Daitz, Werner 144, 265 (Anm. 101)
Dettmann, Friedrich 193
Dill, Theodor 107
Dohnanyi, Klaus von 229, 239
Dumouriez, Charles François 39
Dunlop, John Kinninmont 160

Ebert, Friedrich 138
Eckardt, Julius von 61–63, 65, 241 (Anm. 25)
Engels, Friedrich 83, 84, 94

Freytag, Gustav 66, 222, 224, 227
Friedrich, Caspar David 33
Friedrich Wilhelm IV., Kg. v. Preußen 59
Frohme, Karl 96

Gallois, Jacob 68, 70, 73
Gallois, Johann Gustav 3, 4, 63, 68–75, 126
Gobert, Ascan Klée 159
Goebbels, Joseph 176, 181, 216
Goethe, Johann Wolfgang 37, 204, 231
Goetz, Walter 103
Goldschmidt, Hans 135
Grab, Walter 232
Griesheim, Christian Ludwig von 9
Grimme, Adolf 189

Hävernick, Walter 123
Hagedorn, Anton 120
Harder, Hans 166, 171
Harmodios 236
Hartlaub, Felix 274 (Anm. 11 u. 20)
Hassbargen, Hermann 188, 190, 200
Hauschild-Thiessen, Renate 66
Hebert, Jacques-René 23
Heckscher, Moritz 132, 134

281

Heffter, Heinrich 6, 187–193, 197, 199, 200, 271 (Anm. 102)
Heine, Heinrich 36, 132, 219
Heine, Salomon 107, 218
Heinrich IV., Kg. v. Frankreich 22
Heinrich d. Löwe, Hzg. v. Sachsen 134
Heise, Johann Arnold 122
Heitgres, Franz 193–195
Helfferich, Emil 199
Hering, Ernst 140
Herrmann, Alfred 110
Herz, Carl 90
Heß, Jonas Ludwig von 3, 4, 7–33, 40, 44, 235
Heß, Ludwig von 12
Heß, Thusnelda von 242 (Anm. 49)
Hieke, Ernst 206
Hipp, Hermann 235
Hirzel, Salomon 222
Hitler, Adolf 127, 132, 136–138, 145, 153, 170, 176, 183–186, 191, 200, 206
Höfler, Otto 139, 140
Höger, Fritz 127
Holzmann, Wilhelm 134
Hunke, Heinrich 141–143, 266 (Anm. 101)

Jastram, Cord 19, 20, 43, 44, 67, 71, 126, 230, 246 (Anm. 33)
Jochmann, Werner 201

Kalbitzer, Hellmut 162, 164, 165, 168, 169, 171–173, 175, 178, 179
Karl X., Kg. v. Frankreich 36, 48, 49
Karl II., Hzg. v. Braunschweig 36
Karl Wilhelm Ferdinand, Hzg. v. Braunschweig 23
Kaufmann, Karl 137, 139, 146, 150, 153, 154, 157, 159, 164, 167, 169, 170, 176, 177, 189, 190, 192, 198, 199
Kautsky, Karl 77
Kehr, Ekkehard 228
Kellinghusen, Hans 133, 134, 193
Kirchhof, Nikolaus Anton Johann 231
Kleßmann, Eckart 239
Klopstock, Friedrich Gottlieb 58, 111, 112
Kopitzsch, Franklin 232
Korn, Ferdinand 199
Krantz, Albert 128, 129
Krogmann, Carl Vincent 123, 137, 139, 191, 198, 199

Lamprecht, Karl 273 (Anm. 11), 275 (Anm. 33)
Landahl, Heinrich 191, 193, 194
Langhans, Magda 170, 172
Lappenberg, Johann Martin 3, 52, 65, 252 (Anm. 61)
Lassalle, Ferdinand von 83, 84, 94
Laufenberg, Heinrich 5, 77–98
Lauffer, Otto 121
Lehmann, Fritz 181, 182
Lenin, Wladimir Iljitsch 91, 92
Lenz, Max 204
Lessing, Gotthold Ephraim 112
Leuteritz, Max 95
Lichnowsky, Fürst Felix 217
Lichtwark, Alfred 121, 249 (Anm. 14), 250 (Anm. 26)
Liebknecht, Karl 90
Lindemann, Paul 153, 157
Lindenkohl, Adolph 128
Lindley, William 121
Lippmann, Leo 193
Louis Philippe, Kg. v. Frankreich 36
Ludendorff, Erich 105
Lüth, Erich 178
Lutteroth, Ascan W. 204

Marat, Jean-Paul 23
Marcks, Erich 59–61, 111–114, 204, 250 (Anm. 26)
Marx, Karl 83, 84, 94, 97
Mattheson, Johann 112
Mehring, Franz 77–79, 83–86, 88, 97
Meinecke, Friedrich 217, 218
Meissner, Otto Heinrich 147
Melle, Werner von 114, 116, 120, 128
Merck, Ernst 216, 217
Mettlerkamp, David 31
Meurer, Heinrich 20
Mevissen, Gustav 217
Möller, Kurt Detlev 5, 154–186, 188, 189, 192–194
Mönckeberg, Carl (d. Ält.) 52
Mönckeberg, Carl (d. J.) 121
Montesquieu, Charles de 18
Müller, August 80
Münzel, Robert 100, 120, 261 (Anm. 77)
Murmester, Hinrich 66, 67

Napoleon, Bonaparte 21, 25, 31, 45, 47–49, 86, 87
Nirrnheim, Hans 124, 127, 179, 180

Ochsenius, Hans 146
Oncken, Hermann 103
Oppenheimer 107
O'Swald, Albrecht Percy 214
Otto I., dt. Kaiser 144, 146

Paeplow, Fritz 80
Peisistratos 236
Perels, Kurt 114, 116
Perthes, Friedrich 31, 221
Pestalozzi, Johann Heinrich 45, 47, 48
Petersen, Carl 138, 237
Petersen, Rudolf 156, 157, 171
Philippson, Martin 134
Plischke, Hans 206

Radek, Karl 93
Rademacher, Willy-Max 153, 189, 191
Rebmann, Georg Friedrich 24
Reé, Anton 132, 134
Reimarus, Johann Albert Heinrich 9
Reincke, Heinrich 5, 105, 123–149, 162, 185
Richter, Eugen 121
Riesser, Gabriel 132, 134
Ritter, Gerhard 213
Rodde, Hans 143
Rörig, Fritz 139, 140, 266 (Anm. 101)
Rosenbaum, Eduard 109
Rosenberg, Alfred 143, 170
Rosenberg, Hans 228
Rousseau, Jean-Jacques 9, 12, 23
Rover, Hermann 131
Rücker, Siegmund Diederich 35, 50
Ruperti, Justus 210, 216, 218, 219

Salomon, Richard 135
Saint-Just, Louis-Antoine-Léon 23
Schäfer, Dietrich 140
Schauenburg, Graf Adolf II. von 131
Schill, Ferdinand von 86
Schiller, Friedrich 3, 237
Schinckel, Max von 114
Schink, Johann Friedrich 233
Schlosser, Friedrich Christoph 71
Schlotterer, Gustav 123, 147

Schmedemann, Walter 169
Schöffel, Simon 128, 135
Schönfelder, Adolph 159, 166
Schottelius, Herbert 192, 195–197, 199, 200
Schramm, Adolph 210
Schramm, Ehrengard 219, 276 (Anm. 60)
Schramm, Ernst 214
Schramm, Max 214, 215, 223, 224, 227
Schramm, Olga 214, 215
Schramm, Percy Ernst 5, 123, 124, 159, 165, 202–228, 232
Schroeder, Heinrich 192, 193
Schuchmacher, Johann Diedrich 9
Schuler-Kabierske, Bernhard 80
Schumacher, Fritz 127, 238
Schupp, Balthasar 112
Schweitzer, Jean Baptist 84
Schwenke, Emil 99, 114
Scott, George Gilbert 121
Siemers, Edmund 60
Sieveking, Georg Heinrich 9, 22, 231, 242 (Anm. 49)
Sieveking, Heinrich 110
Sieveking, Johanna Margaretha 242 (Anm. 49)
Sieveking, Karl 31
Sieveking, Kurt 154, 156–160, 162, 165, 167, 170, 172–175, 181, 183, 202
Smidt, Johann 134
Snitger, Hieronymus 19, 20, 43, 44, 67, 71, 126, 230, 246 (Anm. 33)
Sombart, Werner 204, 227
Sonnin, Ernst Georg 25
Spurling, J. M. K. 147
Stalin, Joseph Wissarionowitsch 143
Steinhausen, Gustav 222
Steltzner, Michael Gottlieb 66
Stolten, Otto 126, 237

Tell, Wilhelm 236
Tettenborn, Friedrich Karl von 31, 32
Treitschke, Heinrich von 53–56, 59, 61, 68, 249 (Anm. 2)
Trittau, Jacob Diederich Alphons 126

Valentin, Veit 217
Versmann, Johannes 249 (Anm. 2)
Vogel, Hugo 250
Voigt, Johann Ludwig 39

Wächter, Leonhard 4, 35–52
Wagner, Alexander von 236
Wagner, Paul 198
Wahl, Adalbert 124
Warburg, Aby 111, 250 (Anm. 26), 273 (Anm. 11)
Warburg, Erich M. 100
Warburg, Max M. 99, 100, 109
Weber, Max 204, 227, 229
Weber, Veit s. Wächter, Leonhard
Wehner, Herbert 189
Weitling, Wilhelm 82
Westphal, Otto 205
Wilhelm I., dt. Kaiser 55, 59, 66

Willebrand, Johann Peter 9
Witte, Hans 67
Witthoefft, Franz H. 100, 102
Woermann, Adolph 109
Wohlwill, Adolf 3, 5, 55–59, 61, 68
Wolffheim, Fritz 90, 92, 94
Wolffson, Isaac 132, 134
Wolz, Alwin 156, 159
Wullenweber, Jürgen 71
Wurm, Christian Friedrich 40, 50
Wygand, August 230

Zechlin, Egmont 213